Falü Wenshu Anli

法律文书案例

吴啟铮 / 编著

北京大学出版社
PEKING UNIVERSITY PRESS

图书在版编目(CIP)数据

法律文书案例/吴敌铮编著. —北京:北京大学出版社,2015.8
(法律硕士系列教材)
ISBN 978-7-301-26186-6

Ⅰ. ①法… Ⅱ. ①吴… Ⅲ. ①法律文书—案例—中国—研究生—教材 Ⅳ. ①D926.13

中国版本图书馆CIP数据核字(2015)第190477号

书　　名 法律文书案例
著作责任者 吴敌铮　编著
责 任 编 辑 徐　音
标 准 书 号 ISBN 978-7-301-26186-6
出 版 发 行 北京大学出版社
地　　址 北京市海淀区成府路205号　100871
网　　址 http://www.pup.cn
电 子 信 箱 sdyy_2005@126.com
新 浪 微 博 @北京大学出版社
电　　话 邮购部62752015　发行部62750672　编辑部021-62071998
印 刷 者 三河市北燕印装有限公司
经 销 者 新华书店
730毫米×980毫米　16开本　23印张　438千字
2015年8月第1版　2015年8月第1次印刷
定　　价 49.00元

编写说明

法律文书是法律专业人员所必须掌握的重要科目,对于法学专业全日制本科生和法律硕士专业学位研究生来说,培养他们的专业实践能力是法学院系所必须着重加强的工作,因此,法律文书课程是法学专业本科生和研究生培养中非常重要的一门课程。

本教程之所以称为"法律文书案例",是因为它不仅介绍各类法律文书的概念、格式、内容和写作方法,更与实际案例结合起来,通过实际案例的配合来讲解各类法律文书的格式与写作要点,使学生能够更加直观地、印象深刻地来学习法律文书。

基于法律文书的课程特性,学习本课程应当建立在掌握民法、刑法、行政法和三大诉讼法等基础科目的基础上。本教程所选取的法律文书种类和案例,也涵盖了民事案件、刑事案件和行政案件三大类。

在我国,想要从事法律职业,就必须通过国家的司法考试,获取法律职业资格。而法律文书的写作则是司法考试的重要内容,其文体基本上都是裁判文书、检察文书或者律师文书三大类。因此,在法律文书种类的选取上,本教程根据法律职业的特点,着重选取了检察官、法官和律师所应分别掌握的检察文书、裁判文书和律师文书三大类别来进行编写。而每一种文体,都选取了法律职业者比较常用的文书种类来进行介绍,并配以相应的案例。

在案例的选择上,本教程一般选取写得较好的法律文书范例,对于那些比较重要的文书类型,本教程会配以两篇以上的法律文书范例,并在每一个范例后面进行言简意赅的评析,以便法律硕士研究生可以更加直接、生动地学习如何写作相应的法律文书。案例的来源主要有三种:其一是通过调研获取;其二是从出版的著作中挑选;其三是从公开的法律专业网站上挑选,例如裁判文书网等。本教程所选取的案例,对当事人的身份信息以及其他相关信息均作了处理,即采用"某某""××"等符号隐去该等信息。并且,本教程所选取的案例仅用于教学研究,不用于其他用途。在内容的安排上,本教程对各种文书类型的概念、格式、内容与写法作了基本且简要的介绍,而重在文书案例的安排上,通过更多的文书案例来加深学生对法律文书写作的印象。

本书的编写,得益于司法改革的成果。近年来最高人民法院和最高人民检察院大力推行司法文书上网,为教学科研提供了诸多便利。

在律师文书的部分,得益于上海元竹律师事务所、广东众大律师事务所等机构所提供的大力协助。特此致谢!

由于编者水平所限,错漏在所难免,敬请读者指正,以期将来继续完善。

目　录

第一章　检察文书

按照《宪法》《人民检察院组织法》及三大诉讼法的规定，人民检察院是国家的法律监督机关。检察机关的职权主要包括：对直接受理的刑事案件的侦查权、批准和决定逮捕权、审查起诉和提起公诉权、法律监督权。法律监督权包括对刑事诉讼、民事诉讼、行政诉讼以及裁判的执行的监督权。现行检察文书制作的依据是2002年施行的《人民检察院司法文书格式(样本)》(159种格式)。本教材将以几种典型的检察文书为例，重点讲述起诉书、不起诉决定书、刑事抗诉书、民事抗诉书、行政抗诉书、纠正违法通知书，对于检察机关的内部文书以及印制好的表格类的文书，此处将不作赘述。

第一节　起　诉　书

一、起诉书的概念

起诉书，是指人民检察院对侦查机关移送审查起诉的案件或自侦终结的案件，经审查后，认为被告人的犯罪事实已经查清，证据确实、充分，依法应当追究刑事责任，而代表国家向人民法院提起公诉时所制作的文书。

二、起诉书的格式与内容

(一) 首部

1. 制文单位名称、标题和案件编号。

2. 被告人的基本情况。依次写明：(1) 姓名；(2) 性别；(3) 出生年月日；(4) 身份证号码；(5) 民族；(6) 文化程度；(7) 职业或工作单位及职务；(8) 住址；(9) 以前是否受过行政处罚或刑事处罚的情况；(10) 被告人被采取强制措施的情况。

3. 案由、依法告知的事项和案件审理过程。

(二) 正文

1. 事实及证据。这包括起诉书所认定的案件事实和据以起诉的证据两部分。

2. 起诉的理由和法律根据。主要包括两个方面：其一为概括说明被告人的行为特征及所触犯的刑法条文和涉嫌罪名;其二为提起公诉的法律依据。

(三) 尾部

包括:(1) 送达机关;(2) 公诉人的职务及姓名;(3) 日期;(4) 制文单位的院印;(5) 日期;(6) 附注事项。

【格式说明】

×××人民检察院

起诉书

(普通程序案件适用)

×检 刑诉[ ] 号

被告人……(写明姓名、性别、出生年月日、身份证号码、民族、文化程度、职业或工作单位及职务、住址、曾受到行政处罚、刑事处罚的情况和因本案采取强制措施的情况等)

本案由×××(侦查机关)侦查终结,以被告人×××涉嫌×××罪,于×年×月×日向本院移送审查起诉。本院受理后,于×年×月×日已告知被告人有权委托辩护人,×年×月×日已告知被害人及其法定代理人(或者近亲属)、附带民事诉讼的当事人及其法定代理人有权委托诉讼代理人,依法讯问了被告人,听取了被害人的诉讼代理人×××和被告人的辩护人×××的意见,审查了全部案件材料……(写明退回补充侦查、延长审查起诉期限等情况)

[对于侦查机关移送审查起诉的需变更管辖权的案件,表述为:“本案由×××(侦查机关)侦查终结,以被告人×××涉嫌×××罪,于×年×月×日向人民检察院移送审查起诉。×××人民检察院于×年×月×日转至本院审查起诉。本院受理后,于×年×月×日已告知被告人有权……”

对于本院侦查终结并审查起诉的案件,表述为:“被告人×××涉嫌×××罪一案,由本院侦查终结。本院于×年×月×日已告知被告人有权……”

对于其他人民检察院侦查终结的需变更管辖权的案件,表述为:“本案由×××人民检察院侦查终结后,以被告人×××涉嫌×××罪,于×年×月×日向本院移送审查起诉。本案受理后,于×年×月×日已告知被告人有权……”]

经依法审查查明:……(写明经检察机关审查认定的犯罪事实,包括犯罪事件、地点、经过、手段、目的、动机、危害后果等与定罪有关的事实要素。应当根据具体案件情况,围绕刑法规定的该罪构成要件叙写)

(对于只有一个犯罪嫌疑人的案件,犯罪嫌疑人实施多次犯罪的犯罪事实应逐一列举;同时触犯数个罪名的犯罪嫌疑人的犯罪事实应该按照主次顺序分类列举。对于共同犯罪的案件,写明犯罪嫌疑人的共同犯罪事实及各自在共同犯罪中的地位和作用后,按照犯罪嫌疑人的主次顺序,分别叙明各个犯罪嫌疑人的单独犯罪事实。)

认定上述事实的证据如下:

……(针对上述犯罪事实,分列相关证据)

本院认为,……(概括论述被告人行为的性质、危害程度、情节轻重),其行为触犯了《中华人民共和国刑法》第×条(引用罪状、法定刑条款),犯罪事实清楚、证据确实充分,应当以×××罪追究其刑事责任。根据《中华人民共和国刑事诉讼法》第一百七十二条的规定,提起公诉,请依法判处。

此致

×××人民法院

检察员:×××

××××年××月××日

(院印)

附:

1. 被告人现在处所。具体包括在押被告人的羁押场所和监视居住、取保候审的处所。

2. 证据目录、证人名单和主要证据复印件,并注明数量。

3. 有关涉案款物情况。

4. 被害人(单位)附带民事诉讼的情况。

5. 其他需要附注的事项。

三、写作注意事项

(一) 关于案件事实

案件事实和证据是提起公诉的根本依据,这两个部分是检察院的起诉书的写作重点。在叙写时区分犯罪事实和量刑事实,并且量刑事实一般应在犯罪事实后另起一段叙写。

在叙述犯罪事实时,应当注意:对所指控的事实,无论是一人多罪、多人一罪,还是多人多罪,都必须逐一列举。叙述案件事实时,要按照合理的顺序进行。一般情况下,可以按照时间的先后顺序叙述。如果属于一人多罪的情况,应当采用突出主罪法,先写重罪,再写轻罪。如果属于多人多罪的,应当采用突出主犯法,按照起诉书所认定的主犯、从犯的顺序,先写主犯的案件事实,再写从犯的案件事实。

量刑事实既包括法定量刑情节,也可以包括坦白、退赔、被告人一贯表现、被害人过错等酌定量刑情节。此外,刑事和解应当作为量刑情节在案件事实部分叙明。

（二）关于证据论证

没有证据，就没有所指控的事实。证据的作用就在于证明起诉书中所指控的事实，因此，起诉书所指控的所有案件事实在证据部分都应当得到体现。应根据证明内容进行排列，应当与所指控的事实和罪名相对应，并应于其后写明每组证据所要证明的事项。鉴定的结论部分要全面引用。被告人属于未成年人的，应当说明证明年龄的证据；案件系职务犯罪的，应当说明证明职务的证据。在量刑方面，对证明被告人法定、酌定量刑情节的证据，要在论述证明犯罪事实的证据后，进行归纳论证。如果是适用简易程序的案件，应说明被告人对基本犯罪事实无异议。

应当在起诉书中指明主要证据的名称、种类，但不必对证据与事实、证据与证据之间的关系进行具体的分析、论证。一般应采取"一事一证"的方式，在每一件事实之后，写明据以认定的主要证据。

（三）关于起诉的理由和根据

起诉书中的说理主要用于起诉理由部分，对于认定的罪名、该犯罪行为所侵犯的客体和对象，以及法定、酌定情节说明理由，使法院和当事人明确指控依据。要概括写明被告人的行为特征及所触犯的刑法条文和所涉嫌的罪名。并且，引用法律条文时务求准确、完整，应写明准确的条、款、项。

四、文书实例与点评

（一）韦××挪用公款案①

南宁市人民检察院

起诉书

南市检刑诉[2004]85号

被告人韦××，女，1978年×月×日出生于广西壮族自治区扶绥县，身份证号码：……壮族，高中文化，原南宁市邮政局江南分局××储蓄所出纳，住南宁市永新区坛洛镇……因涉嫌挪用公款罪，2003年11月18日经本院决定，由南宁市公安局执行刑事拘留，同年11月28日经本院决定，由南宁市公安局执行逮捕。

被告人韦××涉嫌挪用公款一案，由本院侦查终结，2003年12月26日本案进入审查起诉阶段。本院于2003年12月27日已告知被告人有权委托辩护人，依法讯问了被告人，听取了被告人的辩护人的意见，审查了全部案卷材料，核实了案件事实与证据。其间，2004年2月11日、4月26日二次退回补充侦查，本

① 参见最高人民法院、最高人民检察院《中国案例指导》编辑委员会：《中国案例指导》2007年第1辑（总第3辑）·刑事行政卷，法律出版社2007年版，第58—59页。

院反贪局于同年3月10日、5月26日补充侦查完毕;于2004年1月27日、4月11日、6月27日延长审查起诉期限三次。

经依法审查查明:

被告人韦××于1997年至2003年10月期间,利用其担任南宁市邮政局江南分局××储蓄所出纳的职务便利,在办理储蓄存款业务中,采取手写存折、存单金额,不入账等手段,先后多次从储蓄备用金和28个储户的活期存款或定期存款中累计挪用1,611,353.20元公款归个人使用,除少部分用于"仙妮蕾德"系列化妆品的传销外,其余均用于非法的"六合彩"赌博。案发后,被告人韦××退回挪用的公款335,939.16元,尚有1,275,414.04元无法退还。

认定上述事实的证据如下:

1. 被告人供述和辩解:被告人韦××的讯问笔录;

2. 证人证言:证人宋××、黄××、潘××、黄高×的证言;

3. 鉴定结论:司法会计鉴定报告(桂祥会事经字[2004]第1号);

4. 书证:立案决定书,南宁邮政储汇局提供的现金盘点表、储蓄缴款单、短款情况报告、说明、28个储户的存折、存单、电脑记账凭证和关于××邮政储蓄点挪用储蓄存款的审计报告,南宁市邮政局提供的证明、代办邮政业务合同、营业执照、营业许可证,扣押物品清单,经被告人辨认的从被告人家中提取的存款凭单,被告人韦××的身份证复印件。

本院认为,被告人韦××目无国法,身为国有邮政工作人员,利用职务上的便利,挪用公款归个人使用,进行非法活动,且挪用公款数额巨大不退还,其行为触犯了《中华人民共和国刑法》第三百八十四条第一款之规定,犯罪事实清楚,证据确实充分,应当以挪用公款罪追究其刑事责任。本院为严肃国法,打击犯罪,维护国家工作人员的职务廉洁性,保障公共财产不受非法侵犯,根据《中华人民共和国刑事诉讼法》第一百四十一条的规定,提起公诉,请依法判处。

此致

南宁市中级人民法院

代理检察员:陈×

二〇〇四年七月十二日

【点评】 这是一份挪用公款案的刑事起诉书。在经济犯罪中,该案的案情并不算复杂。该起诉书简明扼要地描述了检察机关所认定的被告人挪用公款的犯罪事实。在论述诉讼过程时,检察机关对于退回补充侦查和延长审查起诉期限的程序性事实进行了必要的交代。在证据部分,起诉书列举了检察机关用来证实被告人犯罪行为的证据,并按照不同的证据形式进行了分类。由于经济犯罪多需用书证予以查实的特点,起诉书重点详细列举了书证的多种内容。

(二) 韩×抢劫案

××省××市××区人民检察院
起诉书

××检刑诉[20××]××号

被告人韩×,男,1982年×月×日出生,身份证号码:……汉族,小学文化程度,无业,住××省××市×××镇……2008年4月2日因犯盗窃罪被××市××区人民法院判处有期徒刑七个月,2008年6月22日刑满释放。因抢劫嫌疑,于2011年10月16日被××市公安局××分局刑事拘留;因涉嫌犯有抢劫罪,经本院批准,于2011年11月22日被××市公安局××分局逮捕。

本案由××市公安局××分局侦查终结,以被告人韩×涉嫌抢劫罪,于2012年1月6日向本院移送审查起诉。本院受理后,依法告知被告人韩×有权申请回避及委托辩护人,讯问了被告人韩×,审查了全部案件材料。

经依法审查查明:

2011年10月15日16时许,被告人韩×携带一套"T"字形撬锁工具及一把匕首驾驶悬挂……号牌二轮摩托车窜至××路7号,上楼撬开203房的房门进入房内盗窃,盗得一个装有1块翡翠挂件(价值人民币75元)的红色纸袋后逃离至楼梯口时被被害人马××发现,被害人对其紧追不舍,被告人为抗拒抓捕使用匕首对被害人进行威胁,后逃至××路125号附近被抓获,缴获作案工具"T"字形撬锁工具、匕首、摩托车及赃物翡翠挂件等物。

认定上述事实的证据如下:

1. 物证、书证:被告人身份证明材料、发破案经过、扣押物品清单、发还物品清单、办案说明、刑事判决书及释放证明、辨认笔录及相片辨认;

2. 证人黄×、郑×的证言;

3. 被害人马××报案陈述;

4. 被告人韩×供述;

5. 价格鉴定结论书;

6. 现场勘验检查笔录及相片。

本院认为,被告人韩×以非法占有为目的,入户盗窃后被发现,为抗拒抓捕而当场使用匕首威胁被害人,其行为触犯了《中华人民共和国刑法》第二百六十九条、第二百六十三条,犯罪事实清楚,证据确实、充分,应当以抢劫罪追究其刑事责任。本院为严肃国法,惩治犯罪,保护公民的人身和财产权利不受侵害,依照《中华人民共和国刑事诉讼法》第一百四十一条之规定,提起公诉,请依法判处。

鉴于被告人韩×抢劫未能得逞,系犯罪未遂,依照《中华人民共和国刑法》

第二十三条的规定,可以从轻处罚。

鉴于被告人韩×刑满释放后五年内再犯罪,是累犯,根据《中华人民共和国刑法》第六十五条的规定,应当从重处罚。

此致

××市××区人民法院

代理检察员:×××

二〇一二年二月十七日

附:

1. 被告人韩×现羁押于××市看守所;
2. 本案案卷两卷共93页;
3. 随案物品(见清单)封存于××公安分局随案为证。

【点评】 本案系一宗由盗窃转化而来的抢劫案。该案案情相对简单,但是由于被告人曾被法院以盗窃罪定罪量刑,有犯罪前科,因此起诉书在论述时应当就这一事实进行交代。该起诉书格式完整,表述清晰,对犯罪未遂和累犯这两个重要特点都进行了交代,没有遗漏要点。

(三) 林××危险驾驶罪

××市××区人民检察院

起诉书

××检刑诉[20××]×××号

被告人林××,男,1986年×月×日出生,身份证号码:……汉族,初中文化程度,无业,住××市××路×号×房,户籍在××市××路×号×座×房。因危险驾驶嫌疑,于2012年4月23日被××市公安局刑事拘留。

本案由××市公安局××分局侦查终结,以被告人林××涉嫌危险驾驶罪,于2012年4月25日向本院移送审查起诉。本院受理后,依法告知被告人林××有权申请回避及委托辩护人,讯问被告人林××,审查全部案件材料。

经依法审查查明:

2012年4月10日凌晨,被告人林××酒后驾驶……号牌小客车行驶至××市××路××市场时,与对向洪×驾驶的电动二轮摩托车发生碰撞,致洪×倒地受伤,造成双方车辆不同程度受损。经检验,被告人林××血液检出乙醇成分,含量为155 mg/100 ml;根据交警部门责任认定,被告人林××应负事故的主要责任。

认定上述事实的证据如下:

1. 书证:公安机关出具的发破案经过、被告人林××的户籍材料、车辆信息表等相关书证材料；

2. 证人洪×的证言；

3. 被告人林××的供述；

4. 鉴定结论：道路交通事故认定书、理化检验报告书、车辆痕迹检验意见书；

5. 现场勘查笔录、交通事故现场图及现场照片。

本院认为，被告人林××在道路上醉酒驾驶机动车，其行为触犯了《中华人民共和国刑法》第一百三十三条之一，犯罪事实清楚，证据确实、充分，应当以危险驾驶罪追究其刑事责任。本院为严肃国法，惩治犯罪，维护正常的交通运输秩序，维护公共安全，依照《中华人民共和国刑事诉讼法》第一百四十一条之规定，提起公诉，请依法判处。

此致

××市××区人民法院

检察员：×××

二〇一二年×月×日

附：

1. 被告人林××现羁押于××市看守所；

2. 本案案卷2册。

【点评】 本案系一宗危险驾驶案。本罪的认定并不复杂，本案的案情也比较简单，关键在于从被告人血液中所检验出来的酒精含量，这是定罪的关键。因此，起诉书在简要地论述案件经过之后，主要指出鉴定出来乙醇成分及其含量，以作为起诉的重要依据。起诉书格式完整，简明扼要。

（四）肖×故意伤害案

××省××市××区人民检察院

起诉书

××检刑诉[20××]××号

被告人肖×，男，1979年×月×日出生，身份证号码：……汉族，初中文化程度，无业，住××省××县……因故意伤害嫌疑，于2012年2月18日被××市公安局××分局刑事拘留；因涉嫌犯有故意伤害罪，经本院批准，于2012年×月×日被××市公安局××分局逮捕。

本案由××市公安局××分局侦查终结，以被告人肖×涉嫌故意伤害罪，于2012年3月×日向本院移送审查起诉。本院受理后，依法告知被告人肖×有权申请回避及委托辩护人，讯问了被告人肖×，审查了全部案件材料。

经依法审查查明：

2011 年 8 月 18 日 22 时多，被告人肖×在××市××区××工业区××食品厂对面的 86 号房间前面的通道上与聋哑被害人林××发生争执，继而互相推搡。被告人肖×被推打到 71 号房间门口时，拿起放在 71 号房间门口桌子上的菜刀，朝被害人林××右脸部砍去致其受伤（经鉴定，其伤情已构成轻伤）。2012 年 2 月 18 日，被告人肖×被公安机关抓获。被告人家属已赔偿被害人 22000 元，并得到谅解。

认定上述事实的证据如下：

1. 物证、书证：被告人户籍证明、发破案经过、查获经过、扣押物品清单、辨认笔录及相片辨认等；

2. 证人林×、陈×、李×、郭×的证言；

3. 被害人林×的陈述；

4. 被告人肖×供述；

5. 鉴定结论：法医学人体损伤程度意见书、法医学人体损伤程度鉴定书。

本院认为，被告人肖×无视国家法律，故意伤害他人身体，致人轻伤，其行为触犯了《中华人民共和国刑法》第二百三十四条第一款，犯罪事实清楚，证据确实、充分，应当以故意伤害罪追究其刑事责任。本院为严肃国法，惩治犯罪，保护公民的身体健康权不受侵犯，根据《中华人民共和国刑事诉讼法》第一百四十一条之规定，提起公诉，请依法判处。

此致

××市××区人民法院

代理检察员：×××

二〇××年×月×日

附：

1. 被告人肖×现羁押于××市看守所；

2. 本案案卷二卷共 62 页及补充材料 8 页；

3. 随案物品（见清单）封存于××公安分局随案为证。

【点评】　本案系一宗故意伤害案，案情特殊之处在于被告人家属已经赔偿被害人，并且已经得到被害人的谅解。因此，在描述故意伤害的一般经过与情节之外，还简要地叙述了被告人赔偿被害人并且取得谅解的情况。故意伤害案的证据的关键在于伤情鉴定，因此不应遗漏这一关键证据。本案案情相对简单，格式完整，表达顺畅。

（五）罗某某职务侵占案①

上海市金山区人民检察院
起诉书

沪金检诉刑诉[2015]×××号

被告人罗某某，男，1978年××月××日生，公民身份号码：……汉族，高中文化，原系上海××有限公司××，户籍在贵州省××县××镇××路××号，暂住浙江省××市××区××镇××村××号。2014年9月26日因涉嫌职务侵占罪由上海市公安局金山分局取保候审，同年11月29日由本院决定继续取保候审。

本案由上海市公安局金山分局侦查终结，以被告人罗某某涉嫌职务侵占罪，于2014年11月28日移送本院审查起诉。本院受理后，于次日告知被告人有权委托辩护人，告知被害单位有权委托诉讼代理人；并依法讯问了被告人，审查了全部案件材料。被告人罗某某对本案同意适用简易程序审理。

经依法审查查明：

2014年6月至9月，被告人罗某某在上海××有限公司工模部工作期间，利用其担任火花机操作工的职务便利，先后多次将公司用于生产的紫铜模具带回其位于本区××镇××公路××××号××××室的暂住地内，后将紫铜模具低价转卖给废品收购者非法获利（经鉴定，共计价值人民币12,000余元）。2014年9月25日，公安机关将被告人罗某某抓获到案，并在其上述暂住地内当场查获并扣押了其从公司带回的部分紫铜模具。

上述事实，有以下证据证明：

1. 证人陶某某证言及上海××有限公司提供的劳动合同，证实被告人罗某某系上海××有限公司的××，并在该公司的工模部从事火花机工作。

2. 证人钱某某、方某某、徐某某证言、相关辨认笔录及证人钱某某、徐某某签字确认的照片，证实2014年6月至9月间，被告人罗某某多次低价出售紫铜模具的事实。

3. 上海××有限公司提供的发票及记账凭证，证实该公司在生产经营过程中将铜模具作为生产工具的事实。

4. 公安机关出具的搜查笔录、扣押清单及调取证据清单，证实公安机关在被告人罗某某的暂住地内扣押的紫铜模具及从证人钱某某处调取的被告人罗某某向其出售的紫铜模具的具体情况。

5. 被告人罗某某到案后的多次供述，对上述犯罪事实供认不讳。

---

① 参见人民检察院案件信息公开网，http://www.ajxxgk.jcy.cn/html/20150505/2/551373.html。

6. 上海市金山区价格认证中心出具的价格鉴定结论书，证实涉案物品的价值。

7. 公安机关出具的侦破经过，证实本案案发及被告人罗某某的到案情况。

8. 公安机关出具的常住人口基本信息，证实被告人罗某某的身份情况。

上述证据收集程序合法，内容客观真实，足以认定指控事实。被告人罗某某对基本犯罪事实无异议。

本院认为，被告人罗某某利用职务便利将公司财物非法占为已有，数额较大，其行为已触犯《中华人民共和国刑法》第二百七十一条第一款，犯罪事实清楚，证据确实、充分，应当以职务侵占罪追究其刑事责任。被告人罗某某到案后如实供述自己的罪行，根据《中华人民共和国刑法》第六十七条第三款，可以从轻处罚。根据《中华人民共和国刑事诉讼法》第一百七十二条的规定，提起公诉，请依法审判。

此致

上海市金山区人民法院

代理检察员：朱某某

2015 年 × 月 × 日

附：

1. 被告人罗某某现取保候审于其居住地。

2. 侦查卷宗二册。

3.《适用简易程序建议书》一份。

4.《量刑建议书》一份。

5. 相关法律条文。

《中华人民共和国刑法》

第二百七十一条第一款　公司、企业或者其他单位的人员，利用职务上的便利，将本单位财物非法占位已有，数额较大的，处五年以下有期徒刑或者拘役；数额巨大的，处五年以上有期徒刑，可以并处没收财产。

第六十七条第三款　犯罪嫌疑人虽不具有前两款规定的自首情节，但是如实供述自己罪行的，可以从轻处罚；因其如实供述自己罪行，避免特别严重后果发生的，可以减轻处罚。

《中华人民共和国刑事诉讼法》

第一百七十二条　人民检察院认为犯罪嫌疑人的犯罪事实已经查清，证据确实、充分，依法应当追究刑事责任的，应当作出起诉决定，按照审判管辖的规定，向人民法院提起公诉，并将案卷材料、证据移送人民法院。

【点评】　该起诉书指控的犯罪事实是一件普通的职务侵占案，数额不大，案件较为简单。但是仍然有不少值得注意的内容，是法律文书的学习者所不可忽略的。例如，该案采取了取保候审的强制措施，而非使用频率较多的"拘留—逮捕"强制措施，在写明取保候审的适用之外，还应当在附件上注明被告人现取保候审于何地。如果被告人对所指控的事实予以承认，那么起诉书应当予以说明。鉴于本案的案情，该份起诉书载明了检察机关关于量刑的建议，即提出"可以从轻处罚"的建议。同时，对该案适用简易程序也是该份起诉书的一个特点。根据刑事诉讼法的规定，建议适用简易程序，须被告人对所指控的犯罪事实没有异议，且在程序上同意适用简易程序，该份起诉书对这些情况都进行了说明，并附上了《适用简易程序建议书》，尽到了对法律程序的注意。同时，当前有不少地方的检察机关在起诉书的附件中，会附上《量刑建议书》，这些都是近些年司法改革的成果之一，反映了起诉书撰写的一个趋势。该份起诉书附上了相关法律条文，这使受案法院可以迅速知悉起诉的法律根据，这也是当前不少检察机关的做法。总之，该份起诉书虽然案情简单，但是在诸多需要注意的程序性事项上，具有典型性，这些都是法律文书的学习者需要注意的。

（六）战某某、王立某等六人盗窃、破坏电力设备、抢劫、聚众斗殴、故意伤害案①

天津市××区人民检察院

起诉书

津××检刑诉[2007]×××号

被告人战某某(又名海某某)，男，19××年×月×日出生，身份证号码：……汉族，小学文化，吉林省人，农民，户籍所在地：吉林省杨河县……现暂住本区……2007年1月16日因本案被公安某某分局刑事拘留，同年2月16日经本院批准逮捕，次日执行。

被告人王立某，男，19××年4月××日出生，身份证号码：……汉族，小学文化，河北省人，农民，户籍所在地：河北省高城县……现暂住本区……2007年1月16日因本案被公安某某分局刑事拘留，同年2月16日经本院批准逮捕，次日执行。

被告人杨某，男，19××年6月××日出生，身份证号码：……汉族，初中文化，河北省人，农民，户籍所在地：河北省……现暂住本区……2007年1月16日因本案被公安某某分局刑事拘留，同年2月16日经本院批准逮捕，次日执行。

被告人苗某某(绰号"乐乐")，男，19××年4月××日出生，身份证号码：……汉族，初中文化，河北省人，农民，户籍所在地：河北省衡水县……现暂住

① 参见冯承远：《起诉书写作技巧与范例精解》，中国检察出版社2010年版，第162—171页。

本区…… 2006 年 12 月 7 日因本案被公安某某分局刑事拘留,同年 12 月 19 日经本院批准逮捕,次日执行。

被告人尹某某,男,19××年 8 月××日出生,身份证号码:……汉族,初中文化,山东省人,农民,户籍所在地:山东省军城县……现暂住本区……2007 年 1 月 16 日因本案被公安某某分局刑事拘留,同年 2 月 16 日经本院批准逮捕,次日执行。

被告人宁某某(绰号"小王子"),男,19××年 9 月×日出生,身份证号码:……汉族,小学文化,甘肃省人,农民,户籍所在地:甘肃省合木县……现暂住本区……2004 年 7 月 9 日因抢夺被劳动教养一年;2004 年 12 月 9 日因犯盗窃罪被本区人民法院判处拘役四个月;2005 年 6 月 23 日因犯盗窃罪被本区人民法院判处有期徒刑十个月。2006 年 2 月 10 日刑满释放。2007 年 4 月 18 日再次因盗窃罪被本区人民法院判处有期徒刑四年,现正在服刑。

本案由公安某某分局侦查终结,以被告人苗某某涉嫌聚众斗殴罪于 2007 年 1 月 16 日向本院移送审查起诉。本院受理案件后,于 2007 年 1 月 18 日已告知被告人有权委托辩护人,同年 1 月 16 日已告知被害人有权委托诉讼代理人,依法讯问了被告人,审查了全部案件材料。2007 年 2 月 16 日本案退回公安机关补充侦查,同年 3 月 16 日补充侦查完毕。2007 年 3 月 21 日被告人战某某、王立某、杨某、尹某某涉嫌盗窃、聚众斗殴、抢劫罪移送我院审查起诉,于 2007 年 3 月 22 日已告知被告人战某某、王立某、杨某、尹某某有权委托辩护人,同年 3 月 23 日已告知其他被害人有权委托诉讼代理人,依法讯问了被告人,2007 年 4 月 16 日本案与被告人苗某某盗窃、聚众斗殴、抢劫案并案后再次退回公安机关补充侦查,2007 年 5 月 16 日本案补充侦查完毕重新移送审查起诉,2007 年 6 月 15 日本案延长审查起诉期限十五日。2007 年 6 月 20 日本院告知被告人宁某某有权委托辩护人,依法讯问了被告人,现本案已审查完毕。

经依法审查查明:

(一) 盗窃事实

2006 年 5 月至 2007 年 1 月,被告人战某某、王立某、杨某、尹某某与吉林省人李某修(别名小李)、余某友(别名亮子、小亮)、黑龙江省人郭某洋(别名洋洋)等人(均另案处理)分别纠集,携带钳子等作案工具,以翻墙入院、钻窗入室等手段盗窃作案共计十六起,价值人民币 118055 元。其中被告人战某某参与盗窃十起,价值人民币 108317 元;被告人王立某参与盗窃十起,价值人民币 63037 元;被告人杨某参与盗窃七起,价值人民币 16627 元;被告人尹某某参与盗窃一起,价值人民币 1840 元。具体犯罪事实如下:

2006 年 6 月 30 日凌晨,被告人战某某伙同李某修、余某友等人来到某某开发区(双桥)荣汉电子有限公司资材库,盗窃 0.55 毫米铜线 28.1 公斤、0.65 毫米铜线 113.4 公斤、0.75 毫米铜线 126.3 公斤，价值人民币 18420 元。

认定上述事实的证据：

1. 被害人杨某松陈述；

2. 同案犯李某修、余某友供述；

3. 估价鉴定结论书。

2006 年 7 月 13 日凌晨，被告人战某某伙同李某修、余某友等人来到本区宇日精密电子公司盗窃 A 种红铜 34.3 公斤、B 种红铜 168.7 公斤、黄铜 264.4 公斤，共计价值人民币 33690 元。

认定上述事实的证据：

1. 被害人崔某贤陈述；

2. 同案犯李某修、余某友供述；

3. 证人薛某祥证言；

4. 估价鉴定结论书；

5. 被盗物品明细表。

2006 年 9 月某日夜，被告人战某某、王立某、杨某伙同余某友等人来到某某开发区（双桥）天津石泰集团有限公司院内，盗窃不锈钢下脚料 10 袋，价值人民币 2000 元。

认定上述事实的证据：

1. 被害人徐某民陈述；

2. 同案犯余某友供述；

3. 证人张某英证言；

4. 估价鉴定结论书；

5. 辨认笔录及照片。

2006 年 10 月 20 日凌晨，被告人战某某、王立某伙同余某友等人来到双桥河镇东泥沽小学，盗窃电脑主机 40 台，价值人民币 40000 元，盗窃索尼牌摄像机 1 台，价值人民币 3600 元。

认定上述事实的证据：

1. 被害人邢某义陈述；

2. 同案犯余某友供述；

3. 估价鉴定结论书；

4. 被盗单位情况说明。

被告人战某某、王立某、杨某、尹某某被查获归案后，又分别主动供认：

2006 年 5 月初某日，被告人战某某伙同李伟等人（均另处）来到某某开发区（双桥）天津迪恩电子有限公司仓库，盗窃变压器 50 个，价值人民币 1168 元。

认定上述事实的证据：

1. 被害人刘某盛陈述;

2. 估价鉴定结论书;

3. 辨认笔录及照片。

2006年7月下旬某日夜,被告人战某某伙同陈某某等人(均另处)来到本区双桥河镇永进电子元件加工厂仓库,盗窃废铜线100斤,价值人民币700元。

认定上述事实的证据:

1. 被害人郑某峰陈述;

2. 估价鉴定结论书;

3. 辨认笔录及照片。

2006年7月末某日夜,被告人战某某伙同陈某某等人来到双桥河镇李家圈村小木桥南面,盗窃停靠在此的解放牌半挂汽车内的电瓶2块,价值人民币768元。

认定上述事实的证据:

1. 被害人黄某凤陈述;

2. 估价鉴定结论书;

3. 辨认笔录及照片。

2006年8月11日夜,被告人战某某、王立某、杨某伙同陈某某来到某某开发区(双桥)原大连实德公司厂房内,盗窃电线100米,价值人民币1250元。

认定上述事实的证据:

1. 被害人徐某发陈述;

2. 估价鉴定结论书;

3. 辨认笔录及照片。

2006年8月末某日夜,被告人战某某伙同张某同等人(均另处)来到本区咸水沽镇山西榆次远大线材制品有限公司天津办事处1号仓库,盗窃钉子两箱,价值人民币272元。

认定上述事实的证据:

1. 被害人李某陈述;

2. 估价鉴定结论书;

3. 辨认笔录及照片。

2006年9月14日凌晨,被告人战某某、王立某、杨某伙同张某同等人来到某某开发区(双桥)翔恩电子公司生产车间,盗窃粉碎料10袋,计212公斤,价值人民币1449元;盗窃吸料器4台,价值人民币5000元。

认定上述事实的证据:

1. 被害人古某龙陈述;

2. 估价鉴定结论书;

3. 被盗单位丢失物品统计表、辨认笔录及照片。

2006年9月某日夜,被告人王立某、杨某伙同张某同来到某某开发区(双桥)清清食品公司,盗窃铝合金门两扇,价值人民币2688元。

认定上述事实的证据:

1. 被害人刘某来陈述;

2. 估价鉴定结论书;

3. 辨认笔录及照片。

2006年9月26日夜,被告人王立某伙同牛某辉等人(均另处)来到某某开发区(双桥)德峰电子有限公司,盗窃电脑1台,价值人民币1250元;盗窃焊锡1盒,价值人民币1000元。

认定上述事实的证据:

1. 被害人赵某连陈述;

2. 估价鉴定结论书。

2006年9月某日夜,被告人王立某、杨某伙同张某同来到石泰集团有限公司,盗窃不锈钢下脚料4袋,价值人民币800元。

认定上述事实的证据:

1. 被害人徐某民陈述;

2. 证人张某英证言;

3. 估价鉴定结论书;

4. 辨认笔录及照片。

2006年10月7日凌晨,被告人王立某、杨某伙同牛某辉等人来到本区南洋工业园区天津世原电子有限公司车间资材库内,盗窃跳线2箱,价值人民币1600元。

认定上述事实的证据:

1. 被害人高某伟陈述;

2. 估价鉴定结论书;

3. 辨认笔录及照片。

2006年12月中旬某日夜,被告人王立某伙同侯某利等人(均另处)来到某某开发区(双桥)宏德(天津)特殊合金有限公司院内,盗窃电缆线8米,价值人民币560元。

认定上述事实的证据:

1. 被害人马某陈述;

2. 估价鉴定结论书;

3. 辨认笔录及照片。

2007年1月14日凌晨,被告人王立某、杨某、尹某某来到双桥河镇李家圈村,在该村2区96号门前盗窃电线200米,价值人民币1020元,在该村1区135号门前盗窃电线100米,价值人民币820元。

认定上述事实的证据:

1. 被害人滕某刚、高某哲陈述;

2. 估价鉴定结论书;

3. 辨认笔录及照片;

4. 扣押物品(作案工具)清单及照片、案件来源及抓获经过、情况说明2份。

(二) 破坏电力设备事实

在侦讯过程中,被告人战某某、王立某、杨某、尹某某还分别主动供认:2006年9月6日凌晨,被告人战某某、王立某、杨某、宁某某伙同牛某辉等人来到某某开发区(双桥)美津钢管有限公司工地附近,盗割正在使用的电缆线100米,价值人民币1250元。

认定上述事实的证据:

1. 被害人夏某照陈述;

2. 估价鉴定结论书;

3. 辨认笔录及现场照片。

2006年11月13日凌晨,被告人王立某、杨某伙同张某同等人来到双桥河镇王庄村欣达西里小区围墙外,盗割正在使用的电缆线27米,价值人民币3159元。

认定上述事实的证据:

1. 被害人王某顺陈述;

2. 证人腾某军证言;

3. 估价鉴定结论书;

4. 辨认笔录及现场照片。

2006年12月2日凌晨,被告人王立某、杨某、苗某某、尹某某伙同王某等人(均另处)来到某某开发区(双桥)天津顺达工贸公司院外,盗割正在使用的电缆线50米,价值人民币4400元。

作案后,被告人战某某、王立某、杨某、苗某某、尹某某、宁某某等人分别将上述赃物销卖,所得赃款俵分挥霍。

认定上述事实的证据:

1. 被害人苗某鹏陈述;

2. 证人间某某证言;

3. 估价鉴定结论书;

4. 辨认笔录及现场照片。

（三）聚众斗殴事实

2006年8月20日20时许，本区葛沽镇居民姜某龙、张某富、李亮某、王某桥、夏某兴、赵群某、姜某贵、刘某裕、赵丹某、刘某蕊等人到本区双桥河镇李家圈村旱冰场滑旱冰，在旱冰场内姜某龙与河北省人刘某磊（已处）发生争执，后在旱冰场外姜某龙、姜某贵、赵群某、李亮某等人与刘某磊等人厮打在一起，刘某磊被打伤，姜某龙等人乘车离开李家圈村。为图报复，刘某磊及双桥河镇西官房村人刘某伍（已处）指派河北省人胡某林（已处）、东北人“大勇”（另处）驾车尾随姜某龙等人，后又纠集被告人战某某等人，分乘刘某伍、山东省人潘某忠（已处）驾驶的两辆夏利汽车进行追赶，刘某磊上车时被人劝下。当晚20时许，被告人战某某与刘某伍、潘某忠等人驾车在胡某林等指引下来到本区葛沽镇曾庄村，在曾庄村村委会门前找到姜某龙等人，被告人战某某和“大勇”等人即持棒球棍、铁管等工具下车殴打姜某龙等人，将姜某龙、张某富、王某桥、李亮某、赵群某、夏某兴打伤，后乘刘某伍、胡某林、潘某忠驾驶的汽车逃离现场。数日后，刘某磊支付胡某林、潘某忠现金100元。经鉴定，被害人姜某龙头部的损伤程度为轻伤，胸壁、右腰部、左肩、左前臂软组织的损伤程度均为轻微伤；张某富头部的损伤程度为轻伤；王某桥头部、腰部、双肩部软组织的损伤程度均为轻微伤；李亮某头部、右肩部、双膝部软组织的损伤程度均为轻微伤；赵群某、夏某兴头部的损伤程度均为轻微伤。

认定上述事实的证据：

1. 被害人姜某龙等人的陈述；
2. 证人姜某贵等人证言；
3. 同案犯刘某伍等人供述；
4. 鉴定结论书；
5. 诊断证明书、案件来源等证据。

2006年10月24日，黑龙江省人郭某洋（另处）得知其女友赵某娟与女同事李某在上班时因琐事发生口角，便给李某的丈夫本区葛沽镇石闸村人夏某锁打电话约定在某某开发区（双桥）路口“大牌子”处见面。当晚，郭某洋纠集被告人战某某和刘某宝（又名刘某伟）、吕某、王某（又名王某龙）、刘某中（又名刘某宇、王金某）、王某雷等人（均另处）持镐把、片刀前去，因看到警车到此即逃离。当日22时许，守在某某开发区（双桥）路口的被告人战某某及刘某宝、吕某、王某持刀将来到此处的夏某锁左臂砍伤，后逃离现场。经法医鉴定，被害人夏某锁左尺骨、左桡骨骨折，左上臂软组织创口的损伤程度均为轻伤。

认定上述事实的证据：

1. 被害人夏某锁陈述；
2. 同案犯郭某洋等人供述；

3. 证人李某、李某成证言;

4. 鉴定结论书;

5. 诊断证明书。

2006年10月26日16时许,本区咸水沽镇居民范志某(另处)欲和本区北闸口镇裕盛村村民周某某争拉“大珍”电子公司废料,便纠集被告人战某某及郭某洋等人乘车来到裕盛村村口的工地找到周某某与周发生厮打,厮打中持镐把将周某某打伤后逃离现场。经法医鉴定被害人周某某腰骶部的损伤为轻微伤。

认定上述事实的证据:

1. 被害人周某某陈述;

2. 同案犯范志某、郭某洋供述;

3. 证人李金某等人证言;

4. 鉴定结论书;

5. 诊断证明书、案件来源及抓获经过、现场车辆照片。

2006年12月6日晚,被告人苗某某酒后在本区双桥河镇李家圈村公路上滋扰本区务工人员顾某华的女友马某某,顾某华与马某某见状不予理睬并离去,回到在李家圈村的暂住处。后被告人苗某某纠集王某伟等人(均外逃,具体身份不详)来到顾某华的暂住处,持镐把对顾某华进行殴打,并追顾某华到李家圈村的公路上,伙同事先纠集的多人继续持镐把对其殴打,后被他人制止。经法医鉴定,被害人顾某华腰部软组织挫伤为轻微伤。当晚,被告人苗某某被抓获归案。

认定上述事实的证据:

1. 被害人顾某华陈述;

2. 证人尹某某、马某某证言;

3. 鉴定结论书;

4. 诊断证明书、案件来源及抓获经过、情况说明等证据。

(四) 故意伤害事实

2006年10月29日晚,东北人王永某(另处)等人来到北闸口镇大芦庄村董某成的暂住处饮酒,后在屋外王永某因琐事与董某成的邻居河北省人张继某发生争执,被董某成等人劝解。10月30日凌晨,王永某纠集被告人战某某等人来到张继某的暂住处,持随身携带的刀、镐把等工具对张继某进行殴打,致被害人张继某身体多处受伤,流血倒地,后被告人战某某及王永某等人逃离现场。经法医鉴定,被害人张继某左腕部的损伤为重伤,头部、双侧肩胛部、双上臂创口的损伤均为轻伤。

认定上述事实的证据:

1. 被害人张继某陈述;

2. 证人董某成、王春某等人证言;

3. 鉴定结论书;

4. 诊断证明书。

(五) 抢劫事实

2006年6月21日23时许,被告人王立某、杨某、苗某某伙同李某、郭某利等人(均外逃)来到双桥河镇李家圈村村南木桥旁,围住在此经过的山东省人程某升、牛某新,对其进行殴打,将被害人程某升的摩托罗拉V360手机(价值人民币900元)及现金800元抢走,后离开现场。

认定上述事实的证据:

1. 被害人程某升、牛某新陈述;

2. 估价鉴定结论书;

3. 辨认笔录及照片、诸被告人身份证明等证据。

本院认为,被告人战某某、王立某、杨某、尹某某分别伙同他人以非法占有为目的,秘密窃取公私财物,其中被告人战某某、王立某数额特别巨大,被告人杨某数额巨大,被告人尹某某数额较大的行为已触犯《中华人民共和国刑法》第二百六十四条的规定,被告人战某某、王立某、杨某、苗某某、尹某某、宁某某分别伙同他人破坏电力设备,足以危害公共安全的行为,已触犯《中华人民共和国刑法》第一百一十八条的规定,被告人战某某、苗某某分别结伙聚众持械殴打他人的行为、被告人战某某聚众斗殴致人重伤的行为分别触犯《中华人民共和国刑法》第二百九十二条第一款、第二款,第二百三十四条的规定,被告人王立某、杨某、苗某某伙同他人以非法占有为目的,当场使用暴力强行劫取公民财物的行为已触犯《中华人民共和国刑法》第二百六十三条的规定,犯罪事实清楚,证据确实、充分,应当以盗窃罪、破坏电力设备罪、聚众斗殴罪、故意伤害罪追究被告人战某某的刑事责任,以盗窃罪、破坏电力设备罪、抢劫罪追究被告人王立某、杨某的刑事责任,以破坏电力设备罪、聚众斗殴罪、抢劫罪追究被告人苗某某的刑事责任,以盗窃罪、破坏电力设备罪追究被告人尹某某的刑事责任,以破坏电力设备罪追究被告人宁某某的刑事责任。被告人战某某、王立某、杨某、苗某某、尹某某、宁某某结伙实施犯罪行为,依据《中华人民共和国刑法》第二十五条的规定,属共同犯罪;被告人战某某、王立某、杨某、苗某某、尹某某的行为依据《中华人民共和国刑法》第六十九条的规定,应数罪并罚;被告人宁某某在刑罚执行期间,发现漏罪没有判决,根据《中华人民共和国刑法》第七十条、第六十九条的规定,亦应数罪并罚。被告人战某某、王立某、杨某、尹某某被采取强制措施后,如实供述司法机关尚未掌握的本人其他部分罪行,根据《中华人民共和国刑法》第六十七条第二款的规定,属自首;被告人宁某某检举他人犯罪查证属实,根据《中华人民共和国刑法》第六十八条的规定,属立功表现,对被告人战某某、王立某、杨某、尹某某、宁某某均可从轻或减轻处罚。依照《中华人民共和国刑事诉讼法》第一百四十一条之规定,提起公诉,请依法判处。

此致

天津市××区人民法院

代理检察员:李某

二〇〇七年六月二十九日

附:

1. 诸被告人现羁押于某某区看守所;

2. 证据目录、证人名单各 1 份,主要证据复印件 95 份。

【点评】 该案是涉及多名被告人涉嫌多个罪名、多种情节的共同犯罪的刑事案件。该案起诉书的撰写,要符合数人犯数罪的特征,因而具有一定的典型性。该案中,被告人进行了多起盗窃行为,并且这些行为具有基本相同的特点,因此起诉书先进行概括,再分别撰写各项事实,方法得当。该案起诉书证据列举全面,采用"一事一证"和"一罪一证"相结合的方式来列举证据。起诉理由罪责明确,描述罪状、定性准确,引用法律准确。但是,辨认笔录并非法定的证据种类,因此,不应当单独列举,而应归属于被告人供述和辩解或者证人证言。

第二节 不起诉决定书

一、不起诉决定书的概念

不起诉决定书,是指人民检察院对侦查机关移送来的案件经过审查,认为不符合起诉条件,决定不将案件移送人民法院审判而终止诉讼活动时制作的文书。

我国现行《刑事诉讼法》第 173 条第 1 款规定:"犯罪嫌疑人没有犯罪事实,或者有本法第十五条规定的情形之一的,人民检察院应当作出不起诉决定。"第 2 款规定:"对于犯罪情节轻微,依照刑法规定不需要判处刑罚或者免除刑罚的,人民检察院可以作出不起诉决定。"第 171 条第 4 款规定:"对于二次补充侦查的案件,人民检察院仍然认为证据不足,不符合起诉条件的,应当作出不起诉的决定。"据此,我国《刑事诉讼法》将不起诉制度分为典型的三种,即:法定不起诉、酌定不起诉、证据不足不起诉(又称"存疑不起诉")。另外,《刑事诉讼法》对未成年人刑事案件还规定了"附条件不起诉",不过这仅适用于符合特定条件的未成年人刑事案件,而不适用于一般情况。

二、不起诉决定书的格式与内容

(一) 首部

1. 制文单位名称、标题和案件编号。

2. 被不起诉人的基本情况。

3. 辩护人的基本情况。

(二) 正文

1. 案件真实情况。按照法定不起诉、酌定不起诉和证据不足不起诉,分别叙述事实。

2. 不起诉的理由、法律依据和决定事项。具体写法亦需根据法定不起诉、酌定不起诉和证据不足不起诉的不同类型而定。

3. 告知事项。

(三) 尾部

写明检察院名称、日期并加盖院印。

【格式说明】

×××人民检察院

不起诉决定书

(绝对不起诉用)

×检　刑不诉[　]　号

被不起诉人……[写明姓名、性别、出生年月日、身份证号码、民族、文化程度、职业或工作单位及职务、住址,是否受过刑事处罚,采取强制措施的种类、时间、决定机关等]

(如系不起诉单位,应写明名称、住所地等)

辩护人……(写明姓名、工作单位)

本案由×××(侦查机关名称)侦查终结,以被不起诉人×××涉嫌×××罪,于×年×月×日移送本院审查起诉。

(如果是自侦案件,写"被不起诉人×××涉嫌×××罪一案,由本院侦查终结,于×年×月×日移送审查起诉或不起诉。"如果案件是由其他人民检察院移送的,此处应当将指定管辖、移送单位以及移送时间等写清楚)

(如果案件曾经退回补充侦查,应当写明退回补充侦查的日期、次数以及再次移送审查起诉的时间)

经本院依法审查查明:

……

[如果是根据刑事诉讼法第十五条第(一)项即侦查机关移送起诉认为行为构成犯罪,经检察机关审查后认为行为情节显著轻微、危害不大,不认为是犯罪而决定不起诉的,则不起诉决定书应先概括叙述公安机关移送审查起诉意见书认定的犯罪事实,然后叙写检察机关审查后认定的事实及相应的证据,重点反映显著轻微的情节和危害程度较小的结果。如果是行为已经构成犯罪,本应当追

究刑事责任,而决定不起诉的,应当重点叙明符合法定不追究刑事责任的事实和证据,充分反映出法律规定的内容]

本院认为,×××(被不起诉人)的上述行为,情节显著轻微、危害不大,不构成犯罪。依照《中华人民共和国刑事诉讼法》第十五条第(一)项和第一百七十三条第一款的规定,决定对×××(被不起诉人)不起诉。

(如果是根据刑事诉讼法第十五条第(二)至(六)项法定不追究刑事责任的情形而决定的不起诉,重点阐明不追究被不起诉人刑事责任的理由及法律依据,最后写决定不起诉的法律依据。)

被害人如果不服本决定,可以自收到本决定书后七日以内向×××人民检察院申诉,请求提起公诉;也可以不经申诉,直接向×××人民法院提起自诉。

×××人民检察院(院印)

××××年××月××日

×××人民检察院

不起诉决定书

(酌定不起诉用)

×检 刑不诉[ ] 号

被不起诉人……[写明姓名、性别、出生年月日、身份证号码、民族、文化程度、职业或工作单位及职务、住址,是否受过刑事处罚,采取强制措施的种类、时间、决定机关等]

(如系不起诉单位,应写明名称、住所地等)

辩护人……(写明姓名、工作单位)

本案由×××(侦查机关名称)侦查终结,以被不起诉人×××涉嫌×××罪,于×年×月×日移送本院审查起诉。

(如果是自侦案件,写"被不起诉人×××涉嫌×××罪一案,由本院侦查终结,于×年×月×日移送审查起诉或不起诉。"如果案件是由其他人民检察院移送的,此处应当将指定管辖、移送单位以及移送时间等写清楚)

(如果案件曾经退回补充侦查,应当写明退回补充侦查的日期、次数以及再次移送审查起诉的时间)

经本院依法审查查明:

……

(概括叙写案件事实,其重点内容是有关被不起诉人具有的法定情节及检察机关酌情作出不起诉决定的具体理由的事实。要将检察机关审查后认定的事实和证据写清楚,不必叙写侦查机关移送审查时认定的事实和证据。对于证据不足的事实,不能写入不起诉决定书中。在事实部分表述犯罪情节时应当以犯罪构成要件为标准,还要将体现其情节轻微的事实及符合不起诉条件的特征叙述清楚。叙述事实之后,应当将证明“犯罪情节”的各项证据一一列举,以阐明犯罪情节如何轻微)

本院认为,犯罪嫌疑人×××实施了《中华人民共和国刑法》第×条规定的行为,但犯罪情节轻微,具有×××情节(此处写明从轻、减轻或免除刑事处罚具体情节的表现),根据《中华人民共和国刑法》第×条的规定,不需要判处刑罚(或者免除刑罚)。依据《中华人民共和国刑事诉讼法》第一百七十三条第二款的规定,决定对×××(被不起诉人)不起诉。

被不起诉人如不服本决定,可以自收到本决定书后七日内向本院申诉。

被害人如不服本决定,可以自收到本决定书后七日以内向×××人民检察院申诉,请求提起公诉;也可以不经申诉,直接向×××人民法院提起自诉。

×××人民检察院(院印)
××××年××月××日

×××人民检察院

不起诉决定书

(证据不足不起诉用)

×检　刑不诉[　]　号

被不起诉人……[写明姓名、性别、出生年月日、身份证号码、民族、文化程度、职业或工作单位及职务、住址,是否受过刑事处罚,采取强制措施的种类、时间、决定机关等]

(如系不起诉单位,应写明名称、住所地等)

辩护人……(写明姓名、工作单位)

本案由×××(侦查机关名称)侦查终结,以被不起诉人×××涉嫌×××罪,于×年×月×日移送本院审查起诉。

(如果是自侦案件,写“被不起诉人×××涉嫌×××罪一案,由本院侦查终结,于×年×月×日移送审查起诉或不起诉。”如果案件是由其他人民检察院移送的,此处应当将指定管辖、移送单位以及移送时间等写清楚)

(如果案件曾经退回补充侦查,应当写明退回补充侦查的日期、次数以及再次移送审查起诉的时间)

×××(侦查机关名称)移送审查起诉认定……(概括叙述侦查机关认定的事实),经本院审查并退回补充侦查,本院仍然认为×××(侦查机关名称)认定的犯罪事实不清、证据不足(或本案证据不足),不符合起诉条件。依照《中华人民共和国刑事诉讼法》第一百七十一条第四款的规定,决定对×××(被不起诉人)不起诉。

[如系检察机关直接受理的案件,则写为:本案经本院侦查终结后,在审查起诉期间,经两次补充侦查,本院仍认为本案证据不足,不符合起诉条件。依照《中华人民共和国刑事诉讼法》第一百七十一条第四款的规定,决定对×××(被不起诉人)不起诉]

被害人如不服本决定,可以自收到本决定书后七日以内向×××人民检察院申诉,请求提起公诉;也可以不经申诉,直接向×××人民法院提起自诉。

×××人民检察院(院印)

××××年××月××日

三、写作注意事项

在写作不起诉决定书时,必须注意的是:应当区分不起诉的三种不同类型而选择不同的格式,并采用不同的表述方式。如果案件系法定不起诉的情形,则应当采用法定不起诉的文书;如果案件系酌定不起诉的情形,则应当采用酌定不起诉的文书;如果案件系证据不足不起诉的情形,则应当采用证据不足不起诉的文书,绝不可以张冠李戴。另外,值得注意的是,对于三种不起诉的情形,法律均赋予被害人申请及提起自诉的权利,因此在文末的告知事项部分,不要忘记应写上告知被害人的申诉及提起自诉权的表述,而对于酌定不起诉,还应当写上告知被不起诉人有申诉的权利的表述。

四、文书实例与点评

(一) 廖某某涉嫌诈骗案:绝对不起诉①

四川省自贡市贡井区人民检察院

不起诉决定书

贡检公诉刑不诉[2015]×号

被不起诉人廖某某,男,19××年××月××日出生,居民身份证号码:……汉族,高中文化,无业,户籍所在地四川省自贡市××区,住四川省自贡市××区××镇××村××组××号。2013年××月××日,因涉嫌诈骗罪被自贡市公安局贡井区分局刑事拘留;2013年××月××日,因涉嫌诈骗罪被自贡市公安局贡井区分局取保候审。2014年×月×日,因涉嫌诈骗罪被浙江省××市××县人民检察院批准逮捕。

本案由自贡市公安局贡井区分局侦查终结,以被不起诉人廖某某涉嫌诈骗罪,于2015年×月×日向本院移送审查起诉。其间,本院于2015年2月15日

① 参见人民检察院案件信息公开网,http://www.ajxxgk.jcy.cn/html/20150506/2/555995.html。

第一次退回侦查机关补充侦查，侦查机关于2015年3月13日补查重报。本院于2015年2月5日延长审查起诉期限。

经本院依法审查查明：

2013年1月中旬，被不起诉人廖某某与温某某合谋以廖某某女友刘某甲的房产证、土地使用证、户口簿作为担保向他人借钱，并找到女性朋友鲁某某让其冒充刘某甲。同年1月20日，鲁某某冒用刘某甲的名义签订了一份借款合同，骗取被害人刘某乙的现金人民币18,000元，得手后三人将钱财用于个人挥霍。

本院认为，被不起诉人廖某某的行为系合同诈骗行为，根据《最高人民检察院、公安部关于公安机关管辖的刑事案件立案追诉标准的规定(二)》第七十七条规定. 合同诈骗案数额在二万元以上的，应予立案追诉，因此被不起诉人廖某某的上述行为，情节显著轻微、危害不大，不构成犯罪。依照《中华人民共和国刑事诉讼法》第十五条第(一)项和第一百七十三条第一款的规定，决定对廖某某不起诉。

被不起诉人如不服本决定，可以自收到本决定书后七日内向本院申诉。

被害人如果不服本决定，可以自收到本决定书后七日以内向自贡市人民检察院申诉，请求提起公诉；也可以不经申诉，直接向自贡市贡井区人民法院提起自诉。

四川省自贡市贡井区人民检察院
二〇一五年×月×日

【点评】　这是一份“绝对不起诉”(又称“法定不起诉”)的不起诉决定书。不起诉决定书的关键，在于阐明案情属于哪种法定的不起诉类型。该份不起诉决定书在简要描述了被不起诉人的行为系合同诈骗行为之外，还阐明了《最高人民检察院、公安部关于公安机关管辖的刑事案件立案追诉标准的规定(二)》中该罪名的追诉标准，说明该行为为何属于“情节显著轻微、危害不大，不构成犯罪”，从而依据刑事诉讼法关于绝对不起诉的规定，予以决定不起诉。尽管案情简单，但该文书说理清楚，凸显了绝对不起诉这种不起诉类型的特征。

(二) 王某某涉嫌信用卡诈骗案：相对不起诉①

上海市黄浦区人民检察院

不起诉决定书

沪黄检金融刑不诉[2014]×号

被不起诉人王某某，女，19××年××月××日出生，公民身份号码：……汉族，大学文化程度，系上海某某有限公司财务，户籍在本市××镇××路××弄

① 参见人民检察院案件信息公开网，http://www.ajxxgk.jcy.cn/html/20141216/2/171787.html。

××号××室,住本市××街××弄××号××室。2014年×月××日因涉嫌信用卡诈骗罪被上海市公安局黄浦分局决定取保候审,2014年××月××日由本院决定继续取保候审。

本案由上海市公安局黄浦分局侦查终结,以被不起诉人王某某涉嫌信用卡诈骗罪,于2014年×月××日移送本院审查起诉。本院受理后,于同日已告知被不起诉人王某某有权委托辩护人,同日已告知被害单位有权委托诉讼代理人;依法讯问了被不起诉人,审查了全部案件材料。

经本院依法审查查明:

被不起诉人王某某于2009年3月向××银行申领××用卡1张(卡号为:……)后,并于2009年×月××日至2013年×月××日期间,持卡透支消费、提取现金,共计透支本金人民币12439元,经发卡行以电话、信函等方式多次催收,超过三个月仍不归还。

被不起诉人王某某于2014年8月28日接公安人员电话通知后,主动至公安机关投案自首,对上述犯罪事实供认不讳,并于2014年×月×日、××月××日向发卡行退缴了人民币12960元。

上述事实,有以下证据证明:

1. 被不起诉人王某某的多次供述证实,其于2009年3月向××银行申领了信用卡一张,并于2009年×月××日至2013年×月××日期间持卡多次提取现金和消费,共计透支本金人民币12439元,虽经银行多次催讨仍拒不归还的事实。

2. 被害单位××银行提供的报案书、催收记录、查询账户历史交易明细及申领资料等书证证实,被不起诉人王某某申领该行信用卡后,共计透支本金人民币12439元,虽经银行多次催讨仍拒不归还的事实。

3. 上海市公安局黄浦分局的工作记录证实,被不起诉人王某某的到案经过及如实供述的状况。

4. ××银行信用卡业务回单证实,被不起诉人王某某到案后已退缴人民币12960元的事实。

上述证据来源及收集程序合法,内容客观真实,足以认定指控事实。被不起诉人王某某对基本犯罪事实无异议。

在本院公开审查过程中,被不起诉人王某某表示要改过自新,请求对其从宽处理。

本院认为,被不起诉人王某某实施了《中华人民共和国刑法》第一百九十六条第一款第(四)项、第二款规定的行为,但犯罪情节轻微,具有自首情节,符合《中华人民共和国刑法》第六十七条第一款之规定,依法可以从轻或者减轻处罚;王某某到案后能主动偿还全部透支款,根据《中华人民共和国刑法》第三十七条的规定,可以免除刑罚。依据《中华人民共和国刑事诉讼法》第一百七十三条第二款的规定,决定对王某某不起诉。

被不起诉人如不服本决定,可以自收到本决定书后七日以内向本院申诉。

被害单位如不服本决定,可以自收到本决定书后七日以内向上海市人民检察院第二分院申诉,请求提起公诉。

上海市黄浦区人民检察院
二〇一四年××月××日

附件一:相关法律条文

《中华人民共和国刑法》

第三十七条　对于犯罪情节轻微不需要判处刑罚的,可以免予刑事处罚,但是可以根据案件的不同情况,予以训诫或者责令具结悔过、赔礼道歉、赔偿损失,或者由主管部门予以行政处罚或者行政处分。

第六十七条第一款　犯罪以后自动投案,如实供述自己的罪行的,是自首。对于自首的犯罪分子,可以从轻或者减轻处罚。其中,犯罪较轻的,可以免除处罚。

第一百九十六条　有下列情形之一,进行信用卡诈骗活动,数额较大的,处五年以下有期徒刑或者拘役,并处二万元以上二十万元以下罚金;数额巨大或者有其他严重情节的,处五年以上十年以下有期徒刑,并处五万元以上五十万元以下罚金;数额特别巨大或者有其他特别严重情节的,处十年以上有期徒刑或者无期徒刑,并处五万元以上五十万元以下罚金或者没收财产:

……

(四)恶意透支的。

前款所称恶意透支,是指持卡人以非法占有为目的,超过规定限额或者规定期限透支,并且经发卡银行催收后仍不归还的行为。

……

《中华人民共和国刑事诉讼法》

第一百七十三条第二款　对于犯罪情节轻微,依照刑法规定不需要判处刑罚或者免除刑罚的,人民检察院可以作出不起诉决定。

【点评】　这是一份"相对不起诉"的不起诉决定书。该不起诉决定书比较清楚地写明了被不起诉人所实施行为的基本过程和结果,并通过列举证据来说明被指控的事实系足以认定的。由于相对不起诉需要具备认定情节轻微,依法可以从轻、减轻或免除处罚的情节,该份文书阐述了被不起诉人对基本犯罪事实无异议,到案后能主动偿还全部透支款,表示要改过自新,请求对其从宽处理的事实,因而作出不起诉决定。对相对不起诉的特征有比较好的把握。另外,有的检察机关在不起诉决定书中，也附上了相关的法律条文，使作出不起诉决定的法律依据比较清晰。该份不起诉决定书同样也附上了相关的法律条文，显得较为清楚。

（三）吴某某涉嫌挪用资金案：证据不足不起诉①

玉环县人民检察院
不起诉决定书

玉检公诉刑不诉[2014]××××号

被不起诉人吴某某，男，19××年××月××日出生，居民身份证号码：……汉族，高中文化，原系浙江×××燃料有限公司总经理助理兼营销×部经理，家住浙江省台州市椒江区……因涉嫌挪用资金罪，于2013年×月××日被玉环县公安局刑事拘留，同年6月19日被玉环县公安局取保候审，2014年×月××日被本院取保候审。

本案由玉环县公安局侦查终结，以被不起诉人吴某某涉嫌挪用资金罪，于2014年5月7日移送本院审查起诉。其间本院于2014年×月××日、2014年×月×日先后两次退回玉环县公安局补充侦查，玉环县公安局第二次补充侦查完毕后于2014年××月×日再次移送本院审查起诉，本院于2014年××月×日延长审查起诉期限十五日。

玉环县公安局移送审查起诉认定：

犯罪嫌疑人吴某某于2012年1月受聘于浙江×××燃料有限公司担任总经理助理。2012年1月22日，犯罪嫌疑人吴某某向李某某（天台××燃料有限公司法定代表人）讨要货款，当日李某某给吴某某指定的银行账户汇款35万元。2012年3月，犯罪嫌疑人吴某某离职，及至案发，犯罪嫌疑人吴某某未将上述货款交到浙江×××燃料有限公司。

经本院审查并两次退回补充侦查，本院仍然认为玉环县公安局认定的犯罪事实不清，证据不足。从全案证据来看，浙江×××燃料有限公司（下称"×××公司"）于2011年下半年向李某某所在的天台××燃料有限公司（下称"××公司"）销售煤炭共1.9万余吨，后××公司支付了部分货款尚欠×××公司货款数百万元。2011年下半年至2012年1月，吴某某受×××公司法人代表颜某某的指派多次向李某某催讨货款。2012年1月22日，李某某向时任×××公司总经理助理的吴某某指定的其妻子袁某某台州银行账户汇款共计人民币35万元，之后李某某、吴某某均未及时告知颜某某关于支付和收到该笔35万元的事宜。归案后吴某某一直辩解该35万元系李某某向其支付的山西等地的费用或

① 参见人民检察院案件信息公开网，http://www.ajxxgk.jcy.cn/html/20150505/2/550609.html。

费用预支,并非货款。全案证据能够证实该35万元就是李某某通过吴某某向×××公司所支付的货款现只有李某某一人的证言,且李某某的该讲法无法得到其他证据的印证。根据×××公司与××公司所签订的煤炭买卖合同显示,合同中已注明了买卖双方的公司银行账户,而李某某将货款汇给个人银行账户也不符合交易习惯。另外,从现有证据材料反映,吴某某与李某某于2011年下半年确有在山西合做煤炭生意并产生了一定的费用,至于该费用如何分摊双方讲法不一;且吴某某与李某某、颜某某个人之间也存在多笔的经济往来。现有证据不能完全排除吴某某辩解的可能性,难以认定吴某某利用职务上的便利挪用×××公司的资金35万元且超过三个月未还。故本案事实不清、证据不足,对吴某某尚不符合起诉条件。依照《中华人民共和国刑事诉讼法》第一百七十一条第四款的规定,决定对吴某某不起诉。

被不起诉人如不服本决定,可以自收到本决定书后七日内向本院申诉。

被害人如不服本决定,可以自收到本决定书后七日以内向台州市人民检察院申诉,请求提起公诉;也可以不经申诉,直接向玉环县人民法院提起自诉。

玉环县人民检察院

二〇一四年××月××日

【点评】 这是一份证据不足不起诉(存疑不起诉)的不起诉决定书。该不起诉决定书对退回补充侦查的情况以及次数进行了说明,且说明了延长审查起诉期限的情况,均属于对程序性事项以及诉讼期间的必要交代,也体现了证据不足不起诉的案件在程序上的特征。另外,该不起诉决定书对全案证据进行了必要的分析,进行了一定的说理,指出该案只有一个证人的证言,现有证据不能完全排除证人证言的可疑之处的情形,来说明该案属于证据不足的情况。该份不起诉决定书不仅格式规范,对程序性事项有完整的交代,而且说明较为充分,是一份质量较高的不起诉决定书。

第三节 公诉意见书

一、公诉意见书的概念

公诉意见书,是指人民检察院指派的公诉人在法庭调查结束、法庭辩论开始时,依法就案件事实认定及定罪量刑等问题集中发表意见时所适用的文书。

公诉人的公诉意见书是与辩护律师的辩护词相对应的文书。公诉意见书的功能是集中发表公诉意见,全面总结公诉的事实、理由和依据。这与律师的辩护词是辩护意见的集中总结是相对应的。公诉人应当在出庭之前就制作好公诉意见书,就本案的证据、案件事实、性质认定、量刑轻重的建议、适用法律等重要问题,阐明公诉人的观点。公诉意见书是起诉书的补充,也是对起诉书所认定的案件事实、证据及适用法律等问题的进一步的论证。因此,公诉意见书不是起诉书的简单重复,而应当在起诉书的基础上,根据案件的庭审情况进一步地集中阐发公诉人的观点。

二、公诉意见书的格式与内容

(一) 首部

1. 制文的检察院的名称及文书名称。

2. 案件的有关情况(包括被告人的姓名、案由、起诉书号)。

(二) 正文

1. 称呼语(根据具体情况,写明“审判长、审判员”或者“审判长、审判员、人民陪审员”或者“审判长、人民陪审员”)。

2. 出庭任务、职责及法律依据。

3. 支持公诉的具体意见。

4. 结论。

(三) 尾部

1. 公诉人的姓名。

2. 年月日。

【格式说明】

×××人民检察院
关于×××案的公诉意见书

被告人:×××

案由:×××

起诉书号:×检刑诉[××××]××号

审判长、审判员(或者人民陪审员):

根据《中华人民共和国刑事诉讼法》第×条的规定,经×××人民检察院检察长的指派,我们以国家公诉人的身份出席法庭,支持公诉。

(写明支持公诉的具体意见:……)

(结论:……)其行为已经触犯国家刑律,构成×××罪,应依法追究刑事责任,对被告人×××加以惩罚,以正国法。

公诉人:×××
××××年××月××日

三、写作注意事项

公诉意见书的重点应集中于支持公诉的具体意见的部分,这是公诉意见书的核心内容。应注意重点阐述以下问题:(1) 概述法庭调查的情况,阐述各证据的证明作用,符合逻辑地运用各证据之间的关联关系阐述被告人的犯罪事实,向法庭说明已经达到了刑事诉讼法所规定的确定有罪的证明标准;(2) 根据被告人的犯罪事实,论证应适用的法律条款,提出犯罪性质的认定,以及提出是否可以从重、从轻、减轻处罚等意见;(3) 根据庭审情况,阐述被告人的犯罪行为的社会危害性,并且作出必要的法制教育等工作。

公诉意见书是以口头宣读方式由公诉人在法庭上发表的,因此应语言朴素、通俗易懂。并且,在写作公诉意见书时,应突出重点,否则,就会导致在有限的庭审时间期间所宣读的公诉意见主次不分,缺乏重点。因此,应突出重点,区分主次:对证据有争议时,应重点论证有争议的证据的合法性以及证明力;对案件的定性有争议时,应运用犯罪构成要件的理论论证被告人的行为所构成的罪名;对涉及被告人的刑事责任有争议时,应论证被告人是否有从重、从轻或者减轻的情节;对共同犯罪案件中的各被告人的刑责大小有争议时,应重点论证主犯的罪行和刑责,等等。

另外值得注意的是:由于公诉意见书是在法庭上口头宣读的,因此在格式上不像其他文书一样非常严格,写作也不必非常拘谨,只要基本结构正确就可以了。

四、文书实例与点评

(一) 韦××挪用公款案[①]

韦××挪用公款案出庭意见

审判长、审判员:

我受本院检察长指派,以检察员身份出席今天的法庭,依法支持南宁市人民检察院对韦××挪用公款案一审判决抗诉。受理本案后,我查阅了相关案件卷宗,走访了案发单位,对检察、法院一审争议问题有了一定了解。通过审查,我认为南宁市检察院对本案一审判决抗诉得当,应予支持。昨天,我院已提出了支持刑事抗诉意见书,表明了支持抗诉的主要理由。为进一步阐明我院对本案二审所持的观点,现提出以下出庭意见,请合议庭合议时参考:

---

① 参见最高人民法院、最高人民检察院《中国案例指导》编辑委员会:《中国案例指导》2007 年第 1 辑(总第 3 辑)· 刑事行政卷,法律出版社 2007 年版,第 73—76 页。

一、被告人韦××犯罪事实清楚、证据确实充分

南宁市人民检察院起诉、南宁市中级人民法院判决在认定被告人韦××犯罪事实、采信证据定案达成一致，即1997年至2003年10月，被告人韦××在担任南宁市邮政局江南分局××储蓄所出纳期间，利用职务之便，在办理储蓄存款业务中，采取手写存折、存单金额不入账等手段，先后多次从储蓄备用金和28个储户的活期存款或定期存款中挪用人民币1,611,353.20元，除少部分用于传销外，其余款项都用于“六合彩”赌博。2003年11月10日上午，南宁邮政储汇局检查组对××储蓄所网点进行突击检查并对库存现金进行盘查，发现库存金有短款现象，被告人韦××便交代其挪用公款用于传销、赌博的事实，并退回挪用的赃款335,939.16元，至今尚有1,275,414.04元未退还。我院认为一审判决认定事实清楚、证据确实充分、审理程序合法，应当支持。

在此，需要指出，虽然一审时检察与审判机关对韦××犯罪的手段、挪用的金额认定完全一致，但判决书对韦××挪用储户数量与起诉指控略有出入，定为23个储户。对此，我们审查公诉指控其挪用28个储户是准确的，请二审法院审查后确认。

二、被告人韦××属于依照法律从事公务的人员，应当承担相应的法律责任

1. 韦××基于法律授权取得邮政工作人员法律地位。《中华人民共和国邮政法》第八条第二款规定：“邮政企业根据需要可以委托其他单位或者个人代办邮政专营的业务。代办人员办理邮政业务时，适用本法关于邮政工作人员的规定。”《中华人民共和国邮政法实施细则》第五条则规定：“邮政企业委托其他单位或者个人代办邮政业务时，应当协商一致，并签订代办合同。”在本案中，南宁市邮政局根据法律授权，通过法定形式与××储蓄点及被告人韦××签订了“办理邮政储蓄业务合同”“代办邮政业务合同”，在完成这些法定手续后，韦××依法获得了“邮政工作人员”的法律地位。

2. 我国法律规定邮政工作人员系国家工作人员。首先，在《中华人民共和国邮政法》中，对邮政工作人员针对邮件窃取财物的行为，规定按贪污罪从重处罚，表明法律将邮政工作人员职务犯罪行为视为国家工作人员进行惩处；其次，国务院邮政主管部门根据《中华人民共和国邮政法》制定并报国务院批准施行的《中华人民共和国邮政法实施细则》，规定了国家邮电部有负责解释邮政法规的权利。据此，国家邮政主管部门出台的《中华人民共和国邮政法释义》对《中华人民共和国邮政法》第三条有明确的注释，认为我国邮政企业是全民所有制的企业，其固定资产属于国家所有，全体邮政工作人员是国家工作人员；最后，虽然国家邮电部已撤销，目前部分业务由信息产业部承担，但原制定的邮政法规并没有废除，仍然具有法律效力，应当得到严格遵守和执行。

3. 被告人韦××从事的工作是公务行为。南宁市邮政局××邮政所邮政储蓄点是经过国家工商行政管理部门依法核准的国有企业。韦××因法律授权取得邮政储蓄代办资格,在办理金融业务中担任具有管理、监督职权内容的出纳工作,具体管理、监督储蓄备用金和储户存款,这些处于金融机构经营状态的资金,均属于国有财产。因此,韦××的行为符合《中华人民共和国刑法》第二百七十二条第二款的情形,依法应当追究其挪用公款的刑事责任;同时,需要在司法实践中参照执行的《全国法院审理经济犯罪案件工作座谈会纪要》(最高人民法院2003年11月13日印发)也明确了国有公司出纳人员管理、监督国有财产等活动,属于从事公务。一审判决以韦××"只是依照合同受国有企业委托的从事劳务的非国家工作人员"为由,否定韦××依照法律取得职权,并从事具有管理、监督国有财产职权内容的公务行为本质,无视韦××是依照法律并以合同的法定形式取得职权的客观事实,片面强调"企业委托"来认定其从事的是劳务而非公务,是缺乏事实与法律依据的。

4. 刑法其他相关条款也规定韦××应当承担挪用公款的法律责任。《中华人民共和国刑法》第一百八十五条第二款(《中华人民共和国刑法修正案》修改,1999年12月25日起施行)规定:"国有商业银行、证券交易所、期货交易所、证券公司、期货经纪公司、保险公司或者其他国有金融机构的工作人员和国有商业银行、证券交易所、期货交易所、证券公司、期货经纪公司、保险公司或者其他国有金融机构的工作人员委派到前款规定中的非国有机构从事公务的人员有前款行为(即挪用本单位或者客户资金),依照本法第三百八十四条的规定处罚"。南宁市邮政局××邮政所邮政储蓄点具有中国人民银行颁发的金融机构营业许可证,系法律规定的"其他国有金融机构",作为其中的工作人员,韦××挪用本单位及储户存款,也应当依法按挪用公款定性处罚。

三、一审判决定性不准,导致适用法律错误,量刑畸轻

被告人韦××利用职务上的便利,挪用公款归个人使用,进行非法活动,且在案发后仍有巨额公款不退还,其行为触犯了《中华人民共和国刑法》第三百八十四条第一款的规定,构成挪用公款罪,应当处十年以上有期徒刑或者无期徒刑。而一审判决却适用《中华人民共和国刑法》第二百七十二条第一款的规定,以韦××犯挪用资金罪判处其有期徒刑七年,显然定性不准,适用法律错误,量刑畸轻。

以上出庭意见,请合议庭充分考虑并作出正确判决。我的意见暂时发表到此。

检察员:××

二〇〇四年十一月十一日

【点评】 这是一份因一审程序中的公诉机关抗诉而引起二审的一宗“挪用公款案”的二审公诉意见书。按照庭审阶段的不同,公诉意见书可以分为两种,一为一审程序中的公诉意见书,另一为二审程序中的公诉意见书。该份公诉意见书系二审中的公诉意见书,主要的目的是支持一审检察院的抗诉意见,阐明支持抗诉的主要理由。该意见书主要围绕抗诉书所不同意的一审判决的部分,依靠检察机关所认定的证据,系统阐明支持抗诉的理由,来论证一审判决有哪些错误的地方。该份意见书从犯罪事实、被告人的身份认定以及一审判决的定性三个部分来展开论述,逻辑合理,富有针对性,起到了阐发、支持抗诉意见的作用。不过,必须指出的是,该份意见书引述了“座谈会纪要”的意见,但是“座谈会纪要”并非正式的法律、法规和司法解释,不宜作为检察院起诉或者法院判决的法律依据,在阐述法律依据时,还是引述正式的法律和司法解释为宜。

（二）宋某某抢劫、故意杀人案①

审判长、审判员、各位旁听公民:

十五年前,26 岁的孙某某在某某县城一歌舞厅用长剑残杀无辜群众,造成四死六伤的惨剧至今仍让人心有余悸;十五年后,24 岁的宋某某为劫财和灭口又在该县城两天之内连杀五人,其中包括一家四口的灭门血案,再次刺痛了人们的心。被告人宋某某抢劫、故意杀人一案,通过互联网等媒介在全国范围内迅速传播,成为社会关注的焦点和热议的话题。今天,被告人宋某某被推上法庭接受法律和正义的审判,等待他的是法律的制裁和灵魂的拷问。根据《中华人民共和国刑事诉讼法》的有关规定,我们受某某市人民检察院的指派,以国家公诉人的身份,出席法庭支持公诉,并依法对刑事诉讼履行法律监督职责。

在刚刚结束的法庭调查中,公诉人采用多媒体示证的方式,向法庭宣读和出示了被告人在侦查阶段所作的供述、证人证言、现场勘验检查笔录、鉴定结论及书证、物证等证据,将被告人宋某某的犯罪事实直观、清晰、明了地展示出来。这些证据经法庭质证,确属客观、真实、有效,充分证明我院起诉书指控的被告人宋某某的犯罪事实清楚、证据确实充分。下面,我们就本案的性质、社会危害及相关问题发表如下公诉意见,请法庭充分注意并予以采纳。

一、被告人宋某某的行为已构成抢劫罪和故意杀人罪

根据我国《刑法》第 263 条的规定,抢劫罪是指以非法占有为目的,以暴力、胁迫或者其他方法强行劫取公私财物的行为。抢劫罪不仅侵犯公私财产的所有权,而且侵犯公民的人身权,这既是抢劫罪区别于其他财产犯罪的重要标志,又是使抢劫罪成为财产犯罪中最严重的犯罪的原因所在。根据我国《刑法》第 232

① 参见柏利民:《公诉意见书写作与优秀范例研究》,中国检察出版社 2011 年版,第 77—87 页。

条的规定,故意杀人罪是指故意非法剥夺他人生命的行为。由于侵犯的客体是他人的生命权,而生命权至高无上,是其他一切权利的基础,所以故意杀人罪也是侵犯公民人身权利犯罪中最严重的犯罪。而关于在抢劫过程中实施杀人行为如何定性的问题,早在2001年《最高人民法院关于抢劫过程中故意杀人案件如何定罪问题的批复》已明确规定:"行为人为劫取财物而预谋故意杀人,或者在劫取财物过程中,为制服被害人反抗而故意杀人的,以抢劫罪定罪处罚。行为人实施抢劫后,为灭口而故意杀人的,以抢劫罪和故意杀人罪定罪,实行数罪并罚。"结合本案的事实、证据及上述法律、司法解释的规定,被告人宋某某的行为完全符合这两个罪的犯罪构成要件:其一,被告人宋某某已年满24周岁,达到法定刑事责任年龄,具有完全刑事责任能力,符合抢劫罪、故意杀人罪一般主体的要求。其二,被告人宋某某主观上具有以暴力、胁迫手段劫取财物和为灭口而杀人两个故意。被告人宋某某稳定供述了其在作案前就决定抢劫之后一定要把人杀掉,以免留下线索和后患,可见其在预谋时就具有两个明确的犯罪故意:一是以暴力、胁迫手段实施劫取财物的故意,二是为灭口而杀人的故意。其三,被告人宋某某客观上实施了入户抢劫,致2人死亡;实施抢劫后,为灭口而故意杀害3人的行为。基于劫取财物和杀人灭口两个不同犯意的支配下,被告人宋某某实施了两个不同的客观行为:一是以持刀胁迫或者杀人的手段劫取财物,如为制服被害人沈某及其子沈某峰,采取用刀朝其致命部位捅击的方式,使其丧失反抗能力从而顺利劫取财物;二是以灭口为目的直接剥夺他人生命,该行为均发生在抢劫行为实施完毕之后,如被害人谢某某、胡某某已将财物交给入室抢劫的被告人之后,为了不留下活口暴露自己,被告人宋某某又对其实施了直取性命的杀害行为,而且对年仅2岁、毫无反抗能力的被害人沈某茜也大开杀戒。其四,被告人宋某某的行为严重侵犯了公民的生命权利和财产权利。在此,公诉人特别提请法庭注意以下几点:

第一,被告人宋某某的行为属于事前有预谋和有准备、事中有选择、事后有应对的劫财后又杀人的犯罪。被告人宋某某犯罪前就打定主意——抢钱后一定要把人杀掉,防止被认出来暴露自己;为顺利实施犯罪,事前购买了作案工具——两双手套和两把弹簧刀;实施犯罪中,将犯罪地点选定在离其住处稍远的县城东部的偏僻地段,犯罪时间选定在人员稀少的深夜,犯罪对象选定为路边开商铺的人,认为做生意的人有钱,可以大捞一把;实施犯罪后,及时抛弃作案工具和不要的赃物,多次反复清洗作案所穿的衣裤,转移重要物证,到犯罪现场窥探公安机关侦查情况,具有较强的反侦查和对抗能力。

第二,被告人宋某某犯罪手段极其残忍,犯罪后果极为严重。被告人宋某某犯罪手段极其残忍,5名被害人的损伤部位均为颈、胸等人体容易致命部位,并且创口较深较重,被害人注定必死无疑。拿年仅6岁和2岁、对被告人毫无威胁的被害人沈某峰和沈某茜来说，尸检结论表明：被害人沈某峰颈项部有2个创口，躯干部有1个创口。颈部损伤造成右侧颈动脉断裂，第7颈椎断裂，脊髓部分断裂。被害人沈某茜头面部有1个创口，躯干部有6个创口。损伤主要集中于左侧面颊部、前胸部、季肋部及上腹部，这些损伤致右侧颈总动脉完全断裂，双肺、肝脏损伤。可见，被告人宋某某作案时心狠手辣，没有哪个被害人能够幸免于难。正如其供述中所说的："下手要快、要狠，不能给他（指沈某）有反抗的机会，而且刀刀致命""我抢劫时基本上夺了进去都是刀刀见底，有时夺到底后拔出来时还会挑一下，而且下刀的部位都是要害部位"。此外，犯罪后果极为严重，5名被害人中有2名妇女和2名孩子，说明被告人丧心病狂、人性泯灭。正如其供述中所说的："打定主意要抢他家（指沈某家）时，我就想好了，不管大小都要全部干掉，以免留下活口对自己造成影响""想的干也干了，要干就要干干净，一个活口都不留"。按照被告人宋某某的犯罪心理和犯罪手段，其第一次作案时，如果被害人谢某某的两个孩子不是因为熟睡未被发现，恐怕也难逃过此劫。

第三，被告人宋某某犯罪情节特别恶劣，主观恶性及人身危险性极大。被告人宋某某第二次减刑释放不到两个月又疯狂作案，在两天时间里，两次入户抢劫，并致2人死亡；实施抢劫犯罪后，为灭口又故意杀害3人。

第四，被告人宋某某犯罪动机卑劣，谋财和灭口两个目的明显。被告人宋某某为偿还向朋友借的几千元赌债而抢劫、故意杀人，犯罪动机卑劣；其抢劫的目的就是劫取钱财，供其继续赌博和挥霍，杀人的目的就是要灭口，不留下任何线索和隐患。

二、本案社会影响及社会危害极大

被告人宋某某为偿还赌债而心生邪念，作案手段惨无人道，其犯罪行为造成5人死亡的后果，是新中国成立以来某某县最大的一起灭门惨案，也是新中国成立以来某某市死亡人数最多的一起凶杀命案，使数个家庭失去了亲人，至今仍沉浸在悲痛之中，精神上、生活上都造成了无法弥补的创伤和损失。案发时间又临近春节，严重影响了某某县的社会安定。该案发生后，通过互联网迅速传播，在全省乃至全国造成了极为恶劣的社会影响，被云南省公安厅列为特别督办案件，省、市、县三级公安机关抽调三百余人开展侦破工作。

在办理该案中，我们不止一次为被告人的残暴和血腥感到震惊和愤怒，也不止一次为被害人的惨死和不幸深感悲愤和心痛。我们注意到那么两个细节，虽然很小却足以唤醒每个人的良知和人性：一个是被害人谢某某的丈夫梁某某上厕所回来后，发现谢某某不省人事睡在住处的地上，以为是谢某某不小心摔伤，急忙叫醒两个女儿并喊附近的亲友将谢某某送医院抢救。在医生检查发现是刀伤而不是摔伤且人已死亡并一再追问的情况下，仍坚持认为谢某某是在家不慎摔伤的。善良、老实的梁某某怎么也不会想到,就在他外出上厕所这短短的几分钟时间里,谢某某已遭人谋财害命,随后才急匆匆地从医院赶回家看是否丢失什么东西并由亲戚报警。在等待警察到来的过程中,终于明白了家里已遭受灭顶之灾的他和两个还在上学的女儿蹲在家门口失声痛哭,在深夜的寒风里倍感凄清。可能他们连做梦都想不到,背井离乡到某某县开店谋生,眼看日子一天天好起来,两个女儿也顺利在某某县上学读书,却飞来横祸、遭人暗算,导致家破人亡、妻离母散。另一个是被告人宋某某供述中提到,他从被害人沈某和胡某某夫妻身上各抢得一个钱包,而两个钱包中均装有一张夫妻合影照。在物质生活和精神生活丰富多元的今天,在已经生育一对儿女的情况下,这对夫妻选择以最传统的方式——在各自钱包内装一张夫妻合影照,见证夫妻感情的历久弥新和家庭生活的幸福甜蜜。这张合影照虽然最终没能找到,夫妻俩最终也没能逃过被告人宋某某的屠刀,但他们以这样的方式为世人演绎了"在天愿作比翼鸟,在地愿为连理枝"的不老传说。我们特别要指出的是:在遇害的5名被害人中,还有两个可怜的孩子,一个是年仅6岁的沈某峰,另一个是年仅2岁的沈某茜。兄妹俩还那么小,还什么都不懂,他们甚至不清楚家里发生了什么,也根本意识不到深夜闯进他们家的歹徒是如此凶残和暴戾,在眼睁睁地看着父母惨死在歹徒的屠刀之下后,也不幸惨遭毒手。

某某县自古就是"礼乐名邦"的地方,素有"冠冕南州"的美誉,民风淳朴,秩序井然。本案发生后,全县人民谈之色变,人心惶恐。人们难以置信,无缘无故、无仇无过,被告人为何如此穷凶极恶、胆大妄为?又为何如此丧心病狂、草菅人命?使数个家庭一夜间失去了亲人,使原本完整幸福的家庭从此变得支离破碎。血迹可以洗刷干净,但人们心口的伤痛却难以抚平,血腥的场景注定成为很多人心中挥之不去的黑色记忆。

三、被告人走上犯罪道路的原因及本案带来的警示

翻开被告人宋某某的人生档案,我们看到的是家庭的不幸伴随宋某某一次又一次违法犯罪的历史。父母的早年离异,导致宋某某兄弟两人不仅缺少家庭的温暖、父母的呵护,而且无人管教、放任自流。宋某某在上初中期间因与同学打架被记大过一次,后又因与同学打架被校领导责令父母严加管教而自动辍学。2002年2月28日,年仅16岁的宋某某就因犯抢劫罪被某某县人民法院判处有期徒刑5年,2004年11月19日减刑释放;然而,出狱不到1年,2005年9月12日又因犯寻衅滋事罪和盗窃罪被某某县人民法院判处有期徒刑7年,2009年11月28日减刑释放。其弟宋某兵因犯抢劫罪于2005年5月27日被某某县人民法院判处有期徒刑2年,2007年2月25日减刑释放;然而,出狱不到3年,2009年11月16日又因犯盗窃罪和贩卖毒品罪被某某县人民法院判处有期徒刑11年零3个月。

宋某某第二次服刑回来后,表现出对社会的极大不满和仇视,抱怨这个社会不公平,有钱的人越来越有钱,没钱的人照样没钱。心态的不正常近乎疯狂,加之染上赌博的恶习,又屡赌屡输、急于扳本,于是孤注一掷、铤而走险,决定不干则已,一干就干到底,先抢钱,后杀人,不留任何活口,也不给自己留任何退路,从而大开杀戒、滥杀无辜。如果说染上赌博恶习、背上大额赌债是被告人宋某某走上本次犯罪道路的初始原因的话,那么心理不健康、不正常、仇视社会、敌视他人特别是他认为的"有钱人",则是其走上本次犯罪道路的重要原因,这从其本次犯罪轨迹中得到了清晰的印证:两次都是抢劫商铺,即他认为的"有钱人";两次抢劫得手后,为灭口都故意杀人,甚至连2岁、6岁的孩子都不放过。可以说,贪婪、残暴和自私才是被告人宋某某走上本次犯罪道路的根本原因:每一次抢劫作案都抢到了财物,总计近万,是为贪婪;每次作案都伴有杀人灭口,且惨剧都发生在人们认为最安全的家里,是为残暴;为了保存自己,不惜一切代价,无论大人孩子都杀,是为自私。他偏执地认为,只要留下活口,就随时可能会被公安机关发现,随时可能再进监狱;杀一人是死,杀多人也是死,干脆一不做,二不休,连杀多人,涂炭生灵。然而,被告人宋某某有没有想过,你苟且偷生活着的背后是五条鲜活而无辜的生命,这样滥杀无辜的结果可能连进监狱的机会都没有了!

我们在谴责宋某某滥杀无辜的暴力恶行的同时,还应从中得到警示:

警示一:敬畏生命的教育不能缺失。目前,我国社会处于跳跃式的快速发展期,人们的思想经历着起伏与动荡,在这个过程中,有一些人发生了道德沦丧、人性扭曲的问题。在少数人的心里,没有什么是值得敬畏的,包括生命在内。这些人就像不定时炸弹,随时可能爆发,杀伤力很大。如何尽量减少这样一些人,全社会都要努力,而教育承担着最重要的责任。无论何时,我们都不该放松思想道德教育,从小帮助孩子树立正确的世界观、人生观和价值观,让他们懂得生命的价值,对生命心怀敬畏和感恩。经过长时间的教育,长大成人后的他们才会无论遇到何种挫折、面对怎样的打击,都不会轻易地迷失自我、灭失人性。像本案的被告人宋某某,抢劫之后本可以不杀人,更不应该杀孩子,但为了灭口便不顾一切,滥杀无辜,说到底,还是对生命缺乏敬畏感。我们要说,敬畏和尊重生命是社会最基本的道德底线,不非法剥夺他人生命是自古皆然的正义底线。世界上任何一个生命都是宝贵和应受到尊重的,既要敬畏自己的生命,更要敬畏别人的生命。敬畏生命等于敬畏法律,善待生命等于善待人生;漠视生命等于漠视法律,侵害生命等于践踏人生。

警示二:赌博等社会丑恶现象应严加惩治。"赌博是贪婪之子、邪恶之兄、灾难之父"。近年来,赌博等社会丑恶现象沉渣泛起、愈演愈烈,既破坏家庭和谐,又影响社会稳定,并成为一些严重暴力、凶杀犯罪的"导火索"和"主诱因"。一些以营利为目的的违法犯罪分子,不惜以各种利益、好处为诱饵,诱骗一些不谙世事或者不知深浅的人特别是一些青少年和"两劳释放人员"参与其中,而一旦他们卷入其中,便会像"吸毒"一样难以自拔。赌博的最大危害就在于:赢的人还想再赢,输的人还想再赌。而为了筹措赌资或者输完赌资之后,一些赌徒便会去偷、去骗甚至去抢劫、去杀人。所谓"十赌九烂,久赌成贼"。所以,应加大对赌博等社会丑恶现象的打击和惩治力度,净化社会不良风气,不让任何违法犯罪有萌芽滋生的"土壤"。当然,本案的被告人宋某某是一个极端的个例:他染上赌瘾后,先后输掉了出狱时亲戚、朋友给的2000多元,不甘心认输,又先后向朋友借了7000多元参赌,也是血本无归。于是打起了抢劫、杀人的恶念,从此走上了一条充满血腥和暴力的不归路——这也是宋某某给自己下的最大最后的人生赌注。

警示三:心理救助应推广普及。社会越发展,人们的心理压力就会越大,有心理问题的人也会增多,当中不乏变态心理、犯罪心理的人。而目前社会对于有心理问题的人进行心理救助、心理干预的还不多,也很少有人会主动寻求心理救助和心理治疗。所以,推广普及心理救助很有必要,它关键的作用不在于认识他人而在于认识自己,并且在发现自己可能存在诸如人际交往障碍、环境适应障碍时懂得自我调节的方法,知道求医问药的途径,特别是对于有变态心理、犯罪心理的人而言,更是能够起到尽早发现、预防犯罪的功用。本案被告人宋某某由于父母早年离异,缺少关爱、管教和约束,从小心理就有阴影,并伴随其一次又一次的犯罪而逐渐升级,最终导致不能正确把握自己、善待他人、一意孤行、不计后果的悲剧。

警示四:特殊人群应得到特殊帮教。劳改、劳教等刑释人员作为社会的一个特殊群体,他们有着不同于常人的心理和情感,他们回归社会后面临就业、生活、婚姻等一系列现实问题。有关组织和部门应加强对这些特殊人群的帮助、教育和管理,家庭、社区应积极配合、创造条件,帮助他们就业,使他们尽早摆脱心理阴影,融入正常社会生活,避免重蹈覆辙。

四、本院提出的量刑建议

如前所述,抢劫罪和故意杀人罪同属严重刑事犯罪,历来是我国刑法打击的重点。《刑法》第263条为抢劫罪配置了两个量刑档次:一般抢劫的,处3年以上10年以下有期徒刑,并处罚金;有法律规定的八种情形之一的,处10年以上有期徒刑、无期徒刑或者死刑,并处罚金或者没收财产。《刑法》第232条为故意杀人罪配置了两个量刑档次:故意杀人的,处死刑、无期徒刑或者10年以上有期徒刑;情节较轻的,处3年以上10年以下有期徒刑。根据法律规定的精神,结合本案的具体实际,公诉机关向法庭提出如下量刑建议:

1. 被告人宋某某犯抢劫罪,具有两个加重处罚情节,且犯罪后果极为严重,依法应当判处死刑,剥夺政治权利终身。其一,入户抢劫。被告人宋某某两次抢劫的对象均是"前店后家"的商铺,即既是商铺也是全家人生活起居的场所,根据《最高人民法院关于审理抢劫、抢夺刑事案件适用法律若干问题的意见》第1条"关于入户抢劫的认定"的规定,宋某某的行为属于入户抢劫;其二,致2人死亡。被告人宋某某为抢劫得手,采用故意杀人的手段,排除被害人的反抗,将被害人沈某及其子沈某峰杀害,后果极为严重。

2. 被告人宋某某犯故意杀人罪,手段极其残忍,情节特别恶劣,后果极为严重,依法应当判处死刑,剥夺政治权利终身。被告人宋某某实施抢劫犯罪后,为灭口而故意杀害谢某某、胡某某、沈某茜3人,且手段极其残忍,情节特别恶劣,后果极为严重。其滥杀无辜的行为,不仅是对公民人权和家庭安全的严重侵害,而且是对人类尊严和社会秩序的恣意践踏。

3. 被告人宋某某所犯两罪均属罪行极其严重,本身又系累犯,主观恶性和人身危险性极大,民愤极大,且无任何法定从轻、减轻处罚的情节,数罪并罚依法应当判处死刑,剥夺政治权利终身。

最后,公诉人送给本案被告人一句话:天作孽,犹可违;自作孽,不可活!

二〇〇年五月二十七日当庭发表

【点评】 该案是一宗性质、情节严重的暴力犯罪案件,被告人涉嫌抢劫和故意杀人两个罪名。由于该案的情节是被告人入室抢劫之后,再杀人灭口,因此涉及究竟是抢劫一个罪名还是抢劫和故意杀人两个罪名的认定。出庭公诉人在公诉意见书中运用法律和司法解释,比较准确地阐述了认定为两个罪名的理由。由于该案在当地引起了较大的社会影响,为增强公诉意见的现场感染力,公诉意见书专门用了一部分阐述了该案的社会危害性。该公诉意见书比较有特点的另一个地方是:用了较大的篇幅剖析被告人走上犯罪道路的原因和本案带来的警示,提出了四个警示,起到了法庭教育的作用。但是有一些措辞仍应注意,公诉意见书虽可口语化表达,但是也不应过分煽情。另外,该公诉意见书的第一句话所举的案件似乎与本案无关。

(三) 师某丽等56人特大拐卖儿童案①

审判长、审判员:

全国影响重大的师某丽等56人特大拐卖儿童案自本月19日开庭审理,56名被告人在这里接受法律的审判。这是一场正义的审判,因为它关乎218个婴儿的生命和自由;这是一场特殊的较量,因为它涉及严重侵犯公民基本人权和危害民生。根据《中华人民共和国刑事诉讼法》的有关规定,我们受某某市人民检

① 参见柏利民:《公诉意见书写作与优秀范例研究》,中国检察出版社2011年版,第92—106页。

察院的指派，以国家公诉人的身份，出席法庭支持公诉，并依法对刑事诉讼履行法律监督职责。

在过去四天半的法庭调查中，公诉人采用多媒体示证的方式，向法庭宣读并出示了被告人在侦查阶段所作的供述、证人证言、书证、物证及被害人照片等证据，将56名被告人的犯罪事实直观、清晰、明了地展示出来。这些证据经法庭质证，确属客观、真实、有效，充分证明我院起诉书指控的56名被告人的犯罪事实清楚、证据确实充分。下面，我们就本案的性质、社会危害及相关问题发表如下公诉意见，请法庭充分注意并予以采纳。

一、56名被告人的行为已构成拐卖儿童罪

我国《刑法》第240条第2款明确规定：拐卖儿童是指以出卖为目的，有拐骗、绑架、收买、贩卖、接送、中转儿童的行为之一的。换言之，凡是拐卖儿童的，不论是哪个环节，只要是以出卖为目的，有拐骗、绑架、收买、贩卖、接送、中转儿童的行为之一的，不论拐卖人数多少，是否获利，均以拐卖儿童罪追究刑事责任。早在1979年的《刑法》中就有拐卖人口罪的规定，而在1991年9月4日第七届全国人民代表大会常务委员会第二十一次会议通过的《关于严惩拐卖、绑架妇女、儿童的犯罪分子的决定》中就明确规定了拐卖儿童罪，1997年修订后的《刑法》将拐卖儿童罪正式纳入刑法典，表明我国政府坚决打击和惩治此类犯罪的坚强决心。结合本案的事实、证据及法律规定，56名被告人的行为完全符合该罪的犯罪构成要件：其一，56名被告人已年满16周岁，达到法定刑事责任年龄，具有完全刑事责任能力，符合该罪一般主体的要求；其二，56名被告人客观上实施了收买、贩卖或者接送、中转儿童的行为；其三，56名被告人主观上以出卖儿童、赚取钱财为目的；其四，56名被告人的行为侵犯了被拐卖儿童的人身自由权利，而侵害的对象是不满周岁的婴儿。在此，公诉人要特别提请法庭注意以下几点：

第一，本案56名被告人的行为符合刑法规定的拐卖儿童罪的本质要件。根据《刑法》第240条第2款的规定，把人当成商品买卖是拐卖儿童罪的本质特征。本案56名被告人收买、接送、贩卖婴儿客观上没有使用拐骗、绑架的手段，表面上看似乎是“一方愿意卖，一方愿意买”，但由于他们买卖的对象是刚来到人世、尚无任何自我保护意识和能力的婴儿，因而，买卖双方都是完全违背被买卖婴儿的真实意愿的，其实质就是把婴儿当成商品买卖，严重侵犯了被买卖婴儿的人身权利。天赋人权，不可剥夺！即便是婴儿的亲生父母也无权处理婴儿，他人更无权改变婴儿的命运。因为，每一个婴儿都是一个鲜活的生命和个体，每一个婴儿从来到这个世界之日起就享有生命、健康、自由等基本人权。

第二，本案56名被告人拐卖的对象是儿童中的婴儿，属于刑法特殊重点保护的对象。我国刑法对不满14周岁的未成年人具体划分为三种对象：不满1周岁的为婴儿;1 周岁以上不满 6 周岁的为幼儿;6 周岁以上不满 14 周岁的为儿童。这三种对象都是刑法的特殊保护对象,而不满 1 周岁的婴儿则更是保护的重中之重。因为,他们的生命力还极其脆弱,稍有不慎便可能夭折。而本案 56 名被告人拐卖的全部是刚出生不久尚在襁褓中的婴儿,其中绝大多数是尚未满月的新生儿,实属恶逆罪行。

第三,本案系团伙犯罪,其中九大犯罪团伙较为固定,9 名被告人起主要作用。九大犯罪团伙之间及团伙与零星个人之间相互交叉犯罪。一是以师某丽、周某某为主的犯罪团伙,其中师某丽单独或者伙同他人拐卖儿童 52 次 56 人,周某某单独或者伙同他人拐卖儿童 32 次 33 人;二是以师某芬、吴某宝为主的犯罪团伙,其中师某芬单独或者伙同他人拐卖儿童 43 次 52 人,吴某宝单独或者伙同他人拐卖儿童 26 次 30 人;三是以侯某芬、赵某章为主的犯罪团伙,其中侯某芬单独或者伙同他人拐卖儿童 41 次 45 人,赵某章伙同他人拐卖儿童 16 次 18 人;四是以侯某华、杨某春为主的犯罪团伙,其中侯某华单独或者伙同他人拐卖儿童 37 次 35 人,杨某春单独或者伙同他人拐卖儿童 26 次 26 人;五是以杨某凤、赵某贵为主的犯罪团伙,其中杨某凤单独或者伙同他人拐卖儿童 28 次 29 人,赵某贵单独或者伙同他人拐卖儿童 18 次 18 人;六是以杨某贵、杨某江、马某某为主的犯罪团伙,其中杨某贵单独或者伙同他人拐卖儿童 26 次 26 人,杨某江单独或者伙同他人拐卖儿童 20 次 20 人,马某某单独或者伙同他人拐卖儿童 16 次 17 人;七是以申某、肖某某为主的犯罪团伙,其中申某伙同他人拐卖儿童 13 次 16 人,肖某某单独或者伙同他人拐卖儿童 14 次 15 人;八是以邓某仙、赵某为主的犯罪团伙,其中邓某仙单独或者伙同他人拐卖儿童 16 次 16 人;九是以李某财、陈某某(另案处理)为主的犯罪团伙,其中李某财单独或者伙同他人拐卖儿童 15 次 16 人。在九大犯罪团伙中,师某丽、师某芬、侯某芬、侯某华、杨某凤、杨某贵、申某、邓某仙、李某财 9 名被告人起主要作用,系主犯。

第四,本案犯罪时间密集且犯罪事实较多,收买、接送、贩卖基本形成"网络"。本案犯罪时间密集,从 2006 年至 2008 年 8 月,时间长达两年多,犯罪事实多达 158 节(小的可分为 200 余起),拐卖的婴儿多达 218 个。被告人为了追求犯罪效益的最大化,经常是一个未卖又买一个,有时一次就买三个,还有的是买回来养一段时间后再送出去卖,最多的一次是四个一起送出去卖。九大犯罪团伙中,主要人员师某丽、师某芬、侯某芬、侯某华、杨某凤、杨某贵、申某、邓某仙、李某财主要从事收买、找人接送或者贩卖,他们在收买地和贩卖地一般都有"联系人"和"销售人",大多从云南个旧、红河、墨江、元江等边远贫困和少数民族地区收买婴儿,然后联系好省外"人贩子",再由王某萍、杨某艳、王某英、宋某某、张某付、石某某、李某仙等人送至江苏连云港、南京、武昌、东海,福建晋江,山东济南、东营等地贩卖给马某庆、张某用、王某忍、徐某某、马某通等"人贩子"后再贩卖。正是因为收买、接送、贩卖基本形成“网络”,而且大多单线联系,行动诡秘,所以在长达两年多的时间里一直未被发现,直到武汉铁路警方在汉口火车站抓获接送婴儿的石某某、宋某某后,本案才得以彻底暴露。而此时,绝大多数婴儿已被卖往省外,而加入犯罪团伙、参与贩婴的人也越来越多。

二、被告人侯某芬、赵某章、夏某涛的行为还构成非法拘禁罪,被告人申某的行为还构成抢劫罪

被告人侯某芬、赵某章、夏某涛为索取债务非法拘禁申某的犯罪事实,被告人申某伙同他人以卖婴为名抢劫师某丽、周某某的犯罪事实,我们已在法庭调查阶段充分阐明,在此不再赘述。

关于这两个犯罪,需要向法庭说明的是:其一,被告人侯某芬、赵某章、夏某涛非法拘禁申某的时间虽然未达24小时,但使用了捆绑、殴打的手段。参照2006年7月26日最高人民检察院公布的《关于渎职侵权犯罪案件立案标准的规定》中关于国家机关工作人员利用职权实施的非法拘禁案的立案标准“非法剥夺他人人身自由,并使用械具或者捆绑等恶劣手段,或者实施殴打、侮辱、虐待行为的”规定,三被告人的行为已达到非法拘禁罪的追诉标准。其二,在非法拘禁的共同犯罪中,被告人侯某芬起主要作用,系主犯;被告人赵某章、夏某涛起次要作用,系从犯。其三,被告人申某所犯抢劫罪,某某市法院在对普某龙、张某俊抢劫一案所作的一审判决中已明确认定。

三、本案社会影响及社会危害极大

拐卖儿童犯罪严重侵犯被拐卖儿童的人身权利,并由此引发一系列社会问题,直接影响社会稳定和谐。2000年经过全国范围声势浩大的“打拐”专项斗争后,拐卖妇女、儿童犯罪活动得以有效整治,但近年来,一些地方拐卖儿童犯罪活动又呈发展蔓延之势,犯罪团伙组织日趋严密,犯罪手段更加隐蔽、狡猾,大规模贩婴案件突出,因拐卖儿童引发的非法拘禁、抢劫等案件增多,危害日益严重。纵观本案,56名被告人犯罪气焰嚣张,犯罪后果触目惊心,不仅给被害人本人及无数家庭带来了极大的痛苦和悲伤,而且也使自己的家庭及亲人蒙羞受辱。一个极端的事例是:被告人赵某贵的母亲在得知自己的儿子因从事拐卖儿童的犯罪被公安机关刑事拘留后,终日以泪洗面,最后上吊自杀,用结束生命的残忍方式表达了对拐卖儿童这种伤天害理行径的血泪控诉和严厉谴责。因为,她也是一个母亲,她懂得失去孩子对一个母亲来说无异于夺走她的生命。这就是一个母亲的心,一个全天下母亲共同的心。所以,拐卖儿童,天理不容,害人害已。56名被告人的犯罪行为所造成的社会影响及社会危害主要表现在:

1. 被害人众多且绝大多数未获救,后果特别严重。本案被拐卖的儿童共计218名,其中,男婴94名(含孪生男婴4名),女婴124名(含孪生女婴2名)。由于被告人利欲熏心,这些婴儿最少的被卖3次,最多的则被卖6次以上,绝大多

数被卖到外省,下落不明,生死未卜;有的病婴未得到及时医治甚至被遗弃,有的在拐卖途中被抢,还有的在拐卖途中死亡。据统计,本案仅有11名婴儿被解救,占全部被拐卖婴儿的5.05%;被抢、死亡各2名,占1.83%;尚有203名未获救,占93.12%。

2. 涉及省份多,社会影响大,处理难度大。本案涉及云南、江苏、福建、山东、湖北、贵州六省,婴源地、收买地、接送地、贩卖地则涉及上述六省的多个州市及县(区),仅云南省就涉及5个州市12个县(区),堪称在全国影响重大。在案的被告人有56人,但如果加上另案处理(外省、外地处理)和不在案(主要系在逃)的将达到两百余人;而218名婴儿被拐卖且绝大多数未获救也创下了全国罕见记录,导致多少亲人骨肉分离、多少家庭破碎分裂。同时,贩婴严重侵犯公民基本人权,涉及法律、政策、道德、伦理等一系列问题,给案件的侦查、起诉和审判工作带来了较大困难和压力。所以,案件在侦查期间,中央和公安部多位领导亲笔批示,要彻查此案,从严惩处。

3. 婴源不清,下落不明,被卖婴儿命运堪忧。本案中绝大多数被告人买到的婴儿已经不是第一道手,也就是说,在此之前婴儿已经被买卖过;而卖到外省的"人贩子"手里后,也不是婴儿的最终落脚点,他们还要被以更高的价格转手后才卖到收养人手里,而有的"人贩子"根本无法查找或者已经死亡。所以,本案中绝大多数婴儿从哪里来、最终到哪里去不清楚,他们将面临怎样的命运无人知晓,令人担忧。而且由于是非法买卖,被拐卖的婴儿一生都将面对落户、入学、就业、继承、寻亲等痛苦和烦恼,部分有病或者残疾的婴儿不排除沦落为流浪儿、乞丐甚至走上犯罪道路的可能。"我是谁?我从哪里来?我的家在哪里?"将成为困扰被拐卖婴儿一生的三大难题,可人世间又有谁能够帮助这些可怜的孩子解决这样的难题?

4. 拐卖儿童衍生其他犯罪,导致"黑吃黑"连锁反应。本案56名被告人均涉嫌拐卖儿童犯罪,但其中4人还同时涉嫌非法拘禁、抢劫犯罪,即涉嫌犯数罪。究其原因,就是在拐卖儿童犯罪中,有的被告人嫌来钱太少太慢,于是产生了抢劫其他拐卖儿童被告人的想法,以为"黑吃黑"不犯法,即便犯法被害人也不敢报案。在此动机驱使下,有的以卖婴为诱饵,将买婴人诱骗到外地,直接伙同其他社会人员对买婴人实施抢劫;有的为索取债务,非法拘禁卖婴人。这一情况表明,拐卖儿童这一社会丑恶现象如果不及时打击,让其愈演愈烈,必然伴生其他多种犯罪,既危害社会稳定和谐,也会使更多的被告人在犯罪的泥潭越陷越深。

四、被告人走上犯罪道路的原因及本案带来的启示

本案56名被告人全部来自农村,除一人(张某聪)外均无违法犯罪的前科,走上犯罪道路之前都是老实本分的农民。是什么原因使他们由本分的农民变为拐卖儿童的"人贩子"呢?通过办理该案,公诉人认为:

首先,贩婴暴利的诱惑和刺激是他们走上犯罪道路的第一层次的原因,也是最根本的原因。本案56名被告人参与拐卖儿童全都出于牟利的动机和目的。受金钱的驱使,他们狼狈为奸、沆瀣一气,其目的只有一个,就是出卖婴儿赚取钱财、多卖婴儿多赚钱财。在长达两年多的拐卖儿童犯罪活动中,他们也确实从中获取了不菲的经济利益。据不完全统计,他们中出资最多的达39万余元,获利最多的达22万余元。其实,他们也知道,每多拐卖一个婴儿,他们的罪孽就会增加一分,但贩婴高额利润的诱惑和刺激,使他们欲忍不能、欲罢不能,从而在犯罪的道路上越走越远。最为典型的就是:本案第一被告人师某丽,开始只是帮人接送婴儿,赚取少量钱财,但看到买卖婴儿中间巨大的利润,也逐渐另起炉灶,变"帮人"为"单干",而且越做越大,逐步成为拐卖儿童犯罪团伙中的"大姐大"。

其次,法制观念淡薄、法律意识低下,加上伦理和道德沦丧、人性和良知泯灭,是他们走上犯罪道路的第二层次的原因,也是他们思想意识、灵魂深处的主观原因。本案56名被告人中有19人至少有过一次离婚史,不幸的婚姻导致他们对婚姻、家庭心灵扭曲,对亲情、孩子感情冷漠,对拐卖儿童麻木不仁,对丑恶行径不知羞耻;加之法制观念淡薄、法律意识低下,自认为"一方愿意卖,一方愿意买"不违法,更不犯罪,从而铤而走险,以身试法。有道是:比贫穷可怕的是愚昧,比愚昧可怕的是野蛮,比贫穷、愚昧、野蛮更可怕的是良知泯灭、人性丧失。

再次,长时间未被发现和处理,心存侥幸,抱有幻想,是他们走上犯罪道路的第三层次的原因,也是他们在犯罪道路上越走越远、不能自拔的客观原因。本案56名被告人从事拐卖儿童犯罪的时间长达两年多,他们中拐卖儿童最多的达52次56人,最少的也有1次1人。长时间未被发现和处理,让他们心存侥幸,抱有幻想,深陷其中,不能自拔。如果不是2008年7月21日武汉铁路公安处汉口车站派出所发现并抓获接送婴儿的石某某、宋某某,他们的犯罪轨迹还将继续延伸、犯罪的道路还会越走越远。其实,偶然隐藏必然,必然包含偶然。"要想人不知,除非己莫为。"在依法治国、厉行法治的今天,任何违法犯罪终究逃脱不了法网。

本案带来的启示:

第一,应进一步加强对公民特别是广大村民的法制宣传教育,引导公民自觉遵纪守法。本案参与人员众多且彼此之间关系紧密,年纪较轻,文化程度较低。本案共有56名被告人,其中夫妻关系的8人,姘居或者情人关系的14人,姐妹兄弟关系的10人,其他亲属关系的8人,有上述特殊关系的人员达40人,占被告人总数的71.43%。平均年龄33岁,其中最大的52岁,最小的20岁。文化程度上,文盲及小学文化41人,占73.21%;初中文化仅15人,占26.79%。上述数据表明被告人文化程度普遍较低,有的甚至是文盲加法盲。如本案的吴某玉就是典型的文盲加法盲,由于年龄偏大、没有文化又不懂法,所以在整个庭审中一直声称自己没有参与,错误而固执地认为自己没有买卖婴儿,只是帮师某芬接送婴儿,不属于拐卖儿童。因而,应进一步加强对公民特别是广大村民的法制宣传教育,提高公民的法律意识和法制观念,引导公民自觉遵纪守法。

第二,相关单位和组织应加强对女性"自尊、自爱、自信、自强"的教育,传授她们勤劳致富的技能。女性本应更善良,远离违法和犯罪,但本案众多被告人中女性却占较大比例,且所起作用也比男性更大。本案56名被告人中,女性被告人27人,占48.21%。女性被告人占被告人总数的近一半,这在大规模团伙犯罪案件中是少见的,反映出女性在拐卖妇女、儿童犯罪中起到男性不能替代的特殊作用。27名女性被告人绝大多数已结婚成家而且做了母亲,是什么让她们从母亲变成"人贩子"?一方面是她们法制观念不强、法律意识淡薄,对拐卖儿童的严重社会危害性和刑事违法性认识不够;另一方面也说明相关单位和组织对广大妇女尤其是农村贫困妇女"自尊、自爱、自信、自强"的教育还不到位,对她们开展多种形式的务工技能培训和科学文化知识的普及还有缺失。要知道,遵纪守法与违法犯罪有时只是一念之差,天使与魔鬼仅只有一步之遥。

第三,相关机构和部门应加强对边远贫困山区少数人出卖亲生子女的教育和整治力度,从源头上减少和杜绝婴儿贩出。本案绝大多数婴儿是从云南元阳、红河、墨江、元江等边远贫困地区收买,然后再送到江苏连云港、南京,福建晋江,山东济南等地贩卖。这一方面说明"收买地"与"贩卖地"之间存在一定的经济文化差距,另一方面也反映出云南边疆少数民族地方特别是边远贫困山区少数人头脑中还存在和固守"重男轻女""违规超生"的落后思想意识,加上在市场经济条件下劳动技能不高、脱贫致富的方法不多,经不住"人贩子"的鼓动和诱惑,于是少数人把超生婴儿、抚养不起的婴儿和不想养的女婴以极其低廉的价格卖给"人贩子"。本案被拐卖的218名婴儿中,男婴仅94名,占43.12%,女婴达124名,占56.88%,而男婴无论是买入价还是卖出价都是女婴的两倍甚至几倍,而且"供不应求",有的被告人专门只收买和贩卖男婴,就是最好的例证和说明。因而,公安、民政、司法、计生、妇联等相关机构和部门应加强对边远贫困山区少数人出卖亲生子女不法行为的教育和整治力度,从源头上减少和杜绝婴儿贩出。

第四,公安司法机关应加大对省外收买婴儿的"人贩子"的打击力度,斩断贩婴"黑手"。本案绝大多数婴儿经过层层转手,最终大多被卖到江苏连云港、南京,福建晋江,山东东海等外省、外地,这其中最大的原因就是卖到外省、外地价格更高,被告人获取的经济利益更多。所以,从一定程度上说,外省、外地婴儿的需求量决定了婴儿"收买地"的输出量。因而,加大对省外收买婴儿的"人贩子"的打击力度,斩断贩婴"黑手",事关打击拐卖儿童犯罪的成败和力度。全国公安司法机关应加强联系、互通信息、协同作战、形成合力,让"人贩子"被人人喊打、无处藏身。同时,应坚持"预防为主、打防结合、以人为本、综合治理"的工作方针,建立集预防、打击、救助和康复为一体的打拐工作长效机制,杜绝和减少拐卖妇女、儿童犯罪发生。

五、本院提出的量刑建议

拐卖儿童犯罪属我国刑法重点打击的犯罪,《刑法》第240条为该罪配置了三个量刑档次:一般拐卖儿童的,处5年以上10年以下有期徒刑,并处罚金;有法律规定的八种情形之一的,处10年以上有期徒刑或者无期徒刑,并处罚金或者没收财产;情节特别严重的,处死刑,并处没收财产。根据法律规定的精神,结合近年来云南对拐卖儿童犯罪判处的实际,公诉机关向法庭提出如下量刑建议:

1. 情节特别严重,依法应当判处死刑的有17人。被告人师某丽拐卖儿童56人,其中54人未获救,1人死亡,1人被解救;被告人师某芬拐卖儿童52人,其中44人未获救,8人被解救;被告人侯某芬拐卖儿童45人,其中44人未获救,1人死亡;被告人侯某华拐卖儿童35人,全部未获救;被告人周某某拐卖儿童33人,其中32人未获救,1人被解救;被告人吴某宝拐卖儿童30人,其中24人未获救,6人被解救;被告人杨某凤拐卖儿童29人,其中28人未获救,1人被解救;被告人杨某贵拐卖儿童26人,其中25人未获救,1人被解救;被告人杨某春拐卖儿童26人,全部未获救;被告人杨某江拐卖儿童20人,其中18人未获救,2人被解救;被告人赵某贵拐卖儿童18人,其中17人未获救,1人被解救;被告人赵某章拐卖儿童18人,全部未获救;被告人马某某拐卖儿童17人,全部未获救;被告人邓某仙拐卖儿童16人,其中14人未获救,2人被解救;被告人李某财拐卖儿童16人,全部未获救;被告人申某拐卖儿童16人,全部未获救;被告人肖某某拐卖儿童15人,全部未获救。上述17名被告人拐卖儿童的人数最高的达到了《刑法》第240条第1款第2项规定的"3人以上"的17.67倍,最低的也达到了4倍,是以拐卖儿童为常业的"人贩子",应认定情节特别严重,依法应当判处死刑。其中,被告人师某丽、侯某芬虽分别具有重大立功、立功表现,但罪行极其严重,功不足以抵罪,不可以从轻、减轻或者免除处罚;被告人师某芬具有重大立功表现,且协助公安机关解救婴儿多名,可以减轻处罚;被告人杨某春、杨某江具有立功表现,可以从轻处罚。此外,被告人周某某、吴某宝、赵某贵、赵某章、马某某、肖某某在拐卖儿童共同犯罪中的地位、作用有别于主犯,量刑时可以区别对待,有所保留。

2. 依法应当判处10年以上有期徒刑或者无期徒刑的有28人。被告人张某双拐卖儿童13人,全部未获救;被告人尹某某拐卖儿童12人,其中10人未获救,2人被解救;被告人杨某福拐卖儿童12人,全部未获救;被告人吴某玉拐卖儿童12人,其中10人未获救,2人被解救;被告人李斗某拐卖儿童11人,其中10人未获救,1人被解救;被告人邓某萍拐卖儿童11人,全部未获救;被告人普某某拐卖儿童10人,全部未获救;被告人王某萍拐卖儿童8人,全部未获救;被告人赵某拐卖儿童7人,其中6人未获救,1人被解救;被告人夏某涛拐卖儿童7人,全部未获救;被告人段某某拐卖儿童6人,全部未获救;被告人张某琼拐卖儿童6人,全部未获救;被告人陈某贵拐卖儿童6人,全部未获救;被告人捌某某拐卖儿童6人,其中2人未获救,4人被解救;被告人李样某拐卖儿童5人,全部未获救;被告人杨某艳拐卖儿童5人,全部未获救;被告人张某聪拐卖儿童5人,全部未获救;被告人李某仙拐卖儿童4人,全部未获救;被告人王某英拐卖儿童4人,全部未获救;被告人孔某某拐卖儿童4人,全部未获救;被告人石某某拐卖儿童4人,其中3人未获救,1人被解救;被告人黄某某拐卖儿童4人,全部未获救;被告人罗某琼拐卖儿童4人,全部被解救;被告人宋某某拐卖儿童3人,其中2人未获救,1人被解救;被告人罗某平拐卖儿童3人,全部未获救;被告人张某付拐卖儿童3人,全部未获救;被告人岳某某拐卖儿童3人,全部未获救;被告人邓某祥拐卖儿童3人,全部未获救。上述28名被告人拐卖儿童的人数均在"3人以上",符合《刑法》第240条第1款第2项的规定,依法应在10年以上有期徒刑或者无期徒刑的幅度内判处。其中,被告人张某聪在刑罚执行完毕后5年内又犯应当判处有期徒刑之罪,系累犯,应当从重处罚。被告人李斗某具有立功表现,可以从轻处罚但不可以减轻处罚;被告人黄某某具有立功表现,可以从轻或者减轻处罚;被告人陈某贵既自首又有重大立功表现,应当减轻处罚。被告人张某双、吴某玉、夏某涛、邓某萍、捌某某、赵某、罗某琼、岳某某、石某某、宋某某具有自首情节,可以从轻处罚。

3. 依法应当判处5年以上10年以下有期徒刑的有11人。被告人李某勇拐卖儿童2人,全部未获救;被告人李某平拐卖儿童2人,全部未获救;被告人夏某斌拐卖儿童2人,全部未获救;被告人李某波拐卖儿童2人,全部未获救;被告人杨某仙拐卖儿童2人,全部未获救;被告人邱某某拐卖儿童2人,全部未获救;被告人李某妹拐卖儿童1人,被解救;被告人陈某华拐卖儿童1人,未获救;被告人赵某兰拐卖儿童1人,未获救;被告人师某涛拐卖儿童1人,未获救;被告人王某贵拐卖儿童1人,未获救。上述11名被告人拐卖儿童的人数均不满3人,依法应判处5年以上10年以下有期徒刑。其中,被告人夏某斌、李某波、李某仙、陈某华、赵某兰、师某涛、王某贵具有自首情节,可以从轻处罚。

4. 依法应当数罪并罚的有4人。被告人侯某芬、赵某章、夏某涛非法拘禁他人,依照《刑法》第238条第1款的规定,应判处3年以下有期徒刑、拘役、管制或者剥夺政治权利。其中,对被告人赵某章、夏某涛应当从轻或者减轻处罚。被告人申某抢劫他人财物,依照《刑法》第263条的规定,应判处3年以上10年以下有期徒刑。上述4名被告人应依照《刑法》第69条的规定,实行数罪并罚。

请法庭根据各被告人具体的犯罪事实、性质、情节和对于社会的危害程度,考虑其认罪态度及退赃情况,作出罪刑相适应的判决。

二〇〇九年八月二十四日当庭发表

【点评】 该案是具有重大影响的56人拐卖儿童案,其中还包含有非法拘禁和抢劫的行为。由于拐卖儿童是社会所深恶痛绝的罪行,而且该案案情特别重大,所涉人数特别多,受害儿童数量特别多,因此该案的公诉意见书的撰写颇费工夫。公诉人在阐述被告人构成拐卖儿童罪的同时,还对其中三名被告人构成非法拘禁罪、另一被告人构成抢劫罪的理由进行了阐述。分析该案被告人走上犯罪道路的原因和该案的启示,对法庭教育尤其是今后如何治理此类犯罪起到了一定的作用。特别是,公诉意见书阐述了检察机关的量刑建议,量刑建议的内容比较具体,并且阐述建议时列举了各被告人分别所拐卖的儿童的具体数量、获救人数及未获救人数。特别需要指出的是,由于该案所涉人数特别多,该公诉意见书善于数据来说明问题,非常详尽,起到了有力的论证作用。

第四节 刑事抗诉书

一、刑事抗诉书的概念

刑事抗诉书,是指人民检察院认为人民法院的判决或裁判确有错误,依法提出抗诉时所制作的文书。

按照我国《刑事诉讼法》的规定,刑事抗诉可以分为两种类型。其一为按上诉程序的抗诉,即地方各级人民检察院认为本级人民法院第一审的判决、裁定确有错误,而向上一级人民法院提出的抗诉;其二为按审判监督程序的抗诉,即最高人民检察院对地方各级人民法院已经发生法律效力的判决和裁定,上级人民检察院对下级人民检察院已经生效的判决、裁定,发现确有错误,而按照审判监督程序向同级人民法院提出的抗诉。因此,刑事抗诉书,也可以分为按上诉程序制作的抗诉书和按审判监督程序制作的抗诉书。

二、刑事抗诉书的格式与内容

(一) 首部

1. 制文单位名称。
2. 文书名称。
3. 文书编号。

(二) 正文

按上诉程序抗诉的:

1. 原审判决、裁定的情况。
2. 审查意见。
3. 抗诉意见。

4. 结论性意见。

按审判监督程序抗诉的：

1. 原审被告人的基本情况。

2. 诉讼过程、生效判决（裁定）的情况、提出抗诉的原因。

3. 检察机关认定的事实、情节。

4. 审查意见。

5. 结论性意见、法律依据、决定和请求事项。

（三）尾部

1. 致送对象。

2. 制文单位名称及院印。

3. 日期。

4. 附注事项。

【格式说明】

×××人民检察院

刑事抗诉书

（二审程序适用）

×检 刑抗[ ] 号

×××人民法院以××号刑事判决书（裁定书）对被告人×××（姓名）×××（案由）一案判决（裁定）……（判决、裁定结果）本院依法审查后认为（如果是被害人及其法定代理人不服地方各级人民法院第一审的判决而请求人民检察院提出抗诉的，应当写明这一程序，然后再写"本院依法审查后认为"），该判决（裁定）确有错误（包括认定事实有误、适用法律不当、审判程序严重违法），理由如下：

……（根据不同情况，理由从认定事实错误、适用法律不当和审判程序违法等几方面阐述）

综上所述……（概述上述理由）为维护司法公正，准确惩治犯罪，依照《中华人民共和国刑事诉讼法》第二百一十七条的规定，特提出抗诉，请依法判处。

此致

×××人民法院

×××人民检察院（院印）

××××年××月××日

附：

1. 被告人×××现羁押于×××（或者现住×××）。

2. 新的证人名单或者证据目录。

×××人民检察院

刑事抗诉书

（审判监督程序适用）

×检 刑抗[ ] 号

原审被告人……（依次写明姓名、性别、出生年月日、民族、出生地、职业、单位及职务、住址、服刑情况。有数名被告人的，依犯罪事实情节由重至轻的顺序分别列出）

×××人民法院以×××号刑事判决书（裁定书）对被告人×××（姓名）×××（案由）一案判决（裁定）……（写明生效的一审判决、裁定或者一审及二审判决、裁定情况）经依法审查（如果是被告人及其法定代理人不服地方各级人民法院的生效判决、裁定而请求人民检察院提出抗诉的，或者有关人民检察院提请抗诉的，应当写明这一程序，然后再写“经依法审查”），本案的事实如下：

……（概括叙述检察机关认定的事实、情节。应当根据具体案件事实、证据情况，围绕刑法规定该罪构成要件特别是争议问题，简明扼要地叙述案件事实、情节。一般应当具备时间、地点、动机、目的、关键行为情节、数额、危害结果、作案后表现等有关定罪量刑的事实、情节要素。一案有数罪、各罪有数次作案的，应当依由重至轻或者时间顺序叙述）

本院认为，该判决（裁定）确有错误（包括认定事实有误、适用法律不当、审判程序严重违法），理由如下：

……（根据不同情况，理由从认定事实错误、适用法律不当和审判程序违法等几方面阐述）

综上所述……（概述上述理由）为维护司法公正，准确惩治犯罪，依照《中华人民共和国刑事诉讼法》第二百四十三条第三款的规定，对×××法院××号刑事判决（裁定）书，提出抗诉，请依法判处。

此致

×××人民法院

×××人民检察院（院印）

××××年××月××日

附：

1. 被告人×××现羁押于×××（或者现住×××）。

2. 新的证人名单或者证据目录。

三、写作注意事项

由于刑事抗诉制度分为按上诉程序进行的抗诉和按审判监督程序进行的抗诉，因此，检察机关的刑事抗诉书亦分为二审程序适用的刑事抗诉书和审判监督程序适用的刑事抗诉书。所以，在制作刑事抗诉书时，一定要注意区分这两种类型的抗诉书的适用情形，不可二审程序的抗诉使用了适用于审判监督程序的抗诉书，也不可审判监督程序的抗诉使用了适用于二审程序的抗诉书。在制作审判监督程序适用的刑事抗诉书时，要注意写明本案的诉讼过程，因为抗诉的对象是生效的裁判，因此审判监督程序适用的刑事抗诉书应当写明生效的一审判决、裁定或者一审及二审判决、裁定情况。这是审判监督程序适用的刑事抗诉书比二审程序适用的刑事抗诉书较为复杂的诉讼过程表述。对于两种类型的抗诉书，都不应忘记，如果是被告人及其法定代理人不服地方各级人民法院的生效判决、裁定而请求人民检察院提出抗诉的，均应在抗诉书上提及此一事项。

四、文书实例与点评

（一）姚某某抢劫案、盗窃案：抗事实认定兼罪名定性错误①

江苏省镇江市润州区人民检察院

刑事抗诉书

润检诉诉刑抗[2014]×号

我院于2014年××月××日以被告人姚某某涉嫌抢劫罪、盗窃罪向镇江市润州区人民法院提起公诉。

镇江市润州区人民法院于2014年××月××日以（2014）润刑初字第×××××号刑事判决书对被告人姚某某抢劫、盗窃一案判决：判处被告人姚某某犯盗窃罪，判处有期徒刑七个月，并处罚金人民币4000元。本院依法审查后认为：对本院指控被告人姚某某犯盗窃罪事实的认定无异议。但该判决中认定被告人姚某某抢劫罪名不能成立，属认定事实错误、罪名不正确。理由如下：

镇江市润州区人民法院认定：2014年×月××日凌晨，被告人姚某某驾驶二轮摩托车在距离镇江市润州区××路××网吧三四十米的路边，窃得被害人孙某甲停放于此的黑色豪顺电动自行车的电瓶一组（价值人民币378元）并离开现场。二三十分钟后，被告人姚某某来到××网吧楼下，欲再次盗窃停放于此的另一辆电动自行车电瓶时，因形迹可疑被过路群众孙某乙发现并对其实施抓

① 参见人民检察院案件信息公开网，http://www.ajxxgk.jcy.cn/html/20150410/2/471583.html。

捕,为了抗拒孙某乙的抓捕,被告人姚某某将孙某乙的左手拇指咬伤后逃跑。被告人姚某某实施盗窃时所驾驶的摩托车及窃得的黑色"豪顺"电动自行车的电瓶等物品遗留在现场。被害人孙某乙左手的损伤经鉴定属轻微伤。

本院经审查本案证据材料认为:2014年6月21日凌晨,被告人姚某某携带作案工具骑摩托车到镇江市润州区××路××网吧附近的药店门口盗窃电动车电瓶一组放至摩托车踏板上,继续寻找盗窃目标,在靠近第二辆电动车继续进行盗窃过程中,发现一行人(被害人孙某乙)路过,被告人姚某某又坐回自己的摩托车上背对着被害人孙某乙,欲等孙某乙走过去后继续盗窃。孙某乙发现姚某某所骑摩托车踏板上有盗窃所得的电瓶,即对被告人姚某某实施抓捕,在抓捕过程中,被告人姚某某向孙某乙求饶不成,为抗拒抓捕当场将孙某乙左手拇指咬伤,经鉴定,被害人孙某乙的损伤属轻微伤。

依照《中华人民共和国刑法》第二百六十九条规定:犯盗窃、诈骗、抢夺罪,为窝藏赃物、抗拒抓捕或者毁灭罪证而当场使用暴力或者以暴力相威胁的,依照本法第二百六十三条的规定定罪处罚。本案被告人姚某某于2014年×月××日凌晨,基于同一犯罪目的,在盗窃第一辆电动车电瓶后,选定好第二辆电动车电瓶作为目标进行盗窃,从时间和空间上看具有盗窃行为的连续性,应认定为一起盗窃。同时,被害人孙某乙对被告人姚某某实施抓捕的行为,客观上阻止了被告人姚某某携带赃物离开并窝藏,被告人姚某某也因为自己盗窃行为及赃物被发现,先挣脱,后求饶,最终当场使用暴力,致被害人轻微伤,被害人孙某乙的抓捕行为与被告人姚某某盗窃行为之间具有关联性。被告人姚某某行为属于转化型抢劫,应以抢劫罪定罪处罚。

镇江市润州区人民法院(2014)润刑初字第×××××号刑事判决书将连续的盗窃过程割裂开,未对被告人姚某某的抢劫犯罪予以认定,并据此以盗窃罪判处被告人姚某某有期徒刑七个月,属认定事实错误、认定罪名不正确,影响了量刑。

综上所述,镇江市润州区人民法院(2014)润刑初字第00158号刑事判决书认定被告人姚某某抢劫罪名不能成立,属认定事实错误、认定罪名不正确,影响量刑,为维护司法公正,准确惩治犯罪,依照《中华人民共和国刑事诉讼法》第二百一十七条的规定,特提出抗诉,请依法判处。

此致

江苏省镇江市中级人民法院

江苏省镇江市润州区人民检察院
二〇一四年××月×日

附：

1. 被告人姚某某现羁押于镇江市看守所；

2. 其他有关材料。

【点评】 该案系检察机关认为一审法院认定事实错误、罪名不正确而提起二审抗诉的案件，该刑事抗诉书主要针对原判认定事实错误，而引起了罪名的定性不正确来展开阐述。该案的关键在于如何依照盗窃的案情来认定事实，又如何理解“抗拒抓捕”行为的法律意义。抗诉机关在介绍了一审法院所认定的事实之后，重点阐述了抗诉机关经审查本案证据材料后所认定的事实，其中，对被告人抗拒抓捕这一关键行为重点进行了描述，把握了该案的重点。同时，在说理部分，该刑事抗诉书引用刑法的相关法条进行分析，其中，被告人的行为“从时间和空间上看具有盗窃行为的连续性”，以及“被害人孙某乙的抓捕行为与被告人姚某某盗窃行为之间具有关联性”的说理，都较为清晰地论证了抗诉书所持的核心观点，即被告人的行为属于转化型抢劫。该份刑事起诉书结构规范，论证清晰，具有说服力。

（二）宋某某、王某某、胡某某销售不符合安全标准的食品案：抗适用法律错误①

卧龙区人民检察院

刑事抗诉书

宛龙检公诉诉刑抗[2015]×号

南阳市卧龙区人民法院于2015年×月××日以(2015)宛龙刑初字第×××号刑事判决书对被告人宋某某、王某某、胡某某销售不符合安全标准的食品罪一案判决：以销售不符合安全标准的食品罪判处被告人宋某某拘役五个月，并处罚金人民币5000元；以销售不符合安全标准的食品罪判处被告人王某某拘役四个月，并处罚金人民币3000元；以销售不符合安全标准的食品罪判处被告人胡某某拘役四个月，并处罚金人民币3000元；禁止被告人宋某某、王某某、胡某某二年以内从事食品销售活动。本院依法审查后认为，该判决适用法律错误，不应当对三被告人适用禁止令。理由如下：

依据2013年5月4日实施的《最高人民法院、最高人民检察院关于办理危害食品安全刑事案件适用法律若干问题的解释》第十八条规定：对实施危害食品安全刑事案件的犯罪分子，根据犯罪事实、情节和悔罪表现，对于符合刑法规定的缓刑适用条件的，可以适用缓刑，但是应当同时宣告禁止令，禁止其在缓刑考验期限内从事食品生产、销售及相关活动。根据《中华人民共和国刑法》第四

① 参见人民检察院案件信息公开网，http://www.ajxxgk.jcy.cn/html/20150430/2/515469.html。

十二条的规定,对三被告人判处拘役的,不应当适用禁止令。

综上所述,南阳市卧龙区人民法院以(2015)宛龙刑初字第×××号刑事判决书在判处被告人宋某某、王某某、胡某某拘役时,禁止其在二年内从事食品销售活动,系适用法律错误。为维护司法公正,准确惩治犯罪,依照《中华人民共和国刑事诉讼法》第二百一十七条的规定,特提出抗诉,请依法判处。

此致

南阳市卧龙区人民法院

南阳市卧龙区人民检察院

二〇一五年×月×日

附:

被告人宋某某现羁押于南阳市看守所;被告人王某某住南阳市××区……被告人胡某某住南阳市××路……

【点评】 该案系检察机关认为一审判决适用法律错误而提起二审抗诉的案件。该刑事抗诉书主要针对原判在适用法律上的错误而展开阐述。抗诉书围绕依照法律的规定如何课以刑罚而展开。抗诉机关引用法律和司法解释,简要地说明了为何在判处拘役的同时不应当适用禁止令。由于针对适用法律错误的抗诉,需要准确地引用法律的规定,并指出原判究竟在何处属于适用法律错误,该案系适用法律错误中的课以刑罚错误,抗诉书引用法律和司法解释与原判相对比,说理清晰,简单明了。

(三)张某某交通肇事案:抗量刑畸轻①

上海市××区人民检察院
刑事抗诉书

沪×检诉诉刑抗[2014]×××号

上海市××区人民法院于2014年×月××日以(2014)×刑初字第×××号刑事判决书对被告人张某某交通肇事案作出一审判决:被告人张某某犯交通肇事罪,判处有期徒刑十个月。本院于2014年×月××日收到该判决书。2014年×月××日被害人的法定代理人请求本院提出抗诉。本院经依法审查后认为,该判决刑罚不当、量刑畸轻。理由如下:

根据最高人民法院、上海市高级人民法院相关量刑指导意见,对于交通肇事案件,死亡一人,负事故全部责任的,在一年六个月至二年有期徒刑幅度内确定量刑起点。综合考虑本案的量刑情节,判处被告人张某某十个月有期徒刑,属量

① 参见人民检察院案件信息公开网,http://www.ajxxgk.jcy.cn/html/20150331/2/420573.html。

刑畸轻：一是判决未体现被告人张某某严重超载驾驶的从重处罚情节。被告人张某某驾驶的货车核载1990公斤，在擅自改装情况下，实际称重为38000公斤，超载30000多公斤，社会危害性大，应予从重处罚；二是判决认定被告人张某某自愿补偿被害人家属损失并酌情从轻处罚缺乏依据。被告人张某某虽自愿补偿被害人家属经济损失6万元，但与被害人家属诉求差距较大，且未取得被害人家属的谅解，判决书酌情从轻处罚显属不当。

综上所述，上海市××区人民法院(2014)×刑初字第×××号刑事判决书刑罚不当、量刑畸轻。为维护司法公正，准确惩治犯罪，做到罪责刑相适应，根据《中华人民共和国刑事诉讼法》第二百一十七条的规定，特提出抗诉，请依法判处。

此致

上海市第×中级人民法院

上海市××区人民检察院

二〇一五年×月××日

附：

1. 被告人张某某现羁押于上海市××区看守所。

2. 相关法律条文。

《中华人民共和国刑法》

第一百三十三条　违反交通运输管理法规，因而发生重大事故，致人重伤、死亡或者使公私财产遭受重大损失的，处三年以下有期徒刑或者拘役；交通运输肇事后逃逸或者有其他特别恶劣情节的，处三年以上七年以下有期徒刑；因逃逸致人死亡的，处七年以上有期徒刑。

第六十七条第三款　被告人虽不具有前两款规定的自首情节，但是如实供述自己罪行的，可以从轻处罚；因其如实供述自己罪行，避免特别严重后果发生的，可以减轻处罚。

《中华人民共和国刑事诉讼法》

第二百一十七条　地方各级人民检察院认为本级人民法院第一审的判决、裁定确有错误的时候，应当向上一级人民法院提出抗诉。

【点评】　该案系检察机关认为一审判决适用刑罚不当、量刑畸轻而提起二审抗诉的案件。该文书的新颖性在于，应用了最高人民法院、上海市高级人民法院的相关量刑指导意见，根据量刑指导意见来判断量刑幅度，并指出了量刑畸轻的两个情节，尤其是提出一审判决的轻判理据与事实的不符之处。同时，该刑事抗诉书也在附件部分附上了相关的法律条文。该案案情虽简单，但抗诉书的撰写简明扼要，能够比较清晰地表达出量刑畸轻的理据，在撰写时比较好地体现了案情、法律与量刑之间的关系。

（四）韦××挪用公款案：抗定性不准、适用法律错误、量刑畸轻①

南宁市人民检察院

刑事抗诉书

南市检刑抗[2004]1号

南宁市中级人民法院以(2004)南市刑二初字第20号刑事判决书认定被告人韦××是非国家工作人员，从而依照《中华人民共和国刑法》第二百七十二条第一款判决被告人韦××犯挪用资金罪，判处有期徒刑七年。本院依法审查后认为，该判决认定被告人韦××是非国家工作人员错误，从而导致定性不准，适用法律错误，量刑畸轻。被告人韦××是国家工作人员，其行为应适用《中华人民共和国刑法》第三百八十四条第一款，构成挪用公款罪，应当判处十年以上有期徒刑或者无期徒刑。具体理由如下：

一、被告人韦××依法应视为国家工作人员

1.《中华人民共和国邮政法》第三条、第八条和《中华人民共和国邮政法实施细则》第三条、第五条明文规定，邮政企业包括邮电代办所是全民所有制的公用企业，邮政企业委托个人代办邮政业务时，应当签订代办合同，代办人员办理邮政业务时，适用邮政法关于邮政工作人员的规定。上述法律以国家基本法的形式界定了邮政企业的国有性质，并规定了通过签订合同的方式将办理邮政业务的公务职责授权给代办人员，而且明文规定了代办人员办理邮政业务时视同为邮政工作人员。而事实上被告人韦××身为国有企业(南宁市邮政局江南分局××储蓄所)的出纳，负有邮政法授权管理、监督所在企业国有财产的职责。因此，被告人韦××是依照法律从事公务的人员，依照《中华人民共和国刑法》第九十三条第二款的规定，被告人韦××属于“其他依照法律从事公务的人员”，是国家工作人员。

2. 一审判决认为被告人韦××“只是依照合同受国有企业委托的从事劳务的非国家工作人员”，这种认定不仅与本案事实不符，也违反国家基本法律。如前所述，《邮政法》及其实施细则明文规定通过合同的方式将办理邮政业务的公务职责授权给代办人员，且代办人员办理邮政业务时视同为邮政工作人员，那么，被告人韦××在办理邮政业务时，其身份就是国有邮政工作人员，这是国家法律授予的职权，其具体表现为对其所在的国有企业的国有财产进行管理、监督，至于被告人韦××的劳动报酬、福利待遇由谁解决，只是国有企业管理方式

① 参见最高人民法院、最高人民检察院《中国案例指导》编辑委员会：《中国案例指导》2007年第1辑(总第3辑)·刑事行政卷，法律出版社2007年版，第67—69页。

的不同，并不影响被告人韦××办理邮政业务这一依法从事公务行为的性质。在最高人民法院于2003年11月印发的《全国法院审理经济犯罪案件工作座谈会纪要》中关于"从事公务"的理解，认为从事公务，是指代表国家机关、国有公司、企业事业单位、人民团体等履行组织、领导、监督、管理等职责；公务主要表现为与职权相联系的公共事务以及监督、管理国有财产的职务活动；不具备职权内容的劳动活动、技术服务工作，一般不认为是公务。根据上述理解，劳务不具备职权内容，体现的是人与机器、人与工具的关系，不是管理活动，而公务是管理活动，体现的是对人或对物的管理，被告人韦××身为××储蓄所的出纳，代表××储蓄所办理邮政储蓄业务，从事管理、监督××储蓄所国有财产的职务活动，其所从事的是具有职权内容的管理活动，理所当然是"从事公务"，而非从事劳务。

二、一审判决定性不准，从而导致适用法律错误，量刑畸轻

被告人韦××身为国有邮政工作人员，利用职务上的便利，挪用公款归个人使用，进行非法活动，且挪用公款数额巨大不退还，其行为触犯了《中华人民共和国刑法》第三百八十四条第一款之规定，构成挪用公款罪，应当判处十年以上有期徒刑或者无期徒刑。一审判决适用《中华人民共和国刑法》第二百七十二条第一款，判决被告人韦××犯挪用资金罪，判处有期徒刑七年，显然是定性不准，适用法律错误，量刑畸轻。

综上所述，被告人韦××挪用公款的事实清楚，证据确实、充分，足以认定，一审法院判决定性不准，适用法律确有错误，量刑畸轻，为维护司法公正，准确惩治犯罪，依照《中华人民共和国刑事诉讼法》第一百八十一条的规定，特提出抗诉，请依法惩处。

此致

广西壮族自治区高级人民法院

南宁市人民检察院

二〇〇四年九月三十日

附：被告人韦××现羁押于南宁市第一看守所。

【点评】 二审程序的抗诉书应针对一审裁判的错误，因此必须有的放矢，集中阐述一审裁判在哪些方面为何是错误的。该案的焦点在被告人身份的认定上，是否国家工作人员将影响到罪名的认定，因此，该起诉书以最大篇幅集中阐述被告人系国家工作人员的理由。该抗诉书写作主次分明，较好地达到了抗诉书的目的。不过，该抗诉书引述了"座谈会纪要"的意见，但是"座谈会纪要"并非正式的法律、法规和司法解释，不宜作为检察院起诉或者法院判决的法律依据，在阐述法律依据时，还是引述正式的法律和司法解释为宜。

（五）梁××、刘×旭、刘×荣、黄××贪污、受贿案刑事抗诉书（审判监督程序适用）①

中华人民共和国最高人民检察院
刑事抗诉书

高检发刑抗字[2001]×号

原审被告人梁××，男，1953年××月××日出生，汉族，大学文化，广西壮族自治区××县人，原系中国人民银行××县支行行长，住××县××镇××路×巷×号。因本案于1998年7月30日被逮捕。现在缓刑考验期内。

原审被告人刘×旭，男，1962年×月××日出生，汉族，大专文化，广西壮族自治区××县人，原系中国人民银行××县支行综合股股长兼该行××综合服务公司经理，住××县××镇××路××住宅区。因本案于1998年7月30日被逮捕。现在缓刑考验期内。

原审被告人刘×荣，男，1964年×月××日出生，汉族，大专文化，广西壮族自治区××县人，原系中国人民银行××县支行副行长，住××县××镇××路××号。因本案于1999年3月22日被逮捕。现在缓刑考验期内。

原审被告人黄××，男，1963年××月××日出生，汉族，大学文化，广西壮族自治区××县人，原系中国人民银行××县支行副行长，住××县××镇××路×号。因本案于1999年3月22日被逮捕，现已释放。

广西壮族自治区钦州市中级人民法院于1999年8月9日以（1999）钦刑二初字第×号刑事附带民事判决书判决：一、原审被告人梁××犯贪污罪，判处有期徒刑三年，缓刑三年；犯受贿罪，免予刑事处罚，没收受贿所得1.3万元上缴国库。数罪并罚，决定执行有期徒刑三年，缓刑三年，没收受贿所得1.3万元上缴国库。二、原审被告人刘×旭犯贪污罪，判处有期徒刑二年六个月，缓刑二年六个月。三、原审被告人刘×荣犯贪污罪，判处有期徒刑二年，缓刑二年。四、原审被告人黄××犯贪污罪，免予刑事处罚。五、原审被告人梁××赔偿人民币11万元、原审被告人刘×荣和黄××各自赔偿人民币10.5万元、原审被告人刘×旭赔偿人民币13万元、附带民事诉讼被告人秦××赔偿人民币10万元，合计人民币55万元给附带民事诉讼原告人中国人民银行××县支行。××市人民检察院以量刑畸轻为由于1999年8月30日以×检刑抗字（1999）第×号刑事抗诉书提出抗诉。原审被告人梁××、刘×旭、刘×荣、黄××均不服，分别提出上诉。广西壮族自治区高级人民法院于1999年12月11日以（1999）×刑经终字第××号刑事附带民事判决书维持一审判决的第一、二、三、四项，撤销第五项，

① 参见潘庆云主编：《法律文书范例评析》（第二版），复旦大学出版社2014年版，第35—38页。

改判各被告人退赔的共计人民币55万元由××县人民检察院依法返还给损失单位中国人民银行××县支行。广西壮族自治区人民检察院认为,广西壮族自治区高级人民法院的终审判决确有错误,提请我院抗诉。

经依法审查本案的事实如下:

(一) 贪污

1. 1996年2月7日,梁××、刘×旭、刘×荣、秦××(在逃)在人行××县支行行长办公室密谋将××公司拆解资金给××市证券公司营业部所得的利息人民币52万元以发奖金名义私分。因其中有人民币30万元以汇票形式汇入银达公司在××县城市信用社的账户,为避免动用此款被他人察觉,刘×旭、刘×荣和秦××先以××公司名义向建行××县支行贷款人民币30万元转到××县建行,分四笔取出后,将其中人民币22万元以假名分别存入其他银行,连同现金人民币8万元以及刘×荣保管的现金人民币22万元一起进行私分。其中梁××分得人民币11万元,刘×荣、黄××各分得人民币10.5万元,刘×旭及秦××各分得人民币10万元,同年2月12日以城市信用社账户的人民币30万元还清了建行的贷款。

2. 1996年底,刘×旭和谭××、叶×(二人已判刑)在人行××县支行综合股办公室,共同将支行临贷资金给建行××县支行所得的融资费(中介费)人民币10.5万元私分。其中刘×旭及谭××、叶××各分得人民币3万元,其余人民币1.5万元分给姜×(原××支行综合股工作人员,分款时已调离)。

(二) 受贿

1995年4、5月间,梁××在该行将—辆3.0皇冠牌轿车卖给××县××水泥厂后,收受该厂副厂长庞××送的"感谢费"人民币1万元。同年,梁××在人行××县支行城市信用社拆借资金给××县卷烟厂后,收受该厂副厂长陈××送的人民币3000元。

梁××、刘×旭分别于1998年4月25日到××县人民检察院投案自首,刘×荣于同月26日携款到××县人民检察院投案自首,三原审被告人均已全部退出赃款。黄××亦全部退出所得赃款。

上述犯罪事实有证人证言、书证等证据在案证实,被告人亦有供述。本案事实清楚,证据确实、充分。

本院认为,广西壮族自治区高级人民法院终审判决维持一审法院对原审被告人梁××犯贪污罪、受贿罪,数罪并罚,决定执行有期徒刑三年,缓刑三年,没收受贿所得1.3万元的判决,属量刑畸轻,适用缓刑不当;维持一审法院对原审被告人黄××犯贪污罪的判决,属定性错误,应宣告其无罪。理由如下:

(一) 对原审被告人梁××犯贪污罪、受贿罪量刑畸轻,适用缓刑不当

1. 原审被告人梁××系共同贪污52万元的主犯,但并非"情节严重",可适

用1979年《刑法》第二十三条和全国人大常委会《关于惩治贪污罪贿赂罪的补充规定》第二条第二款之规定，按其个人所得数额及其在犯罪中的作用予以处罚。依照从旧兼从轻原则，对梁××的行为应在《中华人民共和国刑法》第三百八十三条第(一)项规定的法定刑幅度内量刑，即判处十年以上有期徒刑或者无期徒刑。梁××作为主犯在共同贪污犯罪中所起作用是决定性的，不经身为行长的他同意，贪污的犯罪行为就不可能实现。而且梁××所得赃款数额在各共犯中最多，达11万元。虽然梁××具有自首情节，且全部退赃，可以从轻或者减轻处罚，但是对其从轻或减轻处罚亦应与其罪行及其在犯罪中所起作用相当。一、二审判决大幅度减轻处罚，判处有期徒刑三年，缓刑三年，显属量刑畸轻，不符合罪刑相适应原则。

2. 对梁××适用缓刑不当。最高人民法院《关于对贪污、受贿、挪用公款犯罪分子依法正确适用缓刑的若干规定》第三条规定："对下列贪污、受贿、挪用公款的犯罪分子不适用缓刑：……(四)属于共同犯罪中情节严重的主犯，或者犯有数罪的。"梁××一人犯二罪，又是贪污罪的主犯，个人贪污数额10万元以上，不宜适用缓刑。

(二) 认定原审被告人黄××犯贪污罪不当，应宣告其无罪

1. 原审被告人黄××主观上不具有共同贪污的犯罪故意。首先，梁××等人密谋私分公款时，黄××到××看病不在场，没有参与犯罪预谋；其次，刘×荣给黄××钱时只说是银达公司分给几个行领导的奖金，没有提及私分公款的来龙去脉。黄××主观上并不知道所得钱款的性质。

2. 客观上，黄××没有参与私分52万元的具体行为，且案发前全部退出所得款项，故不能认定黄××的行为构成共同贪污犯罪。

综上所述，广西壮族自治区高级人民法院二审判决对原审被告人梁××伙同他人共同贪污52万元，作为主犯且个人分得赃款11万元，同时犯受贿罪的犯罪行为，量刑畸轻，适用缓刑不当，认定原审被告人黄××犯贪污罪，定性错误，应宣告无罪。为维护司法公正，准确惩治犯罪，依照《中华人民共和国刑事诉讼法》第二百零五条第三款的规定，对广西壮族自治区高级人民法院(1999)×刑经终字第××号刑事附带民事判决书提出抗诉，请依法判决。

此致

中华人民共和国最高人民法院

中华人民共和国最高人民检察院

二〇〇一年十月十日

附：卷宗五册

【点评】 这是一份适用于审判监督程序的刑事抗诉书。由于该案经过了

中级人民法院和高级人民法院的两审终审,因此该案的再审由最高人民检察院向最高人民法院提出抗诉,是该案的特殊之处。该案涉及多名被告人的多个罪名,抗诉书通过对罪名的分开阐述,层次分明,对事实、证据、犯罪情节、所适用的法律等方面全面阐述了提起抗诉的理据,并且,不仅抗诉量刑畸轻,而且抗诉定性错误(无罪判有罪),比较全面地体现了检察机关的法律监督机关性质,体现了检察机关的客观义务。该抗诉书格式规范,结构合理,表述清晰,是一份制作质量优良的刑事抗诉书。

第五节　民事抗诉书

一、民事抗诉书的概念

民事抗诉书,是人民检察院对人民法院已经发生法律效力的民事判决、裁定在符合法定情形时,按照审判监督程序向人民法院提出抗诉时使用的文书。民事抗诉书的功能是启动法院的民事再审程序,可以敦促法院纠正错误的生效裁判,对促进民事司法公正有着重要的意义。

二、民事抗诉书的格式与内容

(一) 首部

1. 制文单位及文书名称:×××检察院民事抗诉书。

2. 文书编号。

(二) 正文

1. 案件来源:依当事人申诉、下级检察院提请抗诉、本院自行发现和案外人向检察机关提出申诉四种情况写明。

2. 审查认定的事实:写检察机关审查认定的事实,并写明由谁提起诉讼。

3. 诉讼过程:按时间顺序写一审法院、二审法院判决、裁定作出的日期、文号、理由、主文及诉讼费负担等情况。若经过再审亦要写明。

4. 抗诉理由:论证生效判决、裁定存在的问题及错误。

5. 总结。

(三) 尾部

1. 致送的人民法院名称。

2. 年月日(及院印)。

3. 随案移送的卷宗及有关材料情况。

【格式说明】

×××人民检察院
民事抗诉书

×检　民抗[　]　号

×××(申诉人)因与×××(对方当事人)×××(案由)纠纷一案,不服×××人民法院×××(生效判决、裁定文号)民事判决(或裁定),向我院提出申诉。(由下级人民检察院提请抗诉的案件写为:向×××人民检察院提出申诉,×××人民检察院提请我院抗诉。)[由检察机关自行发现的案件写为:我院对×××人民法院对×××(原审原告)与×××(原审被告)×××(案由)纠纷案的×××(生效判决、裁定文号)民事判决(或裁定)进行了审查。][由案外人申诉的案件写为:我院受理×××(申诉人)的申诉后,对×××人民法院对×××(原审原告)与×××(原审被告)×××(案由)纠纷案的×××(生效判决、裁定文号)民事判决(或裁定)进行了审查。]我院对该案进行了审查……(简述审查过程,如审查了原审卷宗、进行了调查等)现已审查终结。

……(该部分写检察机关审查认定的事实,最后写明由谁提起诉讼)

……(该部分写诉讼过程,写明一审法院、二审法院判决、裁定的作出日期、文号、理由、主文及诉讼费负担,如果法院判决、裁定与检察机关认定事实有不同之处,要在该部分简要写明)(如经过了再审,还要将再审情况写明)

本院认为:……(结合案件具体情况,分析、论证生效判决、裁定存在的问题及错误)

综上所述,×××人民法院(作出生效判决、裁定的法院)对本案的判决(或裁定)……(指出生效判决、裁定存在哪几个方面的问题)经本院第×届检察委员会第×次会议讨论决定(未经检察委员会讨论的,可不写),依照《中华人民共和国民事诉讼法》第×条第×款第×项的规定(如包括多项的,均列出),向你院提出抗诉,请依法再审。

此致
×××人民法院

××××年××月××日
(院印)

三、写作注意事项

民事抗诉书是启动民事审判监督程序的文书,针对的对象是人民法院已经生效的民事判决、裁定。在制作民事抗诉书的时候,应当着重阐明、论证原审判决、裁定的错误之处,亦即原审判决、裁定存在什么问题,有哪些符合《民事诉讼法》所规定的提起再审的情形。《民事诉讼法》规定了再审的法定情形，民事抗诉书应当根据本案的具体案情，围绕本案为何符合这些法定的再审条件进行论述。

制作民事抗诉书时，还应当注意完整说明整个诉讼过程，即案件经过了哪些审级和程序的审理，因为生效的民事判决、裁定有可能只经过了一审，也有可能经过了二审，还有可能经过再审程序，因此在制作民事抗诉书时应当写明整个诉讼过程。

四、文书实例与点评

中华人民共和国最高人民检察院

民事抗诉书①

高检民抗[2002]22号

海南农垦进出口公司因与海南同达旅游开发公司、新疆天纪经济发展有限责任公司租赁经营合同纠纷一案，不服海南省高级人民法院(1996)琼经监字45号民事判决，向海南省人民检察院提出申诉，海南省人民检察院提请我院抗诉。我院现已审查终结。

1992年8月20日，海南同达旅游开发公司(下称“同达公司”)以月租金206600元租赁了信海贸易公司信海大酒店。1993年11月30日，同达公司与海南农垦进出口公司(下称“农垦公司”)签订了“租赁信海大酒店合同书”，约定同达公司将信海大酒店租赁给农垦公司经营，租赁期六年零八个月，月租金38万元，租赁定金240万元，酒店原有债权债务农垦公司不予承担，由于同达公司的产权及债权债务纠纷而造成酒店停业损失，同达公司每日向农垦釜司赔偿2万元。合同签订后，农垦公司经营了两个月，按约交纳了租金和保证金。1994年2月18日，农垦公司征得同达公司同意后，又与新疆天纪经济发展有限责任公司(下称“天纪公司”)签订“租赁信海大酒店合同书”，将酒店转租给天纪公司经营，租赁期六年零六个月，月租金40万元，租赁定金320万元。天纪公司自1994年2月28日开始经营。不久，有多人向天纪公司主张该酒店部分经营权并发生纷争，妨碍了酒店的正常经营。天纪公司未同农垦公司交付租金，农垦公司从此也未向同达公司交付租金。同达公司遂于1994年5月23日对酒店断水、断电，致使酒店停业。

同达公司、农垦公司、天纪公司分别向法院起诉，海口市新华区人民法院进行了合并审理。新华区人民法院审理认为，同达公司未依法解除与其他承租者

① 参见周道鸾主编：《法律文书格式及实例点评》(第二版)，法律出版社2008年版，第75—77页。

订立的租赁合同,又将酒店租给农垦公司,造成酒店无法正常经营,该行为违反了意思表示真实原则,故同达公司、农垦公司订立的租赁合同系无效合同,合同无效系同达公司过错所致,其应负主要责任。因同达公司、农垦公司订立的租赁合同无效,农垦公司与天纪公司订立的租赁合同亦为无效。因酒店停业系同达公司、农垦公司作出的,停业后的租金损失由其共同承担。判决:同达公司与农垦公司、农垦公司与天纪公司分别签订的两份租赁合同无效;天纪公司营业三个月按每月租金38万元交纳,共114万元给同达公司。停业后的租金损失(自1994年5月23日起至判决生效之日止,按每月38万元计算)由同达公司、农垦公司各承担50%,天纪公司的经济损失自负。

同达公司、农垦公司不服一审判决,向海口市中级人民法院提出上诉。海口市中级人民法院认为,本案所涉租赁合同及补充协议合法有效,但继续履行已成为不必要,应予以解除;天纪公司、农垦公司不按期交纳租金系违约;本案纠纷所涉当事人以外的租赁关系属另一法律关系,与本案无关。判决:撤销原判;解除同达公司与农垦公司、农垦公司与天纪公司订立的"租赁信海大酒店合同书",相互清退;天纪公司向农垦公司、农垦公司向同达公司支付所欠租金并赔偿停业三个月的租金损失。

判决生效后,海南省高级人民法院认为二审判决错误,裁定对本案进行提审,经再审认为,同达公司与农垦公司签订租赁合同时已将信海大酒店多个经营部位出租给多个承租人,由此引起承租者之间的矛盾,其行为违反意思表示真实原则,故本案所涉租赁合同无效,合同无效系同达公司过错所致,其应负主要责任。该院以(1995)琼经监字第31号民事判决书撤销二审判决,并就当事人争议的问题作出新的判决:农垦公司应支付给同达公司1993年12月20日至1994年5月23日的租金1950666元,扣除已支付租金38万元,农垦公司还应付给同达公司租金1570666元,天纪公司应付给农垦公司1994年2月28日至5月23日租金1146666万元;1994年5月24日至6月30日租金由同达公司自负,1994年7月1日至1996年5月15日租金464.85万元,扣除同达公司自用房租金22.5万元由同达公司自负外,租金余额44235万元,由同达公司自负80%即353.88万元,天纪公司承担20%即88.47万元。

再审结束后,海南省高级人民法院认为(1995)琼经监字第31号民事判决仍有错误,再次裁定再审。海南省高级人民法院经第二次再审认为:同达公司与农垦公司签订"租赁经营信海大酒店合同"时,同达公司与原七方当事人的租赁信海大酒店多个经营部位的租赁合同关系均没有依法解除,所收受的租赁定金也未予退还。在此情况下,同达公司又与农垦公司签订租赁合同,具有欺诈性质,违背诚实信用原则。原审确认同达公司与农垦公司签订的租赁合同及补充协议无效并确认主要过错责任在同达公司也是正确的。农垦公司取得信海大酒店经营权后,发现该酒店原来存在多层租赁关系没有解除,部分原租赁单位和个人向其主张经营部位的经营权,为转嫁经营风险,隐瞒酒店经营关系存在多层租赁的争议和纠纷,将酒店转包给天纪公司经营,仍具有欺诈性质,违背了民事行为的基本准则,原审确认农垦公司与天纪公司的租赁合同无效妥当。但对农垦公司应承担的过错责任确认不当,应予纠正。天纪公司在租赁时,对该酒店未进行调查,对造成合同无效也有一定过错;在经营酒店期间,对暴露出来的多层租赁问题及矛盾,简单采取拒绝交纳租金的办法解决不妥;同达公司和农垦公司对酒店停水停电,造成停业,对停业期间的损失也有一定责任。原审判决对酒店停业期间的经济损失负担,责任责任划分不明。应按三方当事人签订无效租赁合同的过错责任划分,同达公司应承担主要过错责任,农垦公司承担次要责任,天纪公司承担部分责任。海南省高级人民法院于2000年7月7日作出(1996)琼经监字第45号民事判决,其中最具争议的内容是:(1) 维持(1995)琼经监字第31号民事判决第3项,即:农垦公司应支付同达公司1993年12月20日至1994年5月23日的租金1950666元,扣除已支付租金38万元,农垦公司还应支付给同达公司租金1570666元;天纪公司应付给农垦公司1994年2月28目至5月23日租金1146666元。(2) 变更(1995)琼经监字第31号民事判决第4项为:1994年5月24日至同年6月30日租金由同达公司自负;同年7月1日至1996年5月15日租金464.85万元,扣除同达公司自用房租金22.5万元由其自负外,租金余额442.35万元,由同达公司负担50%即211.75万元,农垦公司负担30%即132.705万元,天纪公司负担20%即88.47万元。

本院认为,海南省高级人民法院(1996)琼经监字第45号民事判决存在以下问题:

一、(1996)琼经监字第45号民事判决认定农垦公司将酒店转包给天纪公司经营具有欺诈性质,认定事实的主要证据不足

审判卷宗记载的审理过程表明,虽然在诉讼中天纪公司主张农垦公司有欺诈行为,但天纪公司并未提出证据加以证明,其他诉讼证据也不足以证明农垦公司在转租过程中存在欺诈行为。而且,从租赁经营权发生争议的整个过程来看,天纪公司接手后,也是一段时间以后才有人主张酒店的局部经营权。(1996)琼经监字第45号民事判决在事实叙述部分也未涉及这一问题。因此,该判决认为农垦公司向天纪公司转租信海酒店具有欺诈性,并以此认定农垦公司应承担过错责任,缺乏相应证据支持。

二、(1996)琼经监字第45号民事判决确定当事人之间责任承担时违反了无效合同的处理原则,适用法律错误

该判决认定同达公司与农垦公司、农垦公司与天纪公司的租赁合同无效,但在确定当事人之间的权利归属和责任承担时却违反了无效合同的处理原则。

同达公司承租信海大酒店,每月向业主支付租金206600元;同达公司租给农垦公司为每月租金38万元;农垦公司转租天纪公司每月租金40万元。(1996)琼经监字第45号民事判决维持原判第3项,判令农垦公司按合同约定的每月38万元租金标准向同达公司支付1993年12月20日至1994年5月23日的租金,天纪公司向农垦公司按照合同约定的每月40万元租金标准向农垦公司支付1994年2月28日至5月23日的租金,使同达公司及农垦公司都因该无效合同获得了与有效合同相同的利益,适用法律错误。

综上所述,海南省高级人民法院(1996)琼经监字第45号民事判决认定事实的主要证据不足,适用法律错误,导致确定权利归属和责任承担错误。根据《中华人民共和国民事诉讼法》第一百八十五条第一款第(一)、(二)项之规定,向你院提出抗诉,请依法再审。

此致

中华人民共和国最高人民法院

中华人民共和国最高人民检察院

二〇〇二年六月十九日

附:检察卷宗一册。

【点评】 该文书系最高人民检察院的民事抗诉书,是具有标志性的范本。格式符合要求,简述了诉讼过程,陈述了经审查之后所认为的原生效判决存在的问题以及抗诉机关的理据。

第六节 行政抗诉书

一、行政抗诉书的概念

行政抗诉书,是人民检察院对人民法院已经发生法律效力的行政判决、裁定,在符合法定情形时,按照审判监督程序向人民法院提出抗诉时使用的文书。行政抗诉书的功能是启动法院的行政案件再审程序,可以敦促法院纠正错误的生效裁判,对促进行政案件审判的公正,对于依法监督行政机关依法行政,都有着重要的意义。

二、行政抗诉书的格式与内容

(一) 首部

1. 制文单位及文书名称:×××检察院行政抗诉书。

2. 文书编号。

(二) 正文

1. 案件来源:依当事人申诉、下级检察院提请抗诉、本院自行发现和案外人向检察机关提出申诉四种情况写明。

2. 审查认定的事实:写检察机关审查认定的事实,并写明由谁提起诉讼。

3. 诉讼过程:按时间顺序写一审法院、二审法院判决、裁定作出的日期、文号、理由、主文及诉讼费负担等情况。若经过再审亦要写明。

4. 抗诉理由:论证生效判决、裁定存在的问题及错误。要有针对性地运用事实和证据,指出原审判决或者裁定所存在的问题,并说明相关的依据。包括:(1) 原判决、裁定认定事实错误的,必须首选指出原审判决、裁定认定的事实错在何处,然后说明检察机关所认定的事实和据以认定这些事实的证据。(2) 原判决、裁定违反法律规定的诉讼程序的,需写明原审法院违反法律规定的诉讼程序的情况以及影响正确判决的可能性或现实表现。(3) 原判决、裁定适用法律错误的,应先指出原审判决、裁定适用法律错误之处,并指出检察机关认为应当如何正确适应法律。(4) 原裁定违反法律规定,对依法应予受理的行政案件,裁定不予受理或者驳回起诉的,或者人民法院准予当事人撤诉违反法律规定的,应着重论述该案件人民法院应依法受理或者不应驳回起诉的理由。

5. 总结。

(三) 尾部

1. 致送的人民法院名称。

2. 年月日(及院印)。

3. 随案移送的卷宗及有关材料情况。

【格式说明】

×××人民检察院

行政抗诉书

×检　行抗[　]　号

×××(申诉人)因与×××(对方当事人)×××(案由)纠纷一案,不服×××人民法院×××(生效判决、裁定文号)行政判决(或裁定),向我院提出申诉。(由下级人民检察院提请抗诉的案件写为:向×××人民检察院提出申诉,×××人民检察院提请我院抗诉。)[由检察机关自行发现的案件写为:我院对×××人民法院对×××(原审原告)与×××(原审被告)×××(案由)纠纷案的×××(生效判决、裁定文号)行政判决(或裁定)进行了审查。][由案外人申诉的案件写为:我院受理×××(申诉人)的申诉后,对×××人民法院对×××(原审原告)与×××(原审被告)×××(案由)纠纷案的×

××(生效判决、裁定文号)行政判决(或裁定)进行了审查。]我院对该案进行了审查……(简述审查过程,如审查了原审卷宗、进行了调查等)现已审查终结。

……(该部分写检察机关审查认定的事实,最后写明由谁提起诉讼)

……(该部分写诉讼过程,写明一审法院、二审法院判决、裁定的作出日期、文号、理由、主文及诉讼费负担,如果法院判决、裁定与检察机关认定事实有不同之处,要在该部分简要写明)(如经过了再审,还要将再审情况写明)

本院认为:……(结合案件具体情况,分析、论证生效判决、裁定存在的问题及错误)

综上所述,×××人民法院(作出生效判决、裁定的法院)对本案的判决(或裁定)……(指出生效判决、裁定存在哪几个方面的问题)经本院第×届检察委员会第×次会议讨论决定(未经检察委员会讨论的,可不写),依照《中华人民共和国行政诉讼法》第六十四条的规定(如包括多项的,均列出),向你院提出抗诉,请依法再审。

此致

×××人民法院

××××年××月××日

(院印)

三、写作注意事项

行政抗诉书是启动行政审判监督程序的文书,针对的对象是人民法院已经生效的行政判决、裁定。在制作行政抗诉书的时候,应当着重阐明、论证原审判决、裁定的错误之处,亦即原审判决、裁定存在哪些违反法律、法规之处。由于最高人民法院《关于执行〈中华人民共和国行政诉讼法〉若干问题的解释》对何为违反法律、法规的情形作了规定,包括:原判决、裁定认定的事实主要证据不足,原判决、裁定适用法律、法规确有错误,违反法定程序,可能影响案件正确裁判,以及其他违反法律、法规的情形,因此,行政抗诉书应当根据本案的具体案情,着重针对这些情形进行阐述,论述本案为何应当提起再审。

制作行政抗诉书时,还应当注意完整说明整个诉讼过程,即案件经过了哪些审级和程序的审理,因为生效的行政判决、裁定有可能只经过了一审,也有可能经过了二审,还有可能经过再审程序,因此在制作行政抗诉书时应当写明整个诉讼过程。

四、文书实例与点评

中华人民共和国最高人民检察院
行政抗诉书[①]

高检行抗[2002]1号

都江堰云南小公共汽车有限责任公司因征收公路客运附加费行政争议一案，不服四川省高级人民法院(1998)川行终字第12号行政判决，向四川省人民检察院提出申诉。四川省人民检察院提请我院抗诉。现已审查终结。

为适应风景旅游城市的发展需要，都江堰市建委于1995年7月20日批准成立云南小公共汽车有限责任公司(以下简称“云南小公共汽车公司”)，作为城市公交客运的补充。该公司共有四条营运行车线路，总长44公里，分别与都江堰市公交公司的1、2、3、4路公共汽车同行车路线，同站点。1995年6月14日，经云南小公共汽车公司申请，都江堰市物价局以都价非(1995)69号文批复：“根据有关价格政策规定，经认真测算，核定室内小公共汽车乘车票价为每人次一元(票价不含客运附加费，含部分养路费)。”1989年—2010年《都江堰市城市总体规划图》《都江堰市规划区界定范围》等近期城市规划图显示，云南小公共汽车公司的四条客运线路除第3路有9公里线路延伸至城市规划区外的公路上，其余三条客运路线均在城市规划区范围内。营运期间，作为城市公共交通企业，云南小公共汽车公司逐月向城建主管部门缴纳城市建设附加费。而四川省交通厅1997年7月绘制的《成都市公路交通图(试用)》显示：云南小公共汽车公司四条营运路线除市区道路外，有部分属于国道、省道等由公路交通部负责修建、管理、养护的公路。都江堰市交通稽查征费所(下称“都江堰交通稽征所”)据此认定云南小公共汽车公司行驶的营运路线跨行了公路，属于公路客运附加费的征收对象，经报请四川省交通厅稽征局批准，核定该公司须按公路客运附加费收费标准的60%缴纳该项费用，并于1997年8月15日、9月10日前后三次向云南小公共汽车公司征收了该公司11辆营运车1997年1月至9月的公路客运附加费及滞纳金共计64447.30元。云南小公共汽车公司于1997年2月26日、9月9日分别以都江堰建委和本公司的名义向都江堰交通稽征所提出申辩，未被采纳，遂于1997年12月8日提起行政诉讼。

成都市中级人民法院一审认为，被告都江堰交通稽征所根据原告云南小公共汽车公司所营运的11辆公共汽车行驶路线均跨行城市近郊的车辆行驶路线

---

① 参见周道鸾主编：《法律文书格式及实例点评》(第二版)，法律出版社2008年版，第80—82页。

情况表和四川省交通厅绘制的成都市公路交通图及《中华人民共和国公路法》第六条关于公路分为国道、省道、县道和乡道的规定,并依据1986年《四川省公路客运附加费征收使用管理办法》(下称《征收办法》)第二条和1995年《四川省公路客运附加费征收管理规定》(下称《管理规定》)第二条的规定,认定原告云南小公共车公司所营运的公共汽车属于公路客运附加费征收范围的事实清楚,证据充分,适用规范文件正确。被告都江堰交通稽征所依照四川省人民政府1995年6月7日《关于加强交通规费征收和统一稽查的通告》第一条、第四条、第十条及1995年《管理规定》第一条、第三条的规定对原告云南小公共汽车公司征收公路客运附加费的行为合法。判决:维持被告都江堰交通稽征所1997年8月15日、9月10日对原告云南小公共汽车公司征收公路客运附加费64447.30元(含滞纳金)的具体行政行为。

云南小公共汽车公司不服一审判决,提出上诉。四川省高级人民法院二审认为,根据《中华人民共和国城市规划法》第三条、《中华人民共和国道路交通管理条例》第二条、《〈中华人民共和国公路管理条例〉实施细则》第二条规定,城市规划区的公共道路不排除由公路交通部门负责修建、管理、养护的公路。公路客运附加费是经四川省政府于1985年12月9日批准同意,由公路交通部门征收的一项主要用于公路及客运设施建设的行政事业收费。《征收办法》第八条授权由四川省交通厅、财政厅负责解释并制定实施细则。《〈四川省公路客运附加费征收使用管理办法〉实施细则》第四条又明确规定:《征收办法》第二条第一项中的“公共汽车”是指行驶城郊公路的公共汽车。云南小公共汽车公司虽经都江堰市建委批准成立,且在都江堰市定价、定钱、定时、定站点运行,大部分营运路线在都江堰市近期城市规划区内,是一个有社会公益性质的城市公交客运企业。事实清楚地表明,云南小公共汽车公司的营运路线中绝大部分是由公路交通部门负责修建、管理、养护的公路,故公路交通部门将其认定为公路客运附加费的征收对象并无不当,且省、市公路交通部门已酌情核减了云南小公共汽车公司的缴费比例。因此,都江堰交通稽征所根据四川省交通厅稽查征费局的核准数额向云南小公共汽车公司征收该公路客运附加费的具体行政行为也无不当。一审判决认定事实清楚,适用法律正确,审判程序合法,判决:驳回上诉,维持原判。

我院认为,四川省高级人民法院(1998)川行终字第12号行政判决认定事实及适用法律均有错误,理由如下:

一、云南小公共汽车公司的营运路线中绝大部分应为城市道路,终审判决认定其属于公路没有事实根据和法律依据

关于城市道路的认定,国务院《城市道路管理条例》第二条规定“城市道路是指城市供车辆、行人通行的,具备一定技术条件的道路、桥梁及附属设施”。

建设部《城市道路当前产业政策实施办法》对城市道路的解释为“城市道路是指城市规划区内的车行道、人行道……等构筑物和已经征用的规划红线范围内道路建设用地”。《中华人民共和国城市规划法》第三条规定“城市规划区是指城市市区、近郊区及城市行政区域内因城市建设和发展需要实行规划控制的区域”。关于城市道路和公路的划分,《〈中华人民共和国公路管理条例〉实施细则》第四条规定,“公路与城市道路的划分,应以是否形成街道或近期城市发展规划区域为界定,由省级公路主管部门与当地城建部门共同商定,并随城市建设区域的发展变化进行合理调整”。根据上述法律、行政法规及规章的规定,结合1989年—2010年《都江堰市城市总体规划图》《都江堰市规划区界定范围》等近期城市规划图,云南小公公汽车公司的四条营运线路除第3路有9公里线路延伸至城市规划区外的公路上,其余三条客运路线均在城市规划区范围内,应属城市道路。终审判决将规划区内的道路认定为公路,继而认定小公共汽车公司的路线中绝大部分是公路,缺乏事实根据和法律依据。

二、终审判决维持都江堰交通稽征所征收公路客运附加费的行为缺乏法律依据

首先,根据原国家城建总局《关于加强城市公共交通工作的若干规定》,城市公共交通,“原则上在市辖行政区范围内经营客运业务”,应免交客运附加费。国家建委1997年至1998年给安徽、河南、四川三省建委的复函都明确提出,“在城市规划区范围内营运的公共交通车辆,不缴纳公路客运附加费”。按照上述规定和要求,云南小公共汽车公司作为城市公交客运企业,应当免交客运附加费。其次,终审判决所依据的《征收办法》及其实施细则规定的公路客运附加费的征收对象是指行驶城郊公路的公共汽车,而云南小公共汽车公司系经都江堰市建委批准成立,在都江堰市定价、定线、定时、定站点运行,其营运线路中绝大部分是都江堰市城市规划区内的城市道路,而不是城郊公路,云南小公共汽车公司不属于上述《征收办法》及其实施细则所指的公路客运附加费的征收对象,不应当缴纳公路客运附加费。

三、终审判决维持对云南小公共汽车公司征收公路客运附加费造成了不公平的结果

云南小公共汽车公司经营的业务经都江堰市建委批准为城市公交,并作为城市公交企业缴纳了城市公用事业附加费,而物价部门核准云南小公共汽车公司的票价中也明确不含客运附加费。终审判决维持了对云南小公共汽车公司征收公路客运附加费,导致云南小公共汽车公司的同一营运行为要同时缴纳城市公用事业附加费和公路客运附加费,而其又无权超越物价部门核准的票价向乘客收取客运附加费的不合理结果。

综上所述,四川省高级人民法院(1998)川行终字第12号行政判决认定事实

的主要证据不足,适用法律确有错误。根据《中华人民共和国行政诉讼法》第六十四条之规定,特向你院提出抗诉,请依法再审。

此致

中华人民共和国最高人民法院

二○○二年七月十二日

附:检查宗卷一册。

【点评】 该文书系最高人民检察院的行政抗诉书,是具有标志性的范本。格式符合要求,简述了诉讼过程,陈述了经审查之后所认为的原生效判决存在的问题以及抗诉机关的理据。

第七节 法律监督文书

按照宪法和法律的规定,人民检察院是国家的法律监督机关,在刑事诉讼、民事诉讼和行政诉讼中均行使法律监督职能。对立案、侦查、审判和执行等诸阶段进行法律监督并提出纠正意见。因此,检察机关在法律监督工作中就需要制作各种法律监督文书。抗诉当然属于检察机关的法律监督行为,但本节所说的法律监督文书,是指除了抗诉书以外的其他法律监督文书。

一、纠正违法通知书

(一) 纠正违法通知书的概念

纠正违法通知书,是指人民检察院在其检察业务中,发现侦查机关的侦查活动、执行机关执行刑罚的活动有违法情形时,为纠正违法行为,依法向违法单位提出纠正意见时所制作的文书。

纠正违法通知书适用于以下情形:(1) 发现公安机关的侦查活动违法,例如对犯罪嫌疑人刑讯逼供、超期羁押、没有保障犯罪嫌疑人聘请辩护律师的权利行使以及侵害犯罪嫌疑人、证人或者其他公民的合法权利等情况。(2) 发现执行机关有关刑罚执行的活动违法,例如存在漏收在押罪犯,对罪犯进行侮辱人格、体罚虐待等情形。

(二) 纠正违法通知书的格式与内容

1. 首部

(1) 标题和案件编号。

(2) 文书送达单位的名称。

2. 正文

(1) 发现的违法情况及违法事实。

(2) 认定违法的理由和法律依据。

(3) 纠正意见。

3. 尾部

(1) 制作该文书的年月日。

(2) 制文单位及院印。

【格式说明】

×××人民检察院

纠正违法通知书

×检 纠违[ ] 号

×××(发往单位):

……(该部分写明发现的违法情况。包括违法人员的姓名、单位、职务、违法事实等,如果是单位违法,要写明违法单位的名称。违法事实,要写明违法时间、地点、经过、手段、目的和后果等。可表述为:经检察,发现……)

……(该部分写明认定违法的理由和法律依据。包括违法行为触犯的法律、法规的条款,违法行为的性质。可表述为:本院认为……)

……[该部分写明纠正意见。可表述为:根据……(法律依据)的规定,特通知你单位予以纠正,请将纠正结果告知我院。]

(三) 文书实例:"毕××案"纠正违法通知书①

××市人民检察院

纠正违法通知书

×检捕纠违[2001]1 号

××市公安局:

犯罪嫌疑人毕××因涉嫌虚开增值税专用发票被你局刑事拘留后,2000 年 10 月 18 日,你局以×公捕字[2000]43 号提请批准逮捕书向我院提请批准逮捕毕××。经我院审查,认为事实不清,证据不足,于 2000 年 10 月 25 日对毕××作出不批准逮捕决定。2000 年 11 月 14 日,你局以[2000]43 号函要求复议犯罪嫌疑人毕××案。经我院检察委员会研究复议维持不批捕决定,并已书面通知你局。但是,你局仍未对犯罪嫌疑人毕××变更强制措施,继续羁押于看守所,已违法《中华人民共和国刑事诉讼法》第六十九条的规定;根据《中华人民共和国刑事诉讼法》第七十六条的规定,特向你局提出纠正。请将纠正情况十日内通知我院。

二〇〇〇年十二月十三日

(院印)

---

① 参见周道鸾主编:《法律文书格式及实例点评》(第二版),法律出版社 2008 年版,第 85 页。

二、通知立案书

通知立案书,是人民检察院在认为公安机关应当立法侦查的案件而不立案侦查时,要求公安机关立案侦查而制作的文书。通知立案书在人民检察院通知公安机关立案时使用。其格式为:

(一)首部

1. 文书名称:通知立案书。

2. 文书编号(代字为"通立")。

3. 文书送达单位名称。

(二)正文

1. 说明不立案理由的时间与文号。

2. 应当立案的事实根据和法律依据。

3. 通知立案的法律依据和要求事项。

(三)尾部

1. 制作该文书的年月日。

2. 制文单位及院印。

三、纠正违法审理意见书

纠正审理违法通知书,是人民检察院在审判活动监督中,发现人民法院审理案件违反法律规定的诉讼程序的,依法在庭审后向人民法院提出纠正意见所制作的文书。其格式为:

(一)首部

1. 文书名称:纠正违法审理意见书。

2. 文书编号(代字为"纠审")。

3. 文书送达单位名称。

(二)正文

1. 发现违法情况的来源。

2. 认定违法的事实和证据。

3. 认定违法的理由和法律依据。

4. 纠正意见。

(三)尾部

1. 制作该文书的年月日。

2. 制文单位及院印。

四、纠正不当减刑(假释)裁定意见书

纠止不当减刑(假释)裁定意见书,是人民检察院在刑事执行活动监督中,发现人民法院对罪犯的减刑(假释)裁定不当而提出书面纠正意见所制作的文书。其格式为:

(一) 首部

1. 文书名称:纠正不当减刑(假释)裁定意见书。

2. 文书编号(代字为"纠减"或"纠假")。

3. 文书送达单位名称,即作出减刑(假释)裁定的人民法院的名称。

(二) 正文

1. 罪犯的基本情况,原判决、裁定情况和执行刑期情况及裁定减刑(假释)情况。

2. 认定裁定不当的理由及法律依据。

3. 提出纠正意见并注明有关法律依据。

(三) 尾部

1. 制作该文书的年月日。

2. 制文单位及院印。

五、纠正不当暂予监外执行决定意见书

纠正不当暂予监外执行决定意见书,是人民检察院在对执行刑罚的监督中,发现监狱管理机关等有关机关批准对罪犯暂予监外执行的决定不当而提出书面意见所制作的文书。

(一) 首部

1. 文书名称:纠正不当暂予监外执行决定意见书。

2. 文书编号(代字为"纠执")。

3. 文书送达单位名称,即作出暂予监外执行决定的机关的名称。

(二) 正文

1. 罪犯的基本情况。

2. 原判决、裁定情况和执行刑期情况,包括原裁判认定的罪名、刑期、已执行刑期、剩余刑期。

3. 批准暂予监外执行情况,包括批准的理由和暂予监外执行的期限。

4. 认定批准决定不当的理由及法律依据。

3. 提出纠正意见并注明有关法律依据。

(三) 尾部

1. 制作该文书的年月日。

2. 制文单位及院印。

六、检察建议书

(一) 检察建议书的概念

检察建议书,是指人民检察院在办理案件的过程中,对有关单位在管理上存在的问题及其漏洞,认为应建立规章制度,加强管理,及应追究相关人员的党纪、政纪责任时向有关单位提出建议,或向人民法院提出再审民事行政裁判建议时制作的文书。

《人民检察院民事行政抗诉案件办案规则》第47条规定:“有下列情形之一的,人民检察院可以向人民法院提出检察建议:(一) 原判决、裁定符合抗诉条件,人民检察院与人民法院协商一致,人民法院同意再审的;(二) 原裁定确有错误,但依法不能启动再审程序予以救济的;(三) 人民法院对抗诉案件再审的庭审活动违反法律规定的;(四) 应当向人民法院提出检察建议的其他情形。”该规则第48条规定:“有下列情形之一的,人民检察院可以向有关单位提出检察建议:(一) 有关国家机关或者企业事业单位存在制度隐患的;(二) 有关国家机关工作人员、企业事业单位工作人员严重违背职责,应当追究其纪律责任的;(三) 应当向有关单位提出检察建议的其他情形。”

(二) 检察建议书的格式与内容

1. 首部

(1) 文书名称。

(2) 文书编号(代字为“检建”)。

(3) 文书送达单位名称。

2. 正文

(1) 问题的来源或提出建议的起因。

(2) 提出建议所依据的事实。

(3) 提出建议的依据和建议内容。

(4) 要求事项。

3. 尾部

(1) 制作文书的年月日。

(2) 制文单位及院印。

(三) 写作注意事项

检察建议书具有法律意义,但是不具有强制力。因此,在写作时要措辞平和,提出意见要合理、中肯,不要使用过于强硬的语气,不要提出强制性的要求。毕竟,一份合格的检察建议书,在于充分说明事实和理据,说服对方单位能够接受检察机关的建议。

（四）文书实例与点评

××市××区人民检察院
检察建议书

××检民建字[2011]第×号

××市××区××社区居委会：

本院接到你社区居委会请求我院帮助并提供法律咨询，内容为关于你社区居委会在追收被拖欠的租金工作中，佘×正违约拖欠居委会租金，不执行法院生效判决，侵害居委会集体资产合法权益和社区居民的切身利益的报告。经我院派员到你社区调查了解，审阅了判决书等有关证据材料，认为佘×正存在违约拖欠居委会租金，不执行法院生效判决的事实。

本院认为：佘×正违约拖欠居委会租金，不执行法院生效判决，居委会如果没有在法律规定诉讼期限内行驶诉讼权利，有可能失去用法律诉讼手段维护居委会集体资产合法权益的机会，将造成居委会集体财产蒙受经济损失，直接侵害居委会的合法权益。鉴于集体财产关系社区公共利益，为避免集体资产的流失以及可能错过诉讼时效导致合法债权得不到法律保护，居委会应依据有关法律规定，就佘×正不执行法院生效判决的事实，向人民法院申请执行，以挽回集体经济损失，维护社区集体资产的合法权益。

本院对于审查中发现的上述问题，依据《中华人民共和国民事诉讼法》第15条、最高人民检察院《人民检察院民事行政抗诉案件办案规则》第48条之规定，特建议你社区居委会依据有关法律规定，就佘×正拖欠××社区居委会租金、不执行法院生效判决一事，向××区人民法院申请执行，以维护社区集体财产的合法权益，并将处理结果回复我院。

××市××区人民检察院
二〇一一年十月二十四日

【点评】 该案是一宗因社区居委会向检察机关请求帮助并提供法律咨询而引起的检察建议。该案案情简单，系因一当事人违约拖欠社区居委会租金而引起，且该案已经经过了法院判决。该检察建议书在简要叙述事实之后，向社区居委会分析了怠于行使诉讼权利可能引起的法律后果，并按照民事诉讼法和最高人民检察院的规定向社区居委会提出了向人民法院申请执行的检察意见。该案的特点在于系由被建议人的咨询而引起，因此在叙述时应注意这一点。

第二章　刑事裁判文书

人民法院是我国唯一的审判机关,对刑事、民事和行政案件具有审判权。刑事裁判文书,是人民法院依照《刑事诉讼法》规定的程序,在审判刑事案件过程中,就刑事案件的实体问题和程序问题,依法制作的具有法律效力的文书。现行人民法院的刑事裁判文书的样式,是1999年7月1日实施的《法院刑事诉讼文书样式》,现行刑事裁判文书的样式共9类164种。刑事裁判文书,主要指刑事判决书和刑事裁定书,还有刑事附带民事调解书。本章主要针对一些常用的刑事裁判文书展开讲解。

第一节　第一审刑事判决书

一、第一审刑事判决书的概念

第一审刑事判决书,是指人民法院按照第一审程序对刑事案件审理终结,认定被告人是否有罪,决定如何对有罪的被告人定罪处罚的判决文书。根据判决结果的不同,第一审判决书可分为第一审有罪判决书和无罪判决书,对于有罪判决书,可以分为科刑判决书和免刑判决书。按照适用的具体主体或者程序的不同,第一审刑事判决书还可以分为单位犯罪、刑事附带民事诉讼、简易程序等判决书,这些不同种类的判决书有不同的格式与写法。本节先就第一审公诉案件适用普通程序的刑事判决书的格式与写法进行阐述。

二、第一审刑事判决书的格式与内容

(一) 首部

1. 标题。

2. 案号。

3. 控辩双方和其他诉讼参与人(被告人的基本情况应写明:身份情况,曾经受过的刑事处罚、行政处罚和劳动教养情况,因本案所受的强制措施和现羁押处所)。

4. 案件的由来和审判经过。

（二）正文

1. 事实及证据

（1）检察院指控的内容。

（2）被告人对指控事实的供述、辩解及其辩护人的意见。

（3）法院认定的事实。

2. 判决理由及法律依据

（1）评议事实并确定罪名。

（2）评价诉辩主张。

（3）判决的法律依据。

3. 判决结果

（三）尾部

1. 告知事项。

2. 合议庭成员或独任审判员署名。

3. 判决日期。

4. 书记员署名。

5. 院印。

【格式说明】

×××人民法院

刑事判决书

（一审公诉案件适用普通程序用）

（××××）×刑初字第××号

公诉机关×××人民检察院。

被告人……（写明姓名、性别、出生年月日、民族、出生地、文化程度、职业或者工作单位和职务、住址和因本案所受强制措施情况等，现羁押处所）

辩护人……（写明姓名、工作单位和职务）

×××人民检察院以×检×诉[　]××号起诉书指控被告人×××犯××罪，于××××年××月××日向本院提起公诉。本院依法组成合议庭，公开（或者不公开）开庭审理了本案。×××人民检察院指派检察员×××出庭支持公诉，被害人×××及其法定代理人×××、诉讼代理人×××，被告人×××及其法定代理人×××、辩护人×××，证人×××，鉴定人×××，翻译人员×××等到庭参加诉讼。现已审理终结。

×××人民检察院指控……（概述人民检察院指控被告人犯罪的事实、证据和适用法律的意见）

被告人×××辩称……（概述被告人对指控的犯罪事实予以供述、辩解、自

行辩护的意见和有关证据）辩护人×××提出的辩护意见是……（概述辩护人的辩护意见和有关证据）

经审理查明，……（首先写明经庭审查明的事实；其次写明经举证、质证定案的证据及其来源；最后对控辩双方有异议的事实、证据进行分析、认证）

本院认为，……（根据查证属实的事实、证据和有关法律规定，论证公诉机关指控的犯罪是否成立，被告人的行为是否构成犯罪，犯什么罪，应否从轻、减轻、免除处罚或者从重处罚。对于控辩双方关于适用法律方面的意见，应当有分析地表示是否予以采纳，并阐明理由）依照……（写明判决的法律依据）的规定，判决如下：

……[写明判决结果。分三种情况：

第一，定罪判刑的，表述为：

"一、被告人×××犯××罪，判处……（写明主刑、附加刑）

（刑期从判决执行之日起计算。判决执行以前先行羁押的，羁押一日折抵刑期一日，即自××××年××月××日起至××××年××月××日止）

二、被告人……（写明决定追缴、退赔或者发还被害人、没收财物的名称、种类和数额）"

第二，定罪免刑的，表述为：

"被告人×××犯××罪，免予刑事处罚（如有追缴、退赔或者没收财物的，续写第二项）。"

第三，宣告无罪的，无论是适用《中华人民共和国刑事诉讼法》第一百六十二条第（二）项还是第（三）项，均应表述为：

"被告人×××无罪。"]

如不服本判决，可在接到判决书的第二日起十日内，通过本院或者直接向×××人民法院提出上诉。书面上诉的，应当提交上诉状正本一份，副本×份。

审判长　×××
审判员　×××
审判员　×××
××××年××月××日
（院印）

书记员　×××

三、写作注意事项

本文书为刑事裁判文书的最基本的样式，在制作其他刑事裁判文书时可以参阅该文书的样式，因此，此处将对一审公诉案件适用普通程序用的第一审刑事判决书给了详细的说明。

(一) 首部

首部依次包括制作机关名称、文书名称、案号、参加诉讼的公诉机关和诉讼参与人及其身份事项,以及案件的由来和审理经过。关于首部的结构,前文已有介绍,此处针对一些容易产生错漏的地方,作一些提醒和阐述。

1. 案号的要求

案号是查找裁判文书的重要检索工具,案号由立案年度、制作法院、案件性质、审判程序的代字和案件的顺序号组成,因此,在撰写案号时应注意其各个部分均应百分之百准确。应当注意的是,立案年度、案件的序号应使用阿拉伯数字。

2. 公诉机关和诉讼参与人的要求

首部要注意交代清楚所有参与庭审的国家机关和人员。公诉机关,直接写"公诉机关×××人民检察院"。尽管并非每一个案件都会有被害人和法定代理人、诉讼代理人出庭,但如果被害人和法定代理人、诉讼代理人出庭参加诉讼的,应当在审判经过段的"出庭人员"中写明。被告人如有别名、化名,应在其姓名后面用括号加以注明。被告人曾受过刑事处罚、行政处罚、劳动教养,或者在限制人身自由期间有逃跑等法定或者酌定从重处罚情节的,应当写明其事由和时间。如果对被告人被采取了强制措施,应当写明被拘留、逮捕等羁押时间,其目的在于清楚地说明所折抵的刑期。同案被告人有二人以上的,先列主要被告,再列次要被告,按照所涉嫌的主从犯关系的顺序进行列举。

3. 案件由来和审判经过的要求

案件的由来和审判经过,应当交代本案是人民检察院提起公诉还是自诉人提起,是合议庭审判还是独任审判,是否属于公开审理,辩护人、证人、鉴定人、翻译人员等其他诉讼参与人到庭参与诉讼的情况,均不能有所缺漏。

(二) 事实

事实是判决书的重中之重,任何判决都要以事实为基础。

1. 事实的写作顺序

在事实的次序方面,应当首先概述人民检察院指控被告人犯罪的基本内容,包括了哪些事实和证据;然后写明被告人的供述、辩解和辩护人的辩护意见;然后再写明经法庭审理查明的事实和据以定案的证据。以上顺序具有逻辑性,体现了认定事实的规律,不可颠倒。

2. 紧扣犯罪构成要件

叙述事实应以犯罪构成要件为核心,应当写明案件发生的时间、地点、被告人的动机、目的、手段、实施行为的过程、危害结果及被告人在案发后的表现等内容。其中,与犯罪构成要件直接相关的是重点内容,应当详细叙述,其他情节部分,可以视与案情的关系而作详略得当的安排。

3. 写作重点与详略安排

叙述事实还应当主次分明,详略得当,突出重点。除一般犯罪以时间先后顺序进行叙述之外,一般来说,共同犯罪案件或者涉及数罪的案件,应当以主犯、主要事实为叙述的重点,然后再叙述从犯、胁从犯所涉及的案件事实以及其他次要事实。

4. 合理安排事实与证据的关系

在认定事实的证据方面,应尽可能突出证据与事实的对应关系,以体现刑事证明中的质证、认证。随着司法改革的开展和法治的进步,以前诸如"以上事实,证据确实、充分,足以认定"之类的过于抽象和简单的叙述,不能适应法治进步的要求。除了那些的确案情非常简单、控辩双方对证据也没有异议的案件之外,尤其是在控辩双方对事实争议较大的案件中,最佳的写法应当是写明证据与事实之间的对应关系,对控辩双方有争议的证据进行分析、认证,以体现法庭如何采信证据和进行认证的过程,做到力求言之有据,在事实认定上具有说服力。

(三) 理由

理由是判决的重要部分,目的在于说理,向当事人和社会公众交代清楚为何作出本案的判决。随着司法改革的推进和法治的进步,对判决书说理部分的要求越来越高。

1. 说理的基本要求

判决理由要阐述公诉机关(或自诉人)的指控是否成立,被告人的行为是否构成犯罪,触犯什么罪名,依法应当如何处理。说理应当重点围绕犯罪构成要件,阐述按照认定的事实,为何构成(或者不构成)所指控的犯罪,论述时应当逻辑严密,紧扣法律,言之有理,言而有据,而不能仅凭空想、臆想,切忌空话、套话或者没有法律依据、违背常识常理的话。在论证的语言上,一定要讲求使用法言法语,不要口语化。

2. 说理的次序

在确定罪名、主从犯和罪责方面,同样要按照一定的次序,先定重罪,后定轻罪,先定主犯的罪名,后定从犯、胁从犯、教唆犯的罪名。同时,对于被告人具有从轻、减轻、免除处罚或者从重处罚等情节的,也应当在说理中根据案情进行分析和认定。

3. 对控辩双方意见的评判

对于控辩双方适用法律方面的意见,应当进行分析,阐述采纳或者不采纳的理据,而不能仅仅一笔带过。随着司法改革的推进和法治的进步,判决书尤其注重法庭对控辩双方的意见是否采纳方面的论证,其要求也相应提高了,这是符合"以审判为中心"的诉讼方式的要求的,因此应当加强这方面的论证。

(四) 判决结果

判决结果又称为判决的"主文",表明法院根据认定的事实和法律的规定,对被告人作出的判决,包括是否有罪,如果是有罪判决,犯了什么罪名,适用什么刑罚。

无论是认定罪名还是判处刑罚,都应当严格按照法律和司法解释的规定,写明全称,不能作任意的简化。如果有折抵刑期的,应注意写明折抵方法以及起止时间。数罪并罚的,应当在分别定罪量刑之后,决定执行的刑罚,而不能仅仅写明决定执行的刑期。特别要注意的是,由于社区矫正已经被纳入我国的刑罚执行体系之中,如判决实行社区矫正的,也应作必要的交代。同样,对于一案多人的,也应当讲求主次顺序,按照主犯、从犯、胁从犯、教唆犯的顺序先后定罪量刑。

(五) 尾部

尾部应当对上诉事项、核准事项作交代。然后交代合议庭组成人员或者独任审判员的姓名、判决日期以及书记员的姓名。

四、文书实例与点评

(一) 赵某某(聋哑人)盗窃案①

上海市杨浦区人民法院

刑事判决书

(2013)杨刑初字第580号

公诉机关上海市杨浦区人民检察院。

被告人赵某某(聋哑人)。1975年4月因犯盗窃罪被判处有期徒刑五年;1980年12月因犯盗窃罪被判处有期徒刑四年;1984年7月因犯惯窃罪被判处有期徒刑九年,剥夺政治权利二年;1993年9月因犯盗窃罪被判处有期徒刑二年;1995年12月因犯强奸罪被判处有期徒刑十年,剥夺政治权利三年;2004年9月因犯盗窃罪被判处有期徒刑六个月,罚金人民币一千元,连同前罪尚未执行完毕的附加刑剥夺政治权利二年九个月零十三天,决定执行有期徒刑六个月,罚金人民币一千元,剥夺政治权利二年九个月零十三天;2006年7月因犯盗窃罪被判处有期徒刑一年,罚金人民币三千元,连同前罪尚未执行完毕附加刑剥夺政治权利一年二十三天,决定执行有期徒刑一年,罚金人民币三千元,剥夺政治权利一年二十三天;2007年8月因犯盗窃罪被判处有期徒刑一年,罚金人民币一千元;2011年12月因犯盗窃罪被判处有期徒刑一年,并处罚金人民币一千元。因

① 参见上海法院法律文书检索中心,http://www.hshfy.sh.cn:8081/flws/text.jsp?pa=ad3N4aD0yJnRhaD2jqDIwMTOjqdHu0Myz9dfWtdo1ODC6xSZ3ej0Pdcssz。

涉嫌犯盗窃罪于2013年7月5日被刑事拘留,同年7月18日被逮捕。现羁押于上海市杨浦区看守所。

指定辩护人陈××,上海××律师事务所律师。

上海市杨浦区人民检察院以沪杨检刑诉〔2013〕549号起诉书指控被告人赵某某犯盗窃罪,于2013年8月19日向本院提起公诉。本院依法组成合议庭,适用普通程序,公开开庭审理了本案。上海市杨浦区人民检察院指派检察员王×出庭支持公诉,被告人赵某某及指定辩护人陈××、手语翻译人员贝××到庭参加诉讼。现已审理终结。

公诉机关指控,2013年7月4日21时许,被告人赵某某至本市杨浦区控江路1665号新华医院急诊大楼五楼输液室内,趁被害人金某带儿子看病不注意之际,窃得被害人金某裤子右后侧口袋内一部三星牌GT-N7100型手机(经估价价值人民币2,640元)后,被民警抓获。

公诉机关认为,被告人赵某某的行为已构成盗窃罪,且系累犯、聋哑人,能如实供述自己罪行,建议判处有期徒刑一年以下。

被告人赵某某对指控的犯罪事实和罪名均无异议。

指定辩护人对公诉机关指控的事实和罪名均不表示异议,指出被告人系聋哑人,请求对其从轻处罚。

经审理查明,2013年7月4日21时许,被告人赵某某至本市杨浦区控江路1665号新华医院急诊大楼五楼输液室内,趁被害人金某带儿子看病不注意之际,窃得被害人金某裤子右后侧口袋内一部三星牌GT-N7100型手机。被告人走出输液室时,被巡逻民警抓获。经鉴定,前述手机价值人民币2,640元。现被窃手机已发还被害人。

以上事实,有下列证据予以证实:

1. 被害人金某的陈述,证明2013年7月4日21时许,其带儿子在新华医院急诊大楼五楼输液室输液,其放在裤子右后侧口袋内的手机被窃的事实;

2. 证人顾秋良的证言,证明被告人赵某某盗窃被害人金某手机的事实;

3. 证人程德良的证言,证明抓获被告人赵某某的事实;

4. 被告人赵某某在公安机关的供述,供认其至本市杨浦区控江路1665号新华医院急诊大楼五楼输液室内,趁被害人金某带儿子看病不注意之际,窃得被害人金某裤子右后侧口袋内一部三星牌GT-N7100型手机的经过事实;

5. 上海市公安局杨浦分局出具的扣押清单及被窃手机的照片,证明缴获被告人赵某某所窃手机的事实;

6. 上海市公安局杨浦分局出具的发还清单,证明被窃手机已经发还被害人金某的事实;

7. 中国移动通讯手机专卖专用票据及上海市杨浦区价格认证中心出具的价格鉴定意见,证明被窃的三星牌 GT-N7100 型手机经鉴定价值为人民币 2,640 元;

8. 公安机关出具的工作情况,表明被告人赵某某被抓获的经过事实。

上述证据均经庭审质证属实,足以认定。

本院认为,被告人赵某某以非法占有为目的,扒窃他人财物,其行为已构成盗窃罪。公诉机关指控的罪名成立,对被告人赵某某依法应予处罚。被告人因故意犯罪被判处有期徒刑以上刑罚,刑罚执行完毕以后五年内再犯应当判处有期徒刑以上刑罚之罪,系累犯,依法应当从重处罚。被告人赵某某系聋哑人,到案后能如实供述自己罪行并自愿认罪,依法可以从轻处罚。为严肃国法,保护公民财产所有权不受侵犯,依照《中华人民共和国刑法》第二百六十四条、第六十五条第一款、第十九条、第六十七条第三款之规定,判决如下:

被告人赵某某犯盗窃罪,判处有期徒刑七个月,罚金人民币一千元。

(刑期从判决执行之日起计算。判决执行以前先行羁押的,羁押一日折抵刑期一日,即自2013年7月4日起至2014年2月3日止。罚金于本判决发生法律效力之日起十日内向本院缴纳。)

如不服本判决,可在接到判决书的第二日起十日内,通过本院或者直接向上海市第二中级人民法院提出上诉。书面上诉的,应当提交上诉状正本一份,副本二份。

审判长　李×
代理审判员　刘××
人民陪审员　王×
二〇一三年九月二十三日
书记员　韩×

【点评】 该案系一起案情非常简单的盗窃案。判决书所列证据清楚,证明被告人盗窃的事实比较简单。但该案被告人系聋哑人,且有多次犯罪的前科,系累犯,这是在撰写判决书时应当注意的。因此,在判决理由部分,累犯的从重条件和聋哑人的从轻条件均应表述清楚。该判决书简明扼要,对相关要素均交代清楚。

(二) 陈某某虚开增值税专用发票罪①

上海市杨浦区人民法院
刑事判决书

(2013)杨刑初字第654号

公诉机关上海市杨浦区人民检察院。

被告人陈某某,因涉嫌犯虚开增值税专用发票罪于2012年8月21日被上海市公安局杨浦分局取保候审,2013年9月5日被本院取保候审。

指定辩护人吴××,上海××律师事务所律师。

上海市杨浦区人民检察院以沪杨检刑诉〔2013〕635号起诉书指控被告人陈某某犯虚开增值税专用发票罪,于2013年9月2日向本院提起公诉。经上海市高级人民法院指定,本案由本院审判。本院依法组成合议庭,适用简易程序,公开开庭审理了本案。上海市杨浦区人民检察院指派代理检察员刘×出庭支持公诉,被告人陈某某及其指定辩护人吴××律师到庭参加诉讼。现已审理终结。

经审理查明,2010年9月至2012年3月间,被告人陈某某在与上海××针织制衣有限公司业务往来过程中,明知上海××针织制衣有限公司与上海A实业有限公司、上海B实业有限公司、上海××工贸有限公司、上海C实业有限公司无实物交易,仍向上海××针织制衣有限公司提供以上述四家公司为销货单位的增值税专用发票16份,税额共计人民币118,867.29元。上海××针织制衣有限公司已向税务机关申报抵扣税款人民币118,867.29元。

2012年8月21日,被告人陈某某主动到公安机关投案,并对上述事实予以供述。同年9月,上海××针织制衣有限公司向税务机关补缴了全部税款。

上述事实,被告人陈某某及其指定辩护人在开庭审理过程中均无异议,并有上海××针织制衣有限公司的"企业法人营业执照""税务登记证",增值税专用发票复印件,上海市金山区国家税务局出具的"认证结果清单""抵扣证明""税收通用缴款书",上海××针织制衣有限公司提供的外加工数清单、"记账凭证"、付款材料,证人朱权的证言,上海司法会计中心出具的鉴定意见,公安机关出具的"工作情况",被告人陈某某的历次供述等证据证实,足以认定。

公诉机关根据上述证据指控被告人陈某某的行为构成虚开增值税专用发票罪,被告人陈某某主动投案并如实供述自己的罪行,系自首,依法可减轻处罚。

本院认为,被告人陈某某进行了实际经营活动,但让他人为自己代开增值税专用发票,致使国家税款被骗取人民币118,867.29元,属有其他严重情节,其行

---

① 参见上海法院法律文书检索中心,http://www.hshfy.sh.cn:8081/flws/text.jsp?pa=ad3N4aD0yJnRhaD2jqDIwMTOjqdHu0Myz9dfWtdo2NTS6xSZ3ej0Pdcssz。

为已构成虚开增值税专用发票罪。公诉机关指控的罪名成立，对被告人陈某某依法应予惩处。被告人陈某某自首并自愿认罪，被骗取的税款已全部补缴，依法可以减轻处罚。为严肃国法，维护国家税收管理制度，依照《中华人民共和国刑法》第二百零五条第一、三款，第六十七条第一款，第七十二条第一、三款，第七十三条第二、三款之规定，判决如下：

被告人陈某某犯虚开增值税专用发票罪，判处有期徒刑二年，缓刑二年，罚金人民币三万元。

（缓刑考验期限，从判决确定之日起计算。罚金自本判决生效之日起一个月内缴纳。）

陈某某回到社区后，应当遵守法律、法规，服从监督管理，接受教育，完成公益劳动，做一名有益社会的公民。

如不服本判决，可在接到判决书的第二日起十日内，通过本院或者直接向上海市第二中级人民法院提出上诉。书面上诉的，应当提交上诉状正本一份，副本二份。

审判长　李　×
代理审判员　刘××
人民陪审员　王　×
二〇一三年九月二十四日
书记员　韩　×

【点评】　该案是一宗虚开增值税专用发票案，案情简单，且被告人有自首情节并如实供述，因此判决书以证据证明上述事实即可。在判决理由部分，主要是要把为何可以减轻处罚论述清楚，由于该案判决缓刑，因此引用缓刑的法条须准确。另外。比较有特点的一点是：由于该案判决缓刑，其中包含有社区矫正的内容，因此判决书要求陈某某“回到社区后，应当遵守法律、法规，服从监督管理，接受教育，完成公益劳动”。

（三）施某某强奸、盗窃案①

崇明县人民法院
刑事判决书

（2013）崇刑初字第270号

公诉机关崇明县人民检察院。

被告人施某某，男，某年某月某日生，公民身份号码：……汉族，小学文化程

① 参见上海法院法律文书检索中心，http://www.hshfy.sh.cn:8081/flws/text.jsp?pa=ad3N4aD0zJnRhaD2jqDIwMTOjqbPn0Myz9dfWtdoyNzC6xSZ3ej0Pdcssz。

度,农民,住本县某镇某村某号;1995年2月因犯放火罪被判处有期徒刑八年,剥夺政治权利二年;因涉嫌犯盗窃罪于2013年4月7日被刑事拘留,同年4月18日被逮捕。现羁押于崇明县看守所。

崇明县人民检察院以沪崇检刑诉(2013)265号起诉书指控被告人施某某犯强奸罪、盗窃罪,于2013年9月11日向本院提起公诉。本院于当日立案并依法组成合议庭,因涉及个人隐私,不公开开庭审理了本案。崇明县人民检察院指派代理检察员施×出庭支持公诉,被告人施某某到庭参加诉讼。现已审理终结。

崇明县人民检察院指控:

一、强奸罪

2012年7、8月间,被告人施某某明知被害人王某某系精神病人,仍先后两次于本县某某镇某甲公路、某乙公路路口附近处的一竹林小屋中与王某某发生性关系。

二、盗窃罪

2013年4月7日中午,被告人施某某至本县某甲镇某某村某号被害人陈某家中,从底楼客厅桌子上的一只包内窃得人民币2000元。陈某发现被窃后,即对施某某进行追捕。在逃跑途中,施某某被公安人员抓获。

为证实上述指控,公诉机关当庭宣读、出示了公安机关出具的案发经过、受案登记表、工作记录、接受证据清单、发还清单,上海市公安局物证鉴定中心出具的精神疾病司法鉴定意见书,证人黄某某的证言,证人张某某、吴某某的证言及辨认笔录,被害人王某某、陈某的陈述及辨认笔录,被告人施某某的供述及辨认笔录,刑事判决书,户籍证明等证据,从而认定被告人施某某明知妇女是精神病患者而与之发生性关系,应以强奸罪追究其刑事责任;被告人施某某以非法占有为目的,入户窃取他人财物,应以盗窃罪追究其刑事责任。被告人施某某在判决宣告前一人犯数罪,依法应当数罪并罚。被告人施某某到案后如实供述自己的盗窃罪行,依法可以从轻处罚。据此,提请本院依法审判。

被告人施某某对起诉指控的盗窃和强奸事实供认不讳,并当庭认罪。

经审理查明:

一、强奸罪

2012年7月间,被告人施某某在明知被害人王某某系精神病患者的情况下,仍先后两次于本县某某镇某甲公路、某乙公路路口附近处的一竹林小屋中与王某某发生性关系。

认定上述事实的证据有:

1. 公安机关出具的案发经过证实,2013年3月19日,公安机关接报称施某某涉嫌强奸。经侦查,因涉嫌盗窃罪被羁押在案的被告人施某某有重大作案嫌疑。

2. 上海市公安局物证鉴定中心出具的精神疾病司法鉴定意见书证实,王某某患精神分裂症,处于患病期,应评定为无性自我防卫能力。

3. 证人黄某某的证言证实,施某某曾说过要给其介绍一个女人,之后带了王某某来到其住处,但那天其不在家。其后来知道王某某是精神病患者,并多次与之发生性关系。

4. 被害人王某某的陈述证实,2012 年 5、6 月间的一天,其在本县某某镇某乙村某队处碰到施某某,其对施说要不要谈恋爱,施说谈的。施某某便将其带至北侧近某乙公路处的一个竹林小屋内,并与之发生性关系。尔后,施将其带至黄某某家,但当时黄不在家。次日,其又在某乙村某队处碰到施某某,并要求和施谈恋爱,施遂再次将其带至竹林小屋内,并与之发生性关系。

5. 被害人王某某的辨认笔录证实,被告人施某某就是与其发生上述两次性关系的人。

6. 被告人施某某于 2013 年 7 月 4 日在侦查阶段和当庭均供称,2012 年 7 月的一天中午,其在本县某某镇某乙村某队附近遇到王某某,王主动上前问其谈不谈恋爱,其当时就觉得她精神有问题,便将王带至竹林里的一个小屋内,与之发生了性关系。约一个星期后,其又在某乙村某队附近遇到王某某,再次将王带至竹林中一小屋内,与之发生了性关系。期间,其曾将王带至黄某某家,准备介绍给黄,但黄不在家。

7. 被告人施某某的辨认笔录证实,王某某就是与其发生上述两次性关系的人。

二、盗窃罪

2013 年 4 月 7 日中午,被告人施某某至本县某甲镇某某村某号被害人陈某家中,溜门入室,从底楼客厅桌子上的一只包内窃得人民币 2000 元。陈某发现被窃后,即对施某某进行追捕。在逃跑至某甲镇某甲村某队附近的油菜田时,施某某被公安人员抓获。

认定上述事实的证据有:

1. 公安机关出具的案发经过、受案登记表及工作记录证实,2013 年 4 月 7 日 13 时许,公安机关接报称,本县某甲镇某某村某号被盗;经侦查,公安人员在某甲镇某甲村某队附近的油菜田里将实施上述盗窃行为的施某某抓获。

2. 公安机关出具的接受证据清单及发还清单证实,涉案赃款 2000 元已发还被害人陈某。

3. 证人张某某、吴某某的证言均证实,2013 年 4 月 7 日 12 时 40 分许,其夫妻二人看到陈某骑电动自行车向北行驶并说去捉小偷,其二人便一同追赶。后在某甲镇某甲村某队附近处，陈某把一个小偷从公交车上拉下来，小偷挣脱后向北逃走，并把钱扔在地上，逃到一块油菜地里。公安人员到现场后抓获了那名小偷。

4. 证人张某某、吴某某的辨认笔录均证实，施某某就是其二人与陈某共同追捕的小偷。

5. 被害人陈某的陈述证实，2013 年 4 月 7 日 12 时 40 分许，其在位于本县某甲镇某某村某号的家中听到底楼有声音响动，下楼时看见一名男子往外跑，并发现客厅桌上一只包内少了一叠钱，于是骑电瓶车追赶出去。其在一公交车上将该名男子抓了下来，但小偷挣脱后逃跑，并将钱丢在了地上。最后公安人员在附近的一片油菜地里抓住了该名小偷。经清点，被盗钱款共计 2000 元。

6. 被害人陈某的辨认笔录证实，施某某就是该名小偷。

7. 被告人施某某的供述证实，2013 年 4 月 7 日 12 时 30 分许，其进入本县某甲镇某某村某号的一户住宅，发现屋内没人，便从底楼客厅桌子上的一只包内拿了 2000 元后逃离了现场。在逃跑时，屋主追了上来，后在准备坐公交车时被拉了下来，其便将钱扔在了地上。最后其躲到了一旁的油菜地里，被随后赶来的民警抓获。

此外，公诉机关还提交了以下证据：

1. 刑事判决书反映了被告人施某某的前科情况。

2. 常住人口居民身份证申领登记表证实了被告人施某某的身份信息状况。

上述证据，均经庭审质证，查证属实，本院予以确认。

本院认为，被告人施某某明知妇女是精神病患者而先后两次与之发生性关系，其行为已构成强奸罪；被告人施某某以非法占有为目的，入户窃取他人财物，其行为已构成盗窃罪，依法应当两罪并罚。公诉机关的指控事实清楚，证据确实充分，指控的罪名成立，本院予以支持。被告人施某某到案后，如实供述了自己的犯罪事实，依法可以从轻处罚。为保护妇女人身权利和公私财产不受侵犯，依照《中华人民共和国刑法》第二百三十六条第一款、第二百六十四条、第六十九条、第六十七条第三款、第五十二条、第五十三条之规定，判决如下：

被告人施某某犯强奸罪，判处有期徒刑三年六个月；犯盗窃罪，判处拘役三个月，并处罚金人民币一千元；决定执行有期徒刑三年六个月，并处罚金人民币一千元。

（刑期从判决执行之日起计算，判决执行以前先行羁押的，羁押一日折抵刑期一日，即自 2013 年 4 月 7 日起至 2016 年 10 月 6 日止；罚金自本判决生效之日起一个月内缴纳。）

如不服本判决，可在接到判决书的第二日起十日内，通过本院或者直接向上海市第二中级人民法院提出上诉。书面上诉的,应当提交上诉状正本一份,副本一份。

审判长　曹××
代理审判员　金××
人民陪审员　王××
二〇一三年九月二十四日
书记员　薛××

【点评】 该案所涉的罪名有两个:强奸罪和盗窃罪,因此,在撰写一人犯多罪的文书时,应当对多罪分开论述,在此案中,判决书在阐述检察机关的指控、法院所查明的事实中,均将所涉的强奸罪、盗窃罪分开阐述,条理清晰。

(四) 无罪判决书:陈××被控贪污宣告无罪案①

××市××区人民法院
刑事判决书

(2005)×刑初字第×××号

公诉机关××市××区人民检察院。

被告人陈××,男,1959年1月13日出生,汉族,中专文化,捕前系××石油管理局××天然气净化总厂物资公司(以下简称物资公司)副经理兼党支部书记,住(略)。2005年4月5日因涉嫌贪污罪被刑事拘留;同年4月18日经××市××区人民检察院决定逮捕,同日被依法逮捕。现羁押于××市××区看守所。

辩护人古××,××律师事务所律师。

××市××区人民检察院以××检刑诉字(2005)×××号起诉书指控被告人陈××犯贪污罪,于2005年8月2日向本院提起公诉。本院依法组成合议庭,于2005年8月22日进行了第一次公开开庭审理,次日××市××区人民检察院向本院申请延期审理,同年9月23日××市××区人民检察院向本院建议恢复审理。本院于同年10月18日进行了第二次公开开庭审理,同年11月7日××市××区人民检察院向本院再次申请延期审理,同年12月6日××市××区人民检察院向本院建议恢复审理。本院于同年12月15日进行了第三次公开开庭审理。××市××区人民检察院检察员魏×出庭支持公诉,被告人陈××及其辩护人古××到庭参加了诉讼。现已审理终结。

××市××区人民检察院指控:2003年4月的一天,被告人陈××在××

① 参见法律图书馆网站,http://www.law-lib.com/cpws/cpws_view.asp? id=200401141342。

市XY区龙溪镇“三妹酒楼”与××石油管理局××天然气净化总厂(以下简称净化总厂)党委书记兼副厂长刘×会面时遇见王×,经刘×介绍陈得知王正在为刘×装修房子,陈为讨好刘×,提出为刘×装修房子解决点材料,被刘×拒绝。陈便叫王×到YH贸易有限公司(以下简称YH公司)经理胡××处报销装修材料款,陈随后与胡联系,胡同意。后王×在2003年4月至6月期间拿购买装修材料的发票到胡处报销了人民币48971.50元。同年6月,胡打电话给陈要求结账。陈把物资公司库房里原来存放的日本引进配件中的一部分拟好清单传真给胡,叫胡按清单上的项目开发票,胡按陈的要求开了三张假发票(金额人民币81080.52元)交给物资公司有关人员,陈在三张发票上签字后,安排库管员陈×霞、计划员应××把手续完善后交给公司会计隆×报净化总厂财务审批。2003年8月、11月,净化总厂财务通过银行分2次将人民币81080.52元转账到YH公司账上。2004年9月,在净化总厂纪委调查此事时,陈主动向纪委说明了事实真相,并协助纪委追回全部款项。同年12月23日,被告人陈××投案自首。为指控被告人陈××的犯罪事实,公诉机关当庭举示了相关证据并据此认为被告人陈××身为国有企业工作人员,利用职务之便,骗取公款,数额巨大,其行为触犯了《中华人民共和国刑法》第三百八十二条、第三百八十三条第一款第二项的规定,要求法院以贪污罪追究其刑事责任。

被告人陈××辩称:自己为讨好刘×为其解决房子装修款被刘×拒绝不是事实,为刘×解决装修款不是自己主动提出的,因为刘×两次暗示且带我看房子,同时又有刘×哥们王×的暗示,我才被迫答应的,刘×当时并没有拒绝,点头同意了的;为刘×解决点材料款,但说的金额控制在1万元之内;自己没有在任何发票上签字,公司的人说是我安排的,是他们为了推卸责任,没有任何证据;自己这样做的原因是在刘×的暗示下怕得罪刘×,正好当时厂里裁员,想争取对公司的发展和政策上宽松点,对我本人没有什么利益,自己认为性质最多是违反财经纪律,自己主观上是为集体,没有占有单位的钱,故自己的行为不构成贪污罪。其辩护人也认为:被告人陈××在主观上没有非法占有检察机关所指控的人民币81080.52元的故意,是在刘×的暗示、明示下,在王×的催促和索要下,为讨好上司而产生的以单位名义向刘×行贿的故意,不具备贪污罪的主观要件;被告人陈××从未占有过检察机关所指控的人民币81080.52元,仅仅是有违规同意报销的行为,而没有实施非法占有的行为,也不具有贪污罪的客观要件,不构成贪污罪但系单位行贿行为,理由是刘×有索贿行为,陈××行贿是单位领导集体研究同意的,行贿的数额只有人民币49000元(YH公司非法占有的32109.02元是不当得利),单位行贿数额未达到20万元,不构成单位行贿罪;采取虚假发票为刘×解决装修款,被告人陈××是在征求何××、陈×霞意见后,由三人合作完成的,被告人只在应由自己签字的栏内签字,不存在指使问题。因此,被告人陈××无罪。

经审理查明:2003年4月中旬的一个周末,被告人陈××打电话给净化总厂党委书记兼副厂长刘×,邀请刘×吃饭。刘×称自己在××市XY区龙溪镇“三妹酒楼”附近的茶楼喝茶,要陈××去一起喝茶,被告人陈××随即去茶楼见到了刘×。正在喝茶时,王×来茶楼找刘×说装修房子没有材料了,刘×没有正面回答而是把王×介绍给被告人陈××认识,并介绍王×正在给自己装修新房子。午饭后,王×叫刘×和被告人陈××去看刘×的新房,三人到了“石油花园”刘×新房后,被告人陈××说:“刘书记,你的房子还可以嘛。”刘×说:“可以,就是差些材料。”王×就说:“陈经理,你看嘛,这些线槽和洞洞都是在等材料,你看想点办法嘛?”被告人陈××说:“书记,不行就从我那里走点。”刘×说:“你那里有啥子装修材料哟,都是些破铜烂铁。”看完房子,在回茶楼的路上,被告人陈××对刘×说:“刘书记,不行的话,从我们公司的可控费用中的材料费中走点。”刘×当时没有表态。在茶楼玩耍后分手时,王×也对被告人陈××说:“陈经理,给刘书记想点办法。”被告人陈××回到长寿后,王×又打电话给被告人陈××要求给刘书记想点办法,弄点材料。随后被告人陈××打电话给与净化总厂有业务关系的YH公司经理胡××,称有个叫王×的装修老板,正在给刘书记装修房子,到你那里来拿点材料,以后结算,金额控制在1万元至2万元以内。胡表示同意。后被告人陈××打电话给王×叫王直接找YH公司胡××经理,在他那里拿点材料,金额控制在1万元以内,多了不好除账。王×在当日便去YH公司找到胡××,一起去建材市场购买了价值1.6万元的地砖,款由YH公司支付,此后至2003年6月王×先后在YH公司拿走装修材料和报销装修材料款总计人民币48971.50元(含价值1.6万元的地砖款),大部分材料用于刘×住房的装修。

2003年4月份下旬的一天,被告人陈××将物资公司计划组组长何××、材料组长陈×霞分别叫到自己办公室通气,说总厂刘书记装修房子需要点材料,公司变通处理点材料,这种事办又不好办,不办呢,厂里在改革,要定岗定员,怕以后工作不好开展。当时何××和陈×霞均未提出反对意见,但也没有形成具体明确的处理方法。2003年6月份,胡××打电话告诉被告人陈××,刘书记的房子装修得差不多了,要求结账。被告人陈××问胡××,王×在你那里拿了多少材料,胡××说不含税接近7万。被告人陈××说多了,没法除账,只有先放一放再说。被告人陈××随后向王×核实了所发生的费用。2003年6月,物资公司清仓查库时,被告人陈××从库管员陈×霞处得知库房有批净化厂分家时留下来的未上账的引进配件,金额比为刘×解决的装修款要多些,被告人陈××就决定用这批引进配件来处理刘×的装修款,他拟定清单后交给采购员应××,叫其给YH公司传真过去。YH公司经理胡××收到传真后打电话询问被告人陈××,陈告诉胡,按照清单上的时间、物品名称、规格、数量、单价开发票,是变通处理为刘×装修房屋的材料款。2003年6月29日,YH公司向物资公司开出2张虚假增值税发票,金额分别为人民币37394.37元和人民币23938.20元;2003年10月20日,YH公司又开出1张虚假增值税发票,金额为人民币19747.95元,3张虚假发票金额合计人民币81080.52元。库管员陈×霞收到发票后,去问被告人陈××怎么没有货,被告人陈××说这就是给领导变通的办公设备,陈×霞当即明白了这些就是给刘书记变通解决的装修材料,于是按照发票上的货物类型、数量进行了虚假入库登记,采购员应××和库管员陈×霞在收料单上签了字,随后被告人陈××在附有发票和收料单的粘贴单上的主管栏目上签名,物资公司会计隆×制作"物资公司采购料应付账款汇总表",交被告人陈××及主管领导、总厂领导签字后,完善付款手续交给总厂财务资产部审核。2004年8月13日和11月17日,净化总厂财务通过银行转账将人民币90585.74元(含另外实际发生的一笔人民币29253.17元材料采购)和人民币19747.95元支付给YH公司。在YH公司收到的人民币81080.52元中,实际被王×领走和报销的材料费金额为48971.5元,交纳增值税金额为8911.57元,其余金额23197.45元被YH公司作为利润收取。

2004年9月22日,净化总厂组织安全大检查,清查物资公司仓库时发现近几年没有购进过进口配件,对物资公司向YH公司购买材料一事产生怀疑,当日被告人陈××主动向净化总厂纪委说明了此事是给刘×解决房子装修款的事实。次日,被告人陈××找到胡××和王×,追回了全部款项(款项已经归还净化总厂)。同年12月23日,被告人陈××向××市××区人民检察院投案,如实交代了涉案事实。

上述事实,有公诉机关当庭举示的下列证据证明:

1. 立案决定书证明:××市××区人民检察院于2005年4月5日对被告人陈××涉嫌贪污罪立案侦查。

2. 营业执照复印件证明:××石油管理局××天然气净化总厂经济性质属于国有经济。

3. 川油东净党发(2001)1号文件证明:2001年2月12日陈××被任命为中共××天然气净化总厂物资公司支部委员会书记、副经理(副科级)。

4. 川油东净人干发(2004)10号文件证明:2004年11月1日陈××被免去YB物资有限责任公司副经理职务。

5. 净化总厂明细账、转账凭证及附件增值税发票3份、收料单3份、粘贴单3份证明:物资公司将向YH公司虚假购买并空仓入库的涉案金额为人民币81080.52元,由库管员应××、采购员陈×霞、公司主管领导陈××签字后报净化总厂财务资产部审核的事实。

6. 净化总厂支出凭证、物资公司采购料应付账款汇总表证明:净化总厂财务在2003年8月和11月根据已经审核后的物资公司采购料应付账款汇总表向YH公司分2次共支付购买材料款合计人民币81080.52元的事实。

7. 物资公司器材明细账及材料收料单、发料单证明:物资公司对虚买的YH公司的材料采取虚假入账方式,并由采购员应××和库管员陈×霞虚假签字入库;由于所冒名的材料已经在入库前被领用,库管员陈×霞对原发料单的日期作了涂改的事实。

8. YH公司明细账及电子汇划收款补充报单证明:YH公司于2003年8月14日和11月19日收到净化总厂支付的材料款81080.52元并入账。

9. 净化总厂银行凭证、中国工商银行现金存款凭证、增值税发票2张证明:2004年9月23日YH公司退还净化总厂货款81080.52元,净化总厂为YH公司开出8911.57元的抵税发票。

10. 零售发票6张证明:王×用这6张发票在YH公司报销为刘×装修房屋材料款32971.50元。

11. 证人胡××证明:2003年4月的一天,陈××打电话说:"过几天,我们厂里要买一批材料,到时在你那里来办。"我说:"要得,你来嘛。"过了几天,陈××又打电话说:"前几天给你说的那件事,是给我们厂领导弄点装饰材料,我具体叫王×来和你联系,金额控制在1万元至2万元以内,钱你垫到,开发票到我们厂里来结算。"当天王×就来找我,说是陈××叫他来找我的,他提出要去买地砖,我就与王×到建材市场买了1.6万元的地砖,钱是我付的,回来后我打电话告诉了陈××。后来王×陆续来报了3万多元的装修款,加上前面的1.6万元地砖,共计4.9万元的装饰材料款,每次我都电话告诉了陈经理。2003年6月份王×来说:"刘书记的房子装修得差不多了。"我打电话给陈经理,陈经理问我王×拿了多少装饰材料。我说不含税有4.9万元。陈经理说有点多,先摆倒起再说,他考虑一下怎么处理。过了几天我给陈经理打电话,问他怎么结账,要适当给我考虑一点利润,20%的税由你们上。陈经理同意了。后来物资公司应××传真上来清单,清单写明了品名、规格、数量、单价等,我当时搞不懂,打电话问陈××,陈说按传真上的开,这是拿来变通处理王×在你那里拿来为刘×装修房子的材料款。我就按照他的要求,在2003年6月29日开了2张发票,10月20日开了1张发票,总金额是人民币81080.52元。净化总厂2003年8月12日划款人民币90585.74元,其中有人民币29253.17元是实际购买的材料,11月17日又划款人民币19747.95元,合计人民币81080.52元,包括20%的税、毛差20%。2004年9月,陈××打电话给我说他们厂纪委在查这件事,叫我把钱退给他们公司,我说不可能。后陈××到重庆来找我叫我帮忙把钱退了,我说叫王×把那4.9万元退回来,我不赚钱,但也得把本钱收回来。陈××打电话叫王×把钱退给我们了,我也退净化总厂的8万多元。陈××是物资公司经理,他们这样做我认为这是他们单位的意思。这过程中我们没有给任何好处给陈××。

12. 证人王×证明:我与刘×原来在一个单位上班,很早就认识,2000年我买断工龄,离开公司。2003年4月我给刘×装修房子。4月中旬的一个周末,我同刘×在“三妹酒楼”附近的茶楼喝茶时,经刘×介绍,我才认识陈××,才知道他是物资公司经理,陈也知道了我在给刘×装房子。从“谭月楼”吃饭出来,我们3人去看刘×的房子。去的途中,陈××给我说刘书记装房子,他也帮不上忙,想给刘书记弄点装修材料,他叫我去找YH公司,我问弄多少,他说弄几万。刘×当时不在场,后我给刘书记悄悄说:“陈××想给你弄点装修材料。”刘×说:“不行,我不需要。”我给陈××说刘×不同意,陈××说:“这种事我们私下办了就行了。”到了装修现场,陈××说:“刘书记,这房子还可以嘛。”刘书记说:“可以倒还是可以。”我说:“这些线槽洞洞差材料。”陈××就说:“干脆从我公司弄点。”刘×说:“你们公司尽是破铜烂铁,弄哪样材料?”下楼时陈××给刘×说从他们公司的可控费用中解决点,但刘书记当时就否决了。回到茶楼喝了阵茶,陈××临走时我给他说:“材料要搞快点。”他说我们电话联系。过了几天,陈××打电话叫我直接去找重庆YH公司经理胡××。我找到胡××说要买地砖,我们一起去龙溪建材市场买地砖,他付的钱,买了1.6万元的地砖,实际我只用了一半的地砖给刘×装房子。另一半分给了余老师。隔了段时间,要买材料,我又去找胡××,他懒得走,叫我一个人去买,把发票拿到他那里报了就行了。我前后买了3.2万元的材料,分2次拿到胡××处报的,胡××见发票就把钱给我没有说什么。我总共在YH公司报了差不多4.9万元。我在2003年6月最后一次在YH公司报账后,陈××打电话问我在YH公司报了多少材料款,我说4万多,他说差不多了。他只问过我这一次。后来YH公司找我退钱时,我才明白这笔钱是陈××他们公司出的。2004年9月中旬,胡××打电话给我,喊我赶快去把钱退了,我去退钱时有胡××夫妇、陈××夫妇在场。2003年12月份,刘×付我3万元时,我给他讲,陈××叫我在YH公司报销装修材料费报了3万多,YH公司付的1.6万元的事我没有说,刘×说这种事做不得,叫我赶快拿去还给YH公司。后来我打算还,因为手头没有钱,所以没有给胡经理说还钱的事。

13. 证人刘×证明:2003年4月中旬的一个周末,我在龙溪镇“三妹酒楼”对面的茶楼喝茶,陈××打电话问我在哪里,我说在喝茶,他就约我一起吃饭,我叫他过来喝茶,他就来茶楼找到我。一起喝茶时,王×走过来找我,说起装修的事,我没有回答他的话,只是把王×和陈××作了介绍,他们互相打了招呼。我们喝了一阵茶,中午一起到“谭月楼”吃饭。饭后王×提出一起去看我的房子,于是我、陈××、王×就一同到我的房子去看装修情况。到了房子后,陈××说:“刘书记,你这个房子还可以嘛。”王×安排工人后过来问我:“刘书记,你们厂里有装修材料啊?”我说:“我们厂里有啥子装修材料哟,尽都是些破铜烂铁。”看完房子下楼途中，陈××给我说："刘书记，不行的话，从我们公司的可控费用中走点装修材料。"我说："算了，不需要。"在陈××来看房子那天，王×给我说："陈××要给你弄点装修材料。"但我没有同意，给王×说："不需要。"在我和王×结账时，王×账本上有一笔在 YH 公司报账 32970 元，我当时问他怎么回事，王×说这笔钱是在 YH 公司报的账，我晓得 YH 公司与我们厂有业务往来，就给王×说："不行，这笔钱你赶紧拿去退了。"我就给他 3 万元叫他拿去退给 YH 公司。我是 2004 年 9 月份才知道陈××用公款给我垫支房子装修款的。我装修房子没有占公家和私人的便宜。王×出于挣钱的角度，把我和陈××都瞒住了，两边都没有说明，他自己瞒倒起在干。陈××有些失察失职，没有把事情弄清楚，轻信了王×和 YH 公司，造成了这种事件的发生，他自己也没得一分钱，而且态度较好，积极配合厂里追回了所有的钱，希望能从宽处理。

14. 证人陈×霞（材料组长、库管员）证明：2003 年 4 月份的一天，陈××把我喊到他办公室说想给我说个事，我说啥子事，他说刘×书记装修住房需要处理点材料款，看郎个办，我说我也不知道郎个办，陈说那就放到以后再说。2003 年 9、10 月份，公司有人带了 8 万多元的发票给我，我看只有发票，没有实物进库，就打电话问陈××为啥子没有实物，陈经理说就是原来说的给领导处理的材料，我当时就想可能是给刘书记变通解决的装修材料款，之后我就按发票上的货物类型、数量进行了入库登记。在 2003 年 6 月份我曾交给陈××一张"无账料"库存情况的单子，是按总厂的要求，每隔一段时间，库管员都要对自己管理的仓库里"无账料"货物进行清查，并制作清单交给公司领导，当时我管理的 7 号库里有一批"无账料"货物，主要是日本引进配件，我查库后就登记将清单交给了陈××。3 张发料单（11-1、11-2、11-3）上的货物是"无账料"货物，2003 年 4 月份这些货物就已发出去了，被用料部门领走了，发料单是 4 月份制作的，但后来由于陈××安排我做虚假入库登记后，发票上写的货物恰好是这些货物，我为了把账做平，就将制作的时间改在 2003 年 11 月份。

15. 证人应××（采购员）证明：（辨认 3 张收料单后）上面采购员的签名是我签的，是当时陈×霞拿收料单到陈××办公室，陈××打电话叫我去他办公室，他说这个收料单你把字签了，我问他为什么没看到货，陈××说要我不管，只要把字签了就行了，所以我也没有多问，当时有我、陈××、陈×霞三人在场。这三张收料单上的东西我都没有采购过，他是领导，我不签字怕他为难我。2003 年 6 月份陈××叫我给 YH 公司发过传真，内容是圆盘、喷嘴等日本引进配件。

16. 证人何××（计划组组长）证明：2003 年 4 月下旬的一天，我在石桥坝库房上班，经理陈××找到我说："刘×书记装修房子，我想从公司变通处理点材料。"接着他又说："这种事办又不好办，不办呢，现在厂里正定岗定员，怕以后工作不好开展哟，我们物资公司没有经营权，人员费用全部由厂里面定指标。"

我听他这样说，只能服从领导的安排，就应付说：“反正我想不出什么办法。”后来陈××再也没有给我提过此事。

17. 证人隆×（会计）证明：（辨认2003年物资公司采购料应付账款汇总表3张）这是付给重庆YH公司的材料款。我根据计划员交来的采购材料的增值税发票和库房的收料单作登记，将每月发生的这些业务制一张明细表交给公司经理陈××，需付款时陈××将本月需付款的资料交给我，我制作采购料应付账款汇总表，汇总表交给陈××签字后，交给主管领导和厂领导签字，手续办好后，陈××再将汇总表交给我，我凭汇总表制作应付款凭证，然后连同凭证、汇总表送给厂财务资产部领导签字，我再将这些东西送财务部付款。我不知道这3笔材料是空仓入库，因为有发票、收料单并且收料单上有计划员、库管员和领导的签字，手续是齐备的。

18. 证人张××（财务组长）证明：不知道陈××的事情（套取公款为刘×装修房子），陈××也没有对我说过这事。

19. 证人罗××（总厂副厂长）证明：我负责生产、安全，分管供应，物资公司也是我分管。陈××报销在重庆YH公司购进8万余元的配件一事，我不清楚，陈××从未向我请示、汇报过次事；厂里的“可控费用”是指总厂在年初下达给基层单位，由基层单位掌握使用的指标数额，主要用于办公用品的购置、维修、差旅等费用，是由基层单位第一把手掌握使用开支的。

20. 证人任××证明：（证明的内容是净化总厂物资采购的付款程序，与隆×的证明内容一致）。

21. ××净化总厂经理岗位职责、验收员岗位职责、物资购销员岗位职责证明：经理全面负责本单位的行政管理工作、安全管理工作；验收员严把物资入库质量关、验收及时、做好物资验收入库原始记录等；物资购销员严把商品质量关、坚持库存物资定额管理制度、审查基层用料、搞好物资供应和衔接工作、严格执行物资采购合同审批制度、严肃采购行为等。

22. 被告人陈××供述：2003年4月的一天，我打电话给刘×问他在哪里，他说在渝北龙溪镇“三妹酒楼”附近茶楼喝茶，我约他中午吃饭，他就叫我去喝茶。到了茶楼，刘书记正和他的朋友在喝茶，见我来了就走过来和我单独坐另一张桌子。我们喝了一会，王×来找刘×说：“刘书记，下午装房子没材料了。”刘×未回答王×，站起来对我说：“这是王经理。”然后对王×说：“这是我们厂物资公司的陈经理。”我和王×握了手，王×递了张名片，我看了对王×说：“王经理是搞装修的呀？”刘×说：“是的，他在给我装房子。”王×说：“只是混饭吃，我原来也是钻探公司的，和刘书记是好哥们。”我问刘×房子装得怎么样了，刘×说就是不怎么样，缺材料。中午去“谭月楼”吃饭后，王×提出一起去看刘×的房子。到了房子后，我说：“刘书记，你这个房子还可以嘛。”刘×说：“可以倒是可以，就是差材料。”王×接话说：“陈经理，你看嘛，这些线槽和洞洞都是在等材料，你看能不能想点办法？”我当时说：“刘书记，不行的话，从我那里走点。”刘×说：“你那里有哪样材料，尽是些破铜烂铁。”看完房子下楼途中我又给刘×说：“不行的话，从我们公司的可控费用中走点。”当时刘×没说话，只点了点头，边走边抽烟，没有明确表示反对。临走时王×给我说：“陈经理，给刘书记想点办法。”我当时没有说什么就走了。回长寿后，我就分别给公司计划员何××和库管员陈×霞讲，想给刘书记解决点装修材料，他们2人说不晓得该怎么办。过了两天，王×打电话来叫我给刘书记想办法弄点装修材料。我回答叫王×直接去找重庆YH公司的胡经理，去他那里拿点材料，但不能弄多了，金额控制在1万元以内，多了不好除账。接着我又给YH公司经理胡××打电话说，有个叫王×的装修老板，是给刘书记装修房子的老板，他来你那里拿点材料去给刘书记装房子，你给他，以后结算。并要胡叫王×在材料清单上签个字。胡当时就同意了。到了2003年6月份，胡经理打电话说刘书记的房子装得差不多了。我问他王×在他那里拿了多少，胡说不含税将近7万。我说郎个弄恁个多，我不是给王×说的控制在万元以内。胡经理说那些材料都是他陪王×去买的，只有河沙、水泥是王×个人去买的。我说关键是多了，没法除账，那先放一放再说。我又打电话给王×问他，他说可能差不多，他没有细算。我说怎么弄这么多，没法除账，王×说装都装上去了，叫我想办法。由于当时没法除账，所以未同YH公司结算。2003年6月，公司清库后，陈×霞告诉我库房有批净化厂分家时留下来的无账引进配件材料，她拿了张事先用信笺写好的引进配件的名称、规格、数量、单价的清单给我看，我就决定用这批引进配件来处理刘×的装修款，我进行删减、分组使其与刘×的装修款相符，后将清单交给应××给YH公司发传真过去，胡××收到传真后打电话问我啥子意思，我说就用这个来变通处理为刘×装房的材料款，按清单上的时间、名称、规格、数量、单价开发票。胡开了3张发票给我们公司，交给计划员应××，应××拿这3张发票给库管员陈×霞，陈×霞跑来问我说，怎么没有货。我就告诉她说这是给领导变通的办公设备。她说“哦”就去收料了。过了几天收料手续办完后，应××拿发票和收料单给我签字，我在粘贴单上签字后，交给应××送到公司财务，会计隆×将汇总表造好后交我签字，她再将汇总表和发票拿去给分管领导罗××签字，再由主管领导王×签字。然后她将发票、收料单、付款凭证和汇总表交厂财务付款。这是变通处理这8万元装修款的正规程序，厂长、分管领导和会计都不知道真实情况。至于厂财务何时付的款我就不清楚了。2004年9月22日，厂头组织安全大检查，清库时发现这几年没采购过日本生产的圆盘、喷嘴等引进配件，就开始调查，当天我主动向厂纪委说清了事实的真相，并找YH公司和王×将这8万余元追回来了。按照净化厂的规定：物资采购必须要有计划员签字、库管员签字，而当时何××是计划员，陈×霞是库管员，我之所以给他们二人讲，正是因为他们是具体的经办人员，也是班组长，如果他们反对的话，变通处理装修材料款的事情就做不成。自己拿公款给刘×装修住房，一是因为刘×是我的领导，怕得罪他；二是想多争取点上岗指标和政策；三是为了以后自己好开展工作。但在这整个过程中，无论是刘×、王×还是YH公司，我都没有从他们那里贪占任何利益。

23. 接待笔录证明：2004年12月23日陈××到××市××区人民检察院举报中心投案自首，主动交代了涉案事实。

被告人陈××的辩护人也当庭向法庭举示了下列证据：

1. 证人何××证明：2003年4月份的一天中午，陈××在办公室门口吃盒饭，我从那里经过，他喊住我说："厂领导喊我办事，那个事情办起来很麻烦，不办怕得罪厂领导，现在面临单位定岗定员，成本核定，怕厂领导穿小鞋，办起来又是违章的，不知道怎么办？"他说的是给刘书记办事，当时我也没想出好的办法来办理。最后单据上的签字是由应××签的，具体我就不清楚了。

2. 证人陈×霞证明：在处理发票的前几个月，陈××打电话给我，我当时在库房，我到他办公室，他给我说，我们总厂的书记要装修房子，我们物资公司给他处理点办公用品，还有装修房子的材料，我们厂在改革，要定岗定员。我听了后晓得我们厂的书记只有一个，就是刘×，我又有两个娃儿要抚养，生活困难，万一下岗了怎么办，所以我同意了。

3. 净化总厂文件2份（川油东净人劳发[2001]6号、川油东净发[2003]40号）证明：在2003年净化总厂正在进行企业改革，要求完成主业与辅业、生产服务与社会服务的"两个分离"，实行定岗定员等措施。

上列证据，经当庭质证，被告人陈××除提出没有叫王×去YH公司报账，而是叫他去拿材料，且胡××并没有每一次拿材料都打电话；看房子时是刘×暗示向我要材料，不是我提出来给刘×弄材料，是王×提出来的，刘×当时也没有明确拒绝；2003年11月我给刘×打电话说材料款处理好了，他说了"谢谢"的异议外，对其余证据无异议。辩护人对庭审出示的证据基本无异议。对辩护人当庭举示的证据，公诉人认为净化总厂的文件所证明的事实与本案无关；陈×霞和何××证实的事实已在控方证据中予以证明了的，他们知道为刘×解决装修材料款的事但同意之说不成立。合议庭评议认为：被告人陈××提出的异议与庭审查明的事实及证据一致，法庭予以采信。净化总厂在2003年进行企业改革，实行定岗定员等措施客观存在，能够印证被告人陈××行为的部分动机，与本案有明显的关联性。至于陈×霞、何××是否明确表示同意为刘×解决装修材料，不影响对本案的定性。因此，法庭对公诉人和辩护人举示的证据均认为收集程序合法，反映内容客观真实，而且能相互印证，形成锁链，足以证明本案的客观事实，予以确认合法有效。

本院认为，被告人陈××身为国有企业××净化总厂下属物资公司负责人，为了迎合上司，擅自以物资公司的名义，采取不正当手段用公款解决私人住房装修款，是不正当的违规违纪行为，但是被告人陈××系物资公司负责人，将公款变通解决住房装修款的行为并不是其个人的行为，而是以物资公司名义所作的部门行为，是部门负责人的行为，其以部门名义所作处理的公款自始至终没有脱离物资公司的控制，该公款没有并且也不可能被被告人陈××私人占有、控制、使用，被告人陈××的行为不符合构成贪污罪的客观要件；同时被告人陈××主观上没有非法占有公款的直接故意，他没有通过非法手段将公款归自己个人非法占有或使用或处分的目的，故被告人陈××的行为不符合构成贪污罪的主观要件。被告人陈××系净化总厂下属的物资公司的副经理，而物资公司不是刑法意义上的依法成立、自负盈亏、独立核算的独立法人单位；且也没有证据证明被告人陈××是为了部门利益而实施的该行为，故其辩护人提出的单位行贿的意见也不能成立，本院不予采信。鉴于被告人陈××的行为不符合贪污罪的构成要件，公诉机关对被告人陈××犯贪污罪的指控不能成立。据此，依照《中华人民共和国刑事诉讼法》第一百六十二条第二项之规定，判决如下：

被告人陈××无罪。

如不服本判决，可在接到判决书的次日起十日内，通过本院或者直接向××市××中级人民法院提出上诉，书面上诉的，应提交上诉状正本一份，副本一份。

审判长　黄×
审判员　赵××
审判员　朱××
二〇〇五年十二月十五日
书记员　郝×

【点评】 本案是一宗涉嫌贪污案，最终被告人获得无罪判决。该一审无罪判决书格式正确、表达清楚。该案在事实部分争议不大，主要问题在于对案件性质的认定和法律适用方面，因此判决书的重点是在阐述被告人的行为不构成贪污罪的客观要件方面。该文书对判决理由的分析合理，论证清楚。

第二节　第一审单位犯罪案件刑事判决书

一、第一审单位犯罪案件刑事判决书的概念

第一审单位犯罪案件刑事判决书，是第一审人民法院对审理终结的单位犯

罪案件,根据已经查明的事实、证据和法律的有关规定,确认单位及其负责的主管人员和其他直接责任人员是否构成犯罪,所犯罪名采用什么样的刑罚方式的判决文书。

二、第一审单位犯罪案件刑事判决书的格式与内容

单位犯罪案件的判决书,系在第一审普通刑事判决书的基础上,加以适当的改变。因此,这里只说明第一审单位犯罪刑事案件判决书的格式特点。

(一) 首部的特点

1. 在公诉机关的下一项列明“被告单位”。

2. 在“被告单位”项下列明“诉讼代表人”。

3. 在“诉讼代表人”及其辩护人下一项,列明“被告人”(自然人),即单位犯罪的直接负责的主管人员和其他直接责任人员。

4. 在案件的由来和审判经过部分,要写明检察机关指控被告单位犯罪和被告单位的诉讼代表人参加诉讼的情况。

(二) 事实部分的特点

1. 概述检察机关指控被告单位和被告人(自然人)犯罪的事实、证据和适用法律的意见。

2. 概述被告单位对指控的犯罪事实予以供述、辩解、自行辩护的意见和有关证据。

3. 概述被告人(自然人)对指控的犯罪事实予以供述、辩解、自行辩护的意见和有关证据。

4. 写明经过法庭审理查明的有关被告单位的犯罪事实和被告人(自然人)犯罪的事实。

5. 认定事实的证据。

(三) 理由部分的特点

除了论证被告单位的控罪是否成立之外,还要论证被告人(直接负责的主管人员和其他直接责任人员)的行为是否构成犯罪,应否实行“双罚制”。

(四) 判决结果部分的特点

判决部分应当将对被告单位和被告人(自然人)的判决结果分开不同的段落进行表述。

【格式说明】

×××人民法院
刑事判决书
（第一审单位犯罪案件用）

（××××）×刑初字第××号

公诉机关×××人民检察院

被告单位……（写明单位名称、住所地）

诉讼代表人……（写明姓名、工作单位和职务）

辩护人……（写明姓名、工作单位和职务）

被告人……（写明直接负责的主管人员、其他直接责任人员的姓名、性别、出生年月日、民族、出生地、文化程度、职业或者工作单位和职务、住址以及因本案所受强制措施情况等，现羁押处所）

辩护人……（写明姓名、工作单位和职务）

×××人民检察院以×检×诉[　]××号起诉书指控被告单位×××犯××罪，被告人×××犯××罪，于××××年××月××日向本院提起公诉。本院依法组成合议庭，公开（或者不公开）开庭审理了本案。×××人民检察院指派检察员×××出庭支持公诉，被害人×××及其法定代理人×××、诉讼代理人×××，被告单位的诉讼代表人×××及其辩护人×××，被告人×××及其辩护人×××，证人×××，鉴定人×××，翻译人员×××等到庭参加诉讼。现已审理终结。

×××人民检察院指控……（概述人民检察院指控被告单位和被告人犯罪的事实、证据和适用法律的意见）

被告单位×××辩称……（概述被告单位对指控的犯罪事实予以供述、辩解、自行辩护的意见和有关证据）辩护人×××提出的辩护意见是……（概述辩护人的辩护意见和有关证据）

被告人×××辩称……（概述被告人对指控的犯罪事实予以供述、辩解、自行辩护的意见和有关证据）辩护人×××提出的辩护意见是……（概述辩护人的辩护意见和主要证据）

经审理查明……（首先写明经法庭审理查明的有关被告单位犯罪的事实和被告人犯罪的事实；其次写明据以定案的证据及其来源；最后对控辩双方有异议的事实、证据进行分析、认证）

本院认为……（根据查证属实的事实、证据和法律规定，论证公诉机关指控的单位犯罪是否成立，被告单位及其直接负责的主管人员、其他直接责任人员的行为是否构成犯罪，犯的什么罪，应否实行刑罚（双罚制），应否从轻、减轻、免除处罚或者从重处罚。对于控辩双方关于适用法律方面的意见,应当有分析地表示是否予以采纳,并阐明理由)依照……(写明判决的法律依据)的规定,判决如下:

……[写明判决结果。分三种情况:

第一,定罪判刑的,表述为:

"一、被告单位×××犯××罪,判处罚金×××元……(写明缴纳期限)

二、被告人×××犯××罪,判处……(写明主刑、附加刑)

(刑期从判决执行之日起计算。判决执行以前先行羁押的,羁押一日折抵刑期一日,即自××××年××月××日起至××××年××月××日止。)

(如有追缴、退赔或者发还被害人、没收财物的,应在以上各项之后续项写明。)"

第二,定罪免刑的,表述为:

"一、被告单位×××犯××罪,免予刑事处罚;

二、被告人×××犯××罪,免予刑事处罚。

(如有追缴、退赔或者发还被害人、没收财物的,应在以上各项之后续项写明。)"

第三,宣告无罪的,无论是适用《中华人民共和国刑事诉讼法》第一百六十二条第(二)项还是第(三)项,均应表述为:

"一、被告单位×××无罪;

二、被告人×××无罪。"]

如不服本判决,可在接到判决书的第二日起十日内,通过本院或者直接向×××人民法院提出上诉。书面上诉的,应当提交上诉状正本一份,副本×份。

审判长 ×××
审判员 ×××
审判员 ×××
××××年××月××日
(院印)

书记员 ×××

三、写作注意事项

(一) 首部

撰写单位犯罪案件刑事判决书时,应当注意法律对单位犯罪实行"双罚制"的特点,注意区别被告单位和被告自然人。"被告单位"下面还需列明"诉讼代表人",诉讼代表人应注明其所担任的职务。而被告自然人称为"被告人",与自然人犯罪的"被告人"相同,但要注明其所担任的职务。

（二）事实

在事实方面，应当按照“双罚制”的一般原理来展开叙述。由于被告单位与被告自然人的犯罪有着高度关联，因此在叙述事实时应体现他们之间的联系。但是，如果“直接负责的主管人员和其他直接责任人员”除涉嫌单位犯罪之外，还涉嫌其他犯罪的，则应在叙述其涉及的单位犯罪的事实之后，再另行单独表述该被告人的犯罪事实。叙述事实的方面与前述第一审刑事判决书相同。

（三）理由

撰写判决理由时，除按照刑事判决理由的一般原理进行撰写之外，还应当注意“双罚制”的特点，在认定是否达到犯罪构成要件时要围绕是否构成单位犯罪的具体情况来写。

（四）判决结果

判决结果应当按照“双罚制”的基本原则，对被告单位和被告自然人分别指明其是否构成所指控的罪名及所应当承担的刑事责任和判处的刑罚。

除要注意单位犯罪的特殊情形之外，其他的参照第一审刑事判决书的基本原理来进行叙述。

四、文书实例与点评

××计算机科技公司、叶×虚开增值税专用发票案①

上海市徐汇区人民法院
刑事判决书

（2014）徐刑初字第1228号

公诉机关上海市徐汇区人民检察院。

被告单位上海××计算机科技有限公司，住所地上海市徐汇区漕溪北路×××号第×层××××室，经营地上海市徐汇区漕溪北路×××号××××室，法定代表人叶×。

诉讼代表人孙××。

被告人叶×。

辩护人马××，上海××律师事务所律师。

上海市徐汇区人民检察院以沪徐检诉刑诉（2014）1257号起诉书指控被告单位上海××计算机科技有限公司、被告人叶×犯虚开增值税专用发票罪，于2014年11月17日向本院提起公诉。本院依法适用简易程序，实行独任审判，公

① 参见上海市高级人民法院网，http://www.hshfy.sh.cn/shfy/gwcb/flws_view.jsp?pa=adGFoPaOoMjAxNKOp0OzQzLP119a12jEyMji6xSZ3c3hoPTIPdcssz。

开开庭审理了本案。上海市徐汇区人民检察院指派代理检察员顾×出庭支持公诉。被告单位上海××计算机科技有限公司的诉讼代表人孙××、被告人叶×及其辩护人马××到庭参加诉讼。现已审理终结。

上海市徐汇区人民检察院指控:2009年7月15日,被告单位上海××计算机科技有限公司注册成立,被告人叶×系该公司法定代表人,并负责该公司经营。2012年4月至2014年1月,被告人叶×在经营中,以支付票面金额4.5%开票费的方式,通过张某分别让上海××商贸有限公司为被告单位上海××计算机科技有限公司虚开增值税专用发票共计二十份,税额共计人民币221,575.80元,价税合计人民币1,524,963元;让上海××实业有限公司为被告单位上海××计算机科技有限公司虚开增值税专用发票共计一份,税额共计人民币15,256.41元,价税合计人民币105,000元。相关税款均已由被告单位上海××计算机科技有限公司向税务机关申报抵扣。2014年7月30日,被告人叶×根据公安人员的通知到公安机关接受调查,并在被采取强制措施前如实供述了相关事实。公诉机关认定被告单位上海××计算机科技有限公司、被告人叶×的行为触犯《中华人民共和国刑法》第二百零五条之规定,应当以虚开增值税专用发票罪追究被告单位上海××计算机科技有限公司、被告人叶×的刑事责任。同时认定被告单位上海××计算机科技有限公司、被告人叶×系自首。建议对被告单位上海××计算机科技有限公司判处罚金的刑事处罚;对被告人叶×判处一年六个月以下有期徒刑的刑事处罚。提请依法审判。

被告单位上海××计算机科技有限公司的诉讼代表人孙××、被告人叶×对起诉书指控的犯罪事实无异议。辩护人认为被告人系自首,建议法院对其减轻处罚。

经审理查明,公诉机关指控的上述犯罪事实,不仅有证人张×、徐××、叶××等人的证言,而且有增值税专用发票、抵扣证明、接受刑事案件登记表、工作情况及被告人叶某的供述等证据予以证实,足以认定。

本院认为,被告单位上海××计算机科技有限公司让他人为自己虚开增值税专用发票,致使国家税款被骗人民币23.68万余元,具有其他严重情节,被告人叶某系被告单位直接负责的主管人员,其行为均已构成虚开增值税专用发票罪,应予处罚。公诉机关的指控成立。鉴于被告单位上海××计算机科技有限公司、被告人叶×系自首,且已补缴税款,依法予以减轻处罚。公诉机关的量刑建议符合刑法罪刑相当原则,本院予以支持。根据被告单位、被告人犯罪的事实、性质、情节和对于社会的危害程度,依照《中华人民共和国刑法》第二百零五条、第六十七条第一款、第七十二条第一款、第七十三条第二款、第三款、第五十三条、第六十四条之规定,判决如下:

一、被告单位上海××计算机科技有限公司犯虚开增值税专用发票罪,判处罚金人民币十万元。

(罚金自本判决生效之日起一个月内向本院缴纳。)

二、被告人叶×犯虚开增值税专用发票罪,判处有期徒刑一年六个月,缓刑一年六个月。

(缓刑考验期限,从判决确定之日起计算。)

三、被告单位及被告人的违法所得予以追缴。

叶×,回到社区后,应当遵守法律、法规,服从社区矫正机构的监督管理,接受教育,完成公益劳动,做一名有益社会的公民。

如不服本判决,可在接到判决书的第二日起十日内,通过本院或直接向上海市第一中级人民法院提出上诉。书面上诉的,应当提交上诉状正本一份,副本一份。

审判员　朱××

二〇一四年十一月二十五日

书记员　杨××

【点评】 该案系一起典型的单位犯罪案件。虽案情相对简单,但该判决书格式规范,在事实部分描述清楚且概括精练,对于检察机关的量刑建议及被告单位和被告人的自首情节等关键内容均予以简要叙述。社区矫正已经被纳入我国的刑罚体系之中,由于法院对被告人判处有期徒刑缓刑,依法适用社区矫正,因此在判决的最后也对被告人在实施社区矫正中所必须遵守的事项作了判令。

第三节　第一审刑事附带民事判决书

一、第一审刑事附带民事判决书的概念

第一审刑事附带民事判决书,是指人民法院对审理终结的刑事附带民事诉讼的案件,确认被告人的行为是否构成犯罪,依法是否应负刑事责任和民事赔偿责任的判决书。制作第一审刑事附带民事判决书的程序法依据是《刑事诉讼法》和《民事诉讼法》。

二、第一审刑事附带民事判决书的格式与内容

(一) 首部

1. 文书名称。
2. 附带民事诉讼当事人的身份事项。
3. 案件由来、审判组织、审判方式和审理过程。

（二）事实

包括人民检察院指控被告人犯罪的事实、证据和适用法律的意见以及附带民事诉讼原告人起诉的内容；被告人对人民检察院指控的犯罪事实和附带民事诉讼原告人的诉讼请求的意见；法庭审理查明的全部事实；定案的证据。

（三）理由

包括是否构成犯罪，应否追究刑事责任的理由，以及是否应负民事赔偿责任的理由。在法律依据部分，包括承担刑事责任的法律依据和承担民事赔偿责任的法律依据。

（四）判决结果

写明被告人犯了什么罪，应受什么刑事处罚或者免予刑事处罚，或者宣告无罪，还应当写明附带民事诉讼部分如何解决。

【格式说明】

××××人民法院

刑事附带民事判决书

（一审公诉案件适用普通程序用）

（××××）×刑初字第××号

公诉机关×××人民检察院。

附带民事诉讼原告人……（写明姓名、性别、出生年月日、民族、出生地、文化程度、职业或者工作单位和职务、住址等）

被告人……（写明姓名、性别、出生年月日、民族、出生地、文化程度、职业或者工作单位和职务、住址、因本案所受强制措施情况等，现羁押处所）

辩护人……（写明姓名、工作单位和职务）

×××人民检察院以×检×诉[ ]××号起诉书指控被告人×××犯××罪，于××××年××月××日向本院提起公诉。在诉讼过程中，附带民事诉讼原告人向本院提起附带民事诉讼。本院依法组成合议庭，公开（或者不公开）开庭进行了合并审理。×××人民检察院指派检察员×××出庭支持公诉，附带民事诉讼原告人×××及其法定（诉讼）代理人×××，被告人×××及其法定代理人×××、辩护人×××，证人×××，鉴定人×××，翻译人员×××等到庭参加诉讼。现已审理终结。

×××人民检察院指控……（概述人民检察院指控被告人犯罪的事实、证据和适用法律的意见）附带民事诉讼原告人诉称……（概述附带民事诉讼原告人的诉讼请求和有关证据）

被告人×××辩称……（概述被告人对人民检察院指控的犯罪事实和附带民事诉讼原告人的诉讼请求予以供述、辩解、自行辩护的意见和有关证据）辩护人×××提出的辩护意见是……（概述辩护人的辩护意见和有关证据）

经审理查明,……(首先写明经法庭审理查明的事实,既要写明经法庭查明的全部犯罪事实,又要写明由于被告人的犯罪行为使被害人遭受经济损失的事实;其次写明据以定案的证据及其来源;最后对控辩双方有异议的事实、证据进行分析、认证)

本院认为,……(根据查证属实的事实、证据和法律规定,论证公诉机关指控的犯罪是否成立,被告人的行为是否构成犯罪,犯什么罪,应否追究刑事责任;论证被害人是否由于被告人的犯罪行为而遭受经济损失,被告人对被害人的经济损失应否负民事赔偿责任;应否从轻、减轻、免除处罚或者从重处罚。对于控辩双方关于适用法律方面的意见,应当有分析地表示是否予以采纳,并阐明理由)依照……(写明判决的法律依据)的规定,判决如下:

……[写明判决结果。分四种情况:

第一,定罪判刑并应当赔偿经济损失的,表述为:

"一、被告人×××犯××罪,……(写明主刑、附加刑)(刑期从判决执行之日起计算。判决执行以前先行羁押的,羁押一日折抵刑期一日,即自××××年××月××日起至××××年××月××日止。)

二、被告人×××赔偿附带民事诉讼原告人×××……(写明受偿人的姓名、赔偿的金额和支付的日期)"

第二,定罪免刑并应当赔偿经济损失的,表述为:

"一、被告人×××犯××罪,免予刑事处罚;

二、被告人×××赔偿附带民事诉讼原告人×××……(写明受偿人的姓名、赔偿的金额和支付的日期)"

第三,宣告无罪但应当赔偿经济损失的,表述为:

"一、被告人×××无罪;

二、被告人×××赔偿附带民事诉讼原告人×××……(写明受偿人的姓名、赔偿的金额和支付的日期)"

第四,宣告无罪且不赔偿经济损失的,表述为:

"一、被告人×××无罪;

二、被告人×××不承担民事赔偿责任。"]

如不服本判决,可在接到判决书的第二日起十日内,通过本院或者直接向×××人民法院提出上诉。书面上诉的,应当提交上诉状正本一份,副本×份。

审判长　×××
审判员　×××
审判员　×××
××××年××月××日
(院印)
书记员　×××

三、写作注意事项

第一审刑事附带民事判决书的特殊之处在于,它是在第一审刑事判决书的基础上,加上了附带民事诉讼的部分。因此,在遵循第一审刑事判决书的基本写法的基础上,应当重点把握附带民事诉讼部分的若干要点。

首先应当注意刑事附带民事诉讼的适用范围,即只适用于“因人身权利受到犯罪侵犯而遭受物质损失或者财物被犯罪分子毁坏而遭受物质损失”的案件。对于因非人身权利受到侵犯,而是犯罪分子非法占有、处置被害人财产的,如盗窃、抢劫、诈骗等,应依法予以追缴或者责令退赔,而不能适用刑事附带民事诉讼判决书。并且,目前刑事附带民事诉讼并不赔偿精神损失。另外,在首部部分,不应遗忘列明附带民事诉讼的原告人、法定代理人。

在事实部分,除阐述犯罪事实之外,还要阐述由于被告人的犯罪行为使被害人遭受经济损失的事实,并对这些涉及经济损失事实的证据进行分析、认证。

在理由部分,除刑事部分之外,还应当充分论证被害人是否由于被告人的犯罪行为而遭受了经济损失以及被告人是否应当承担民事赔偿责任。由于我国的刑事附带民事诉讼中的经济赔偿不包括精神损害赔偿,因此,假如附带民事诉讼原告提出精神损害赔偿的,应特别注意阐述不予支持的理由和法律依据。在阐述理由以及引述作为判决结果的法律依据时,还应当将民事法律规范作为根据,而不可仅引用刑法的内容。

四、文书实例与点评

张××故意杀人罪一案刑事附带民事判决书①

××市××中级人民法院
刑事附带民事判决书

(2007)××中刑初字第×号

公诉机关××市人民检察院××分院。

附带民事诉讼原告人王××,女,1982年××月××日出生,汉族,无业,住(略)。系本案被害人王万×之女。

诉讼代理人文×,××市××区法律援助中心律师。

被告人张××,别名张×,女,1951年××月××日出生于××市,汉族,小学文化,原××市××区××镇计生办行政办事人员,住(略)。因本案于2006年7月5日被刑事拘留,同年8月11日被逮捕。现押于××市××区看守所。

① 参见法律图书馆网站,http://www.law-lib.com/cpws/cpws_view.asp?id=200401393459。

辩护人刘××,××市××律师事务所律师。

××市人民检察院××分院以×检××院刑诉[2007]×号起诉书指控被告人张××犯故意杀人罪,于2006年12月6日向本院提起公诉。诉讼期间,被害人近亲属王××向本院提起附带民事诉讼。本院于2006年12月21日立案,并依法组成合议庭,于2007年1月9日公开开庭合并审理了本案。××市人民检察院××分院指派检察员贺×、代理检察员彭×出庭支持公诉,附带民事诉讼原告人王××及其代理人文×、被告人张××及其辩护人刘××到庭参加诉讼。诉讼过程中,公诉机关以需补充侦查为由,二次建议延期审理,本院分别决定同意延期审理一个月,恢复审理后重新计算审理期限。本案现已审理终结。

公诉机关指控:2003年初,被告人张××与王万×因跳舞而认识并成为情人。2005年7月,因王万×又有了新舞伴,张××认为王万×欺骗了其感情,便产生杀死王万×的念头。2005年12月22日晚,二人约定第二天见面。次日9时许,张××携带菜刀、铁棒与王万×来到××区××镇牛滚凼山的竹林处,张××乘王万×不备,用铁棒猛击王万×的头部数次,又用菜刀砍割王万×的颈部,致王万×当场死亡后,在附近拿了竹子和竹叶盖在王万×的身上,逃离现场。经法医检验鉴定,王万×系钝器多次打击头部致严重颅脑损伤死亡。2006年7月5日,被告人张××在××区被捉获。指控的证据有:1. 法医学尸体鉴定书及字迹鉴定书;2. 现场勘查笔录、示意图及照片;3. 现场指认笔录;4. 张××亲笔书写的书信;5. 证人证言;6. 被告人的供述等。指控认为,被告人张××因感情纠纷杀死一人,其行为触犯《中华人民共和国刑法》第二百三十二条之规定,构成故意杀人罪,提请本院依法判处。

附带民事诉讼原告人王××请求由被告人张××赔偿死亡赔偿金204,880元、丧葬费8,315元等经济损失共计人民币213,195元。

被告人张××提出其没有作案时间、指认现场笔录不真实、王万×不是自己所杀等辩解。其辩护人提出指控张××杀人证据不足的辩护意见。

经审理查明,被害人王万×(本案死者,男,时年51岁)于1995年离异,2003年初因跳舞认识了已婚妇女被告人张××,此后二人有不正当男女关系。2005年7月,因王万×又有了新舞伴,张××认为王万×欺骗了其感情和钱财,产生杀死王万×的念头。2005年12月22日晚,张××与王万×约定第二天见面。次日9时许,二人电话联系后来到××市××区××镇六井村马嘶社牛滚凼山的竹林处,张××乘王万×不备,持钝器猛击王万×的头部数次,致王万×当场死亡,并用附近的竹子、竹叶盖在王万×的身上,后逃离现场。经法医检验鉴定,王万×系钝器多次打击头部致严重颅脑损伤死亡。2006年7月5日,被告人张××在××区被捉获归案。

认定上述事实的证据有：

1. 公安机关“呈请立案报告书”“立案决定书”“呈请破案报告表”“拘留证”证实，2006年2月26日11时许，公安机关接群众报警称，在××公园内（××镇六井村）发现一具尸体。经现场勘查并查找尸源，发现死者为××区东林所辖区的王万×，法医检验认为他杀的可能性大，公安机关遂立案侦查。2006年7月5日张××被刑事拘留。

2. 公安机关“群众来信、来访、预约登记簿”证实，2005年12月28日，冯××向公安机关反映，其前夫王万×12月23日早上出去找张××，后一直未归。

3. 现场勘验检查笔录、方位图及相关照片证实，现场位于××市××区××镇六井村马嘶社牛滚凼山。中心现场在牛滚凼山的竹林中。距山南面的小道23米，离公园顶28米处有一具男尸，尸体头东脚西，仰卧。尸体上覆盖一层干枯的竹叶和竹枝，裸露在外面的有头颈部（已白骨化），脚着男式黑色皮鞋，上穿咖啡色皮夹克，下穿深蓝色条纹裤。南距尸体113厘米处有一“统一绿茶”饮料瓶，尸体西南离尸体186厘米处有一“娃哈哈”矿泉水饮料瓶。刨开尸体上面的竹叶及竹枝见死者左前臂缺失，上身外穿“璐豪”牌咖啡色皮夹克，下身外穿深蓝色条纹裤子；在皮夹克左边口袋内发现有“驰牌”香烟一盒、一次性打火机一个、两把钥匙。移动尸体见死者的颅腔中空，颅骨的后颞顶部缺失三分之一；死者的头颅下面有五片大小不等的颅骨碎片；尸体下面有几张腐烂残缺不全的报纸、一个塑料袋，尸体下面留有食品袋及残留物。

4. ××市公安局“刑事技术鉴定书”证实，尸体颅骨顶部至左枕部缺失，脑组织液化，颅腔内有5块残留颅骨碎片，颈后有散落颅骨碎片8块，面颅完整。颈部白骨化，颈椎无骨折及异常活动度，未发现舌骨。左前臂下1/3断缺失，断端不整齐，无明显工具痕迹。

提取胃组织、胃内容物及现场发现的塑料袋内食物残渣，经送实验室检验，未检出毒物。根据尸体检验及毒化检验，死者左顶部及枕部颅骨粉碎性骨折，经拼凑颅骨碎片，见多处星芒状着力点及骨折延伸线，分析死者生前头部曾遭受严重暴力多次打击，故颅脑损伤是造成死亡的原因，但颈部白骨化，不排除生前颈部遭受暴力作用的可能。分析认为，致伤工具为具有一定接触面，较平整，有一定质量，便于挥动的钝器。左前臂下1/3段缺失，断端未见明显工具性损伤，应考虑死后动物破坏尸体所致。根据尸体头面部白骨化，躯干及四肢皮肤霉变等腐败情况，结合当地气候特点及衣着情况，其死亡时间在3个月左右；根据胃内容物消化、排空程度，分析死亡时间距最后一餐后4小时以上。结论：王万×系钝器多次打击头部致严重颅脑损伤死亡。

5. ××市公安局所作“刑事技术鉴定书”证实，经对2006年2月26日在××市××区公园后山竹林坡发现的男尸的尸肋软骨和王万×女儿王××的血样进行DNA检查,无名尸与王××的亲权指数为99.9999%。

6. 指认现场笔录及张××指认作案现场的照片证实,2006年9月14日下午,张××带路到××市××区××公园山顶一竹林进去约50米处一块平地,指认该处系其作案现场。

7. “公安局扣押物品、文件清单”“提取物证记录”、书信一封、张××所写个人简历、××市公安局刑警总队技术处“鉴定书”证实,王万×的前妻冯××于2006年2月27日提交给公安机关的开头为“万×您好”的一封书信,其主要内容为,张××因跳舞认识王万×,从舞伴发展到以夫妻相称。二人经常发生性关系,张××多次给王万×财物。因王万×的前妻冯××回来找王万×以及王万×有了新舞伴,张××认为是王万×欺骗自己的感情和钱财。在这封信里,张××称“你是一条没良心的狗,吃了我的肉我要你吐骨头,和滕婆娘鬼混我要剥你的皮,吃你的肉。我要和你同归于尽……”该书信经鉴定为张××所书写。

8. 证人杨××证实,2006年2月26日11时许,杨××在巡山护林时发现××公园山上有一具尸体。后来叫姜师傅去看,姜随后打电话报警。

9. 证人冯××证实,1995年冯××和王万×离婚后,二人仍住在一起。张××是王万×的舞伴。2005年上半年开始,两人经常一起到××公园去晨练,还一起到过上海等地。2005年夏天,张××到冯××家,当时王万×没在家,张××说她拿钱给王万×用并给他买衣服,但王还和滕××跳舞,王万×对不起她。2005年12月23日凌晨1时许,王万×回家后让冯××早上8时叫他起床,说是张××约他去山上。此前一个星期,王万×曾说,张××要和他和好,下周五要拿钱给他。2005年12月23日8时30分左右,王万×穿一件咖啡色皮夹克离家后下落不明。王万×失踪后,滕××说王万×曾给她看过一封张××写给他的信,写得很烦。冯××2006年1月份在家里找到这封信后才知道王万×和张××的关系不正常。王万×失踪那天没带手机。

10. 证人滕××证实,2004年下半年通过跳舞认识王万×后经常一起跳舞,王万×原来的舞伴张××不准他们一起跳舞。张××曾在舞厅里把正在和滕××跳舞的王万×强行拉走,还在茶馆里说王万×是先和她跳舞的,王万×已经有人爱了,其他人不要争。王万×说张××经常拿钱给他用,还给他买吃的穿的。王万×把张××写给他的信叫滕××看,让滕帮他出主意,这封信就是冯××后来在家里找到的那封。张××和王万×是情人关系,但王万×失踪后张××漠不关心。

11. 证人李××、陈××、王××证实,王万×是张××的舞伴,出去玩和打牌时经常都是张××帮王万×给钱,还经常给王万×买东西。后来王万×和滕××跳舞了,张××不准王万×和滕××交往,二人因此产生矛盾。证人罗××亦证实,2005年11月份,张××说她很喜欢王万×,借了很多钱给王,但王万×

对不起她。

12. 证人姚××证实,2005年底的一天和王万×下象棋到凌晨1时许,二人约好次日再下,但后来再也没看到王万×了。

13. 证人王×全证实,王万×平时喜欢跳舞,经常到王×全的店里,曾说在万东派出所帮忙办身份证的张××是他的情妇。王万×和滕××在一起后就在躲张××了,还说张的钱都买股票了,用不到。王万×有时要在王×全店的店里用座机8539××××打电话。

14. 证人钟×群证实,2005年底一天上午9时许,王万×在王×全店子里用8539××××座机打电话,当天此前没有其他人打电话。后来就再也没见到过王万×了。

15. 电话通话详单、公安机关"扣押物品、文件清单"证实,号码为×××8539××××的座机2005年12月23日9:24主叫135××××××××手机,通话时长48秒。这两个号码从2005年12月11日以后仅此一次通话。

16. 证人李×碧、高×行证实,2005年11月份和张××、罗×明、李×波等人一起负责办理身份证,张××负责给来照相的群众整理头发、衣服。当时上班没有严格的考勤签到,如果谁有事其他人都可以顶替其工作。记不清2005年12月23日上午张××是否来上了班。李×碧还证实张××曾在上午11时许借钱去修理裤子拉链,但记不清是2005年11月还是12月份。

17. 证人雷×容证实,张××2005年12月23日上午去上了班,中午12点多一起吃了午饭,但不知道张××上班时间是否外出。

18. 证人宋×智证实,2006年7月10日,张××转入××市第二看守所后与宋×智关押在同一监舍。为了让宋×智教自己如何对付公安机关的审查,2006年7月12日张××将其杀死小王的经过告诉了宋×智。据张讲,2005年12月23日早上9点多,小王打电话约张到××公园玩。到了公园附近山上,二人躺在铺着报纸的地上,小王想和张发生性关系,趴在张的身上对其抚摸,张翻到小王的身上,从包里拿出一根铁棒打了王的头部一棒,王被打昏后张又从包里拿出一把刀子割了王的颈部。张说她拿了一万多元给小王,还借给他六千元,但小王忘恩负义,又和别的女人在一起。7月13日早上,张对宋说昨天是乱讲的,不要对别人说。7月13日晚上,张说人确实是她杀的,公安机关对她进行心理测试,很准,提讯的人对她很好,她怕连累自己的男人,干脆把事情说了算了。并在14日中午问宋×智,如果供认预先带的铁棒和菜刀是不是蓄意谋杀,会不会被判死刑。7月14日,张××又说她用一根铁棒和一把菜刀杀死小王后用带上山的矿泉水洗干净了溅在手上的血迹才下山。7月16日,张××说杀人用的刀和铁棒都是她从家里用包包装起带上山的,并说提讯时谎称铁棒在铁路上捡的,刀是死者带上山准备砍竹子的,原因是怕被认定为预谋杀人,还说那天早上九点过死者给她打电话时她一个人在家。

19. 被告人张××的供述证实,2003年通过跳舞认识王万×,二人成为舞伴,此后多次发生性关系,张××经常给王万×买东西,王万×经常以各种理由向张××借钱不还。后来王万×经常和滕××去跳舞,为此,张××还和滕××发生过口角,但王万×还是经常向张××借钱。2005年5月份,王万×和张××用张的钱一起到上海玩。7月份,张××以王万×花心为由找王谈过。9月份,张××叫还衣物时,王万×威胁要卡死张××。张××认为王万×不仅骗钱,还骗自己的感情,就想要王的命。2005年12月22日下午18时许,王万×打电话向张××借钱,并叫张次日早上到××公园。12月23日9时许,张××从家里拿来一把旧菜刀和春棒放在随身带的包包里,下楼时王万×打来电话说到铁路边小路口,张××到小路口后和王万×沿小路来到××公园山上竹林里的一个凼凼。王万×说要休息一下,从黑塑料袋拿出几张报纸铺在地上,又拿出两瓶水和糕点来吃,王万×想和张××发生性关系被拒绝。后来王万×去解手,回来后说要睡着耍,要求张××趴在地上,王万×就趴在张的背上。张××反过来要求王万×趴在地上,自己骑在王的背上,王万×点了一支烟在吸。张××就拿出铁棒用力打了王的头部几下,王万×没动后,张××把王翻过来,又用菜刀砍了颈子几刀,然后用周围的竹枝和竹叶盖在王的身上,用矿泉水洗了手和菜刀上的血迹,用黑色塑料袋把铁棒和菜刀包起拿下山,路上甩在垃圾堆里。上午11时许回到单位,因裤子拉链坏了,还向李×碧借钱去修理。王万×当天穿的是没上毛领的棕色皮衣和黑皮鞋。张××还供述,2006年春节前其手机号码为135××××××××。

以上证据均由公诉机关当庭举示,经质证,其收集程序合法,内容客观公正,并能相互印证,予以确认。

另查明:王万×1954年11月4日出生,死亡时未满60周岁。附带民事诉讼原告人王××系本案被害死者王万×的女儿,王万×和王××均为城镇居民户口,有附带民事诉讼原告方当庭举示的身份材料证实,本院经庭审质证予以确认。

本院认为,被告人张××因感情纠纷持械杀死王万×,其行为构成故意杀人罪,公诉机关指控的犯罪事实和罪名成立,应予支持。

关于被告人张××提出李×碧等人可以证明其没有作案时间的辩解,经查,当时与张××一起负责办理身份证的有李×碧、高×行、罗×明、李×波、雷×容等人,证人李×碧、高×行均证实当时上班时并无严格的签到考勤制度,不能确定2005年12月23日上午张××是否到单位上班,中途是否外出,与本院核实罗×明、李×波的情况一致;证人雷×容虽证实张××当天到单位上了班并一起吃了午饭,但并不知道张××是否有外出,与张××供述其作案后又回到单位并不矛盾，故张××的该辩解不能成立，本院不予采纳。张××以其从未到过王万×被害现场，系在民警的带路下才指认了现场为由，提出指认现场笔录不真实的辩解，经本院核实，指认现场时作了同步录音录像，张××在民警的押解下，自主回忆作案当天到现场的路线后，带民警找到现场方位，并回忆了现场特征，指认了作案地点，与王万×被害的地点一致。指认现场的全程有证人见证，其程序合法，故张××的该辩解不能成立，本院不予采纳。

关于张××提出王万×不是自己所杀的辩解以及其辩护人提出指控张××杀人证据不足的辩护意见，审理认为，综观全案证据，认定张××杀害王万×的证据确实充分。其理由如下：第一，冯××、滕××等多位证人的证词、张××亲笔所写书信等证据与张××的供述相印证，证明张××有加害王万×的动机；第二，冯××关于王万×2005年12月23日凌晨说张××约他当日上午去山上的证词、证人钟×群关于2005年底一天上午九时许王万×在王×全店里打电话的证词、王×全店里的电话12月23日9:24主叫张××手机的通话记录以及这两个电话从2005年12月11日以后仅此一次通话等证据，印证了张××关于12月22日与王万×相约次日到××公园山上，23日9时许接到王万×打来的电话后一起到××公园山上的供述，证明张××有作案条件；第三，在张××供认犯罪事实之前，其向同舍犯人宋×智陈述自己的杀人经过与张××向侦查机关所作的有罪供述一致，证明其供述自愿，供述内容并非来源于指供、诱供或刑讯逼供；第四，张××根据其自主回忆现场的方位及特征，带民警找到位置隐蔽的现场，证明张××到过作案现场；第五，张××供认犯罪现场的详细情况、杀害王万×的手段、击打的部位亦与现场勘查笔录、尸检鉴定等客观证据相吻合，证明张××的有罪供述属实。故张××及其辩护人提出的该辩解、辩护意见不能成立，本院不予采纳。

被告人张××犯故意杀人罪的情节及后果均属罪行极其严重，应依法惩处，鉴于本案系因感情纠纷引发，对张××判处死刑可不立即执行。张××还应就其犯罪行为给附带民事诉讼原告人王××造成的直接经济损失进行赔偿。附带民事诉讼原告人请求由张××赔偿丧葬费8,315元、死亡赔偿金204,880元均符合法律规定，应予主张。

综上所述，依照《中华人民共和国刑法》第二百三十二条、第四十八条第一款、××十七条第一款、第三十六条第一款和《中华人民共和国民法通则》第一百一十九条以及最高人民法院《关于审理人身损害赔偿案件适用法律若干问题的解释》第十七条的规定，判决如下：

一、被告人张××犯故意杀人罪，判处死刑，缓期二年执行，剥夺政治权利终身；

二、被告人张××赔偿附带民事诉讼原告人王××丧葬费、死亡赔偿金等经济损失共计人民币213,195元(限判决生效后十日内付清)。

如不服本判决,可在接到判决书的第二日起十日内,通过本院或者直接向××市高级人民法院提出上诉。书面上诉的,应当提交上诉状正本一份,副本二份。

审判长　汤×
代理审判员　马××
代理审判员　严××
二〇〇七年六月十四日
书记员　罗××

【点评】 该案系一起因感情纠纷而引起的故意杀人案。该案不仅涉及刑事责任的认定,而且涉及民事赔偿责任的认定。该刑事附带民事判决书格式规范,论述清楚,所列证据完整,在说理部分,对于辩方所提出的辩护意见亦进行了详细的分析,最终认定被告人罪名成立,并对附带民事诉讼原告人的民事赔偿请求予以支持。

第四节　第一审简易程序刑事判决书

一、第一审简易程序刑事判决书的概念

第一审简易程序刑事判决书,是基层人民法院根据《刑事诉讼法》规定的第一审简易程序,对审理终结的刑事案件,根据已经查明的事实,确定被告人的行为是否构成犯罪,应否负刑事责任以及需要判处什么样的刑罚的判决书。简易程序只能适用于第一审刑事诉讼程序中,其他刑事程序都不能适用。

二、第一审简易程序刑事判决书的格式与内容

(一) 首部

除在案件由来和审理经过部分,将“本院依法组成合议庭”,改为“本院依法适用简易程序,实行独任审判”外,其他与适用普通程序制作的第一审刑事判决书的表述基本相同。

(二) 事实

1. 对控辩双方意见的表述可以高度概括。

2. 经庭审查明的事实可以概述,对证明事实的证据可以不写。

(三) 理由

判决理由可以适当进行论述,但是不必展开来。

（四）判决结果

判决结果与第一审适用普通程序的刑事判决书相同。

（五）尾部

独任审判员署名。

【格式说明】

×××人民法院

刑事判决书

（一审公诉案件适用简易程序用）

（××××）×刑初字第××号

公诉机关×××人民检察院。

被告人……（写明姓名、性别、出生年月日、民族、出生地、文化程度、职业或者工作单位和职务、住址、因本案所受强制措施情况等，现羁押处所）

辩护人……（写明姓名、工作单位和职务）

×××人民检察院以×检×诉[ ]××号起诉书指控被告人×××犯××罪，于××××年××月××日向本院提起公诉。本院依法适用简易程序，实行独任审判，公开（或者不公开）开庭审理了本案。×××人民检察院检察员×××出庭支持公诉，被告人×××、辩护人×××等到庭参加诉讼。现已审理终结。

×××人民检察院指控……（概述人民检察院指控被告人犯罪的事实和适用法律的意见）

被告人×××的供述、辩解和辩护人×××的辩护意见……（予以概述）

经审理查明，……（写明经法庭审理查明的被告人的犯罪事实和据以定案的证据）

本院认为，……（写明判决的理由）依照……（写明判决的法律依据）的规定，判决如下：

被告人×××犯××罪，判处……（写明判决的具体内容）

（刑期从判决执行之日起计算。判决执行以前先行羁押的，羁押一日折抵刑期一日。即自××××年××月××日起至××××年××月××日止。）

如不服本判决，可在接到判决书的第二日起十日内，通过本院或者直接向×××人民法院提出上诉。书面上诉的，应当提交上诉状正本一份，副本×份。

审判员 ×××

××××年××月××日

（院印）

书记员 ×××

三、写作注意事项

由于该文书是适用简易程序的判决书,因此在制作上应本着尽量予以简化的原则来撰写。对于适用简易程序的程序特点,在本文书中也应当予以必要的交代。依法适用简易程序,实行独任审判的,应当在首部部分予以必要的交代,以对应本程序的特征。

在事实部分,对控辩审双方的意见表述可以进行高度概括,不要求对指控的犯罪事实和证据进行详细的阐述,而应当对被告人对所指控的事实没有异议加以表述,对经庭审查明的事实可以用概述的方式进行表述,无须详加描述。

其他内容,除参照第一审普通程序刑事判决书的撰写方法之外,应当本着简略的原则进行叙述。

四、文书实例与点评

徐某危险驾驶案①

上海市松江区人民法院

刑事判决书

(2013)松刑初字第1402号

公诉机关上海市松江区人民检察院。

被告人自报徐某,男,1989年××月×日出生于安徽省郎溪县,汉族,大专文化,上海某有限公司总经理,户籍所在地安徽省郎溪县建平镇某村某号。因本案于2013年9月3日被刑事拘留,现羁押于上海市松江区看守所。

上海市松江区人民检察院以沪松检刑诉〔2013〕1368号起诉书指控被告人徐某犯危险驾驶罪,于2013年9月17日向本院提起公诉。本院依法适用简易程序,实行独任审判,公开开庭审理了本案。上海市松江区人民检察院检察员俞××、被告人徐某到庭参加了诉讼。现已审理终结。

公诉机关指控,2013年8月21日1时05分许,被告人徐某酒后驾驶牌号为某号的小型轿车行驶至本区虬泾路出淀浦河路南约500米处时被民警拦下检查,发现被告人徐某有醉酒驾车嫌疑。经血样检测,被告人徐某血液中的乙醇浓度为0.90 mg/ml,已达醉酒状态。

2013年9月3日,被告人徐某被公安人员抓获。

上述事实,被告人徐某在开庭审理过程中亦无异议,且有证人马某的证言、

① 参见上海法院法律文书检索中心网站,http://www.hshfy.sh.cn:8081/flws/text.jsp?pa=ad3N4aD0yJnRhaD2jqDIwMTOjqcvJ0Myz9dfWtdoxNDAyusUmd3o9z。

当事人血样提取登记表、复旦大学上海医学院司法鉴定中心出具的“法医毒物化学司法鉴定检验报告书”、呼气酒精测试结果单、车辆信息、案发经过等证据证实,足以认定。

本院认为,被告人徐某在道路上醉酒驾驶机动车,其行为已构成危险驾驶罪。公诉机关指控的罪名成立。被告人徐某到案后如实供述犯罪事实,对其依法从轻处罚;被告人徐某能自愿认罪,对其酌情从轻处罚。根据被告人徐某犯罪的事实、性质、情节和对于社会的危害程度等,依照《中华人民共和国刑法》第一百三十三条之一第一款、第六十七条第三款、第五十二条、第五十三条的规定,判决如下:

被告人徐某犯危险驾驶罪,判处拘役一个月十日,并处罚金人民币一千元。

(刑期从判决执行之日起计算,判决执行以前先行羁押的,羁押一日折抵刑期一日,即自2013年9月3日起至2013年10月12日止;罚金于本判决生效之日起十日内向本院缴纳。)

如不服本判决,可在接到判决书的第二日起十日内,通过本院或者直接向上海市第一中级人民法院提出上诉。书面上诉的,应当提交上诉状正本一份,副本二份。

审判员　刘××

二〇一三年九月二十九日

书记员　王×

第五节　第二审刑事判决书

一、第二审刑事判决书的概念

第二审刑事判决书,是第二审人民法院根据当事人的上诉或者人民检察院的抗诉,依照《刑事诉讼法》规定的第二审程序,对第一审人民法院作出的尚未发生法律效力的判决进行审查之后作出的判决。第二审刑事判决是对第一审刑事判决的审级监督,可以及时地纠正第一审刑事判决可能发生的错误,因而第二审刑事判决非常重要。

二、第二审刑事判决书的格式与内容

(一) 首部

1. 文书编号。

2. 抗诉机关和上诉人的称谓及身份事项。

(1) 检察机关提出抗诉的,第一项写“抗诉机关”,第二项写“原审被告人”。

(2) 公诉案件的被告人提出上诉的,第一项写“原公诉机关”;第二项写“上诉人”,并用括号注明是“原审被告人”。

(3) 自诉案件的自诉人提出上诉的,第一项写“上诉人(原审自诉人)”,第二项写“原审被告人”;被告人提出上诉的,第一项写“上诉人(原审被告人)”,第二项写“原审自诉人”;自诉人和被告人都提出上诉的,第一项写“上诉人(原审自诉人)”,第二项写“上诉人(原审被告人)”。

(4) 在共同犯罪案件的数个被告人中,有的上诉,有的不上诉的,前面列写提出上诉的(上诉人“原审被告人”)项,后面续写未提出上诉的(原审被告人)项。

3. 辩护人的称谓和身份事项。

4. 案件由来、一审处理结果、提出上诉或者抗诉的主要理由。

(二) 事实

首先,概述原判决认定的事实、证据、理由和判决结果。

其次,写明上诉(或者抗诉)的主要理由和辩护人的主要意见。

再次,概述人民检察院在二审中提出的新意见。

最后,写明经二审审理查明的事实和证据。

(三) 理由

二审判决应当根据二审查明的事实、证据和法律的有关规定,论证原审法院判决认定的事实、证据和适用法律是否正确,上诉或者抗诉是否有理。对于上诉人、辩护人或者出庭履行职务的检察人员等在适用法律、定性处理方面提出的意见,应当认定是否采纳,并阐明理由。

(四) 判决结果

第二审刑事判决书的判决乃是改判,包括全部改判、部分改判或者直接改判无罪。

(五) 尾部

必须注明“本判决为终审判决。”

【格式说明】

×××人民法院

刑事判决书

(二审改判用)

(××××)×刑终字第××号

原公诉机关×××人民检察院。

上诉人(原审被告人)……(写明姓名、性别、出生年月日、民族、出生地、文化程度、职业或工作单位和职务、住址和因本案所受强制措施情况等,现羁押处所)

辩护人……(写明姓名、工作单位和职务)

×××人民法院审理×××人民检察院指控原审被告人×××犯××罪一案，于××××年××月××日作出(××××)×刑初字第××号刑事判决。原审被告人×××不服，提出上诉。本院依法组成合议庭，公开(或者不公开)开庭审理了本案。×××人民检察院指派检察员×××出庭履行职务。上诉人(原审被告人)×××及其辩护人×××等到庭参加诉讼。现已审理终结。

……(首先概述原判决认定的事实、证据、理由和判处结果；其次概述上诉、辩护的意见；最后概述人民检察院在二审中提出的新意见)

经审理查明，……(首先写明经二审审理查明的事实；其次写明二审据以定案的证据；最后针对上诉理由中与原判认定的事实、证据有异议的问题进行分析、认证)

本院认为，……(根据二审查明的事实、证据和有关法律规定，论证原审法院判决认定的事实、证据和适用法律是否正确。对于上诉人、辩护人或者出庭履行职务的检察人员等在适用法律、定性处理方面的意见，应当有分析地表示是否予以采纳，并阐明理由)依照……(写明判决的法律依据)的规定，判决如下：

……[写明判决结果。分两种情况：

第一，全部改判的，表述为：

"一、撤销×××人民法院(××××)×刑初字第××号刑事判决；

二、上诉人(原审被告人)×××……(写明改判的具体内容)

(刑期从……)"

第二，部分改判的，表述为：

"一、维持×××人民法院(××××)×刑初字第××号刑事判决的第×项，即……(写明维持的具体内容)

二、撤销×××人民法院(××××)×刑初字第××号刑事判决的第×项，即……(写明撤销的具体内容)

三、上诉人(原审被告人)×××……(写明部分改判的具体内容)

(刑期从……)"]

本判决为终审判决。

审判长　×××
审判员　×××
审判员　×××
××××年××月××日
(院印)

书记员　×××

三、写作注意事项

第二审刑事判决书写作的基本原理也是建立在第一审刑事判决书的基础上。除遵循刑事判决书撰写的共同方法之外，还应当注意以下特点和重点：

(一) 首部

在检察机关和当事人的身份事项方面，检察机关提出抗诉的，应注意称为"抗诉机关"；原审被告人提出上诉的，应注意称为"上诉人"，并用括号注明"原审被告人"；自诉人提出上诉的，应注意称为"上诉人"，并用括号注明"原审自诉人"。辩护人、法定代理人、诉讼代理人各按照身份列明。

在案件由来和审理经过部分，应注意简要写明一审的过程和判决结果，以及上诉或者抗诉的情况。由于二审可能是开庭审理，也可能是不开庭审理，因此，该部分应当写明二审的审理方式，表明是否开庭审理。

(二) 事实

由于二审是复审，因此其重点是针对上诉、抗诉的意见和理由进行叙事和说理，所以，二审刑事判决书应当抓住重点，突出其针对性。在事实部分，应当写明上诉或者抗诉的主要理由和主要意见，最后写明经过二审审理查明的事实和证据。

在撰写时，既要针对上诉或者抗诉的主要理由，尤其是对与原判认定的事实、证据有异议的问题进行详细的分析、认证，同时又不要受上诉或者抗诉范围的限制，按照全案审查的方式来阐述法庭所认定的事实和证据。撰写时也应当详略得当，控辩双方对原判事实没有异议的，应当采取简写的方式；控辩双方对原判事实有异议，或者法庭不同意原判对事实的认定的，应当重点地、详细地对事实和证据进行分析。

(三) 理由

应当根据二审查明的事实和证据以及法律的有关规定，论证原审法院认定的事实、证据和适用法律是否正确，上诉或者抗诉是否有理。对于检察人员、上诉人或者辩护人的意见，应当重点进行分析，表明采纳与否，并阐述理由。特别是对于认定原审判决有误的部分，应当重点分析其错误之处，并阐述理由。适用法律时，引用的法律依据，包括程序法和实体法。改判的案件应当先引用程序法，再引用实体法。

(四) 判决结果

在判决结果部分，应注意的重点在于那些需要改判的案件，区分全部改判、部分改判的不同写法。

(五) 尾部

注意写明"本判决为终审判决"。依法应当报请上级法院核准的案件，注意交代核准事项。

四、文书实例与点评

吴××等盗窃案(二审改判)①

四川省眉山市中级人民法院
刑事判决书

(2013)眉刑终字第27号

原公诉机关四川省仁寿县人民检察院。

上诉人(原审被告人)吴××,男,1971年×月×日出生,汉族,陕西省安康市人,小学文化,农民,住陕西省安康市……因犯盗窃罪,2009年11月17日被山西省清徐县人民法院判处有期徒刑一年,并处罚金人民币四千元,2010年3月31日刑满释放。2012年3月25日因涉嫌犯盗窃罪被控制,3月27日被刑事拘留,同年5月3日被逮捕,现羁押于仁寿县看守所。

原审被告人张××,男,1980年×月×日出生,汉族,四川省崇州市人,初中文化,农民,住崇州市……因涉嫌犯盗窃罪,2012年4月1日被抓获,次日被刑事拘留,同年5月3日被逮捕,现羁押于仁寿县看守所。

原审被告人范××,男,1982年××月××日出生,汉族,四川省内江市人,高中文化,农民,住内江市市中区……因涉嫌犯盗窃罪,2012年4月1日被抓获,次日被刑事拘留,同年5月4日被逮捕,2013年5月31日因刑满,被四川省仁寿县人民法院取保候审。

四川省仁寿县人民法院审理四川省仁寿县人民检察院指控原审被告人吴××、张××、范××犯盗窃罪,于2013年5月8日作出(2013)仁刑初字第127号刑事判决,原审被告人吴××不服提出上诉,本院依法组成合议庭,公开开庭审理了本案。四川省眉山市人民检察院指派检察员石×出庭履行职务,上诉人(原审被告人)吴××到庭参加诉讼。现已审理终结。

原判认定:2012年1月28日晚,被告人吴××、张××与黄××(另案处理)共谋后,被告人张××驾驶被告人吴××改装的江淮牌白色商务车搭乘被告人吴××,黄××驾驶改装的金杯面包车一起到仁寿县龙正镇实施盗油。先后盗走眉山市中升石油销售有限公司龙××家加油站价值22196元的柴油3100升和中国石油天然气股份有限公司四川眉山销售分公司仁寿销售片区价值2964元的柴油400升。

2011年12月17日凌晨,被告人范××驾驶改装金杯面包车搭乘被告人张××到成都市绕城高速到郫县的成灌高速路出口引道处,盗走石安海停放此处

① 参见四川省眉山市中级人民法院网站,http://www.msfy.gov.cn/Showarticles.asp?ID=3641。

的一辆大型载重货车油箱里价值3580元的柴油500升。

2012年3月20日四五点钟左右，被告人张××、范××驾驶改装金杯面包车到成乐高速路彭山至成都方向一葡萄园旁，盗走李军停放此处的一辆货车油箱里价值1333.8元的柴油180升。

2012年1月1日凌晨，被告人吴××驾驶其改装的江淮牌白色商务车搭乘他人到绵阳市安县界牌镇，盗走中石油界牌加油站价值7340元的柴油1000升。

2012年1月8日凌晨，被告人张××驾驶金杯面包车搭乘被告人吴××到绵竹市兴隆镇木行加油站，盗走该加油站价值11135.2元的柴油1000升。

上述事实，有下列证据证实：

1. 简阳市公安局接受刑事案件登记表和立案决定书；

2. 简阳市公安局现场勘验检查笔录、照片、图；

3. 简阳市公安局出具的抓获吴××、张××、范××的抓获经过，简阳市公安局出具的工作说明；

4. 对吴××的江淮牌白色商务车内加装的塑料装油桶容积测量照片；

5. 山西省清徐县人民法院(2009)清刑初字第177号刑事判决书和清徐县看守所清看释字(2010)34号刑满释放证明书；

6. 张××、范××的个人信息材料；

7. 简阳市公安局扣押吴××的江淮牌商务车内盗油的工具的照片及扣押物品清单；

8. 张××、吴××、范××分别指认犯罪地点的笔录和照片；

9. 张××、范××、黄××分别辨认同案人的笔录和照片；

10. 简阳市物价局价格认证中心简价认证(2012)86号价格鉴定结论书；

11. 受害单位工作人员和受害人叶平峰、王启、石安海、李军、樊思蓉、魏灵英、涂小飞的陈述；

12. 同案人黄××的证言；

13. 被告人吴××、张××、范××的供述与辩解。

原判认为：被告人吴××、张××、范××以非法占有为目的，秘密窃取加油站或他人汽车里的柴油，其中，被告人吴××盗窃3次，盗得价值43635.2元的柴油6055.17升；被告人张××盗窃4次，盗得价值41208.82元的柴油5735.17升，二被告人盗窃数额巨大；被告人范××盗窃2次，盗得价值4913.8元的柴油680升，盗窃数额较大，三被告人的行为均构成盗窃罪。被告人吴××系累犯，应从重判处，协助抓获同案人，属立功，可从轻处罚。三人到案后均能如实供述盗窃事实，均可酌情从轻判处。依照《中华人民共和国刑法》第二百六十四条、第六十八条、第六十七条第三款的规定，判决：一、被告人吴××犯盗窃罪，判处有期徒刑四年六个月，并处罚金一万五千元；二、被告人张××犯盗窃罪，判处有期徒刑三年六个月，并处罚金一万元；三、被告人范××犯盗窃罪，判处有期徒刑一年二个月,并处罚金五千元。

原审被告人吴××以原判认定事实不清为由,提起上诉。

检察机关认为原判认定基本事实清楚,建议依法裁决。

经审理查明事实与采信证据同原判一致。

本院认为,上诉人吴××、原审被告人张××、范××以非法占有为目的,秘密窃取他人财物,其行为构成盗窃罪。

上诉人吴××参与盗窃3次,涉案金额43635.2元;原审被告人张××参与盗窃4次,涉案金额41208.82元;原审被告人范××参与盗窃2次,涉案金额4913.8元。以上事实有被告人供述、受害人证言以及侦查机关的勘验笔录和照片证实,足以认定。上诉人关于原判认定事实不清的上诉理由不成立。原判根据最高人民法院《关于审理盗窃案件具体应用法律若干问题的解释》的规定,认定上诉人吴××及原审被告人张××盗窃数额巨大,并无不当。但依照最高人民法院、最高人民检察院《关于办理盗窃刑事案件适用法律若干问题的解释》对盗窃数额认定标准的新规定,上诉人吴××及原审被告人张××涉案金额不足五万元,应认定为金额较大。

综上,依照《中华人民共和国刑法》第六十五条、第二百六十四条和最高人民法院、最高人民检察院《关于办理盗窃刑事案件适用法律若干问题的解释》第一条第一款,以及《中华人民共和国刑事诉讼法》第二百二十五条第一款第(三)项之规定,判决如下:

一、撤销四川省仁寿县法院(2013)仁刑初字第127号刑事判决第一、二项,即被告人吴××犯盗窃罪,判处有期徒刑四年六个月,并处罚金一万五千元。被告人张××犯盗窃罪,判处有期徒刑三年六个月,并处罚金一万元。

二、维持四川省仁寿县法院(2013)仁刑初字第127号刑事判决第三项,即被告人范××犯盗窃罪,判处有期徒刑一年二个月,并处罚金五千元。

三、上诉人吴××犯盗窃罪,判处有期徒刑三年,并处罚金一万五千元。

(刑期从判决执行之日起计算。执行前先行羁押的,羁押一日折抵刑期一日。即从2012年3月25日起执行至2015年3月24日止。)

四、原审被告人张××犯盗窃罪,判处有期徒刑二年六个月,并处罚金一万元。

(刑期从判决执行之日起计算。执行前先行羁押的,羁押一日折抵刑期一日。即从2012年4月1日起执行至2014年9月30日止。)

本判决为终审判决。

审判长　乔××

审判员　刘×

审判员　梁×

二〇一三年八月八日

书记员　杨×

【点评】 该案是一宗盗窃案，且属于共同犯罪。由于事实部分较为简单、清楚，因此二审判决书在撰写时比较简明扼要。该文书针对适用法律部分的争议进行分析，紧靠司法解释的规定，重点突出，详略得当。

第六节　死刑复核刑事判决书

一、死刑复核刑事判决书的概念

死刑复核刑事判决书，是有权核准死刑的人民法院，依照《刑事诉讼法》规定的死刑复核程序，对报请复核的死刑立即执行和死刑缓期二年执行的案件，经复核认为原判在适用法律上有错误，或者量刑不当，予以改判作出的书面决定。《刑事诉讼法》对死刑复核程序（包括死刑缓期二年执行）作了专章规定。这里也包括部分核准部分改判用。

二、死刑复核刑事判决书的格式与内容

（一）首部

1. 文书制作机关和文书名称。
2. 文书编号。
3. 被告人的身份事项。
4. 案件由来和审理经过。
5. 审判组织。

（二）事实

对于改判案件来说，一般是原判在认定事实上没有错误，而在适用法律上有错误或者量刑上过重。因此，应先概要写明原判的基本内容和被告人的供述和辩护人的意见，然后肯定原判认定的事实和证据。

（三）理由

应重点阐明原判在定罪量刑上的错误之处，说明改判或者部分核准部分改判的理由。

（四）判决结果

对死刑案件的改判，分为全部改判和部分改判两种。因此，判决结果应当分两种情况表述。

（五）尾部

应写明“本判决送达后即发生法律效力。”由于死刑复核是一种特殊情况，并非一个审级，因此不能表述为“本判决为终审判决。”

【格式说明】

×××人民法院
刑事判决书

（最高人民法院复核死刑改判用）

（××××）×刑复字第××号

被告人……（写明姓名、性别、出生年月日、民族、出生地、文化程度、职业或者工作单位和职务、住址和因本案所受强制措施情况等，现羁押处所）

×××中级人民法院审理×××人民检察院指控被告人×××犯××罪一案，于××××年×月××日以（××××）×刑初字第××号刑事判决，认定被告人×××犯××罪，判处死刑，剥夺政治权利终身。本案在法定期限内没有上诉、抗诉。×××高级人民法院依法报送本院核准。本院依法组成合议庭，对本案进行了复核。现已复核终结。

……（概要写明原判事实的基本内容；对于高级人民法院裁定或者判决中认定的事实与原判不一致的，也应概要写明）

经复核查明，……（肯定原判认定的事实没有错误，证据确实、充分。如果某些事实、证据有出入的，应当写明复核查证的情况。对于事实方面的其他异议，必要时也应当予以分析、认证）

本院认为，……（根据复核确认的事实、证据和有关法律规定，针对原判在适用法律和定罪量刑上的错误，参考原审辩解、辩护的合理意见，阐明不应当判处死刑而应当予以改判的理由）依照……（写明判决的法律依据）的规定，判决如下：

……[写明判决结果。分两种情况：

第一，全部改判的，表述为：

“一、撤销×××中级人民法院（××××）×刑初字第××号刑事判决和×××高级人民法院（××××）×刑终字第××号刑事裁定（或者判决）；

二、被告人×××……（写明改判的具体内容）”

第二，部分改判的，表述为：

“一、核准×××中级人民法院（××××）×刑初字第××号刑事判决和×××高级人民法院（××××）×刑终字第××号刑事裁定（或判决）的第×项，即……（写明核准的具体内容）

二、撤销×××中级人民法院（××××）×刑初字第××号刑事判决和×××高级人民法院（××××）×刑终字第××号刑事裁定（或者判决）的第×项，即……（写明撤销的具体内容）

三、被告人×××……(写明部分改判的内容)”]

本判决送达后即发生法律效力。

审判长 ×××
审判员 ×××
审判员 ×××
××××年××月××日
(院印)
书记员 ×××

三、写作注意事项

本文书是认为原判在适用法律上有错误,或者量刑不当,予以改判用的。撰写时要体现死刑复核这一特殊程序的特点。死刑复核案件尤其应当做到确凿,疏漏不得,应保证万无一失。因此,在事实部分,对于复核查明的事实仍应当引用相关的证据进行证明,对于某些事实、证据有出入的,尤其应当写明复查的情况。判决理由不仅要引用实体法,而且要首先引用程序法,这是改判的法律依据。应当写明是全部改判,还是部分改判,写明维持或者核准的是哪一部分。同时,尾部应注意写明判决发生法律效力的时间。

四、文书实例与点评

张××抢劫死刑复核刑事判决书①

中华人民共和国最高人民法院
刑事判决书

被告人张××,男,汉族,1987年×月××日出生于河北省霸州市,小学文化,农民,住霸州市××镇××村××号。2004年4月28日因犯抢劫罪、盗窃罪被判处有期徒刑五年,并处罚金人民币一万元,经减刑于2008年4月17日被释放。2011年8月24日因本案被逮捕。现在押。

河北省廊坊市中级人民法院审理廊坊市人民检察院指控被告人张××犯故意杀人罪、抢劫罪一案,于2012年3月15日以(2012)廊刑初字第××号刑事附带民事判决,认定被告人张××犯故意杀人罪,判处死刑,剥夺政治权利终身;犯抢劫罪,判处有期徒刑十一年,剥夺政治权利三年,并处罚金人民币二千元,决定执行死刑,剥夺政治权利终身,并处罚金人民币二千元。宣判后,张××提出上

① 参见中国裁判文书网,http://www.court.gov.cn/zgcpwsw/zgrmfy/xs/201309/t20130911_156387.htm。

诉。河北省高级人民法院经依法开庭审理,于2012年10月16日以(2012)冀刑三终字第××号刑事判决,撤销第一审判决对张××的定罪量刑,以抢劫罪判处张××死刑,剥夺政治权利终身,并处没收个人全部财产,并依法报请本院核准。本院依法组成合议庭,对本案进行了复核,依法讯问了被告人。现已复核终结。

经复核确认:2011年4月,被告人张××在河北省文安县××镇××村盗狗时,到过前工友沈某某家。同年5月,张××产生趁沈某某上班时抢劫杀害沈某某之妻宋某某(甲)(被害人,殁年28岁)之念。8月4日中午,张××确认沈某某在上班后,即携带甩棍、折叠刀,驾驶摩托车来到沈某某家,逼迫宋某某(甲)交出现金人民币共计1300元,又先后采用掐颈、甩棍砸头颈部、菜刀砍头面部、折叠刀划割颈部、腕部动脉等手段,致宋某某(甲)创伤性休克死亡。张××的妻子王××(同案被告人,已判刑)得知张××的犯罪事实后,在接受公安机关询问时作假证明予以包庇。

上述事实,有第一审、第二审开庭审理中经质证确认的根据被告人张××指认提取的作案工具甩棍、折叠刀及从现场提取的作案工具菜刀等物证,证人宋某某(乙)、任某某、沈某某、胡某、刘某某、宋某某(丙)等的证言,尸体鉴定意见、证实从提取的甩棍和菜刀上均检出被害人宋某某(甲)血迹的DNA鉴定意见,勘验、检查、辨认笔录和因犯包庇罪被判刑的同案被告人王××的供述等证据证实。被告人张××亦供认。足以认定。

本院认为,被告人张××采用暴力手段劫取他人财物,其行为已构成抢劫罪,且具有入户抢劫、抢劫致人死亡的情节。犯罪性质恶劣,手段极其残忍,情节、后果特别严重,社会危害极大,应依法惩处。第一、二审判决认定的事实清楚,证据确实、充分。审判程序合法。张××为劫取财物而预谋故意杀人,应以抢劫罪定罪处罚,第二审判决定罪准确。张××虽在前犯抢劫罪、盗窃罪所判刑罚执行完毕后五年以内再犯本罪,但其犯前罪时不满十八周岁,依照《中华人民共和国刑法修正案(八)》第六条的规定不再构成累犯,第一、二审判决认定张××系累犯属适用法律不当,本院予以纠正。第一、二审判决根据张××犯罪的事实、性质、情节和对于社会的危害程度,依法判处其死刑适当,但第二审判决将原判附加并处罚金人民币二千元改判为并处没收个人全部财产,加重了对张××的刑罚,属适用法律不当,本院予以纠正。依照《中华人民共和国刑事诉讼法》第二百二十六条第一款、第二百三十五条、第二百三十九条,《最高人民法院关于适用〈中华人民共和国刑事诉讼法〉的解释》第三百二十五条第一款第(二)项、第三百五十条第(二)项和《中华人民共和国刑法》第二百六十三条、第五十七条第一款、第六十五条第一款的规定,判决如下:

一、撤销河北省高级人民法院(2012)冀刑三终字第××号刑事判决中对被告人张××并处没收个人全部财产的部分。

二、被告人张××犯抢劫罪,并处罚金人民币二千元。

三、核准河北省高级人民法院(2012)冀刑三终字第××号对被告人张××以抢劫罪判处死刑,剥夺政治权利终身的刑事判决。

本判决自宣告之日起发生法律效力。

审判长　白××
代理审判员　潘×
代理审判员　张×
二〇一三年五月十日
书记员　杨×

【点评】　该案文书格式规范、表述清楚,对于原判哪些内容是应当予以核准的,哪些内容是属于适用法律不当的,都清楚阐明了理由。部分核准部分改判,体现了死刑复核刑事判决书的特点。

第七节　再审刑事判决书

一、再审刑事判决书的概念

再审刑事判决书,是人民法院依照《刑事诉讼法》规定的审判监督程序,对已经发生法律效力的确有错误的判决、裁定,进行重新审理后,就案件的实体问题作出的书面决定。人民法院按照审判监督程序重新审判的案件,应当对原判决、裁定认定的事实、证据和适用法律的情况进行全面的审查。因此,再审刑事判决书,也应当依照审判监督程序的规定载明对原判决、裁定认定的事实、证据和适用法律进行审查的情况。

二、再审刑事判决书的格式与内容

(一) 首部

1. 文书编号。

2. 抗诉机关和当事人的身份事项。

3. 原审处理结果、再审的提起和审理经过(分别按第一审程序审理和按第二审程序审理表述)。

(二) 事实

1. 概述原判认定的事实、证据、判决的理由和判决结果。

2. 概述再审中原审被告人(或者原审上诉人)的辩解和辩护人的辩护意见。

3. 对于人民检察院在再审中提出的意见,应当一并写明。如为抗诉的,应先写人民检察院的抗诉意见。

4. 写明经再审查明的事实和证据,就控辩双方对原判有争议的事实、证据进行分析和认证。

(三) 理由

应根据不同的案情,论述改判的理由以及法律依据。

(四) 判决结果

可分别参照第一审、第二审刑事判决书的写法和要求进行撰写。

【格式说明】

×××人民法院

刑事判决书

(再审后的上诉、抗诉案件二审改判用)

(××××)×刑再终字第××号

原公诉机关××××人民检察院。

上诉人(原审被告人)……(写明姓名、性别、出生年月日、民族、出生地、文化程度、职业或者工作单位和职务、住址等,现羁押处所)

辩护人……(写明姓名、工作单位和职务)

×××人民检察院指控被告人×××犯××罪一案,×××人民法院于××××年××月××日作出(××××)×刑再初字第××号刑事判决(或者裁定)。被告人×××不服,提出上诉。本院依法组成合议庭,公开(或者不公开)开庭审理了本案。×××人民检察院检察员×××出庭履行职务。被害人×××、上诉人(原审被告人)×××及其辩护人×××等到庭参加诉讼。现已审理终结。

……[概述一审法院的再审判决(或者裁定)认定的事实、证据、判决的理由和判决结果]

……(概述上诉人、辩护人的主要意见。对人民检察院在二审中提出的意见,应当一并写明)

经审理查明,……(写明二审认定的事实和证据,并就诉讼双方对原判有异议的事实、证据作出分析、认证)

本院认为,……(根据二审查明的事实、证据和有关法律规定,对原判和诉讼各方的主要意见作出分析,阐明改判的理由)依照……(写明判决的法律依据)的规定,判决如下:

……[写明判决结果。分四种情况:

第一,一审法院再审裁定维持原判,二审全部改判的,表述为:

"一、撤销×××人民法院(××××)×刑再初字第××号刑事裁定和×

××人民法院(××××)×刑初字第××号刑事判决;

二、被告人×××……(写明改判的内容)”

第二,一审法院再审裁定维持原判,二审部分改判的,表述为:

“一、维持×××人民法院(××××)×刑再初字第××号刑事裁定和×××人民法院(××××)×刑初字第××号刑事判决中……(写明维持的具体内容)

二、撤销×××人民法院(××××)×刑再初字第××号刑事裁定和×××人民法院(××××)×刑初字第××号刑事判决中……(写明撤销的具体内容)

三、被告人×××……(写明部分改判的内容)”

第三,一审法院再审撤销原判,二审又全部撤销再审判决的,表述为:

“一、撤销×××人民法院(××××)×刑再初字第××号刑事判决和×××人民法院(××××)×刑初字第××号刑事判决;

二、被告人×××……(写明改判的内容)”

第四,一审法院再审撤销原判,二审部分维持、部分撤销再审判决的,表述为:

“一、维持×××人民法院(××××)×刑再初字第××号刑事判决的第×项,即……(写明维持的具体内容)

二、撤销×××人民法院(××××)×刑再初字第××号刑事判决的第×项,即……(写明撤销的具体内容)

三、被告人×××……(写明部分改判的内容)”]

本判决为终审判决。

审判长 ×××
审判员 ×××
审判员 ×××
××××年××月××日
(院印)
书记员 ×××

三、写作注意事项

再审刑事判决书的撰写,如果是按照第一审程序审理的,其方法与第一审刑事判决书基本相同;如果是按照第二审程序审理的,其方法与第二审刑事判决书基本相同。此处对一些特殊的问题择要叙述如下:

（一）首部

在案号方面，按第一审程序再审的用“刑再初字”，按第二审程序再审的用“刑再终字”。抗诉机关和当事人的身份事项，也要注意区分是按第一审程序再审还是按第二审程序再审，准确地写明原公诉机关、抗诉机关、原审被告人、原审自诉人或者原审上诉人等身份，不可混淆。案件由来和审理经过的写法也要区别按第一审程序审理还是按第二审程序审理，写法与其各自对应。

（二）事实

首先，概述原判认定的事实、证据、判决理由和判决结果。其次，如果是申诉的案件，先概述再审中原审被告人或者原审上诉人的辩解和辩护人的意见，再写明检察机关在再审中提出的意见；如果是检察机关提出抗诉的案件，则先写检察机关的抗诉意见，再写明原审被告人或者原审上诉人的辩解和辩护人的辩护意见。最后，写明再审查明的事实和证据，并就控辩双方对原判有异议的事实、证据进行分析、认证，采信与否的部分应当重点予以阐述。在撰写事实的时候，应当区分不同情况，有所侧重，主要针对控辩双方对原判有异议的部分，即抗诉或者申诉的理由中的事实和证据部分进行分析，对于法庭认为原判确有错误的事实和证据部分，也应当重点予以分析。

（三）理由

审判监督程序是由于原判确有错误而引起，因此在判决理由部分就应当围绕原判如何发生错误来进行阐述。应当分清各种情况：认定事实和适用法律均有错误的；认定事实正确，但适用法律错误，定罪错误的；定罪正确，但量刑不当的。针对上述不同的情况，应当分别阐述改判的理由，对于原判相应的错误进行重点分析，并阐述再审法院的意见。应当写明再审改判所依据的法律，除应当引用程序法依据外，还应当引用实体法依据；先引用程序法，再引用实体法。

（四）判决结果

判决结果部分可分别参照第一审刑事判决书、第二审刑事判决书的相应要求和写法去撰写。对于需要改判的，应当先撤销原判，然后重新判决。

（五）尾部

尾部也可以分别参照第一审刑事判决书、第二审刑事判决书的相应要求和写法去撰写。

四、文书实例与点评

岳×等人抢劫案①

上海市第一中级人民法院
刑事判决书

(2004)沪一中刑再终字第3号

原公诉机关上海市浦东新区人民检察院。

原审上诉人(原审被告人)岳×,男,1983年12月22日出生,汉族,出生地上海市,高中文化,无业,原住本市虹口区……因本案于2002年5月8日被依法刑事拘留,同年6月7日被依法逮捕。

原审上诉人(原审被告人)张××,1984年2月3日出生,汉族,出生地上海市,高中文化,无业,原住本市黄浦区……因本案于2002年5月8日被依法刑事拘留,同年6月7日被依法逮捕。

原审被告人董××,男,1984年6月28日出生,汉族,出生地上海市,高中文化,无业,原住本市浦东新区……因本案于2002年5月8日被依法刑事拘留,同年6月7日被依法逮捕。

原审被告人戴×,男,1983年7月30日出生,汉族,出生地上海市,高中文化,无业,原住本市黄浦区……因本案于2002年5月8日被依法刑事拘留,同年6月7日被依法逮捕。

原审被告人王××,女,(原一、二审认定1983年11月24日出生,)汉族,出生地安徽省阜阳市,初中文化,无业,原住安徽省阜阳市颖东区……因本案于2002年5月8日被依法刑事拘留,同年6月7日被依法逮捕。

上海市浦东新区人民检察院指控上列五名原审被告人犯抢劫罪一案,由上海市浦东新区人民法院审理后,于2002年9月26日作出(2002)浦刑初字第1041号刑事判决。判决后,原审被告人岳×、张××不服,提出上诉。经本院审理后,于2002年12月23日作出(2002)沪一中刑终字第663号刑事裁定,驳回岳×、张××的上诉,维持原判。判决已经发生法律效力。2003年3月27日原审被告人王××以原判认定其犯罪时年龄与真实年龄不符,向检察机关提出申诉。经检察机关调查后将该案移送上海市高级人民法院。经上海市高级人民法院复查后,于2004年5月21日,作出(2004)沪高刑监字第34号再审决定书,指令我院另行组成合议庭对本案进行再审。再审期间不停止原判决的执行。本院

① 参见上海法院法律文书检索中心,http://www.hshfy.sh.cn:8081/flws/text.jsp?pa=ad3N4aD0xJnRhaD2jqDIwMDSjqbum0rvW0NDM1NnW1dfWtdozusUmd3o9z。

依法组成合议庭,审理了本案。现已审理终结。

上海市浦东新区人民法院判决认定,2002年5月7日晚11时许,被告人岳×、董××、张××、戴×、王××经预谋,至上海市浦东新区六里地区新浦路近浦三路处,当被害人张×波途经该处时,即上前将被害人拦截,并采用拳打脚踢、搜身等暴力手段,当场劫得被害人张×波人民币20元。案发后,赃款被追缴后发还被害人。认定上述事实并经庭审质证的证据有:被害人张×波的陈述,公安机关出具的验伤通知书及证人汪雪波等人的证言等;上列各名被告人均作了供述。

该院认为,上列五名被告人以非法占有为目的,采用暴力手段,劫取公民钱财,其行为均已构成抢劫罪。据此,依照《中华人民共和国刑法》有关条款之规定,作出如下判决:一、被告人岳×犯抢劫罪,判处有期徒刑四年六个月,罚金人民币四千五百元。二、被告人张××犯抢劫罪,判处有期徒刑四年,罚金人民币四千元。三、被告人戴×犯抢劫罪,判处有期徒刑四年,罚金人民币四千元。四、被告人王××犯抢劫罪,判处有期徒刑三年,罚金人民币三千元。五、被告人董××犯抢劫罪,判处有期徒刑二年,罚金人民币二千元。

经再审查明,上述五名原审被告人犯抢劫罪的事实清楚,证据确实、充分。但原审判决认定原审被告人王××在犯罪时已满十八周岁证据不足。原审判决对王××的出生日期,采证的主要证据系由当地公安机关提供的户籍底卡经涂改后的户籍证明,且无其他证据可佐证。现根据重新调查取证的证据材料可以排除王××出生于1983年11月24日,应认定为1985年11月24日。因此,王××2002年5月7日晚参与抢劫犯罪时,尚未满18周岁,应适用《中华人民共和国刑法》第十七条之规定,应当从轻或者减轻处罚。

关于原审被告人王××犯罪时未满18周岁的证据主要有:上海市人民检察院刑事科学技术研究所出具的沪检技鉴(2003)28030号文件检验鉴定书,证实老庙派出所有关王××"常住人口登记表"原件上王××的姓名和出生日期有明显的涂改;阜阳市老庙镇学校学生学籍表证实,老庙小学一年级甲班王××,出生日期为1985年11月;阜阳市老庙镇初级中学提供的1998年度高、初中新生证明登记表(附相册)证实,姓名王静(即王××)出生日期为1985年11月;王××的父母王相×、马××陈述,证实王××出生日期为1985年11月24日;上海体育科学研究所对王××所作的骨龄鉴定等证据证实,原审被告人王××犯罪时未满18周岁。

本院认为,原审被告人王××参与同案原审被告人犯有抢劫罪的事实清楚,证据确实、充分,其行为已构成抢劫罪,依法应予处罚。原一、二审判决、裁定对原审被告人岳×、张××、戴×、董××的定罪量刑并无不当,本院予以维持。但原一、二审判决、裁定认定原审被告人王××犯罪时已满18周岁的证据不足,致使适用法律失当，应予纠正。据此，依照《中华人民共和国刑法》第十七条、第二百六十三条和《中华人民共和国刑事诉讼法》第二百零四条第（三）项、第二百零五条第一、二款、第二百零六条、第二百零七条之规定，经本院审判委员会讨论决定，判决如下：

一、撤销本院（2002）沪一中刑终字第663号刑事裁定和（2002）浦刑初字第1041号刑事判决中有关原审被告人王××的量刑部分；

二、原审被告人王××犯抢劫罪，判处有期徒刑二年六个月，并处罚金人民币二千元。

本判决为终审判决。

审判长　徐××
审判员　何×
审判员　周××
二〇〇四年十月二十五日
书记员　冯×

【点评】 该案系一宗按第二审程序改判的适用审判监督程序案件。该案系五个人的共同抢劫案，其中，原判决对前四名被告人的事实认定和量刑并无不当，主要问题出在对王××犯罪时的年龄的认定上。再审法院基于对王××犯罪时的年龄的证据的重新审查认定，纠正了原判决的错误。该案的重点在于对焦点问题，即王××的年龄的认定上，该判决书的撰写符合规范，重点突出，达到了再审刑事判决书的效果。

第八节　第二审刑事裁定书

一、第二审刑事裁定书的概念

第二审刑事裁定书，是第二审人民法院依照《刑事诉讼法》规定的第二审程序，在审理上诉或者抗诉案件过程中，就有关程序问题和实体问题作出的书面决定。第二审刑事裁定书是法院的刑事裁定书的一种，它除了解决程序问题外，还解决部分实体问题。根据《刑事诉讼法》的规定，对下列情形的案件，第二审人民法院可以作出裁定：原判决认定事实和适用法律正确、量刑适当的，应当裁定驳回上诉或者抗诉，维持原判；原判决事实不清楚或者证据不足的，也可以裁定撤销原判，发回原审人民法院重新审判；第二审人民法院发现第一审人民法院的审理有违反法律规定的诉讼程序的情形之一的，应当裁定撤销原判，发回原审人民法院重新审判。

二、第二审刑事裁定书的格式与内容

（一）首部

1. 文书编号。

2. 抗诉机关和上诉人的称谓及身份事项。

3. 辩护人的称谓和身份事项。

4. 案件由来和审理经过。

（二）事实

1. 概述原判认定的事实、证据、判决的理由和判决结果。

2. 概述上诉或抗诉的主要理由和辩护意见。

3. 概述人民检察院在二审中提出的新意见。

4. 写明二审法院查明的事实和证据，就控辩双方对原判有争议的事实、证据进行分析和认证。

（三）理由

理由部分，主要针对上诉或者抗诉的主要理由进行分析和论证。

（四）判决结果

驳回上诉（或者抗诉），维持原判；或者发回重审。

【格式说明】

×××人民法院

刑事裁定书

（二审维持原判用）

（××××）×刑终字第××号

原公诉机关×××人民检察院。

上诉人（原审被告人）……（写明姓名、性别、出生年月日、民族、出生地、文化程度、职业或者工作单位和职务、住址和因本案所受强制措施情况等，现羁押处所）

辩护人……（写明姓名、工作单位和职务）

×××人民法院审理×××人民检察院指控原审被告人×××犯××罪一案，于××××年××月××日作出（××××）×刑初字第××号刑事判决。原审被告人×××不服，提出上诉。本院依法组成合议庭，公开（或者不公开）开庭审理了本案。×××人民检察院指派检察员×××出庭履行职务。上诉人（原审被告人）×××及其辩护人×××等到庭参加诉讼。现已审理终结。

……（首先概述原判决认定的事实、证据、理由和判决结果；其次概述上诉、

辩护的意见;最后概述人民检察院在二审中提出的新意见)

经审理查明,……(首先写明经二审审理查明的事实;其次写明二审据以定案的证据;最后针对上诉理由中与原判认定的事实、证据有异议的问题进行分析、认证)

本院认为,……(根据二审查明的事实、证据和有关法律规定,论证原审法院判决认定事实、证据和适用法律是正确的。对于上诉人、辩护人或者出庭履行职务的检察人员等在适用法律、定性处理方面的意见,应当逐一作出回答,阐明不予采纳的理由)依照……(写明裁定的法律依据)的规定,裁定如下:

驳回上诉,维持原判。

本裁定为终审裁定。

审判长　×××
审判员　×××
审判员　×××
××××年××月××日
(院印)
书记员　×××

三、写作注意事项

第二审刑事裁定书的写法可参照第二审刑事判决书的基本写法,在很多地方都有类似之处。此处只针对第二审刑事裁定书的某些特点,对其应当注意的事项进行简要概述。

在事实部分,应当针对上诉人的上诉或者检察机关的抗诉的主要理由和意见,针对上诉或抗诉理由中与原判认定的事实或证据有异议的,重点进行分析、认证。对于属于驳回上诉或抗诉的裁定,由于判决在认定事实上没有错误,因此,在叙述事实时,可以重点叙述原判认定的事实和证据,对二审查明的事实可以概述,但对于上诉或者抗诉提出异议的事实部分则应当叙述清楚。

在理由部分,应针对上诉或抗诉的主要理由进行分析、论证。对于驳回上诉或抗诉的裁定,应当重点阐明原判在认定事实和适用法律上为何是正确的,上诉或抗诉理由为何不能成立。驳回的理由应当具体、充分,有逻辑性,有说服力。对于需要撤销原判,发回重审的,也应重点论证其理由。

四、文书实例与点评

刘某某非法持有毒品案①

上海市第一中级人民法院
刑事裁定书

(2013)沪一中刑终字第899号

原公诉机关上海市浦东新区人民检察院。

上诉人(原审被告人)刘某某。

上海市浦东新区人民法院审理上海市浦东新区人民检察院指控原审被告人刘某某犯非法持有毒品罪一案,于2013年7月26日作出(2013)浦刑初字第2213号刑事判决。原审被告人刘某某不服,提出上诉。本院依法组成合议庭,于2013年9月24日公开开庭审理了本案。上海市人民检察院第一分院指派代理检察员李××出庭履行职务,上诉人刘某某到庭参加诉讼。本案现已审理终结。

原审经审理查明,2013年5月16日下午,公安人员接到举报后对被告人刘某某以其兄刘×扣名义租借的上海市浦东新区东建新村×号×××室暂住处进行检查,查获被告人刘某某从他人处购得后藏匿于此处的白色晶体9袋、黄色粉末1袋、褐色丝状物3袋。经上海市毒品检验中心检验,9袋白色晶体净重为20.30克,1袋黄色粉末净重为1.26克,均检出甲基苯丙胺成分;3袋褐色丝状物净重为31.42克,未检出常见毒品成分。

原审认定上述事实的证据有:被告人刘某某的供述,证人张×、杨××、沈××、刘×扣的证言,辨认笔录,检查证,检查笔录,清点记录,证据保全决定书,证据保全清单,接受证据清单,收缴毒品专用收据,检验报告,租赁合同,刑事判决书,刑满释放证明书,常住人口基本信息,案发经过等。

原审认为,被告人刘某某明知是毒品甲基苯丙胺而非法持有,其行为已构成非法持有毒品罪。被告人刘某某在刑罚执行完毕后,五年内再犯应当判处有期徒刑以上刑罚之罪的,是累犯,依法从重处罚。被告人刘某某曾因犯贩卖毒品罪被判过刑,又犯非法持有毒品罪,系毒品再犯,依法从重处罚。鉴于刘某某到案后如实供述自己的罪行,当庭自愿认罪,依法从轻处罚。依照《中华人民共和国刑法》第三百四十八条、第三百五十六条、第六十五条、第六十七条第三款、第五十三条之规定,对被告人刘某某犯非法持有毒品罪,判处有期徒刑一年九个月,

① 参见上海法院法律文书检索中心,http://www.hshfy.sh.cn:8081/flws/text.jsp?pa=ad3N4aD0xJnRhaD2jqDIwMTOjqbum0rvW0NDM1tXX1rXaODk5usUmd3o9z。

罚金人民币四千元(此款于判决生效后一个月内缴纳)。

上诉人刘某某对原审判决认定的事实和证据没有提出异议,辩称原审判决对其量刑过重。

检察机关的出庭意见是,本案原审诉讼程序合法,原审判决认定事实清楚,证据确实充分,定罪准确,量刑适当。上诉人刘某某提出原审判决量刑过重的上诉理由没有法律依据,不能成立,建议二审法院驳回上诉,维持原判。

经本院审理查明,原审判决认定上诉人刘某某实施非法持有毒品行为的事实清楚,原审法院在判决书中分项列举了认定本案的证据,所列的证据均在原审庭审中经过质证,查证属实。二审中上诉人刘某某未提供新的证据,本院对原审判决认定的事实和证据予以确认。

本院认为,上诉人刘某某非法持有毒品甲基苯丙胺21.56克,已构成非法持有毒品罪,应处三年以下有期徒刑、拘役或者管制,并处罚金。原审根据上诉人刘某某犯罪的事实、犯罪的性质、情节和对于社会的危害程度,并根据刘某某系累犯、毒品再犯、有多次前科劣迹、到案后能如实供述自己的犯罪事实等情节,在法定刑幅度内对刘某某处以刑罚,原审量刑适当。上诉人刘某某提出原审判决量刑过重的上诉理由缺乏法律依据,不予采纳。检察机关的出庭意见于法有据,予以支持。据此,依照《中华人民共和国刑事诉讼法》第二百二十五条第一款第(一)项之规定,裁定如下:

驳回上诉,维持原判。

本裁定为终审裁定。

审判长　沈×
代理审判员　庄××
代理审判员　曹×
二〇一三年十月九日

书记员　王×

【点评】 由于第二审刑事裁定书适用于驳回上诉或者抗诉,因此,其论述的重点在于论证原审判决的正确。该文书概述了原审判决所认定的事实和理由,对控辩双方在二审中所提出的意见都进行了叙述。论证了原审判决正确的原因,并且对上诉人提出的上诉理由进行分析。格式规范,详略得当,符合第二审刑事裁定书的要求。

第九节 刑事裁定书

一、刑事裁定书的概念

刑事裁定书,是人民法院在刑事诉讼活动中,依照法律的规定对有关诉讼程序问题和部分实体问题所作出的书面决定。刑事裁定既可以针对程序问题,也可以针对部分实体问题,这些实体问题包括维持原判、核准死刑、减刑等。刑事裁定与民事裁定略有不同,因为民事裁定只适用于解决程序问题,而不包括实体问题。刑事裁定书是较为常用的法院裁判文书,其格式、内容与制作方法与刑事判决书基本相同,但是内容要简单很多,因此,本节只选择几个较为常用的刑事裁定书,并且由于其比较简单,故此处只需简单地阐述这些裁定书所包含的基本内容,并不再引述文书范例。由于第二审刑事裁定书是其中最常用的之一且非常重要,因此在上一节作了专门论述。

二、死刑复核刑事裁定书

死刑复核刑事裁定书,是指有权核准死刑的人民法院,依照《刑事诉讼法》规定的死刑复核程序,对报请复核的死刑立即执行和死刑缓期二年执行的案件,经复核认为原判决正确,应予核准,或者原判决依法应予发回重审作出的书面决定。按照《刑事诉讼法》的规定,死刑案件由最高人民法院核准,死刑缓期二年执行的案件由高级人民法院核准。

死刑复核裁定书的内容包括:首部(文书名称、案件的由来和审理经过、审判组织)、事实、理由、裁定结果和尾部。在事实、理由和裁定结果上,都要分为核准死刑或者发回重审两个部分,分别按照核准死刑或者发回重审来叙述法院认定的事实、阐述理由和作出判决结果。

三、再审刑事裁定书

再审刑事裁定书,是人民法院按照审判监督程序,对已经发生法律效力的刑事判决或者裁定,进行重新审理后,就案件的实体问题和程序问题作出的书面决定。再审刑事裁定书的适用,要么是维持原来的判决、裁定,要么是发回重审。

再审刑事裁定书的写作方法与再审刑事判决书基本相同,主要差异在于裁定理由和裁定结果部分。裁定理由应当根据再审查明的事实、证据和有关法律的规定,对原判的定罪和量刑是否正确进行论证,以及分析原审被告人的辩解和辩护人的辩护理由,阐明维持原判的理由或者应当发回重审的理由。

裁定结果应当按照再审适用的程序不同,分为按第一审程序再审维持原判、按第二审程序再审维持原判和再审后经上诉、抗诉二审维持原判的三种情况。发回重审的裁定适用于按照第二审程序审理的情况。

四、减刑、假释裁定书

减刑、假释裁定书,是人民法院在判决执行过程中,对符合法定条件的罪犯予以减刑或者假释而作出的书面决定。

对于减刑裁定书,首部的文书编号应当用"刑执"字,被减刑的人称为"罪犯",并应写明执行机关提出减刑的理由。在正文中,应当写明执行机关所提罪犯确有悔改或者立功、重大立功表现的事实和证据,以及经审理查明的罪犯在服刑期间是否有上述表现,要阐明减刑的理由、法律依据和裁定结果。裁定结果应当写明罪犯姓名和对其减刑的具体内容。

假释裁定书的写法与减刑裁定书基本相同,主要写明执行机关提请假释的理由,经审理查明确认罪犯在服刑期间是否有悔改表现,假释后不致再危害社会的具体事实等,以及假释的理由和法律依据。

第三章　民事裁判文书

民事裁判文书，是人民法院在民事诉讼中，依照《民事诉讼法》等民事法律规定的程序，为解决具体的民事权利义务争议，就民事案件的实体问题或者程序问题而依法制作的具有法律效力的书面处理决定。只有人民法院才有权制作民事裁判文书。虽然其他机构也可以组织调解，制作民事调解文书，但是其性质与人民法院依照《民事诉讼法》制作的民事调解书还是不同的。依照《民事诉讼法》制作民事调解书，也是人民法院行使民事审判权的体现，因此民事调解书也属于这里所说的民事裁判文书的范畴。因此，民事裁判文书主要包括民事判决书、民事裁定书和民事调解书三大类。

第一节　第一审民事判决书

一、第一审民事判决书的概念

第一审民事判决书，是人民法院对受理的民事案件，按照《民事诉讼法》规定的第一审普通程序审理终结后，按照国家的民事法律法规和司法解释的规定，就解决案件的实体问题作出的具有法律效力的书面处理决定。第一审民事判决书是民事判决书的基础，熟悉了第一审民事判决书的格式与写法，对于制作好其他的民事裁判文书也具有重要的意义。

二、第一审民事判决书的格式与内容

（一）首部

1. 文书制作机关名称和文书名称。

2. 案号。

3. 当事人和诉讼参加人的基本情况（原告、被告、第三人、诉讼代理人等身份应当写清楚）。

4. 案件由来和审判经过。

（二）事实

1. 诉辩主张（分别由“原告诉称”“被告辩称”“第三人述称”引起，先写事实，再写其提交的证据和请求事项）。

2. 法院依据证据确认的案件事实。

(三) 理由

理由是判决书论理的核心部分,包括以下内容:

1. 评析本案事实的法律性质。

2. 评价诉辩主张是否成立。

3. 判决的法律依据。

(四) 判决结果

(五) 尾部

1. 诉讼费用的负担。

2. 上诉权及相关内容。

3. 其他相关事项(包括合议庭成员或独任审判员署名、判决时间、书记员署名、院印等)。

【格式说明】

×××人民法院

民事判决书

(一审民事案件用)

(××××)×民初字第××号

原告……(写明姓名或名称等基本情况)

法定代表人(或代表人)……(写明姓名和职务)

法定代理人(或指定代理人)……(写明姓名等基本情况)

委托代理人……(写明姓名等基本情况)

被告……(写明姓名或名称等基本情况)

法定代表人(或代表人)……(写明姓名和职务)

法定代理人(或指定代理人)……(写明姓名等基本情况)

委托代理人……(写明姓名等基本情况)

第三人……(写明姓名或名称等基本情况)

法定代表人(或代表人)……(写明姓名和职务)

法定代理人(或指定代理人)……(写明姓名等基本情况)

委托代理人……(写明姓名等基本情况)

……(写明当事人的姓名或名称和案件)一案,本院受理后,依法组成合议庭(或依法由审判员×××独任审判),公开(或不公开)开庭进行了审理。……(写明本案当事人及其诉讼代理人等)到庭参加诉讼。本案现已审理终结。

原告×××诉称,……(写明原告提出的具体诉讼请求和所依据的事实与理由)

被告×××诉称,……(写明被告答辩的主要内容)

第三人×××述称,……(概述第三人的主要意见)

经审理查明,……(写明法院认定的事实和证据)

本院认为,……(写明判决的理由)依照……(写明判决所依据的法律条款项)的规定,判决如下:

……(写明判决结果)

……(写明诉讼费用的负担)

如不服本判决,可在本判决书送达之日起十五日内,向本院递交上诉状,并按对方当事人的人数提出副本,上诉于……人民法院。

审判长 ×××
审判员 ×××
审判员 ×××
(院印)
××××年××月××日
书记员 ×××

三、写作注意事项

第一审民事判决书是最基础的民事裁判文书,是学习其他民事裁判文书的基础,在制作其他民事裁判文书时可以作为参照。此处对制作第一审民事判决书所应当注意的事项叙述如下:

(一) 首部

首部依次包括制作机关名称、文书名称、案号、诉讼参加人及其身份事项,以及案件的由来和审理经过。关于首部的结构,前文已有介绍,此处针对一些容易产生错漏的地方,作一些提醒和阐述。

1. 案号的要求

案号由年度和制作法院、案件性质、审判程序的代字以及案件的顺序号组成。年度和案件顺序号应当使用阿拉伯数字。

2. 当事人与诉讼参与人身份事项的要求

在身份事项方面,参加民事诉讼的当事人、代理人均不能遗漏。被告提出反诉的,还要在原告后面用括号注明“反诉被告”,在被告后面用括号注明“反诉原告”。属于自然人的当事人,应当注意区分住所地和经常居住地。属于法人或者其他组织的当事人,还应当写明其法定代理人或者主要负责人的身份事项,不可遗漏。对于诉讼代理人,应当分清是法定代理人、指定代理人还是委托代理人,对于法定代理人或指定代理人的,应一并写明其与当事人的关系,因为这三种代理人的产生根据并不相同。

3. 案件由来与审判经过的要求

应注意对于当事人本人未出庭而由代理人出庭的写法,对于谁到庭参加诉讼应予以必要的交代。对于审判的组织形式,是合议庭还是独任审判,以及是否公开审理,都应当予以说明。

(二) 事实

事实部分包括当事人的诉讼请求、争议的事实和理由、法院认定的事实及证据。事实是判决的基础,没有事实就没有判决。

1. 当事人的诉讼请求

当事人的诉讼请求,是当事人请求法院判令对方当事人履行一定民事义务的具体事项。它主要体现在当事人的诉状中(包括起诉状与反诉状)。判决书应当如实反映当事人的诉讼请求,因为法院的判决也要受到诉讼请求范围的约束。

2. 争议的事实和理由

争议的事实和理由,体现为原告、被告和第三人的陈述。判决书应当对争议的事实和理由进行阐述,并且要对争议的事实和理由有归纳的能力。在阐述争议的事实和理由时,应当忠实于当事人的真实意思表示,尊重当事人的诉讼请求,并且要从当事人的诉状中去转述、归纳和总结。阐述争议的事实和理由时,应当明确争议的焦点,对于诉状中比较缺乏概括的内容,判决书要予以概括,行文要简练,避免不必要的重复。

3. 法院认定的事实

法院认定的事实主要包括:当事人之间民事法律关系发生的时间、地点和内容;产生纠纷的时间、原因、经过、情节和后果。法院认定的事实,必须是经过法庭审理查证属实的事实。叙述时,一般应按照时间顺序来叙述案情。同时,要抓住事实的重点,对于事实的主要部分,要重点阐述。

4. 认定事实的证据

证据是事实的基础。判决书阐明认定事实的证据,并非列举之后就了事,而应当一一予以列明,并且与所要证明的事实对应起来。随着司法改革的推进和法治的进步,简单抽象地对证据列举之后就不加分析地写道"足以认定",已经不能适应法治的要求。在说明证据时,可以在叙述事实后单独列举证据;也可以先列举证据,再叙述事实;还可以先写无争议的证据,再写有争议的证据,并对有争议的证据进行分析和认证。具体的写法应当根据具体案情的需要而定。但是,应当注意对证据作一定的分析,写明事实与证据之间的关系。

(三) 理由

理由部分包括判决的理由和判决的法律依据。

1. 判决理由

判决理由应阐明法院对民事纠纷的性质、当事人的责任以及责任承担方式的观点，也就是通常所说的“说理”。对于简单的案件，或者当事人之间争议不大的案件，说理可以简洁。但是对于比较复杂的案件，或者当事人之间争议较大的案件，说理则应充分、具体，具有逻辑性和说服力。对于哪些诉讼请求是合法合理应予支持的，哪些诉讼请求是不合法不合理不予支持的，要明确地说明，并阐述理由。

2. 法律依据

判决书应全面、准确地引用法律、法规、司法解释，对于条、款、项的名称和顺序，都不能混淆和颠倒。

（四）判决结果

判决结果，是对案件实体问题作出的处理决定。应当使用明确、具体的语言进行阐述，不能含糊，才能确认当事人之间的民事权利义务关系，从而解决纠纷。对于涉及金额、数量、时间的内容，应当十分准确。

（五）尾部

尾部应写明诉讼费用的负担，当事人上诉权利、上诉期间和上诉法院名称，以及合议庭成员、书记员的姓名和判决日期。

四、文书实例与点评

（一）林××与××投资基金公司劳动合同纠纷案①

上海市静安区人民法院
民事判决书

（2013）静民一（民）初字第1069号

原告林××，男，户籍地广东省深圳市。

委托代理人沈×，上海××律师事务所律师。

被告上海××投资基金管理有限公司，住所地上海市静安区。

法定代表人朱××，董事长。

委托代理人崔××，北京市××律师事务所上海分所律师。

原告林××诉被告上海××投资基金管理有限公司劳动合同纠纷一案，本院受理后，依法先由审判员倪×独任审判，于2013年5月13日公开开庭进行了审理。后组成合议庭，于2013年8月26日再次公开开庭进行了审理。原告林××的委托代理人沈×、被告上海××投资基金管理有限公司的委托代理人崔××到庭参加诉讼。本案现已审理终结。

---

① 参见上海法院法律文书检索中心，http://www.hshfy.sh.cn:8081/flws/text.jsp?pa=ad3N4aD0yJnRhaD2jqDIwMTOjqb6yw/HSuyjD8Smz9dfWtdoxMDY5usUmd3o9z。

原告林××诉称,2012年3月1日,原告与被告签订了劳动合同,双方约定原告的工作地点为深圳,原告工资为每年人民币(以下币种均为人民币)180万元。2012年3月至8月,被告按照每月2万元或者3万元的标准向原告支付了工资。2012年9月,被告按照每月13.333万元的标准向原告发放工资并补发了2012年3月至8月的工资差额。2012年10月25日,原告在被告处开会期间,被告突然向原告提出解除双方的劳动合同,并自2012年11月起不再向原告发放工资。经原告多次交涉,被告在2012年12月28日,才向原告邮寄了一份落款为2012年11月13日的离职证明。现原告认为,被告无故解除了双方的劳动合同,特起诉要求:1. 被告撤销解除双方劳动合同的决定;2. 被告支付原告自2012年11月起至恢复劳动关系之日止的工资(按每月13.333万元计算);3. 被告支付原告业务支出报销款21,412.60元。

被告上海××投资基金管理有限公司辩称,首先,原告在仲裁庭审时认为截至开庭日,原告仍在为被告工作,但在法庭庭审中又称被告提出了解除劳动合同并在2012年12月28日邮寄了一份落款为2012年11月13日的离职证明,上述陈述之间存在矛盾,事实上双方劳动关系的终结是以原告自2012年10月22日之后在未履行任何手续的情况下擅自离开公司所致;其次,原告自2012年10月22日与被告解除劳动关系之后即至另一家公司工作,之后再未为被告提供劳动,故不应支付其之后的工资;再次,基于同样理由,原告在之后产生的所谓的业务支出也与被告无关,被告无需支付报销款。

经审理查明,2012年3月1日,原告进入被告处工作,双方签订了一份期限为2012年3月1日起至2013年2月28日止的劳动合同。该合同约定,原告在被告处担任合伙人职务。

2012年10月26日,原告在其微博中发布了一段信息:"消息怎么传得这么快。我不在上海××投资。有些东西我现在暂时还不便评论,请见谅。"

2012年12月28日,被告通过快递形式向原告寄送了一份离职证明,内容为:"林××先生,身份证号……自2012年3月1日至2012年10月31日在我公司任职,现已与公司解除劳动关系,特此证明……"该快递收件人为原告,单位名称为"×××投资",收件地址为深圳市福田区竹子林××大厦西座12××室。

2013年2月6日,原告向上海市浦东新区劳动人事争议仲裁委员会申请仲裁,仲裁请求同本次诉讼。在仲裁审理中,原告先表示其直至申请仲裁时仍在为被告工作,后又表示双方劳动关系在2012年12月28日收到被告交付的离职证明该日解除。2013年4月2日,该仲裁委员会作出仲裁裁决,对原告的仲裁请求均未予支持。原告不服该仲裁裁决,遂涉诉。

又查,被告发放原告工资至2012年10月底。

上述事实有原、被告陈述,原告提供的劳动合同、离职证明、仲裁裁决书,被告提供的工资发放记录、公证的微博记录、快递单据等为证,并经本庭查证属实,依法应予确认。

审理中,原告变更其诉讼请求为:1. 要求被告支付违法解除劳动合同的赔偿金26,998元;2. 要求被告支付2012年11月至2012年12月的工资263,333元;3. 被告支付原告业务支出报销款21,412.60元。同时原告表示,首先,不在被告处上班并不代表原告自动离职;其次,离职后,原告也并未在被告所述的公司上班,原告之所以要求被告将离职证明邮寄至另一家公司,是原告委托在该公司工作的朋友代收;再次,关于报销款的问题,原告提供了2012年10月之后的报销费用单据,其中有2012年9月手机费60.60元以及2012年10月之后的招待费、出租费等,原告表示在被告处之前的报销费中存在手机费的报销,同时2012年10月之后的费用产生也是为了被告的工作需要。被告则坚持其辩称理由。因双方各执己见,致调解不成。

本院认为,公民、法人的合法权益受法律保护。本案中,原告在庭审中明确了三项诉讼请求,现根据在案证据以及双方当事人的陈述,本院对此逐条予以分析。

(一) 被告是否应支付原告2012年11月、12月工资?

对此,本院认为,虽然被告在2012年12月才将离职证明交付原告,但从原告2012年10月26日微博发布的信息看,至少在2012年10月26日该日原告与被告之间已经不存在劳动关系,故原告所述双方劳动关系是2012年12月28日,原告收到被告交付的离职证明时解除的意见,本院难以采纳。同时鉴于原告在本案中要求被告支付违法解除劳动合同的赔偿金,且原告提起仲裁申请的日期为2013年2月6日,故原告要求被告支付2012年11月、12月的工资的诉讼请求,本院难以支持。

(二) 被告是否应支付原告违法解除劳动合同赔偿金?

对此,本院认为,按照原告在2012年10月26日微博发布的信息看,原告明知双方劳动关系已经在2012年10月26日该日或者之前已经解除,但原告在仲裁庭审中以及本案一审庭审中,就劳动合同解除的时间仍存在多次前后矛盾的陈述,而作为用人单位的被告,其陈述原告在2012年10月22日自动离职,该时间节点与2012年10月26日原告微博所显示的内容能够相吻合。现虽双方对于劳动合同解除原因各执己见,然鉴于前述情形,本院认为被告陈述的事实较之原告陈述的事实,更存在合理性,故对于原告要求被告支付违法解除劳动合同的赔偿金的诉讼请求,不予支持。

(三) 被告是否应支付原告报销款?

对此,本院认为,根据双方的陈述,2012年9月时双方之间的劳动关系仍旧存续,且从被告提供的报销凭证中可以反映,原告2012年8月之前的手机费,被告一直予以报销,故对于2012年9月原告60.60元手机费的报销款,被告应予支付。至于其余费用,发生的时间多在2012年11月,当时双方之间的劳动关系已经解除,且原告也未能提供证据证明上述费用是为被告工作而产生,故对于其余款项,原告要求被告予以支付的诉讼请求,本院难以支持。

据此,依照《中华人民共和国劳动合同法》第三条的规定,判决如下:

一、被告上海××投资基金管理有限公司于本判决生效之日起十日内支付原告林××2012年9月手机费报销款60.60元;

二、对原告林××其余诉讼请求,不予支持。

如果未按本判决指定的期间履行给付金钱义务,应当依照《中华人民共和国民事诉讼法》第二百五十三条之规定,加倍支付迟延履行期间的债务利息。

案件受理费10元,由原告林××、被告上海××投资基金管理有限公司各半承担。

如不服本判决,可在判决书送达之日起十五日内,向本院递交上诉状,并按对方当事人的人数提出副本,上诉于上海市第二中级人民法院。

审判长　倪×
审判员　张×
人民陪审员　×××
二〇一三年十月二十三日
书记员　王×

【点评】　本案是劳动合同纠纷,由于劳动合同纠纷的司法解决需经过劳动仲裁程序,本案民事判决书注意到了这一点,并在文书中予以确认。该民事判决书的特点在于:法院就原被告双方争议的焦点进行提炼,并且分为三部分进行分析。如此,条理清楚,思路清晰,起到了较好的说理作用。

(二)×××房屋服务有限公司与陈某某居间合同纠纷案①

上海市徐汇区人民法院
民事判决书

(2013)徐民四(民)初字第2709号

原告(反诉被告)上海×××房屋服务有限公司。

法定代表人章××,董事长。

委托代理人赵××,女,上海×××房屋服务有限公司工作。

① 参见上海法院法律文书检索中心,http://www.hshfy.sh.cn:8081/flws/text.jsp?pa=ad3N4aD0xJnRhaD2jqDIwMTOjqdDsw/HLxCjD8Smz9dfWtdoyNzA5usUmd3o9z。

被告(反诉原告)陈某某,女。

法定代理人陈某甲,系被告父亲。

委托代理人魏××,上海××律师事务所律师。

原告上海×××房屋服务有限公司诉被告陈某某居间合同纠纷一案,本院立案受理后,被告陈某某于答辩期内提起反诉,本院受理后与本诉合并审理,公开开庭进行了审理。原告(反诉被告)的委托代理人赵××,被告(反诉原告)的委托代理人魏××到庭参加诉讼。本案现已审理终结。

原告上海×××房屋服务有限公司诉称,2011年7月21日,经原告居间介绍,被告与案外人黄某某等签订了关于上海市漕某路××号××××室房屋的"上海市房地产买卖合同",被告并与原告签订"佣金确认单",约定佣金及代缴出售方税费合计158,000元。扣除出售方税费26,623.12元,扣除原告已收佣金50,459元,被告尚余80,917.88元未支付。原告现起诉要求被告支付居间服务费80,917.88元。

被告陈某某辩称,原告没有明确15.8万元的佣金是怎么算出来的,出售方的税费原告并没有代缴,原告已经收取被告60,945元,但没有去缴税,双方并没有按照佣金确认单去履行,以实际行为否定了佣金确认单的约定。原告的诉讼请求没有证据支持,不同意原告的诉请。

被告陈某某并提出反诉称,被告收取60,945元,扣除反诉原告应当支付的佣金23,720元,剩余的应当返还。反诉要求返还居间费、代收税费共计37,225元。

反诉被告上海×××房屋服务有限公司辩称,不同意反诉请求,应当按照本诉主张的费用结算。

经审理查明,2011年6月,原告(反诉被告)与被告(反诉原告)作为居间人、立书人签订"房地产居间合同(居间斡旋)"(以下简称居间合同),约定立书人愿意委托居间人以下列条件购买上海市徐汇区漕某路××号××××室房地产(下称涉案房屋),购买总价款253万元整(全部税费全包括),立书人于签订本合同同时支付购买诚意金27,000元。居间合同第六条服务报酬约定,居间人完成买方的委托事项,即买方与居间人介绍的卖方签订房地产买卖合同时,买方一次性支付居间人实际成交总价(含装修款)的1%服务报酬。

同年6月30日,在原告(反诉被告)居间介绍下,卖售方(甲方)案外人黄某某、王某某、葛某与买受方(乙方)被告(反诉原告)陈某某签订"上海市房地产买卖合同"(下称买卖合同)及补充协议,乙方受让甲方自有的涉案房屋,建筑面积139.52平方米。转让价款共计2,372,000元整。买卖合同补充条款还对甲方还贷款注销抵押登记、双方办理房地产过户、房屋交付、有关费用结算、付款等内容进行了约定。当日,原告(反诉被告)与被告(反诉原告)作为甲乙方签订"佣金确认单”,主要内容为:乙方经甲方居间介绍就购买涉案房屋签订了买卖合同,甲乙双方就此项服务确定服务费金额支付方式如下:“乙方于过户当日,支付甲方服务费人民币15.8万元整(包括房东的税费,买方税费除外)。”如乙方未在上述限期内支付服务费,乙方应当按逾期未付款日千分之三支付违约金。

同年8月31日,卖售方(甲方)案外人黄某某、王某某、葛某与买受方(乙方)被告(反诉原告)陈某某重新签订“上海市房地产买卖合同”,约定涉案房屋转让价为1,981,184元。

同年9月10日,被告(反诉原告)向原告(反诉被告)支付25,000元,原告(反诉被告)出具“佣金收据”,内容为:“今收取陈某甲(代陈某某)购……佣金(包含税费)漕某路××号××××室人民币¥:25000元整,大写贰万伍仟元整。”

同年9月14日,案外人黄某某、王某某、葛某(甲方)与被告(反诉原告)陈某某(乙方)签订“补偿协议”,约定双方于2011年8月31日签订涉案房屋的买卖合同,该合同约定的成交价为1,981,184元整,未包含房屋装潢、厨卫设施及附属设施、设备,乙方同意就现有装潢、厨卫设施及附属设施、设备另行补偿甲方390,816元,于签约当日支付340,816元,于交房之前支付50,000元。本次交易甲方应缴纳的交易税费及中介服务费均由乙方承担并支付。甲、乙双方签名,原告(反诉被告)作为见证方在协议上盖章。当日,被告(反诉原告)向原告(反诉被告)支付35,945元,原告(反诉被告)出具“收据”,内容为:“今收取陈某某、陈某甲用于购买上海市徐汇区漕某路××号××××室房屋的税费,计人民币¥35945元整(大写:人民币叁万伍仟玖佰肆拾伍元整)。”当日,被告(反诉原告)自行通过银行转账向税务机关缴纳涉案房屋交易的卖方其他企业城市维护建设税合计1,116.26元、一般营业税8,586.60元、其他个人所得税17,605.41元,同时缴纳买方契税59,435.52元、其他印花税996元。

同年10月8日,徐汇区房地产交易中心收取陈某某房地产交易手续费、房屋登记费、房屋土地调查成果资料查阅费合计10,486元。该笔钱款系现金支付,审理中,原告(反诉被告)主张由其代付,提供涉案房屋的销售不动产统一发票(合计金额1,981,184.00元)(以下简称销售发票)原件予以证明,并解释称,只有支付了上述费用,税务机关才会开具销售发票;被告(反诉原告)主张上述费用由其自行支付,提供徐汇区房地产交易中心出具的非税收入一般缴款书(收据)(总计金额10,486元)(以下简称非税收入收据)原件予以证明。

以上事实,除双方当事人的一致陈述外,另有原告(反诉被告)提供的产权证、买卖合同及补偿协议、佣金确认单、发票、纳税申报表,被告(反诉原告)提供的收据两份、银行凭证、收税缴款书、居间合同复印件、补充协议、银行对账单等证据证实,经庭审质证,本院予以认定。

本院认为,居间合同是居间人向委托人报告订立合同的机会或者提供订立合同的媒介服务,委托人支付报酬的合同。被告(反诉原告)提供了居间协议的复印件,并表示原件在原告(反诉被告)处;但原告(反诉被告)作为提供格式合同的一方既不提供合同原件,亦不能对此作出合理解释;故本院依据被告(反诉原告)提供的合同复印件确认双方曾签订过居间合同,并认定居间合同系双方真实意思表示,合法有效。原告(反诉被告)提供了居间服务,被告(反诉原告)应当支付居间服务费。

本案争议焦点一,居间服务费的数额。居间合同约定居间人完成委托事项,买方一次性支付居间人实际成交总价(含装修款)的1%服务报酬;佣金确认单约定服务费为15.8万元整,其中包括房东的税费,不包含买方税费。合同法规定,合同生效后,当事人就价款等内容没有约定或者约定不明确的,可以协议补充;不能达成补充协议的,按照合同有关条款或者交易习惯确定。原、被告(反诉原、被告)在签订居间合同时,含装修款的实际成交总价及全部税费不明确,仅约定了买方购买总价253万元(含全部税费),故按照有关条款计算,服务报酬必定低于2.53万元;结合原告(反诉被告)于9月10日出具的“佣金收据”来看,原告(反诉被告)收取25,000元佣金并含税费,显然,数额上与前述居间合同的约定基本相当。再来看双方签订的佣金确认单,签订当时卖方的税费金额仍不明确,15.8万元扣除后来实际缴纳的卖方税费合计27,308.27元后,佣金额将达到13万余元之多。综上,居间合同、佣金确认单对于居间服务费的数额均属于约定不明,本院根据合同有关条款的约定及履行情况,并参照一般房地产经纪机构收取居间费的交易习惯,认为被告(反诉原告)的主张更为合情合理,本院确定本次居间服务费为实际成交价(含装修补偿款)2,372,000元的1%,即23,720元。

本案争议焦点二,关于10,486元系原、被告(反诉原、被告)何方支付。该笔费用的支付方应为陈某某,支付项目为房地产交易手续费、房屋登记费、房屋土地调查成果资料查阅费,并非原告(反诉被告)所称的买方税费。根据谁主张谁举证的基本原则,原告(反诉被告)应当举证自己垫付了该笔费用。由于该笔费用系用现金支付,原告(反诉被告)提供的销售发票只能直接证明房款收讫并完税,不能直接证明上述款项由其支付;相反,被告(反诉原告)持有的非税收入收据为该笔款项的支付凭证,本院认为支付凭证的证明力大于销售发票,故采信被告(反诉被告)的意见,认定10,486元系由被告(反诉原告)支付。

原告(反诉被告)作为居间方,向委托人预收了两次税费,但在后来的实际履行中,未履行代缴义务,故对于代收的税费应当退还。被告(反诉原告)的反诉请求,理由正当,本院予以支持。

综上所述,依照《中华人民共和国合同法》第六十一条、第三百九十八条、第四百二十六条第一款的规定，判决如下：

一、确认被告（反诉原告）陈某某就上海市徐汇区漕某路××号××××室房地产应向原告（反诉被告）上海×××房屋服务有限公司支付居间服务费共计23,720元（已支付，无需实际履行）；

二、原告（反诉被告）上海×××房屋服务有限公司于本判决生效之日起十日内向被告（反诉原告）陈某某退还代收税费共计37,225元；

三、驳回原告（反诉被告）上海×××房屋服务有限公司的其余诉讼请求。

如果未按本判决指定的期间履行给付金钱义务，应当依照《中华人民共和国民事诉讼法》第二百五十三条之规定，加倍支付延迟履行期间的债务利息。

本诉案件受理费减半收取计911元、反诉受理费366元，共计1,277元，由原告（反诉被告）上海×××房屋服务有限公司负担。

如不服本判决，可在判决书送达之日起十五日内，向本院递交上诉状，并按对方当事人的人数提出副本，上诉于上海市第一中级人民法院。

审判员　袁×

二〇一四年一月十日

书记员　徐×

【点评】　随着我国房产市场的发展，涉及房产的居间合同纠纷也日益增多。这是一份居间合同纠纷，并且存在反诉。因此，民事判决书在制作时必须注意本诉与反诉的正确写法。本民事判决书的特点在于说理清晰，结构层次分明。在判决理由部分，该判决书先解释了何为居间合同，然后再根据本案的事实确认了双方的居间合同的合法有效。然后，判决书提炼了本案的两个争议焦点，逐次进行了分析，并据此作出了判决。本文书是一份制作较好的判决书。

（三）××银行上海分行与四被告之间的金融借款合同纠纷案①

上海市浦东新区人民法院

民事判决书

（2013）浦民六（商）初字第××××号

原告中国××银行股份有限公司上海分行，住所地上海市浦东新区。

负责人王××，行长。

委托代理人陈Y，上海××律师事务所律师。

委托代理人柯Q，上海××律师事务所律师。

---

① 参见上海法院法律文书检索中心，http://www.hshfy.sh.cn:8081/flws/text.jsp?pa=ad3N4aD0xJnRhaD2jqDIwMTOjqcbWw/HB+SjJzCmz9dfWtdo4MTM3usUmd3o9z。

被告王FH,男,1969年3月××日生,汉族,户籍地福建省××县。

被告王ZH,男,1981年10月××日生,汉族,户籍地福建省××县。

被告上海××金属材料有限公司,住所地上海市宝山区。

法定代表人王FH。

被告魏C,女,1977年9月××日生,汉族,户籍地福建省××县。

原告中国××银行股份有限公司上海分行诉被告王FH、王ZH、上海××金属材料有限公司(以下至判决主文前简称××公司)、魏C金融借款合同纠纷一案,本院受理后,依法适用普通程序,由审判员顾×担任审判长,与代理审判员尹×、人民陪审员孙×组成合议庭于2013年10月24号公开开庭进行了审理。原告的委托代理人陈Y、柯Q到庭参加了诉讼。被告王FH、王ZH、××公司、魏C经本院依法送达,无正当理由未到庭应诉,本院依法进行缺席审理。本案现已审理终结。

原告中国××银行股份有限公司上海分行诉称,2012年5月,被告王FH、王ZH等向原告递交"联保申请书",申请组成联保体,上述二名成员额度人民币300万元。2012年5月11日,被告王FH、王ZH等与原告签订"最高额保证综合授信合同"(编号:……),约定:每个自然人均对联保体成员因向银行借款而产生的全部债务提供连带保证责任;授信期内的授信额度为1,400万元;授信使用的期限为12个月,自2012年5月11日至2013年5月11日,每笔借款的发放日均不超过该授信期限的截止日。被告违约以及保证担保的范围为本金及其利息、罚息、复利、违约金、实现债权和担保权利的费用(包括但不限于诉讼费、律师费、差旅费等)。2012年5月11日,被告王FH与原告签订"个人授信项下借款合同"(编号:……),约定被告王FH向原告借款的金额、期限、利率、利率调整等均以借款凭证为准;贷款利率不低于8.5936%;如逾期利率及罚息按贷款利率上浮40%执行;按月11日结息;被告王FH违约的(包括被告王FH的任何其他借款或偿债责任到期不能履行),原告有权提前收回全部或者部分本金;被告王FH违约导致原告采取诉讼的,被告王FH应承担实现债权和担保权利的费用。同日,被告××公司与原告签订了编号同上的"担保合同",约定:被告××公司为被告王FH的上述借款承担连带保证担保责任,保证和抵押担保的范围为债权本金以及利息、罚息、复利、实现债权的费用等。被告魏C系被告王FH的配偶,上述借款发生在双方婚姻关系存续期间。2012年5月15日,原告发放贷款共计300万元。贷款期限自2012年5月15日至2013年5月15日,贷款利率固定8.5936%,按月结息,逾期利率加收40%。2013年4月,原告了解到,被告王FH未能按时偿还他行借款已经被起诉并查封了相关财产。经与被告王FH面谈,被告王FH明确没有继续偿还借款本息的能力,其行为已经违反了"借款合同"的约定,担保人亦未能承担连带还款责任,损害了原告的合法权益。为此,原告诉至本院,诉请:1. 判令被告王FH向原告归还借款本金300万元;2. 判令被告王FH向原告支付上述借款利息33,658.26元(按年利率8.5936%计,上调40%计算罚息,暂算至2013年4月27日,要求算至实际清偿之日止);3. 判令被告王FH向原告支付律师费90,844元;4. 判令被告魏C对被告王FH的上述还款义务承担共同还款责任;5. 判令被告王ZH、××公司对被告王FH的上述还款义务承担连带担保责任;6. 本案诉讼费、保全费等由四被告共同承担。

被告王FH、王ZH、××公司、魏C未应诉答辩。

原告为证明其诉请,提供以下证据:

证据1,"最高额保证综合授信合同""商户联保申请书""联保体章程",证明原告与被告王FH、王ZH及案外人组成联保体,每位成员均对向银行借款产生的全部债务提供连带保证责任;

证据2,"个人授信项下借款合同",证明原告与被告王FH之间的借款合同关系;

证据3,"担保合同",证明原告与被告××公司之间的保证关系;

证据4,结婚证,证明被告魏C与被告王FH系配偶关系;

证据5,个人借款凭证、个人贷款放款通知书,证明原告于2012年5月15日向被告王FH发放了贷款300万元;

证据6,上海法院开庭公告,证明被告王FH拖欠他行借款被他行起诉的严重违约行为;

证据7,不良贷款积欠本息明细表,证明被告王FH拖欠借款利息;

证据8,提前还款通知函,证明原告已经履行要求提前还款通知义务;

证据9,律师费发票,证明原告因本案发生的律师费。

被告王FH、王ZH、××公司、魏C未提供证据材料。

鉴于被告王FH、王ZH、××公司、魏C未到庭应诉,本院对原告提供的证据进行审查,认为证据符合法律规定的证据条件,故本院将其作为定案的证据。又因原告提供的证据与其陈述相互印证,本院对原告所诉事实予以确认。

另查明,截至2013年4月27日,被告王FH借款本金余额为300万元,拖欠利息和逾期利息合计33,658.26元。原告为本案诉讼支出律师费90,844元。

本院认为,原告与被告王FH签订的"最高额保证综合授信合同""个人授信项下借款合同",原告与被告王ZH签订的"最高额保证综合授信合同",原告与被告××公司签订的"担保合同",均系当事人真实意思的表示,内容不违反法律行政法规的强制性规定,依法有效成立,当事人理应恪守。被告王FH未按约按时履行还款义务,已构成违约。原告主张的律师费有合同依据,且律师费的金额符合律师收费的相关标准,本院予以支持。被告王ZH、××公司自愿为被告王FH的上述债务提供连带责任保证,上述被告应各自承担相应的保证责任。

被告王 FH、王 ZH、××公司、魏 C 经本院依法传唤未到庭应诉，应视为其放弃抗辩权利。综上，原告的诉讼请求于法有据，应予支持。据此，依照《中华人民共和国合同法》第二百零五条、第二百零六条、第二百零七条、《中华人民共和国担保法》第十八条、《中华人民共和国民事诉讼法》第一百四十四条之规定，判决如下：

一、被告王 FH 应于本判决生效之日起十日内归还原告中国××银行股份有限公司上海分行借款本金 300 万元；

二、被告王 FH 应于本判决生效之日起十日内支付原告中国××银行股份有限公司上海分行截至 2013 年 4 月 27 日的利息和逾期利息共计 33,658.26 元；

三、被告王 FH 应于本判决生效之日起十日内支付原告中国××银行股份有限公司上海分行自 2013 年 4 月 28 日起至实际清偿之日止的利息和逾期利息（以借款本金 300 万元为基数，利率按原告与被告王 FH 签订的“个人授信项下借款合同”的约定计算）；

四、被告王 FH 应于本判决生效之日起十日内支付原告中国××银行股份有限公司上海分行律师费 90,844 元；

五、被告魏 C 对上述第一至四项判决义务承担共同还款责任；

六、被告王 ZH、上海××金属材料有限公司对上述第一至四项判决义务承担连带清偿责任；

七、若被告王 ZH、上海××金属材料有限公司履行上述第六项判决义务后，有权向被告王 FH、魏 C 追偿。

案件受理费 31,796 元、公告费 560 元，共计 32,356 元，由被告王 FH、王 ZH、上海××金属材料有限公司、魏 C 负担。

如不服本判决，可在判决书送达之日起十五日内，向本院递交上诉状，并按对方当事人的人数提出副本，上诉于上海市第一中级人民法院。

审判长 顾×
代理审判员 尹×
人民陪审员 孙×
二〇一三年十月二十四日
书记员 董××

【点评】 该案是一宗金融借款合同纠纷。该案的特点在于被告当事人人数较多，而且既有自然人，又有企业法人。因此，与上述几宗民事案件比较，在制作判决书时要注意多个当事人的写法。该案的四被告并未应诉答辩，而原告提供了九份证据材料。由于在合同纠纷的民事诉讼中应由原告就其主张承担举证责任，而民事诉讼的证明标准为优势证据，故在四被告未应诉答辩的情况下，法院经过审查之后将原告提供的证据作为定案的证据是合适的。该份民事判决书的制作体现了详略得当的特点。

（四）丁××、陆××与鲍××占有物返还纠纷案①

上海市徐汇区人民法院
民事判决书

(2013)徐民四(民)初字第××××号

原告丁××。

原告陆××。

两原告共同委托代理人蔡×,上海市××律师事务所律师。

被告鲍××。

委托代理人鲍YF。

原告丁××、陆××诉被告鲍××占有物返还纠纷一案,本院立案受理后,公开开庭进行审理。原告及其委托代理人到庭参加诉讼。被告经本院合法传唤,未到庭应诉,本院依法缺席进行审理。本案现已审理终结。

两原告诉称,两原告为夫妻关系,2013年3月,两原告通过中介公司向案外人郑××购买上海市徐汇区双峰路×××号×××室房屋,并已将产权过户到两原告名下。但在两原告入住及迁移户籍时,发生以下情况:1. 发现被告居住在内,拒绝迁出,私换钥匙,并阻止两原告搬入;2. 被告拒绝迁出户口。两原告认为被告既非房屋产权人,也非租住人员,无理由居住在内,应当即刻搬离并迁出户口,但遭被告拒绝,多次争执之下,两原告曾报110出警。至今两原告均无法搬入房内居住,只能在外租房。被告的行为给两原告的生活和精神造成极大伤害。故原告诉至法院,请求法院判令:1. 被告排除妨碍,迁出上海市徐汇区双峰路×××号×××室房屋;2. 被告承担占用上述房屋造成原告的租房损失9,200元(暂计,按每月4,500元计,自2013年4月1日起算至被告迁出之日止);3. 被告承担律师费3,000元。

被告辩称,被告与原告素不相识,被告居住在系争房屋内已将近十年,户口也在该房屋内。2013年3月20日,郑××伙同原告,趁被告不在,撬开门锁抢走被告放在屋内的财物,原告的言行已经超出正常买房人的范畴,被告没有参与上述房屋的买卖,原告与郑××之间的买卖行为是对被告合法权益的侵犯,请求法院驳回原告的诉讼请求。

经审理查明,本院(2006)徐民三(民)初字第××××号民事判决书认定以

① 参见上海法院法律文书检索中心,http://www.hshfy.sh.cn:8081/flws/text.jsp?pa=ad3N4aD0xJnRhaD2jqDIwMTOjqdDsw/HLxCjD8Smz9dfWtdoxOTg1usUmd3o9z。

下事实:2003 年 1 月 17 日,被告鲍××与出卖人签订"上海市房地产买卖合同",购买上海市徐汇区双峰路×××号×××室(即系争房屋),房价款 350,000 元。2003 年 1 月 20 日,被告鲍××与中国建设银行股份有限公司上海金山石化支行(以下简称建设银行金山石化支行)签订"个人住房抵押借款合同",被告将系争房屋作为抵押向银行借款 245,000 元。2003 年 2 月 21 日,经核准,系争房屋权利人登记为被告鲍××,他项权利人登记为建设银行金山石化支行(权利种类为持证抵押)。2006 年 5 月 8 日,郑××与被告鲍××签订"借款协议书",主要内容为:郑××购买系争房屋时由于人在国外不能贷款,故以鲍××名义贷款,产权人是鲍××;郑××支付了首付款 120,000 元以及每月还贷款 2,000 元;鲍××承诺在 2006 年 8 月前将剩余贷款全部结清,将郑××名字写入产权证,保证郑××共同共有,否则将系争房屋产权转为郑××。后被告分文未还贷款,2006 年 10 月 13 日由郑××归还银行逾期贷款 15,807.30 元。截至 2006 年 11 月 14 日,被告鲍××名下的贷款余额为 199,066.88 元。该案判决:本判决生效后三十日内,被告鲍××与原告郑××共同向上海市徐汇区房地产交易中心申请办理上海市徐汇区双峰路×××号×××室房屋产权变更为郑××的登记手续,发生的费用由郑××承担;本判决生效后十日内,郑××向建设银行金山石化支行清偿鲍××名下的全部贷款本息余额;建设银行金山石化支行在获得清偿后七日内,办理上海市徐汇区双峰路×××号×××室房屋的他项权利注销登记。

该案判决生效后,系争房屋产权变更登记至郑××名下,因被告仍继续居住在系争房屋内,郑××于 2007 年 9 月再次提起诉讼,请求法院判令被告迁出系争房屋。2007 年 12 月 5 日,本院(2007)徐民三(民)初字第 1985 号判决支持郑××的诉求。上海市第一中级人民法院于 2008 年 3 月 4 日裁决维持原判。

2012 年年底,郑××将系争房屋转让给原告,2013 年 3 月 14 日,系争房屋产权登记至两原告名下,原告丁××并将自己及家人户籍迁入,因被告至今居住在该房屋内,致原告无法入住。

审理中,原告自述,之前并不认识郑××,为购买系争房屋,曾在郑××的陪同下看过两次房,房内只有郑××居住,并没有看到被告,但有被告物品在内。据郑××讲,被告户籍在该房屋内,只是偶尔居住系争房屋,其与被告不是夫妻关系。2013 年 3 月 20 日,郑××将系争房屋内东西清空,并把钥匙交与原告,同时告知原告,被告物品将搬至被告父母处。当天下午,被告过来把原告赶走,称原告与郑××串通,双方为此发生纠纷,原告多次报警,无果,目前系争房屋由被告控制。原告只得诉至法院,请求判如所请。

原告为证明租房损失的诉请主张,向本院递交了房屋租赁合同、询价证明等。其中房屋租赁合同载明,原告向案外人姚××租赁上海市御青路×××弄

×××号×××室房屋,租期自2013年4月20日起至2014年4月19日止,租金为每月2,300元。被告均不予认可。另,原告为本次诉讼支出律师费3,000元。

以上事实,除原告当庭陈述外,另有房地产权证、民事判决书、户口簿、110报警记录、询问笔录、律师费发票等证据证实,本院予以确认。

本院认为,公民、法人的合法民事权益受法律保护,任何组织和个人不得侵犯。不动产的权属以登记为准,本案中原告通过买卖方式取得了系争房屋的所有权,成为系争房屋权利人,并依法予以了登记,取得了合法有效的权属证书,因而原告依法对系争房屋享有占有、使用、收益和处分的权利。被告在并无证据证明其对系争房屋拥有合法使用权的情况下,占用该房屋的行为侵害了原告的合法权益,原告作为系争房屋权利人有权要求被告予以迁让,排除妨碍,故原告要求被告迁出系争房屋的诉讼请求具有事实及法律依据,本院予以支持。同理,基于被告无权居住使用系争房屋,原告要求被告支付在外租房损失的请求,本院亦予以支持,原告庭审中出示的房屋租赁合同上记载其在外租房的租金标准为每月2,300元,原告按每月4,500元主张租房损失缺乏事实依据,本院不予采信。律师费系原告的诉讼成本,其要求被告承担该笔费用,缺乏依据,本院不予支持。被告经本院合法传唤,未到庭应诉,视为放弃诉讼权利。据此,依照《中华人民共和国民法通则》第五条、第七十一条、《中华人民共和国物权法》第四条、第三十九条、《中华人民共和国民事诉讼法》第一百四十四条的规定,判决如下:

一、被告鲍××于本判决生效之日起十日内迁出原告丁××、陆××所有的上海市徐汇区双峰路×××号×××室房屋,不得妨碍原告丁××、陆××居住使用上述房屋;

二、被告鲍××于本判决生效之日起十日内支付原告丁××、陆××租房损失:自2013年4月20日起至被告鲍××搬离上海市徐汇区双峰路×××号×××室房屋之日止,按每月2,300元计算。

如果未按本判决指定的期间履行给付金钱义务,应当依照《中华人民共和国民事诉讼法》第二百五十三条之规定,加倍支付迟延履行期间的债务利息。

案件受理费185元,由被告鲍××负担。

如不服本判决,可在判决书送达之日起十五日内向本院递交上诉状,并按对方当事人的人数提出副本,上诉于上海市第一中级人民法院。

审判长　徐×
人民陪审员　郑××
人民陪审员　朱××
二〇一三年十二月三十一日

书记员　卜××

【点评】 该案为占有物返还纠纷案。案情并不算复杂,但是由于该案的相关事实经过了诉讼,已有相关的生效民事判决确认了系争房屋的所有权,因此,本判决书的制作应当反映这一过程。在有的民事诉讼中,诉讼与之前发生过的诉讼有关联关系,因此民事判决书的制作就必须仔细梳理这些事实,以反映事实的全貌。

第二节 民事调解书

一、民事调解书的概念

民事调解书,是人民法院对正在审理中的民事案件依法进行调解,在诉讼双方当事人自愿、合法地达成解决纠纷的协议后,予以认可而制作的具有法律效力的文书。按照《民事诉讼法》的规定,人民法院审理民事案件,应当根据自愿和合法的原则进行调解。调解也是人民法院处理民事纠纷,解决民事实体问题的重要方式。民事调解书与生效的民事判决书有同样的法律效力,但是与民事判决书也有不同之处。由于民事调解书主要体现了当事人之间处分民事权利义务的自主意志,因此在制作上与民事判决书也有所不同,其内容结构相对简单,特别是不需要人民法院进行说理,而只需要确认当事人处分实体权利义务行为的合法性即可。

二、民事调解书的格式与内容

民事调解书可以分为第一审民事调解书、第二审民事调解书和再审民事调解书三种。第一审民事调解书是最为基本的民事调解书,其他两种民事调解书可以在参照第一审民事调解书的格式的基础上稍加改动地去制作。

(一) 首部

1. 标题、案号和诉讼参加人。

2. 案由。(一审民事调解书只需写出“案由:……”即可,二审民事调解书还需写出上诉过程,而再审民事调解书还需写明提起再审或者提审的过程。)

(二) 正文

1. 事实。

2. 协议内容。

3. 确认。

(三) 尾部

1. 诉讼费用负担。

2. 告知调解书的法律效力。

3. 其他事项。

【格式说明】(以最基础的第一审民事调解书为例)

×××人民法院

民事调解书

(一审民事案件用)

(××××)×民×字第××号

原告……(写明姓名或名称等基本情况)

被告……(写明姓名或名称等基本情况)

第三人……(写明姓名或名称等基本情况)

(当事人和其他诉讼参加人的列项和基本情况的写法,与一审民事判决书相同)

案由:……(写明当事人的诉讼请求和案件的事实)

本案在审理过程中,经本院主持调解,双方当事人自愿达成如下协议:

……(写明协议的内容)

……(写明诉讼费用的负担)

上述协议,符合有关法律规定,本院予以确认。

本调解经双方当事人签收后,即具有法律效力。

审判长　×××
审判员　×××
审判员　×××
(院印)
××××年××月××日
书记员　×××

三、写作注意事项

由于民事调解系根据当事人之间的合意而达成,因此民事调解书的撰写相对简单,除诸如当事人的身份事项、当事人的诉讼请求等与第一审民事判决书类似之外,重点的地方有:简要写明调解的经过以及调解协议的内容。协议内容,是指当事人自愿达成解决争讼的协议条款。书写时应注意明确、具体,便于履行。诉讼费用的负担,由人民法院决定的,应在协议内容之后另起一行写明;如果诉讼费用的负担是由双方当事人协商解决的,可以作为调解协议的最后一项内容予以写明,不需再在协议内容之后另起一行书写。

四、文书实例与点评

(一)××水电站诉××冶金化学有限公司等其他合同纠纷案①

云南省昆明市中级人民法院
民事调解书

(2006)昆民四初字第×××号

原告云南××水电站。

住所:昆明市青年路×××号××大厦××楼。

法定代表人董××,董事长。

诉讼代理人王××,云南××律师事务所律师,特别授权代理。

诉讼代理人王YQ,云南××律师事务所律师,特别授权代理。

被告××冶金化学有限公司。

住所:昆明市××大厦××楼。

法定代表人张××,总经理。

诉讼代理人兰×,××冶金化学有限公司办公室主任,特别授权代理。

被告××实业(集团)有限公司。

住所:昆明市××大厦××楼。

法定代表人张××,董事长。

诉讼代理人张Y,云南××律师事务所律师,特别授权代理。

案由:其他合同纠纷。

原告诉称:1997年5月6日,原告与第一被告签订"补偿贸易合同",约定原告向第一被告提供人民币(以下均为人民币)500万元资金,第一被告按月每月提供60吨锌给原告,第二被告对第一被告履行合同承担保证责任。合同履行一年后,第一被告不能按合同约定履行其义务,亦不能返还原告所提供的资金,原告与第一被告遂确认第一被告欠原告货款,同时,第二被告依然对欠款承担保证责任。截至2006年1月18日,第一被告明确承认尚欠原告款项1397294.10元,但经原告多次催促,第一被告一直拒绝偿还。原告为保障合法权益,特诉至法院,请求判令:一、第一被告支付欠款本金1397294.10元,并承担银行同期利息;二、第二被告承担连带赔偿责任;三、诉讼费用由被告承担。

本案在审理过程中,经本院主持调解,各方当事人自愿达成如下协议:

一、截至2006年1月18日,××冶金化学有限公司因经济往来尚欠云南××水电站款项人民币1397294.10元。

二、××冶金化学有限公司于2006年11月11日之前向云南××水电站偿

① 参见法律图书馆网站,http://www.law-lib.com/cpws/cpws_view.asp?id=200401234798。

还10万元。

三、××冶金化学有限公司于2007年1月30日之前向云南××水电站偿还1097294.10元。

四、如××冶金化学有限公司按上述条款如期履行还款义务，则云南××水电站免除××冶金化学有限公司剩余欠款20万元，即××冶金化学有限公司只需偿还1197294.10元即可；如××冶金化学有限公司不按上述条款如期履行任何一期还款义务，则云南××水电站不免除××冶金化学有限公司20万元欠款，并可就全部欠款1397294.10元尚未偿还部分立即申请强制执行。

五、××实业(集团)有限公司对××冶金化学有限公司的上述债务不承担任何责任。

六、案件受理费16996.47元、保全费7506.48元，合计24502.95元由云南××水电站、××冶金化学有限公司各承担50%，计12251.475元，其中由××冶金化学有限公司承担的部分应于2006年11月11日之前支付给云南××水电站。

上述调解协议，符合有关法律规定，本院予以确认。

若负有义务的当事人不自动履行本调解书，享有权利的当事人可在本调解书规定的履行期限届满后在法律规定的期限内向本院申请强制执行：双方或一方当事人是公民的，申请强制执行的期限为一年，双方均是法人或其他组织的，申请强制执行的期限为六个月。

审判长　岳××
审判员　李×
代理审判员　李××
二〇〇六年十一月一日

书记员　李××

(二) ××汽车沈阳公司与××汽车销售四平公司买卖合同纠纷案[①]

辽宁省沈阳市中级人民法院
民事调解书

(2004)沈民三合初字第×××号

原告：××汽车工业销售集团沈阳东北有限公司，住所地沈阳经济技术开发区……

法定代表人：张××，系公司董事长。

委托代理人：曹××，系辽宁同方律师事务所律师。

---

① 参见法律图书馆网站，http://www.law-lib.com/cpws/cpws_view.asp?id=200401038016。

委托代理人:王××,系该公司办公室主任。

被告:××汽车工业销售集团四平有限公司,住所地吉林省四平市铁东区经济开发区……

法定代表人:王CH,系该公司总经理。

委托代理人:杨××,系该公司办公室主任。

案由:买卖合同纠纷。

经审理查明,原告于1996年开始向被告提供××汽车系列产品,在经营中被告先后拖欠原告货款累计人民币4,900,000.00元。2001年3月23日原告、被告双方就上述欠款事宜达成还款协议,协议约定从2001年3月开始由被告分期向原告偿还前述欠款。此外,该协议还约定,原告根据自己的意愿可随时改变向被告追偿该笔欠款的方式和金额。协议签订后,被告开始按约定履行还款义务,在2003年3月被告最后一次向原告履行付款义务后,再未履行过还款义务。尚欠人民币3,796,771.05元。故原告为索款诉至法院。

本院在审理过程中,经本院主持调解,双方当事人自愿达成如下协议:

一、被告××汽车工业销售集团四平有限公司于2005年2月末一次性偿还欠款本金3,796,771.05元。

二、双方当事人自愿放弃其他诉讼请求。

案件受理费28,994.00元、保全费19,520.00元均由被告承担。

上述协议,符合有关法律规定,本院予以确认。

本调解书经双方当事人签收后,即具有法律效力。

审判长　陈×
代理审判员　田×
代理审判员　周×
二〇〇五年一月四日

书记员　姜××

(三) ××信息科技有限公司与窦××出资纠纷案①

上海市第二中级人民法院
民事调解书

(2004)沪二中民三(商)终字第××号

上诉人(原审被告)上海××信息科技有限公司,住所地上海市黄兴路×号××××室。

法定代表人朱××,董事长。

---

① 参见上海法院法律文书检索中心,http://www.hshfy.sh.cn:8081/flws/text.jsp?pa=ad3N4aD0xNjc4MTMmdGFoPaOoMjAwNKOpu6a2/tbQw/HI/SjJzCnW1dfWtdo4NbrFJnd6PQPdcssPdcssz。

委托代理人胡×，上海市××律师事务所律师。

被上诉人（原审原告）窦××，男，汉族，1959年××月×日出生，住上海市……

上诉人上海××信息科技有限公司（以下简称××公司）因出资纠纷一案，不服上海市杨浦区人民法院（2003）杨民二（商）初字第×××号民事判决，以原审法院认定事实及适用法律有误为由，向本院提起上诉，请求依法改判。

本院经审理查明，××公司系2002年1月设立的有限责任公司，注册资本为人民币50万元，股东朱××占公司股份70%，股东林××占公司股份30%。2002年4月12日，××公司召开董事会并形成决议，拟与窦××、路××共同投资筹建新公司。组建后的新公司总注册资金为85万元人民币，其中××公司占股份45%（以原公司资产、部分货币作为投资资本），其余股份由窦××、路××二人分配，此项事由朱××全权代表××公司筹建和处理等。同月20日，朱××、路××与窦××签订"金融之星网络信息科技有限公司（筹）前期组建三方草案"协议，约定三方共同组建金融之星网络信息科技有限公司（以下简称金融之星），新公司将在原××公司的基础上改组而成。预计一年内投资资金总额为人民币85万元，其中公司股份配比为朱××占45%，窦××占40%，路××占15%。协议签订后，××公司确认窦××向公司交付的投资款为162,655.50元。窦××也实际参与了××公司的经营活动。期间，路××退出了该协议。由于金融之星并未设立，同时，窦××认为××公司没有确认其股东身份，故向原审法院提起诉讼要求××公司归还出资款162,655.50元。

另查明，2003年5月17日，窦××与××公司法定代表人朱××签订"2003年4月15日止公司实施'化整为零'前的资产状况"协议一份，列明了当时的固定资产和商品库存。

本院在二审审理过程中，双方当事人在本院主持下，自愿达成如下调解协议：

一、终止上海××信息科技有限公司、窦××等于2002年4月20日签订的"金融之星网络信息科技有限公司（筹）前期组建三方草案"协议。

二、上海××信息科技有限公司应于本调解书生效之日起三十日内返还窦××在《2003年4月15日止公司实施"化整为零"前的资产状况》协议中列明的电脑三台（配置cpu900、内存128、硬盘20g、显示器17寸）（每台原价值人民币3,500元），服务器（配置cpu：piii1g、内存512、硬盘18.2g×2）（原价值人民币18,000元）、epson打印机（原价值1,500元）、复印机（型号：施乐1027）（原价值8,000元）、电话交换机及总机各一台（原价值4,500元）。如上海××信息科技有限公司不能返还上述任一财产，则按原价值予以赔偿。

三、上海××信息科技有限公司应于本调解书生效之日起三十日内返还窦

××“东方实战家软件”800 套(每套原价值 50 元)、“分析家精简版”30 套(每套原价值 5 元)、“钱龙二代”6 套(每套原价值 5 元)、“金融之星”4000 套(每套原价值 5 元)。如上海××信息科技有限公司不能返还上述任一财产,则按原价值予以赔偿。

四、窦××在系争公司设立期间,参与经营活动所产生的债权、债务,由双方自行订立和解协议予以解决。

五、本案一审案件受理费人民币 4,763 元(窦××已预付)及二审案件受理费人民币 4,763 元(上海××信息科技有限公司已预付),合计人民币 9,562 元,由窦××承担 2,382 元,上海××信息科技有限公司承担 7,144 元,上海××信息科技有限公司应于本调解书生效之日起三十日内支付窦××2,381 元。

六、双方对本案无其他争议。

上述协议符合有关法律规定,本院予以确认。

本调解书经双方当事人签收后,即具有法律效力。

审判长 杨×
代理审判员 高××
代理审判员 王××
二〇〇四年六月三日

书记员 陶×

【点评】 以上是三篇民事调解书,既有一审的民事调解书,又有二审的民事调解书。民事调解书的主要任务在于确认当事人之间的协议,尤其是当事人之间协议的自愿性和合法性。因此,民事调解书无须像民事判决书那样去查明事实和说理,只需要审查调解协议的自愿性和合法性即可。上述三篇民事调解书达到了这一要求。

第三节 第二审民事判决书

一、第二审民事判决书的概念

第二审民事判决书,是指中级以上人民法院对当事人不服第一审民事判决提起上诉的民事案件,依照《民事诉讼法》规定的第二审程序进行审理之后,依法作出维持或者变更第一审民事判决的书面处理决定。按照《民事诉讼法》第 170 条的规定,第二审民事判决书适用于:(1) 原判决认定事实清楚,适用法律正确的,判决驳回上诉,维持原判决;(2) 原判决认定事实错误或者适用法律错误的,依法改判;(3) 原判决认定基本事实不清的,可以查清事实后改判。

二、第二审民事判决书的格式与内容

（一）首部

1. 标题、案号。

2. 当事人和诉讼代理人的身份事项。包括上诉人、被上诉人（原审原告、原审被告）和第三人。

3. 案件由来和审判经过。

（二）事实

1. 一审法院认定的事实、适用的法律和判决结果。

2. 当事人的主张。包括：上诉理由、请求和证据；被上诉人答辩的主要内容和证据；原审未上诉当事人的主要观点。

3. 二审法院查明认定的事实和证据。

（三）理由

包括：评价案件事实的法律性质；评价一审判决是否正确、上诉理由是否成立；根据案件和法律，是否支持上诉请求并引用法律条文。

（四）判决结果

具体包括：维持原判、撤销原判、改判、变更原判或者改判。

（五）尾部

1. 诉讼费用的分担。

2. 告知判决的效力。

3. 其他事项。

【格式说明】

××××人民法院

民事判决书

（二审维持原判或者改判用）

（××××）×民终字第××号

上诉人（原审×告）……（写明姓名或名称等基本情况）

被上诉人（原审×告）……（写明姓名或名称等基本情况）

第三人……（写明姓名或名称等基本情况）

（当事人及其他诉讼参加人的列项和基本情况的写法，除双方当事人的称谓外，与一审民事判决书样式相同）

上诉人×××因……（写明案由）一案，不服××××人民法院（××××）×民初字第××号民事判决，向本院提起上诉。本院依法组成合议庭，公开（或不公开）开庭审理了本案。……（写明当事人及其诉讼代理人等）到庭参加诉讼。本案现已审理终结。(未开庭的,写:“本院依法组成合议庭审理了本案,现已审理终结。”)

……(概括写明原审认定的事实和判决结果,简述上诉人提起上诉的请求和主要理由,被上诉人的主要答辩,以及第三人的意见)

经审理查明,……(写明二审认定的事实和证据)

本院认为,……(根据二审查明的事实,针对上诉请求和理由,就原审判决认定事实和适用法律是否正确,上诉理由能否成立,上诉请求是否应予以支持,以及被上诉人的答辩是否有理等,进行有分析的评论,阐明维持原判或者改判的理由)依照……(写明判决所依据的法律条款项)的规定,判决如下:

……[写明判决结果。分四种情况:

第一,维持原判的,写:

“驳回上诉,维持原判。”

第二,全部改判的,写:

“一、撤销××××人民法院(××××)×民初字第××号民事判决;

二、……(写明改判的内容,内容多的可分项书写)”

第三,部分改判的,写:

“一、维持××××人民法院(××××)×民初字第××号民事判决的第×项,即……(写明维持的具体内容)

二、撤销××××人民法院(××××)×民初字第××号民事判决的第×项,即……(写明撤销的具体内容)

三、……(写明部分改判的内容,内容多的可分项书写)”

第四,维持原判,又有加判内容的,写:

“一、维持××××人民法院(××××)×民初字第××号民事判决;

二、……(写明加判的内容)”]

……(写明诉讼费用的负担)

本判决为终审判决。

审判长　×××
审判员　×××
审判员　×××
××××年××月××日
(院印)
书记员　×××

三、写作注意事项

第二审民事判决书以第一审民事判决书以基础,在掌握第一审民事判决书的写法的基础上,应根据第二审程序的特点来重点掌握第二审民事判决书的特别之处。在制作第二审民事判决书时,应重点注意以下几个问题:

(一) 首部

1. 案号的要求

案号的写法与第一审民事判决书基本一致,但应注意代字不同,一审为“初”字,二审为“终”字。

2. 当事人和诉讼参与人的身份事项的要求

当事人应当被称为“上诉人”“被上诉人”,并用括号注明其在原审中的诉讼地位。原审有第三人的,若第三人提出上诉,可列为“上诉人”;若第三人没有提出上诉,列为“原审第三人”。

民事诉讼中可能存在第三人、共同诉讼等复杂情况。出现这些情况时,应当根据司法解释的规定来列明当事人在诉讼中的身份。根据司法解释的规定,必要的共同诉讼人中的一人或者部分人提起上诉的,按下列情况列明:

(1) 该上诉是对对方当事人之间权利义务分担有意见,不涉及其他共同诉讼人利益的,对方当事人为被上诉人,未上诉的同一方当事人依原审诉讼地位列明;

(2) 该上诉仅对共同诉讼人之间权利义务分担有意见,不涉及对方当事人利益的,未上诉的同一方当事人为被上诉人,对方当事人依原审诉讼地位列明;

(3) 该上诉对双方当事人之间以及共同诉讼人之间权利义务承担均有意见的,未提出上诉的其他当事人均为被上诉人。

另外,无民事行为能力人或限制民事行为能力人的法定代理人或指定代理人代当事人提起上诉的,仍应将无民事行为能力或限制民事行为能力人列为“上诉人”。

(二) 事实

1. 叙述事实的顺序

首先概括写明原审认定的事实、判决理由和判决结果。然后简述上诉人提起上诉的请求、主要理由,及被上诉人的主要答辩意见,如果有第三人,还要写明第三人的意见。最后写明经过二审审理认定的事实和证据。

2. 叙述事实的重点

二审判决应体现出上诉审的特点,主要针对上诉意见和双方在上诉审中的主要争点来进行。对于原判认定的事实、上诉人无异议的部分,可以简写;对于原判认定的主要事实或者部分事实有错误的,应当重点指出其错误之处,并对经二审改判认定的事实进行详细叙述;对于原判认定的事实有遗漏的,也应重点进行补充;对于上诉人提出异议的事实部分,应当运用证据认定异议是否成立。

3. 证据的运用

二审判决书也应当运用证据来认定事实。应当重点运用证据来论证上诉人对事实方面的异议是否成立以及原判法院的错漏部分,对经二审改判的事实也要运用证据来重点论证。

(三) 理由

判决理由应围绕原审判决是否正确,上诉是否有理来展开。如果认定原判正确,上诉理由不能成立的,要指出上诉理由的不当之处;如果认定原判有误或不当,上诉理由可以成立的,应论证原判决的错误之处,上诉理由为何符合法律规定,为何是有依据的;如果认定原判部分正确,或者上诉理由部分能够成立的,应重点论证各自的对错之处及其理据。论证理由时应讲求行文的结构和层次感。适用法律条款项要准确、完整、具体。

(四) 判决结果

判决结果应对当事人争议的实体问题作出终审结论。判决结果分别有维持原判、全部改判、部分改判、维持且加判等几种情形。

(五) 尾部

由于二审判决是终审判决,因此还应在尾部写明"本判决为终审判决。"

四、文书实例与点评

(一) 毛某某、周某与某某人民医院医疗损害赔偿纠纷案(维持原判)①

浙江省衢州市中级人民法院
民事判决书

(2013)浙衢民终字第×××号

上诉人(原审原告):毛某某。

上诉人(原审原告):周某。

两上诉人共同委托代理人:周某某,浙江××律师事务所律师。

被上诉人(原审被告):某某人民医院。住所地:……

法定代表人:郑某某,院长。

委托代理人:徐某某,浙江××律师事务所律师。

上诉人毛某某、周某为与被上诉人某某人民医院医疗损害赔偿纠纷一案,不服浙江省江山市人民法院(2012)衢江民初字第×××号民事判决,向本院提起上诉。本院依法组成合议庭,对本案进行了审理,现已审理终结。

原审法院认定:原告毛某某丈夫、周某父亲周某甲于2010年11月25日12

① 参见法律图书馆网站,http://www.law-lib.com/cpws/cpws_view.asp? id=200402208106。

时30分许,在建筑工程施工时因脚手架的跳板断裂,从6米高的脚手架上坠落,致颈5椎体骨折伴颈脊髓损伤,四肢出现瘫痪,被工友送往被告医院救治。入院后,医院予以激素治疗、消肿、输液、营养支持治疗,2010年11月30日行颈5椎体骨折次全切除减压、钛网植骨、前路钢板内固定术。术后第4天突然出现呼吸不畅,呼吸急促,行气管插管,吸痰管吸痰,再行支气管镜检查(左支气管痰液堵塞),周某甲出现意识障碍,CT检查示轻度脑梗性积水,脑干及小脑左侧密度低,脑梗塞。再行右侧侧脑室钻孔引流术,术后患者一直处于昏迷,于2011年1月4日心脏呼吸停止,经抢救无效死亡。此后,原告以提供劳务者责任纠纷向法院起诉,要求第三人赔偿,并要求追加本案被告作为被告参加诉讼。法院驳回了原告要求追加被告的请求,后也驳回了其要求第三人薛某某作为雇主承担赔偿责任的诉讼请求。原告不服向衢州市中级人民法院上诉,二审过程中,原告与第三人达成调解协议,由第三人向原告支付因周某甲死亡造成的损失82000元。本次诉讼过程中,原告向法院提出申请,要求对周某甲在成为长期植物状态之前被告的医疗行为是否有过错,该过错与周某甲的长期植物状态之间是否有因果关系进行鉴定。法院委托了复旦大学上海医学院司法鉴定中心对上述鉴定内容进行鉴定。2013年8月12日,上述鉴定机构作出司法鉴定意见书。意见书认为:1. 医方对患者颈5骨折、对应节段颈脊髓损伤伴四肢瘫痪,诊断明确,该患者手术时机选择并无错误,除非开放性骨折、颈椎骨折—脱位,一般不考虑急诊手术,急诊手术死亡率高;2. 颈椎骨折手术后患者四肢瘫痪情况有好转,故不存在手术中损伤椎①②动脉之说;3. 诊疗常规中未规定对颈椎手术需进行预防性抗凝治疗,患者术后不用抗凝剂并无过错,否则会加重术后出血可能;4. 患者术后出现肺部感染,呼吸道痰液增多,虽经气管插管吸痰后,支气镜检查仍有大量痰液堵塞左支气管。考虑患者存在缺氧状况(肺部感染及呼吸道阻塞),脑缺氧导致脑水肿、脑积液、脑出血,脑水肿不能纠正,最终导致脑疝而死亡;5. 从头颅CT片提示未见明显脑干、小脑梗塞证据。医方在诊疗过程中存在以下过错:① 医方对患者病情观察欠仔细,记录不详细(患者呕吐情况病程记录均未反映);② 医方对患者术后呼吸道堵塞处理有延迟及无效的现象,不排除医方对患者呼吸道的管理不足。医方的医疗行为存在过错,且与患者植物状态、最后死亡存在因果关系,医方应承担次要责任。一般颈椎骨折、截瘫,手术后发生呼吸道感染等,死亡率较高,患者死亡原因主要是颈椎损伤手术后出现了肺部感染并发症,系手术后难以完全避免的不良后果。最后鉴定意见为:1. 某某人民医院对周某甲的医疗行为存在过错;2. 某某人民医院的医疗过错与周某甲的植物状态(最后死亡)之间有因果关系,医方应承担次要责任。周某甲在被告处治疗期间支付了医疗费51000元,尚有73157.50元医疗费未支付。另周某甲从2010年11月25日至12月3日的医疗费用共计45095.14元,12月4日转ICU护理开始至2011年1

月5日的医疗费用为79062.36元。

原审法院认为:根据双方当事人的争议主要分以下方面,进行分析。

一、复旦大学上海医学院司法鉴定中心作出的鉴定意见书是否正确,是否可作为本案认定事实的依据。

原告对鉴定的分析说明意见无异议,但对医方承担次要责任的结论有异议,认为医方应当承担60%的责任。原告对该鉴定意见有异议,认为患者在病情发生变化期间不存在缺氧,鉴定专家得出缺氧导致脑水肿的结论是没有科学依据的,且根据不是很清晰的CT片图像就否定医方及多方会诊得出的脑梗塞的诊断,是不符合循症医学的。另从原、被告出示的证据中也能证明医方在气道管理方面存在管理不足的问题,要求重新鉴定。被告向法院提供了在被告处的门诊及住院病历一组,证明被告在对周某甲治疗时有延误抢救时机和采取治疗措施不当的事实。被告对原告证据的真实性无异议,但对证明对象均有异议,并提供了周某甲的全部病案,证明被告的诊疗符合医疗常规和规范。

被告认为,原告要求重新鉴定不符合司法解释规定的相应的条件。鉴定意见书是听证会聘请了五位临床专家来鉴定的,该鉴定机构符合浙江省高院规定的鉴定机构的资质条件,所以不需要重新鉴定。

法院认为,根据最高人民法院《关于民事证据的若干规定》第二十七条的规定,人民法院允许重新鉴定的情形必须是:鉴定机构或鉴定人员不具备鉴定资格、鉴定程序严重违法、鉴定结论明显依据不足。而原告并不能举证证明上述情形的存在,且鉴定意见书作出的结论是以患者在诊疗过程中被告制作的CT图像作为依据的,故被告的意见成立,法院予以采信,该鉴定意见书符合鉴定要求,可以作为认定事实的依据。

二、原告的诉讼请求是否适用城镇居民标准。

原告向法院提供了周某甲出入境证明及某某快递公司的汇款申请书9页、原告毛某某在建行的存折,证明周某甲受伤前,在2008年、2009年、2010年一直多年在新加坡从事劳务工作,因此应当适用城镇居民的赔偿标准。

被告经质证认为,出入境证明只能证明周某甲在签发日期内可以出国,但不能证明其工作情况,汇款申请书的真实性无法确认,且周某甲2010年已经在江山生活,因此该证据不能证明原告的证明对象,也与本案无关联。

法院认为,根据《最高人民法院关于审理人身损害赔偿案件适用法律的若干问题的解释》精神,赔偿按照城镇居民或者农村居民标准,应当以受害人的住所地和经常居住地生产生活作为标准。根据最高人民法院《贯彻执行〈中华人民共和国民法通则〉若干问题的意见(试行)》,公民的住所地是指公民的户籍所在地,公民的经常居住地是指公民离开住所地至起诉时已连续居住一年以上的地方。而受害人周某甲在发生安全事故时是在农村建房的工作过程中,而不是在新加坡工作中,即其住所地和经常居住地已在江山,且在农村,故其要求以上述证据作为按城镇居民标准的依据不足。

三、受害人周某甲在2010年12月3日前的医疗费和已向第三人薛某某获得的赔偿是否应当在本次原告的诉讼请求中剔除。

被告认为,对患者原发病的费用应当由其本身承担,另患者是因为脚手架断裂受伤进入被告处治疗,如果被告在本案中有过错,被告赔偿的部分应当扣除原告之前已经获得的赔偿。

原告认为,上述费用不应在本案中扣除。

法院认为,对原发病的治疗不是因被告的医疗过错行为造成,如由被告承担,则无法律依据。另原告到第三人处获得的赔偿是否应当在本案中扣除,则要看原告对第三人起诉的诉讼请求是否包含了受害人周某甲死亡的全部损失,如果包含了,则应当在本案中根据过错程度予以扣除,如果没有,则不应扣除。根据原告对第三人薛某某起诉时的诉讼请求及衢州市中级人民法院(2011)浙衢民终字第686号民事调解书的内容,原告的起诉是按周某甲死亡的全部损失起诉的,调解书的表述也是按总损失来计算赔偿数额的,且该调解书也未表述薛某某支付的是补偿款,故已获得的赔偿款应当相应扣除。

综上,法院认为,患者在医疗活动中受到损害,医疗机构及其医务人员有过错的,由医疗机构承担赔偿责任。本案中,由于作为医疗机构的被告在诊疗过程中对患者呼吸道的管理不足,对患者术后呼吸道堵塞处理有延迟及无效的现象,对受害人周某甲的死亡存在过错,故对此造成的损失应当承担赔偿责任。由于患者死亡原因主要是颈椎损伤手术后出现了肺部感染并发症,系手术后难以完全避免的不良后果,鉴定机构确定被告承担次要责任并无不当,故被告应在其过错范围内承担赔偿责任。另被告对赔偿费用合理性的抗辩符合本地区的司法惯例,故可予以采信。据此,法院认定原告的合理损失为:医疗费124157.50元、护理费2000元(40天×50元/天)、住院伙食补助费1200元(40天×30元/天)、误工费3028.82元(27638元/年÷365天×40天)、死亡赔偿金291040元(14552元/年×20年)、被抚养人生活费3828元(10208元/年÷12月×9月÷2人)、丧葬费20043.50元(40087元/年÷12月×6月)、交通费500元。另法院认为,在扣除已获得的赔偿后,被告应承担30%的过错责任,具体赔偿公式为:(445797.82元-82000元)×30%=109139.35元。据此,依据《中华人民共和国侵权责任法》第二十六条、第五十四条之规定,判决:一、被告某某人民医院赔偿原告毛某某、周某因周某甲的损失共计109139.35元,加上精神损害抚慰金15000元,共计124139.35元,扣除原告尚欠被告的医疗费73157.50元,余款50981.85元,限于判决发生法律效力之日起十日内履行完毕。二、驳回原告其他诉讼请求。如果未按判决指定的期间履行给付金钱义务,应当依照《中华人民共和国民事诉讼法》第二百五十三条之规定,加倍支付迟延履行期间的债务利息。案件受理费9284元、鉴定费8000元,合计17284元,由原告负担10000元,被告负担7284元。

判决后,毛某某、周某不服,向本院上诉称:一、原审认定被上诉人承担30%的过错责任不当。鉴定书认定受害人成为植物人的原因是被上诉人对周某甲呼吸道堵塞的处理有延迟和无效现象。受害人是因为被上诉人拖延处理呼吸道痰液堵塞导致受害人因窒息出现植物人状态,并最终死亡。受害人出现植物人状态与其外伤之间没有因果关系。因此,被上诉人应当承担全部,至少也应当承担主要以上责任。二、原审按照农村居民确定死亡赔偿金不当。原审期间上诉人已经举证证明,受害人死亡前长期在新加坡务工,年收入达十几万元。本次是因为休假期间临时帮助案外人干活受伤。因此原审认定按照农村标准确定受害人死亡赔偿金不当。三、原审确定的赔偿公式错误。本案造成受害人外伤的损失赔偿责任与医疗损害赔偿责任系按份责任。也就是说被上诉人的责任是总损失责任的一部分。原审将总损失减去外伤损失然后乘以30%,显然错误。四、原审让上诉人承担鉴定费用错误。鉴定费用应当由拒绝赔偿的被上诉人承担。五、确定的精神抚慰金过低。原审法院没有考虑本案的实际情况,确定被上诉人承担的精神抚慰金过低。综上,请求二审依法查明事实后改判支持上诉人的全部诉讼请求。

经审理,本院二审查明的案件事实与原审认定的案件事实一致。

本院认为:患者一方请求医疗机构承担损害赔偿责任的,人民法院根据医疗损害后果、医疗过失行为在医疗损害后果中的责任程度及医疗损害后果与患者原有疾病状况之间的关系,并结合医疗发展水平、医疗风险、医疗条件及个体差异等因素,确定医疗机构的损害赔偿责任。本案当中,根据复旦大学上海医学院司法鉴定中心作出的鉴定意见书,某某人民医院对周某甲的医疗行为存在过错,其医疗过错与周某甲的植物状态(最后死亡)之间存在因果关系,医方应承担次要责任。为此,原审法院判决由被上诉人某某人民医院承担30%的责任,系人民法院在自由裁量范围之内作出的司法裁判,该处理并无失当之处。上诉人一方主张被上诉人应当承担主要责任,无事实依据,本院不予支持。关于死亡赔偿金的计算标准问题,周某甲在发生事故时是在从事农村建房,其住所地和经常居住地均在江山农村,因此上诉人主张按照城镇标准计算死亡赔偿金,无事实与法律依据。由于上诉人一方已经从第三人处获得部分死亡赔偿款,因此原审法院在本案当中予以扣减,并无不当。故上诉人一方主张原审法院确定的赔偿公式错误,本院亦不支持。精神抚慰金和鉴定费用的确定是人民法院根据具体案情予以考虑。本案当中,原审法院确定的数额属于合理范围,并无不妥。综上,原审法院认定事实清楚,适用法律正确,实体处理妥当,应予维持。依据《中华人民共和国民事诉讼法》第一百七十条第一款第(一)项之规定,判决如下:

驳回上诉,维持原判。

二审案件受理费7663元,由上诉人毛某某、周某负担。

本判决为终审判决。

审判长　王×
审判员　吕××
代理审判员　叶××
二〇一三年十二月十八日
书记员　姚××

【点评】 本案是一宗医疗损害赔偿纠纷案。本案经过一审判决,二审的重点在于查明一审判决所认定的事实是否清楚、适用法律是否正确、上诉人的上诉是否有理。二审判决书比较完整地叙述了一审判决所认定的事实以及一审判决对当事人之间争议的分析。在二审法院的论理中,二审法院突出了该案一审所争议的问题系"人民法院在自由裁量范围之内作出的司法裁判"的特征,并分析了为何支持一审法院对赔偿金的计算。该案最后"驳回上诉,维持原判。"从结构和文本上讲,本二审判决书的写作较为平稳。

(二) 陈某某与金某劳动报酬纠纷案(维持原判)①

浙江省温州市中级人民法院

民事判决书

(2013)浙温民终字第××××号

上诉人(原审原告):陈某某。

委托代理人:郭甲。

被上诉人(原审被告):金某。

上诉人陈某某因追索劳动报酬纠纷一案,不服温州市瓯海区人民法院(2013)温瓯民初字第×××号民事判决,向本院提起上诉。本院受理后依法组成合议庭,经过阅卷和询问当事人,事实核对清楚,合议庭认为不需要开庭审理。本案现已审理终结。

原判认定,原告陈某某书写了"石镇宾馆陈某某工资谁接宾馆谁付工资2010年3月起—2011年2月止共12月每月工资2000元共计工资24000元"的纸条,被告金某在该纸条上书写了"证明人:金某2011年4月8日"。后原告陈

① 参见法律图书馆网站,http://www.law-lib.com/cpws/cpws_view.asp? id=200402210836。

某某又在被告金某书写的内容后面加注“工资到2012年12月份支付,如未支付由陈某某所在地法院管辖”。

原判认为,当事人对自己提出的主张,有责任提供证据。原告陈某某主张被告金某负有支付其工资的义务,但没有提供有效证据证明相应的事实,故其请求被告支付工资24000元,没有事实和法律依据,不予支持。据此,依照《中华人民共和国民事诉讼法》第六十四条第一款、第一百四十四条的规定,判决如下:驳回原告陈某某的诉讼请求。本案受理费10元,减半收取5元,由原告陈某某负担。

一审宣判后,陈某某不服,向本院提起上诉称:被上诉人金某拖欠上诉人工资事实清楚,证据确实充分,原判不予认定错误。上诉人付出劳动,理应获得劳动报酬。包括被上诉人在内的几个股东确认宾馆谁承包就由谁支付上诉人的报酬,在承包人不明确的情况下,被上诉人才出具书面证明。该证明应理解为“宾馆由谁承包,由谁支付上诉人工资”才符合常理。被上诉人出具证明的时间是2011年4月,5月份宾馆股权和法定代表人变更,被上诉人占宾馆99%的股份,并担任法定代表人,因此,应由被上诉人支付上诉人工资。被上诉人一审中未到庭,也没有提供相反的证据证明已支付上诉人劳动报酬,其只提供书面答辩状称上诉人等人承包了宾馆的工程,且已支付相应的工程款,明显与事实不符。综上,请求撤销原判,改判被上诉人支付上诉人12个月工资24000元,本案一、二审受理费由被上诉人负担。

被上诉人金某口头辩称:一审时被上诉人提交了书面答辩状,已经写得很清楚了。张甲、被上诉人以及陈某某等人都是宾馆的老股东,杨某某、夏某某、陈某某三人是一股的。陈某某、杨某某、夏某某三个人承包了宾馆的主体建筑工程,陈某某确实在宾馆担任现场施工员。宾馆买过来后,被上诉人已将建筑工程款付清了。被上诉人等几个股东没有请上诉人装修,陈某某也不懂装修。被上诉人之所以作为证明人签字,是证明建筑时应该给上诉人的工资,不是装修的工资,装修是被上诉人自己做的。杨某某、夏某某和陈某某,一是亲戚关系二是股东关系,事实上工资应该谁发,陈某某很清楚,陈某某认为宾馆最后卖给被上诉人,被上诉人得了便宜,所以要被上诉人支付工资。

二审审理期间,上诉人陈某某请杨某某、夏某某出庭作证。杨某某述称:宾馆自2010年开始装修,陈某某在现场管理,当时在张甲家说到谁接手宾馆谁支付工资,陈某某的工资没有支付;建筑和装修是独立的,如果是建筑工资就是其与夏某某、陈某某三个人的事情。夏某某述称:宾馆自2010年清明节左右开始装修,杨某某、陈某某以及自己在管理,本来三个人都有工资的,每月2000元,但自己没有证据,而陈某某有证据;每月2000元工资是张甲说的。被上诉人金某认为:建筑和装修是两回事,工资按道理是应该支付的,但涉及谁支付的问题,自已支付的工程款中已包括陈某某的工资。本院认为,上诉人与被上诉人就工资是属于建筑还是装修的工资存在争议,而两位证人杨某某、夏某某与上诉人均系建筑的承包人,也系建筑工资的责任人,故两位证人与本案存在利害关系,本院对其证言不予采信。

经本院二审审理查明的事实与原判认定的事实一致。

本院认为,上诉人陈某某要求被上诉人金某支付其装修工资24000元,主要证据为2011年4月8日被上诉人金某作为证明人在上面签字的一张纸条。被上诉人对其在纸条上的签字无异议,但认为自己在上面签字是证明上诉人的建筑工资,而非就装修工资进行证明。故本案争议的关键问题在于上诉人主张的24000元工资性质,如该工资确属建筑工资,则应由建筑承包人杨某某、夏某某及上诉人三个人负责,而如系装修工资则由宾馆的接手人负责。对于工资的性质,双方均应对自己的主张提供证据予以证实。上诉人为证明工资的性质,申请了两位证人出庭作证,但两位证人与本案存在利害关系,证言无法采信,故上诉人应承担举证不能的后果。综上,上诉人的上诉理由不成立,本院对其上诉请求不予支持。据此,依照《中华人民共和国民事诉讼法》第一百七十条第一款第(一)项之规定,判决如下:

驳回上诉,维持原判。

本案二审受理费10元,由上诉人陈某某负担。

本判决为终审判决。

审判长　张×
审判员　胡××
代理审判员　黄××
二〇一三年十二月十九日
书记员　郭×

【点评】　本案系一宗劳动报酬纠纷案。由于案情并不太复杂,二审判决书简要叙述了一审的经过和一审法院认定的事实和理由。由于在二审过程中,上诉人请两个证人出庭作证,这可以视为二审中较为关键的内容,二审判决书重点叙述了证人出庭作证的经过和内容,颇为恰当。由于证人证言是二审认定事实的观点,二审法院在判决书中叙述了是否采纳该两份证人证言的理由。该二审判决书详略得当,是一份合格的二审判决书。

(三) 罗甲与临安××公司、刘××侵权责任纠纷案(撤销原判及改判)①

浙江省嘉兴市中级人民法院
民事判决书

(2013)浙嘉民终字第482号

上诉人(原审原告):罗甲。

委托代理人:俞××。

被上诉人(原审被告):临安××××有限公司。住所地:临安市××××村。组织机构代码:……

法定代表人:徐×。

委托代理人:徐××。

委托代理人:骆××。

被上诉人(原审被告):刘××。

上诉人罗甲因与被上诉人临安××××有限公司(以下简称汉克××)、刘××侵权责任纠纷一案,不服海盐县人民法院(2013)嘉盐民初字第×××号民事判决,向本院提起上诉。本院于2013年9月4日受理后,依法组成合议庭,于2013年9月18日公开开庭审理了本案。上诉人罗甲的委托代理人俞××,被上诉人汉克××的委托代理人徐××、骆××,被上诉人刘××到庭参加诉讼。本案现已审理终结。

原审法院审理认定,2012年6月1日13时许,由浙江省装饰有限公司承建的"海盐县博物馆基本陈列布展工程"工地上,产品供应商汉克××的现场负责人张某某在同包括罗甲在内的另外四名工人一起将堆放于室外场地上用于施工的玻璃拆箱搬到博物馆二楼展厅的过程中,当拆搬第三箱玻璃外包装木架时,因支撑不稳,整箱玻璃倾覆倒地,张某某被压住腰部及盆骨、罗甲被压住右腿,现场人员立即将张某某送往海盐县中医院抢救,因伤情严重,转送至嘉兴市第一人民医院,经抢救无效死亡。罗甲右腿骨折,送海盐县人民医院抢救,目前正在医院接受治疗。6月5日,汉克××员工邵某某(代表甲方)与刘××(作为乙方)就搬运玻璃一事签订了补充协议一份,该协议约定"由张某某承包给刘某承担海盐县博物馆玻璃搬运工作",并签订了承包合同。原合同中协定的主要条款如下:"1. 搬运费4500元(含人工费、工具费、安装等因搬运而产生的一切费用)。2. 搬运中如发生玻璃损坏,按照每块玻璃价格的一半赔偿。3. 在搬运前,乙方需根据现场情况做好安全防护工作。乙方在搬运过程中造成现场物品损坏及他人的伤害,由乙方承担全部责任。4. 乙方把全部玻璃搬运至甲方指定位置后,经

① 参见法律图书馆网站,http://www.law-lib.com/cpws/cpws_view.asp? id=200402228641。

甲方验收货物无损坏,并且没有因乙方的原因造成其他损失,甲方需一次性付清搬运款不得拖欠。"另经双方再次协商,补充如下内容:"1. 原合同中如上内容继续有效。2. 搬运工作完成后根据以上条款,经甲方验收后,来执行合同条款。"

2012 年 7 月 20 日,海盐县安全生产监督管理局因汉克××违反了《中华人民共和国安全生产法》第三十六条"生产经营单位应当教育和督促从业人员严格执行本单位的安全生产规章制度和安装操作规程;并向从业人员如实告知作业场所和工作岗位存在的危险因素、防范措施以及事故应急措施"之规定,而对汉克××处以罚款人民币 105000 元的行政处罚。

原审另认定,刘××已与邵某某结清了玻璃搬运费共 4000 元(扣除了 500 元玻璃损坏赔偿),汉克××已就罗甲伤后治疗支付了医疗费 58000 元。罗甲之伤被诊断为右侧股骨髁骨折伴胫骨平台骨折;右大腿撕裂伤伴右膝关节不稳、前交叉韧带损伤;失血性休克前期;左外踝撕脱骨折;右侧胸腔积液。2012 年 12 月 17 日海盐县人民医院的诊断证明书上载明了,罗甲经诊断为右胫骨平台骨折、前交叉韧带损伤,需行截骨矫形手术,费用 35000 元左右。

原审法院审理认为,本案的争议焦点在于罗甲与汉克××是否存在着雇佣关系。首先,在法院对罗乙、刘××所作的询问笔录中,二人均提及在玻璃搬运前,罗乙因搬运玻璃一事联系刘××,后其二人与另外二人一同跟张某某商量价格,后由刘××为代表签订了搬运合同。其次,该二人在笔录中均提及其四人只负责搬运玻璃,而不负责拆包装,否则钱都要赔光了的事实。这与补充协议中"搬运中如发生玻璃损坏,按照每块玻璃价格的一半赔偿"的约定相印证。假使罗甲等人与汉克××存在雇佣关系,那么罗甲等人如在搬运过程中损坏玻璃,一般也会由雇主来承担。现罗甲等均提及要从其搬运的总价款中扣除,从这方面可看出罗甲与刘××等四人与被告汉克××间并不存在雇佣关系,二者之间在法律地位上具有一定的独立性,故应是一种承揽关系。最后,罗甲仅以海盐县××安全事故调查组的调查报告中的陈述,认为汉克××临时雇佣了罗甲等四人,但并无其他证据证明这一事实。综上,应该认为是由包括罗甲在内的四人共同承包了汉克××的玻璃搬运业务,罗甲与汉克××间不应认定存在雇佣关系。另,根据最高人民法院《关于审理人身损害赔偿案件适用法律若干问题的解释》第十条的规定,"承揽人在完成定作过程中对第三人造成损害或者造成自身损害的,定作人不承担赔偿责任。但定作人对定作、指示或者选任有过失的,应当承担相应的赔偿责任。"首先,在海盐县××安全事故调查组对罗甲及罗乙的调查笔录中,其二人均提及"拆箱子都是那个死掉的人拆的,我们负责搬,拆到第三箱时,后面只有一根木棍支撑,他叫我们几个扶住,他先把上面的拆了,再拆下面的时候整箱玻璃就倒了下来"。其二人所述事实与事故发生当时所呈现的情形即当拆搬第三箱玻璃外包装木架时,因支撑不稳,整箱玻璃倾覆倒地,张某某被压住腰部及盆骨、罗甲被压住右腿能相互印证,可以证明当时张某某未充分预估到存在的危险,并违规指示罗甲等人扶住玻璃。张某某的这一过错系导致事故发生的直接原因。其次,在调查报告中提及,汉克××的现场负责人张某某在搬运作业时,现场安全管理不到位,安全措施未落实,未正确指挥现场工人安全作业。张某某为汉克××员工,且其在履行职务行为,故汉克××应承担相应的赔偿责任。最后,罗甲等人在此次的玻璃搬运工作中并非仅作为一般的搬运工,除了对于自身个人安全本身所应负的谨慎注意义务之外,同时作为共同承揽人,相对于定作人而言,其本就负有相关风险防范及控制义务,即对于当时张某某违规操作所可能带来的安全隐患应当及时制止或加以有效防范,但罗甲等人对此却疏忽大意,径自参与配合而导致事故发生,故罗甲自身也应承担相应的责任。综上,对本案中罗甲要求汉克××赔偿医疗费(用于截骨矫形手术)35000元的诉讼请求,应根据双方过错程度,部分予以支持,根据上述对过错方面的分析,原审法院认为罗甲与汉克××的过错程度基本相当,故酌定汉克××应承担50%的赔偿责任,即17500元。因罗甲治疗尚未终结,实际支出费用尚未确定,故汉克××先前支付的费用在本案中不予结算。待最终确定罗甲实际损失后,由双方另行结算。据此,原审法院依照最高人民法院《关于审理人身损害赔偿案件适用法律若干问题的解释》第十条、《中华人民共和国安全生产法》第三十六条、《中华人民共和国民事诉讼法》第一百四十四条之规定,判决:一、临安××××有限公司于判决生效之日起五日内赔偿罗甲医疗费17500元;二、驳回罗甲的其他诉讼请求。如果临安××××有限公司未按判决指定的期间履行给付义务,应当依照《中华人民共和国民事诉讼法》第二百五十三条之规定,加倍支付迟延履行期间的债务利息。案件受理费675元,由罗甲负担337元,临安××××有限公司负担338元。

判决宣告后,罗甲不服,向本院提起上诉称,一、汉克××与罗甲之间是临时雇佣关系。因为:1. 海盐县××安全事故调查组已查明是汉克××现场负责人张某某临时雇用罗甲等四人。2. 罗甲等四人在搬运玻璃的过程中,接受张某某的指示、监督、管理,具备了雇佣关系的主要特征。3. 拆除玻璃外包装并不包括在搬运工作之内,所以,在拆玻璃包装时,张某某要求罗甲等帮忙扶玻璃,亦应视为临时雇用。二、基于双方之间的雇佣关系,由于汉克××现场安全管理不到位,安全措施未落实,未正确指挥现场工人安全作业,对本次事故造成罗甲受伤的后果,汉克××应承担全部责任。请求撤销原判,改判支持罗甲一审的全部诉讼请求。

被上诉人汉克××答辩称,玻璃的搬运工作是汉克××承包给刘××,汉克××与刘××之间是承揽关系。而罗甲是刘××雇用的人员,汉克××根本不认识。汉克××对原审法院酌定承担50%的赔偿责任有异议。汉克××从人道主义角度愿意承担一点责任。综上,原审判决事实清楚、证据确凿充分,适用法律正确,实体处理得当,请求二审予以维持。

被上诉人刘××答辩称,罗甲说汉克××要找两个临时工搬玻璃,他们只有两个人,所以让我去,大家一起干。至于拆箱子,当时张某某拆了三箱。这个活一共是4500元的工钱,弄坏一块玻璃赔750元,我们认为要赔钱的话还不如不做,后来张某某表态说他拆玻璃,我们只管搬运。

本院经审理认定的事实与原审认定的一致。另认定,在搬运玻璃的过程中,因为弄碎玻璃需要赔偿,汉克××员工张某某表示由其负责拆封,罗甲等四人只负责搬运玻璃。

本院认为,本案二审的争议在于罗甲与汉克××之间是否是雇佣关系以及汉克××对罗甲的损失应承担多少赔偿责任。

关于罗甲与汉克××之间是否是雇佣关系的问题。雇佣具有以直接提供劳务为目的,当事人之间存在控制、支配和从属关系,并且由一方限定工作时间、定期给付劳动报酬等特征。本案的情形是汉克××要求罗甲等四人搬运定量的玻璃,搬好之后再一次性支付事前协商的报酬。由此可见,双方之间并不存在控制、支配关系,罗甲等四人只要完成一定的工作成果,汉克××就应当支付报酬。所以双方之间的基础法律关系应是承揽关系,罗甲主张是临时雇佣关系没有依据,不应予以支持。

关于汉克××对罗甲的损害应承担多少赔偿责任的问题。按照常理,罗甲等四人搬运玻璃,应当先将玻璃拆封,再行搬运,拆除玻璃外包装当然是承揽工作的一部分。但本案中,拆封导致玻璃破碎,搬运工人需要赔偿。由于一块玻璃750元的赔偿费用,相较4500元的搬运费,搬运工表示不再进行搬运。之后因为汉克××现场负责人张某某表示由其进行拆封,罗甲等四人再行搬运。由此,拆封玻璃已经由定作人从承揽业务中剔除出去。在张某某拆封玻璃的过程中,其要求罗甲等帮忙扶住玻璃,应当认定双方之间是帮工关系。帮工人因帮工活动遭受人身损害的,被帮工人应当承担赔偿责任,故汉克××应当承担赔偿责任。考虑到罗甲在帮工过程中未能合理预见风险,疏忽大意,没有采取相应的安全措施,存在一定的过失,本院酌定其承担自身损失的30%,汉克××赔偿罗甲损失的70%。原审法院注意到了玻璃破碎后,由张某某负责拆封玻璃的事实,但却没有区分帮工关系和承揽关系,仍将拆封玻璃视为承揽的前期工作,按照承揽关系界定双方之间的责任承担存在不当,应予以纠正。

综上,依照最高人民法院《关于审理人身损害赔偿案件适用法律若干问题的解释》第二条、第十四条,《中华人民共和国民事诉讼法》第一百七十条第一款第(二)项的规定,判决如下:

一、撤销(2013)嘉盐民初字第×××号民事判决;

二、临安××××有限公司于判决生效之日起五日内赔偿罗甲医疗费24500元;

三、驳回罗甲的其他诉讼请求;

如果临安××××有限公司未按本判决指定的期间履行给付义务,应当依照《中华人民共和国民事诉讼法》第二百五十三条之规定,加倍支付迟延履行期间的债务利息。

一审案件受理费675元,由罗甲负担203元,临安××××有限公司负担472元。二审案件受理费238元,由罗甲负担71元,临安××××有限公司负担167元。

本判决为终审判决。

审判长　郭××
审判员　褚×
代理审判员　毛×
二〇一三年十一月二十日
书记员　苏×

【点评】 本案对一审法院的认定事实和判决理由部分都比较详细。在二审法院的判决理由部分,对当事人双方是否是雇佣关系以及应承担多少赔偿责任的两个问题分开叙述,起到了说理的作用。该二审判决属于撤销原判和改判的判决,应注意写法。不过,在二审认定事实部分,"本院经审理认定的事实与原审认定的一致"的表述似乎有些简单。

(四) 胡某某与某公司劳动争议纠纷案(部分撤销及变更)①

浙江省丽水市中级人民法院
民事判决书

(2013)浙丽民终字第×××号

上诉人(原审原告):胡某某。

委托代理人:张某某。

被上诉人(原审被告):某公司。

法定代表人:刘某某。

委托代理人:徐某某。

上诉人胡某某因劳动争议纠纷一案,不服莲都区人民法院于2013年6月21日作出的(2013)丽莲民初字第×××号民事判决,向本院提起上诉。本院依法

① 参见法律图书馆网站,http://www.law-lib.com/cpws/cpws_view.asp?id=200402203426。

组成合议庭,于2013年8月8日公开开庭进行了审理。上诉人胡某某的委托代理人张某某,被上诉人某公司的委托代理人徐某某到庭参加诉讼。2013年10月24日,上诉人胡某某和被上诉人某公司向本院申请庭外和解一个月,本院依法予以准许。本案现已审理终结。

原审法院审理查明:原告从2010年6月15日起至2012年12月31日在被告处工作,双方未订立书面劳动合同。被告按月通过银行转账方式将工资支付至原告的银行账户内。2012年12月31日,原告以照顾家庭为由向被告提出辞职。2013年1月24日,原告向丽水市劳动争议仲裁委员会申请劳动仲裁。

原审法院审理认为:原、被告存在事实劳动关系。被告依法应为原告缴纳养老保险,且被告愿意为原告补缴,对原告要求被告补缴养老保险的诉请,予以支持。

原、被告对口头约定的薪水各执一词,但均无有效证据予以证明。从原告提供的银行明细清单上看,被告在2012年向原告支付劳动报酬的金额与在2010年、2011年支付的金额相比,并无明显的下降。原告要求被告支付拖欠工资68000元,证据不足,不予支持。

用人单位自用工之日起超过一个月不满一年未与劳动者订立书面劳动合同的,应当向劳动者每月支付二倍的工资。《劳动争议调解仲裁法》第二十七条规定:劳动争议申请仲裁的时效期间为一年,从当事人知道或应当知道权利被侵害之日起计算。本案中,原告开始到被告处工作的时间为2010年6月15日,本案原告申请仲裁的时间为2013年1月24日,已过仲裁时效,现原告起诉要求被告支付二倍工资,不予支持。

本案中,原告以照顾家庭为由提出解除劳动合同,其主张经济补偿金,缺乏法律依据。

原告认为被告实际发放的工资并没有包括加班工资,故要求被告支付加班工资;被告认为其支付的款项中已经包括加班工资,故认为无需再支付加班工资。从原告提供的证据"辞职通知书"来看,该通知书的内容涉及要求被告付清劳动工资、支付未订立书面劳动合同的二倍工资、支付经济补偿金,但未涉及支付加班工资。如果原告一直认为被告未支付其加班工资,其在制作该"辞职通知书"的时候,应会同时要求原告支付加班工资。可见被告支付给原告的工资中,应已包括加班工资。故原告要求被告支付加班费人民币61324元,并按应付金额百分之一百的标准向原告加付赔偿金人民币61324元的诉请,不予支持。

为此,依照《中华人民共和国劳动合同法》第三十八条、第四十六条,《劳动争议调解仲裁法》第二十七条,《中华人民共和国民事诉讼法》第六十四条的规定,判决:一、被告某公司于本判决生效后十五日内为原告胡某某补缴2011年7月1日至2012年12月31日的养老保险(具体金额由社保机构依法确定,个人应负担部分由原告胡某某自行缴纳);二、驳回原告胡某某的其他诉讼请求。案件受理费10元,减半收取5元,由原告胡某某负担。

上诉人胡某某上诉称:原判认定事实错误,适用法律错误。一、关于拖欠工资的问题。1. 原判认为"原被告对口头约定的薪水各执一词,但均无有效证据予以证明",系事实认定错误。上诉人在一审中向法院提交了2012年12月25日和2012年12月30日两份录音证据材料,该两份录音证据均明确提及上诉人年薪为13.8万元。且2012年12月25日的工资结算过程提及款项与打款记录能够相互印证。根据《证据规则》的规定,一审中被上诉人也没有足以反驳的相反证据,故录音材料应予认定。2. 原判认定"原告要求被告支付拖欠工资68000元,证据不足,本院不予支持",该认定错误。原、被告对2010年、2011年的年薪约定在一审中是没有异议的。上诉人一审中列的表格详细地描述了各打款情况,清晰地反映出支付的过程,即被上诉人支付上诉人劳动报酬存在下一年支付上一年工资的情形,不能简单地认定2012年支付的全部是当年的劳动报酬,故被上诉人拖欠上诉人的工资应予支付。二、关于加班工资的问题。1. 原判认为上诉人提供的"辞职通知书"中并未涉及要求支付加班工资的请求,从而认定被上诉人支付的工资中已包括了加班工资,该认定错误。上诉人认为,"辞职通知书"中没有体现加班工资的要求,有遗忘或者曾经想放弃等诸多原因,主张加班工资是上诉人的权利,不能因为没有列入通知书就得出加班工资已支付的结论。2. 上诉人提供的"重要通知",客观真实地反映了在被上诉人处的上班时间,且一审中被上诉人申请出庭的证人也能证明每天上班的时间是8.5个小时,且每月仅2号、16号放假休息,故加班事实是清楚的。3. 被上诉人认为上诉人没有加班,可提供打卡记录查询或者提供上诉人没有遵守加班制度的证据证明,否则应作出对其不利的认定。三、关于支付经济补偿金的问题。上诉人之所以辞职,是因为被上诉人拒付劳动报酬及缴纳社会保险,依据《劳动合同法》的有关规定,被上诉人应支付上诉人经济补偿金。综上,上诉人请求二审法院依法改判:一、维持(2013)××民初字第××号民事判决书第一项,撤销该判决第二项;二、改判被上诉人支付上诉人工资68000元;三、改判被上诉人支付上诉人经济补偿金23583元;四、改判被上诉人支付上诉人加班工资61324元,并加付赔偿金61324元;五、一、二审诉讼费由被上诉人负担。

被上诉人某公司答辩称:一、被上诉人不存在拖欠上诉人68000元工资的事实,上诉人每月的固定工资是3000元,其余工资构成按照公司绩效及上诉人在公司表现具体确定,上诉人每月的工资都在当月结清,不存在拖欠问题。上诉人在一审中提交的录音证据不能证明上诉人在2012年的年薪是13.8万元,对该证据上诉人在一审中已提出异议。上诉人在被上诉人处上班的时间是每日8.5小时,累计结算已包括在每月3000元工资中。二、上诉人以照顾家庭为由主动提出辞职,且被上诉人没有为上诉人缴纳社会保险是因为上诉人认为今后办理社会保险转移很麻烦而主动要求被上诉人不需要为其缴纳有关费用,故被上诉人无需向上诉人支付经济补偿金。三、上诉人应当对其加班的事实承担举证责任,上诉人要求支付加班费及加付赔偿金没有事实依据。上诉人在被上诉人处的工作时间是固定的,每天8.5个小时,每月休息4天,对该部分超出工作时间需支付的加班费已包括在每月支付的工资中,遇国家法定节假日时均有安排休息,在春节时被上诉人还会安排员工一个多月的休假时间。对于赔偿金问题,应当由劳动部门处理。综上,被上诉人请求二审法院维持原判。

二审中,双方当事人均未向本院提交新的证据。

二审经审理,本院除对原审法院认定的事实予以确认外,另认定:一、2012年1月至12月,上诉人胡某某每月休息4天,其上班天数分别为:27天、25天、27天、26天、24天、26天、27天、27天、26天、27天、26天、27天。综合上述上班天数,上诉人胡某某于2012年1月至12月间平均每月上班26.25天;二、上诉人胡某某于2012年1月至12月上班期间的每日劳动时间为8.5小时;三、2012年,被上诉人某公司支付上诉人胡某某工资报酬共计117399元。

本院认为:关于上诉人胡某某主张被上诉人某公司尚欠其2012年工资68000元的问题,现双方当事人对口头约定的2012年工资总额存在争议,胡某某于一审中提交的录音材料也无法证实录音参与人"姚总"的身份以及其个人行为对某公司存在约束力,故胡某某关于某公司拖欠其工资的主张,依据不足,本院不予支持。

关于上诉人胡某某主张加班事实和要求被上诉人某公司支付其加班工资的问题,虽然胡某某未就其主张的加班事实提供证明,但某公司在二审庭审过程中陈述"上班时间是固定的,即每天8个半小时,每月休息4天,对于该部分超出工作时间需支付的加班费已在每月支付的3000元里包含。遇国家法定节假日时均有安排休息,在春节时被上诉人还会另行安排一个多月休假时间",某公司的上述陈述构成对胡某某主张的部分加班事实的自认,应作为认定本案事实的依据。虽然某公司抗辩其已向胡某某支付加班工资和已安排加班补休,但在一、二审审理过程中均未向法院提供证据予以证明,也未就胡某某主张的加班事实提供证据予以反驳,故该抗辩不能成立。另,某公司在回答2012年被上诉人实际向胡某某支付工资总额的问题时陈述"以劳动仲裁委确定的数额117399元为准",某公司虽抗辩工资总额包含基本工资、加班工资、绩效提成,但并未提供相应证据予以证明,故该抗辩亦不能成立,本院认定胡某某2012年的月平均工资为:117399元÷12月=9783.25元/月,小时工资为:9783.25元÷(21.75×8小时)=56.23元/小时。根据法律规定,国家实行法定工时制度,用人单位在法定工时以外安排加班的,应当按国家有关规定向劳动者支付加班费。因胡某某申请劳动仲裁的时间为2013年1月24日,故其主张支付2012年1月25日前的加班工资请求已过仲裁时效,本院不予支持。虽然2012年1月25日至12月31

日期间包含春节、清明节、劳动节等6个法定节假日,但胡某某未提交证据证明其在法定节假日加班,故本院认定上诉人胡某某加班时间均为休息日。综上,上诉人胡某某于2012年1月25日至12月31日期间加班天数共计:(26.25天/月-20.83天/月)×12个月=65.04天,因2012年1月25日所在周为春节假期,且胡某某未能证明该节假日其处于加班状态,故本院将2012年1月份的平均加班天数从全年加班天数中予以扣除,即上诉人胡某某实际于上述上班期间内的加班天数为:65.04天-65.04天÷12=59.62天,该部分的加班工资共计:59.62天×9783.25元/月÷21.75天/月×2=53634.7元。关于每日超出法定工时外的0.5小时加班工资如何计算的问题,依照《工资支付暂行规定》第十三条之规定,对胡某某于制度工作时间外和休息日8小时上班时间外超出部分应予以分别计算,该两项加班工资共计:(250天-28天)×0.5小时/天×56.23元/小时×1.5+59.62天×0.5小时/天×56.23元/小时×2=12714.73元,前述加班工资合计:53634.7元+12714.73元=66349.43元。上诉人胡某某要求被上诉人某公司支付加班工资61324元,视为其对自身权利的部分放弃,本院认定某公司应支付胡某某加班工资61324元。关于胡某某主张某公司应加付赔偿金的问题,结合《中华人民共和国劳动合同法》第八十五条和最高人民法院《关于审理劳动争议案件适用法律若干问题的解释(三)》第三条之规定,人民法院受理此类案件需建立在"劳动者就用人单位拖欠其劳动报酬、加班费或者经济补偿的违法行为先向劳动行政部门投诉,劳动行政部门在责令用人单位限期支付后,用人单位仍未支付"的前提之上,故胡某某的该项请求缺乏依据,本院亦不予支持。

关于上诉人胡某某主张经济补偿金的问题,因其以照顾家庭为由解除劳动合同,依法不属于用人单位应当向劳动者支付经济补偿金的情形,本院不予支持。

综上,原审判决认定事实存在遗漏,适用法律部分错误,判决结果部分有误,本院依法予以补充和纠正。依照《中华人民共和国劳动合同法》第三十一条、第八十五条,《中华人民共和国劳动争议调解仲裁法》第二十七条第一款,最高人民法院《关于审理劳动争议案件适用法律若干问题的解释(三)》第三条,国务院《关于职工工作时间的规定》第三条,最高人民法院《关于民事诉讼证据的若干规定》第二条、第七十四条,《工资支付暂行规定》第十三条第一款第(一)项、第(二)项,劳动和社会保障部《关于职工全年月平均工作时间和工资折算问题的通知》第一条、第二条,《中华人民共和国民事诉讼法》第一百七十条第一款第(二)项,判决如下:

一、维持丽水市莲都区人民法院(2013)丽莲民初字第448号民事判决第一项,即:被告某公司于本判决生效后十五日内为原告胡某某补缴2011年7月1日至2012年12月31日的养老保险(具体金额由社保机构依法确定,个人应负担部分由原告胡某某自行缴纳);

二、撤销丽水市莲都区人民法院(2013)丽莲民初字第448号民事判决第二项;

三、被上诉人某公司于本判决生效之日起十五日内向上诉人胡某某支付加班工资 61324 元；

四、驳回上诉人胡某某的其他诉讼请求。

如被上诉人某公司未按本判决指定的期间履行给付金钱义务的，应当依照《中华人民共和国民事诉讼法》第二百五十三条之规定，加倍支付迟延履行期间的债务利息。

一审案件受理费 10 元，减半收取 5 元；二审案件受理费 10 元，均由上诉人胡某某负担。

本判决为终审判决。

审判长　周××
审判员　程××
代理审判员　叶××
二〇一三年十一月十九日
书记员　吴××

【点评】 这份二审民事判决书对一审的认定事实和论理的叙述都比较详细和完整。同时，对于上诉人在上诉审中的主张，二审判决书也予以了较为充分的论述。应当说，在论理部分，该份二审判决书的撰写比较有专业水准。同时，由于二审法院认为一审判决认定事实存在遗漏，适用法律部分错误，判决结果部分有误，因此，二审法院的判决是予以补充和纠正。这种部分维持、部分撤销以及部分改判的二审判决，要注意其格式与表达。

第四节　再审民事判决书

一、再审民事判决书的概念

再审民事判决书，是人民法院按照审判监督程序，对已经发生法律效力的确有错误的民事判决书和民事调解书，经重新审理后就案件的实体问题作出的书面处理决定。尽管我国实行两审终审制，但是，如果已经生效的判决和调解书确有错误而没有得到纠正，那么将损害到司法的公信力。因此，审判监督程序作为一道特殊的民事诉讼程序，是诉讼上的一种补救措施。对于具有《民事诉讼法》所规定条件的确有错误的民事判决和调解书，应当以审判监督程序予以纠正，而就其实体问题作出处理之后，就必须制作再审民事判决书。

二、再审民事判决书的格式与内容

(一) 首部

1. 标题。

2. 案号("再初"或"再终")。

3. 当事人及诉讼代理人。

4. 案件的由来与审理经过。应写明当事人的姓名(名称)、案件性质、法院判决或者调解生效的事实、审判监督程序的启动经过等。启动审判监督程序有五种写法,包括:本院提起的、上级法院指令再审的、上级法院提审的、当事人申请再审的、检察院抗诉的。

(二) 事实

再审民事判决书的事实部分的写法与第二审民事判决书的写法大致类似。包括:生效判决确认的事实、理由和判决结果;当事人的主张和检察院抗诉的理由;再审认定的事实和证据。第一项内容可以概括写明,而再审判决书应当重点针对当事人或者检察院对生效判决的异议或者生效判决对认定事实是否有错误,详细展开论述。

(三) 理由

重点论述生效判决认定事实和定性是否正确,调解是否自愿合法,上诉、抗诉理由是否成立,应重点阐明应予以维持原判或者改判的理由。具体包括:

1. 对再审所认定的事实的法律评价;

2. 对原生效判决认定的事实、适用法律以及判决结果是否正确的评价,以及对生效的调解内容的自愿性和合法性的法律评价。

3. 对申请再审或者抗诉的主张是否成立的法律评价。

(四) 判决结果

判决结果有维持原判、全部改判、部分改判和加判四种。

(五) 尾部

1. 诉讼费用的分担。

2. 告知判决的效力。

2. 其他事项。

【格式说明】

(一) 下级法院按一审程序再审用

×××人民法院

民事判决书

(下级法院按一审程序再审用)

(××××)×民××号

申请再审人(原审的诉讼地位):……

被申请人(原审的诉讼地位):……

原审第三人:……

申请再审人×××(简称×××)因与被申请人×××(简称×××)……(案由)纠纷一案,不服本院或(×××人民法院)(××××)×民××号民事判决(裁定或调解书),向×××人民法院申请再审。×××人民法院于××××年××月××日作出(××××)×民××号民事裁定,指令(或指定)本院再审本案。本院依法另行(受指定再审的不写"另行")组成合议庭,公开(或不公开)开庭审理了本案。……(写明当事人及其诉讼代理人)到庭参加诉讼。本案现已审理终结。

××××年××月××日,原审原告×××起诉至本院(或×××人民法院)称,……(简要写明原审原告的起诉理由,请求)×××(原审被告)辩称,……(简要写明被告的答辩情况)

本院(或×××人民法院)原审查明,……

本院(或×××人民法院)原审认为,……本院(或×××人民法院)作出(××××)×民××号民事判决:……

×××申请再审称,……(写明申请再审人的再审请求及理由)被申请人×××辩称,……(写明被申请人的答辩意见)

本院再审查明,……(写明再审认定的事实)

本院再审认为,……(重点针对当事人在再审中的诉辩主张、争议焦点阐述裁判理由)本案经本院审判委员会讨论决定(未经审判委员会讨论的不写),依照《中华人民共和国民事诉讼法》第一百八十六条第一款以及……(写明再审判决的法律依据)的规定,判决如下:

……(写明裁判主文)

……(写明诉讼费用的负担)

如不服本判决,可在判决书送达之日起十五日内,向本院递交上诉状,并按对方当事人的人数提出副本,上诉于×××人民法院,并预交上诉案件受理费。

审判长　×××
审判员　×××
审判员　×××
××××年××月××日
(院印)

书记员×××

（二）下级法院按二审程序再审用

×××人民法院
民事判决书

（下级法院按二审程序再审用）

（××××）×民××号

申请再审人（一、二审诉讼地位）：……

被申请人（一、二审诉讼地位）：……

原审原告（或生效裁判中的其他称谓）：……

申请再审人×××（简称×××）因与被申请人×××（简称×××）……（案由）纠纷一案，不服本院（或×××人民法院）（××××）×民××号民事判决（裁定或调解书），向×××人民法院申请再审。×××人民法院于××××年××月××日作出（××××）×民××号民事裁定，指令（或指定）本院再审本案。本院依法另行（受指定再审的不写“另行”）组成合议庭，公开（或不公开）开庭审理了本案。……（写明当事人及其诉讼代理人）到庭参加诉讼。（未开庭的写明“本院依法组成合议庭审理了本案。”）本案现已审理终结。

××××年××月××日，一审原告×××起诉至×××人民法院称，……（简要写明一审原告的起诉理由，请求）×××（一审被告）辩称，……（简要写明被告的答辩情况）

×××人民法院一审查明，……

×××人民法院一审认为，……×××人民法院作出（××××）×民××号民事判决：……

×××不服一审判决，向本院（或×××人民法院）提起上诉称，……×××答辩称，……

本院（或×××人民法院）二审查明，……

本院（或×××人民法院）二审认为，……本院（或×××人民法院）作出（××××）×民××号民事判决：……

×××申请再审称，……（写明申请再审人的再审请求及理由）被申请人×××辩称，……（写明被申请人的答辩意见）

本院再审查明，……（写明再审认定的事实）

本院再审认为，……（重点针对当事人在再审中的诉辩主张、争议焦点阐述裁判理由）本案经本院审判委员会讨论决定（未经审判委员会讨论的不写），依照《中华人民共和国民事诉讼法》第一百八十六条第一款、第一百五十三条第一款第……项以及……（写明再审判决的法律依据）的规定，判决如下：

……（写明裁判主文）

……(写明诉讼费用的负担)

本判决为终审判决。

审判长　×××
审判员　×××
审判员　×××
××××年××月××日
(院印)

书记员　×××

(三) 本院按一审程序再审用

×××人民法院

民事判决书

(本院按一审程序再审用)

(××××)×民××号

原审原告:……

原审被告:……

原审第三人:……

×××(简称×××)与×××(简称×××)……(案由)纠纷一案,本院于××××年××月××日作出(××××)×民××号民事判决(裁定或调解书),已经发生法律效力。经本院审判委员会讨论决定,于××××年××月××日作出(××××)×民××号民事裁定,再审本案。本院依法另行组成合议庭,公开(或不公开)开庭审理了本案。……(写明当事人及其诉讼代理人)到庭参加诉讼。本案现已审理终结。

××××年××月××日,原审原告诉称,……(简要写明原审原告的起诉理由,请求)原审被告辩称,……(简要写明原审被告的答辩情况)

原审查明,……(概括写明原审判决认定的主要事实)

原审认为,……(概括写明原审判决的裁判理由及裁判结果)

本院再审过程中,原审原告称,……原审被告答辩称,……(写明各方当事人在再审中的诉辩意见)

本院再审查明,……(写明再审认定的事实)

本院再审认为,……(重点针对当事人在再审中的诉辩主张、争议焦点阐述裁判理由)本案经本院审判委员会讨论决定(未经审判委员会讨论的不写),依照《中华人民共和国民事诉讼法》第一百八十六条第一款及……(写明再审判决的法律依据)的规定,判决如下:

……(写明裁判主文)

……(写明诉讼费用的负担)

如不服本判决,可在判决书送达之日起十五日内,向本院递交上诉状,并按对方当事人的人数提出副本,上诉于×××人民法院,并预交上诉案件受理费。

审判长　×××
审判员　×××
审判员　×××
××××年××月××日
(院印)

书记员×××

(四) 本院按二审程序再审用

×××人民法院

民事判决书

(本院按二审程序再审用)

(××××)×民××号

原审上诉人(一审原告):……

原审被上诉人(一审被告):……

一审原告(原审上诉人或生效裁判中的其他称谓):……

×××(简称×××)与×××(简称×××)……(案由)纠纷一案,本院于××××年××月××日作出(××××)×民××号民事判决(裁定或调解书),已经发生法律效力。本院经审判委员会讨论决定,于××××年××月××日作出(××××)×民××号民事裁定,再审本案。本院依法另行组成合议庭,公开(或不公开)开庭审理了本案。……(写明当事人及其诉讼代理人)到庭参加诉讼。(未开庭的写明“本院依法组成合议庭审理了本案。”)本案现已审理终结。

××××年××月××日:一审原告×××起诉至×××人民法院称,……(简要写明一审原告的起诉理由,请求)。×××(一审被告)辩称,……(简要写明被告的答辩情况)

×××人民法院一审查明,……

×××人民法院一审认为,……×××人民法院于××××年××月××日作出(××××)×民××号民事判决:……

×××不服一审判决,向本院提起上诉称,……×××答辩称,……

本院二审查明,……

本院二审认为,……本院作出(××××)×民××号民事判决:……

本院再审过程中,原审上诉人称,……原审被上诉人×××辩称,……(写明各方当事人在再审中的诉辩意见)

本院再审查明,……(写明再审认定的事实)

本院再审认为,……(重点针对当事人在再审中的诉辩主张、争议焦点阐述裁判理由)本案经本院审判委员会讨论决定(未经审判委员会讨论的不写),依照《中华人民共和国民事诉讼法》第一百八十六条第一款、第一百五十三条第一款第……项以及……(写明再审判决的法律依据)的规定,判决如下:

……(写明裁判主文)

……(写明诉讼费用的负担)

本判决为终审判决。

审判长　×××
审判员　×××
审判员　×××
××××年××月××日
(院印)

书记员　×××

三、写作注意事项

再审民事判决书适用于审判监督程序,而审判监督程序是一种特殊的纠错程序,审判监督程序根据案情可以分为按照第一审程序审理和按照第二审程序审理,因此,再审民事判决书的主体部分是可以参照第一审民事判决书、第二审民事判决书来撰写的。但还应注意以下几个特殊问题:

(一) 案号的要求

再审民事判决书的案号中的审级代字,根据按照一审还是二审分为“再初”和“再终”,此处与一审、二审民事判决书不同。

(二) 当事人身份事项的要求

按照适用审级的不同,称为“原审原告”“原审被告”“原审第三人”,或者“原审上诉人”“原审被上诉人”“原审第三人”,并用括号注明其在一审中的称谓。

(三) 案件由来的要求

根据引起审判监督程序的原因的不同,分为当事人申请再审的、本院自行决定再审的、上级法院指令再审的、上级法院提审的、检察院抗诉引起再审的,均需要分别写明。

（四）关于样式的使用

在使用上述的再审民事判决书的样式时，注意区分下级法院按一审程序再审用、下级法院按二审程序再审用、本院按一审程序再审用、本院按二审程序再审用四种版本，不可混淆。

四、文书实例与点评

（一）姚××与陈×水欠款纠纷案（民再初字，维持原判）[①]

中华人民共和国
广东省惠州市中级人民法院
民事判决书

(2011)惠中法民再初字第×号

申请再审人（原审被告）：姚××，男。

委托代理人：刘××，广东××律师事务所律师。

委托代理人：陈××，广东××律师事务所律师。

被申请人（原审原告）：陈×水，男。

委托代理人：徐××，广东××律师事务所律师。

申请再审人姚××与被申请人陈×水欠款纠纷一案，本院于2008年2月27日作出(2007)惠中法民三初字第×号民事判决，已经发生法律效力。申请再审人不服生效判决，向广东省高级人民法院申请再审。广东省高级人民法院以(2010)粤高法民四申字第××号民事裁定，指令本院再审该案。本院依法另行组成合议庭，公开开庭进行了再审审理。申请再审人姚××的委托代理人刘××、陈××，被申请人陈×水的委托代理人徐××到庭参加诉讼。本案现已审理终结。

原一审查明，2003年期间，被告（姚××）以各种理由多次在中国内地向原告（陈×水）借款，原告均以现金支付给被告，被告收款后立有借条。2004年12月12日，原被告经结算，由被告收回之前的欠条，立下一张总的欠条，该欠条称：承认其欠原告人民币210万元正，并承诺于2005年12月31日前还清。但是，被告至今并没有履行其承诺，原告催收未果，向本院提起诉讼。

原一审原告陈×水提供了以下证据：原告的身份证、欠条、被告过境记录等证据。被告姚××经公告送达开庭传票，未到庭参与诉讼。

经再审查明，姚××与陈×水在2002年初经朋友介绍认识，两人于2002年10月在澳大利亚注册成立××巴秘包装私人有限公司（下简称××公司），公司

① 参见法律图书馆网站，http://www.law-lib.com/cpws/cpws_view.asp? id=200401811992。

股东为姚××与陈×水。姚××再审提供的证据显示，××公司于2007年8月12日注销。姚××于2004年12月12日出具欠条给陈×水，内容为：本人姚××欠陈×水人民币210万元正，于2005年12月31日前清还。陈×水遂于2006年12月7日以欠款为由提起诉讼，请求：判令姚××偿还欠款210万元并承担诉讼费用。

再审另查一，姚××再审提供的录音证据[林××（姚××的女友）与陈×水电话录音、录音文字记录等]，证明了姚××出具的210万元欠条非因借款产生，但是录音证据的内容也反映出姚××与陈×水之间长期存在货款经营往来。陈×水的录音内容中多次陈述双方存在一笔因39个货柜发往澳大利亚结欠货款210万元的纠纷。

再审另查二，姚××再审辩称双方不存在借贷关系，欠条是因双方在澳大利亚开办公司纠纷形成，案件属澳大利亚法院管辖。陈×水则认为210万元欠款是因陈×水发往澳大利亚的货柜给姚××结算货款形成，收条出具地在广东惠阳公司，应由本院管辖。

再审中，申请再审人姚××提交了9项证据：1. ××公司相关资料，证明双方合作开公司时间及姚××香港地址。2. 昆士兰最高法院的诉讼材料，证明××香蕉种植园等企业及个人拖欠××公司货款，××公司已向澳洲法院起诉，标的为273662.4澳元及利息，却因没交保证金案件被悬置。3. 退税文件，证明××公司总资产及负债务。4. 证明文件，证明陈×水电话授权姚××解除××公司原经理职务，任命新公司经理。5. 证明书及邮件，证明2005年任命托德瓦勒母××和皮特××为公司管理人。6—8. 林××（姚××的女友）与陈×水电话录音、录音文字记录、电话清单，证明陈×水与姚××不存在借贷关系，双方是因合办公司产生股东纠纷。9. 会计总分类账，证明2002年7月至2003年6月××公司财务资产状况及姚××没有侵占公司资产。

被申请人陈×水对上述证据质证认为，姚××提供的证据大部分形成于国外，没有经过公证及认证。证据1，对××公司相关资料真实性无异议。证据2，与本案无关联性，本案欠款案，与外国诉讼无关。证据3，××公司资产及债务与本案无关联性。证据4，与本案无关，且对其真实性有异议。陈×水不会讲英语与姚××对话用英语不符事实。证据5，与本案欠款无关联性。证据6—8，真实性、合法性、关联性均无异议，对证明内容有异议，该证据始终不能证明是股东纠纷，相反证明了欠款纠纷。证据9，与本案无关联性。

被申请人陈×水再审提交欠条和姚××的名片证据，证明欠款以及原审送达地址正确，程序合法。

申请再审人姚××质证认为，欠条中姚××签名真实性无异议，对证明内容有异议，双方不存在债权债务关系。对姚××的名片，真实性不能确认，不能将当事人原工作地点作为住址送达。

本院原一审判决认为,本案属于涉港借贷纠纷案件,根据《中华人民共和国民事诉讼法》第二百四十一条的规定,本院属于借贷合同签订地及履行地法院,有管辖权,并适用中国内地法律。根据《最高人民法院关于民事诉讼证据的若干规定》第二条的规定,原告已经对自己主张的事实提供了证据加以证明,故原告主张的借款事实,本院予以采信。原被告之间成立的民间借贷合同,属于双方当事人的真实意思表示,其法律效力予以确认。被告收到原告交付的款项后,并没有依约履行还款义务,已构成违约。故,根据《中华人民共和国合同法》第二百零六条、二百二十一条的规定,原告的诉请应当得到支持。被告应当支付210万元人民币给原告。被告经本院合法传唤,不到庭参加诉讼,视为其放弃答辩和举证的权利,不影响本案的审理。综上所述,依照《中华人民共和国民事诉讼法》第一百三十条、第二百四十一条,《中华人民共和国合同法》第二百零六条、二百二十一条的规定,缺席判决如下:被告应当于本判决生效之日起5日内支付210万元人民币给原告。如果未按本判决指定的期间履行给付金钱义务,应当依照《中华人民共和国民事诉讼法》第二百三十二条之规定,加倍支付迟延履行期间的债务利息。案件受理费20510元,由被告负担。

申请再审人姚××申诉认为,一、被申请人通过隐瞒申请再审人的住所及有效的联系方式,在原审法院没有细查的情况下导致申请人无法行使应诉与辩论权利,以达到其歪曲事实误导法院判决的目的。1. 被申请人在民事起诉状中所写的申请再审人住址是香港九龙官塘道3××号,申请再审人从未在此居住或办公过。申请再审人的居住地是香港锦田水尾村15×号1F,陈×水知道这个住址,而且双方在澳大利亚合作开办公司期间也在公司注册资料中列明该地址。故被申请人故意向法院提供一个虚假地址,剥夺申请再审人的应诉与辩论权,使法院无法查明本案真相。2. 申请再审人从2004年至今一直使用的手机号码为1331828××××,被申请人与申请再审人联系也是一直拨打上述手机号码。但在本案一审过程中,被申请人却一直没有向法院提供申请再审人的手机号码,其目的是不希望申请再审人到庭参加诉讼。既然被申请人可以找到申请再审人,那么申请再审人就不应该属于“下落不明”的情形,人民法院应通过直接送达、邮寄送达的方式向申请再审人送达文书,而非直接采取公告送达方式。原审法院送达显然是有违法定程序。二、申请再审人与被申请人不存在借款关系,申请再审人从未向被申请人借款人民币210万元,双方不存在任何的债权、债务关系,原审判决认定事实错误,认定的基本事实缺乏证据证明。事实上申请再审人与被申请人于2002年3月经朋友介绍认识,双方于2002年10月在澳大利亚成立一间名为“××巴秘包装私人有限公司”,公司股东为陈×水和姚××。公司主要从事包装箱业务,即从中国采购包装箱再销售给澳大利亚的种植园。2003

年3月至2004年7月由于其他原因,申请再审人被限制人身自由,其间公司业务主要由陈×水私自任命的经理约翰××负责,2004年8月申请再审人恢复自由回到澳大利亚,发现公司在1年多的时间里不但出现了10多万澳元的亏损,而且有接近30万澳元的货款没有收回,其中有273662.4澳元货款已向昆士兰法院提起诉讼,向债务人追讨。鉴于公司出现重大问题,申请再审人回到中国后立即与被申请人商讨对策。当时被申请人一直埋怨申请再审人未正常处理公司业务才导致公司出现问题,决定由申请再审人到澳大利亚解除约翰××的经理职务,负责继续追讨公司的应收货款,并委托接管人对公司进行清算。2004年12月经申请再审人与被申请人初步核算公司资产约为36万多澳元(含应收货款)。由于被申请人担心申请再审人将公司资产处理后把所得货款据为己有,故要求申请再审人立下一张210万元的"欠条"作为被申请人对应收货款享有权利的保证,并一再承诺保证不会用此欠条作其他用途。当时申请再审人对于公司亏损存在歉意,而且在澳大利亚公司已对应收货款27多万澳元向债务人提起诉讼,被申请人也同意由其支付法院的4万澳元保证金。申请再审人当时认为货款通过法律途径应该可以追回,于是才同意被申请人的要求出具欠条的做法,但事实上双方根本不存在私人间的借贷关系。申请再审人回到澳大利亚后,已根据被申请人的授权解除约翰××的经理职务,委托公司的接管人,但被申请人却没有履行缴付4万澳元保证金的承诺,导致案件一直无法进行,被法院立案后作搁置处理。更令申请再审人意想不到的是被申请人不顾承诺,借申请再审人不在场的机会捏造借款情节,以"欠条"为证据对申请再审人提起诉讼,而受理法院却在没有查清事实的基础上作出错误的判决。三、原审法院在庭审过程中没有对本案进行必要的调查就草率作出错误判决,不但违反法定程序,影响案件的正确认定与判决,更有违公平、公正的基本原则。原审法院对案件基本事实一律没有进行调查,最后在没有收条、取款凭证等旁证支持的情况下,仅凭被申请人提供的一张所谓的"欠条"作出判决不当。四、申请再审人已提供新的证据证明本案并不是欠款纠纷,充其量也是申请再审人与被申请人因澳大利亚开办的公司出现的纠纷,因此本案的管辖权应归澳大利亚法院。本案应属公司股东间纠纷,不属于借款纠纷。申请再审人与被申请人所开办的公司所在地、合同签订地及实际履行地均在澳大利亚,因此原审法院引用《民事诉讼法》第二百四十一条之规定,认为其属于借贷合同签订地及履行地的法院,有管辖权,并适用中国内地法律实属适用法律严重错误。本案管辖权应属澳大利亚法院,适用澳大利亚法律。综上所述,原审判决认定事实缺乏证据证明,且没有尽到应有的通知义务导致申请再审人丧失应诉与辩论权、举证权,请求再审改判。

被申请人陈×水答辩认为,一、陈×水没有隐瞒任何事实或证据,及歪曲事实误导法院的目的。1. 陈×水并不知道姚××的住所,只有姚××的一张名片,按名片上地址起诉,不存在故意向法院提供虚假地址。2. 因姚××在广州涉嫌违法犯罪被司法机关查处,常联系不上,本案起诉期间亦如此。3. 法院公告送达不违反法定程序。二、陈×水与姚××之间存在实实在在的债权债务关系,姚××欠陈×水210万元人民币,原审判决认定的基本事实——债权债务数额无误,但性质不是借款,是货款结算后形成的欠款。姚××所谓:“陈×水私自任命约翰××负责公司业务、××公司亏损、核算公司资产、陈×水同意支付4万澳元保证金,及立下210万元欠条作为陈×水享有权利的保证,陈×水保证不将欠条作其他用途”等说法是毫无根据的。陈×水没有就欠条向姚××作出任何承诺,其起诉合法合理。三、原一审判决认定的债务事实正确,程序合法,根本不违反公平、公开基本原则。根据姚××的再审申请书,涉案欠条是姚××撰写无疑。依据本案事实,该210万元是货款结算后形成的欠款。四、本案是欠款纠纷无疑,必须由中华人民共和国惠州市中级人民法院管辖。

本院认为,本案再审争议焦点,是姚××是否欠陈×水210万元债务。为证明姚××与陈×水之间存在210万元债务关系,陈×水提交了姚××亲笔签名出具的欠条予以证实。该欠条明确欠款数额为人民币210万元,并标注还款时间为2005年12月31日前清还。姚××在再审申请书和再审庭审中均未否认欠条中“姚××”签名的真实性,仅辩称欠条的形成原因不是借款关系。因此,本案欠条的真实性应予认定。

关于本案欠条的形成原因。陈×水在原一审时主张是借款关系,但再审中改称不是借款关系,而是结欠货款形成的欠条。由于陈×水在原审对欠款关系的形成作虚假陈述,致原审法院认定双方欠款是因借款而产生,但姚××对欠条签名真实性不予否认。

陈×水再审时主张欠条是因结欠货款形成,未能提供合同或发货单予以证明,其提供的欠条原件证明双方存在欠款关系。而姚××于再审中提交的录音证据[即陈×水与林××(姚××女友)的电话录音],虽然证明欠条非因借款形成,但却反映出姚××与陈×水之间可能存在货款结欠关系,恰辅证了陈×水的主张。至于姚××再审辩称其与陈×水该210万元欠条形成于双方共同投资的澳大利亚××公司的股东权纠纷,但其提供的××公司相关资料均不能证明与争议的210万元之间存在关联性,即该项辩称证据不足,依据《中华人民共和国民事诉讼法》第六十四条第一款之规定,本院对此不予采信。另姚××又提出,出具给陈×水的210万元欠条,是作为陈×水对××公司应收货款的担保,且陈×水承诺不以该欠条作其他用途。但姚××除其陈述外,未提供证据证明陈×水存在承诺,相反该欠条还明确标注了还款时间,显然与姚××的辩解理由相矛盾,本院亦不予采信。为此,本院认为,虽然姚××与陈×水存在合股投资澳大利亚××公司之事实,但不能排除双方存在其他债权债务关系。陈×水虽未能提供直接证据证明欠条形成的原因,但其提供了姚××亲笔签名的欠条证明双方存在债务关系。而姚××作为一个完全民事行为能力人,自愿向陈×水出具巨额欠条,且不能提供足以反驳欠条有效的证据,应当认定双方存在欠款(债务)关系的真实性。故陈×水关于债务成立的举证显然优于姚××关于债务虚假之抗辩。本院依据证据优势原则和最高人民法院《关于民事诉讼证据的若干规定》第七十条第(一)项之规定,确认陈×水所提供欠条的证明力。为此,原一审判令姚××偿还陈×水210万元款项,并无不当。

因本案欠条形成于中华人民共和国领域内,姚××主张本案诉讼应由澳大利亚法院管辖,缺乏事实和法律依据,本院不予支持。至于原一审送达程序问题。因姚××为香港居民,原审依据陈×水持有的姚××名片中所署地址送达未果而进行公告,并无不当。

综上所述,由于陈×水原一审所作虚假陈述,导致原一审关于借款关系的事实认定错误,本院再审对此予以纠正。原一审判决姚××承担还款责任并无不当,本院予以维持。申请再审人姚××的再审申请理由不足,本院不予支持。依照《中华人民共和国民法通则》第八十四条、第一百零八条,《中华人民共和国民事诉讼法》第六十四条第一款,最高人民法院《关于民事诉讼证据的若干规定》第二条、第七十条第(一)项,最高人民法院《关于适用〈民事诉讼法〉若干问题的意见》第二百零一条之规定,并经本院审判委员会讨论决定,判决如下:

维持本院(2007)惠中法民三初字第2号民事判决。

如不服本判决,申请再审人姚××可在判决书送达之日起三十日内,被申请人陈×水可在判决书送达之日起十五日内向本院递交上诉状,并按对方当事人的人数提出副本,上诉于广东省高级人民法院。

审判长　严××
审判员　张×
代理审判员　王×
二〇一二年四月十日

书记员　林×

【点评】　该案是一起涉外的欠款纠纷案。由于原生效判决系一审判决,故本案的再审判决系可以上诉的判决,因此,本案的案号为“民再初字”。这是在学习撰写民事再审判决书时应当着重注意的,即再审的案件是按照一审程序审理,还是按照二审程序审理,因而各自的案号也有所不同。本再审判决书概括写明一审查明的事实以及一审的判决理由,并无不当。但是,该文书将再审查明的事实、再审申请人在再审中提交了证据的过程以及被申请人质证的主张,均放在原审的判决结果之前,似乎顺序上值得商榷。然而,在再审的判决理由上,本判决书的论述较为详细,论理充分。

(二)唐×与周志×、周红×,第三人刘×明法定继承纠纷案(民再初字,撤销及改判)①

长沙市开福区人民法院
民事判决书

(2010)开民再初字第×号

原审原告唐×,女,汉族。

原审被告周志×,男,汉族。

原审被告周红×,女,汉族。

第三人刘×明,女,汉族。

委托代理人冯建×、黄宇×,湖南言顺律师事务所律师。

原审原告唐×诉原审被告周志×、周红×,第三人刘×明法定继承纠纷一案,本院于2009年3月2日作出(2009)开民一初字第×××号民事调解书,已经发生法律效力。经本院审判委员会讨论决定,本院于2009年12月24日作出(2010)开民监字第×号民事裁定书,决定再审本案。本院依法另行组成合议庭公开开庭审理了本案。原审原告唐×,原审被告周志×、周红×,第三人刘×明及其诉讼代理人冯建×、黄宇×到庭参加了诉讼。经合议庭评议并经本院审判委员会讨论决定,本案现已审理终结。

2009年2月23日,原审原告唐×起诉至本院称:原告与两被告之父周迪×于2008年12月10日在长沙市开福区民政局登记结婚,2009年2月15日,周迪×突发急病逝世,遗有坐落于开福区工农路×××号×栋×××产权面积57.71平方米的房屋一套及家电、家具,两被告随后强行搜走该房房产证、存折及原告的结婚证、身份证、户口本,提出原告与周迪×结婚时间不长,无权利继承房屋,更无权利拿走房屋内的财产,企图剥夺原告的继承权。请求判令由原告折价取得坐落于开福区工农路×××号×栋×××产权面积为57.71平方米的房屋一套,依法分割家电及其他财产,诉讼费由两被告承担。

原审被告周志×、周红×共同辩称:原告与被告之父结婚时间不长,房屋与家电等财物是被告父亲与被告的共同财产,不同意原告平等分割遗产。

原审查明,原告唐×于2008年12月10日与被告周志×、周红×之父周迪×在长沙市开福区民政局登记结婚,均系再婚。2009年2月15日,周迪×因病去世,遗下坐落于开福区工农路×××号×栋×××产权面积为57.71平方米的房屋一套及家用电器、家具等物。因遗产分割原、被告发生矛盾以致原告于

① 参见法律图书馆网站,http://www.law-lib.com/cpws/cpws_view.asp?id=200401555363。

2009 年 2 月 23 日向本院起诉。

原审过程中，经本院主持调解，原审原告与原审被告自愿达成如下协议：一、被继承人周迪×的遗产即位于长沙市开福区工农路×××号×栋×××房屋一套(面积 57.71 平方米)归被告周志×、周红×继承，由被告周志×、周红×在 2009 年 3 月 3 日前补偿原告唐×现金人民币 15000 元，属原告唐×自己所有的日常用品长虹 29 英寸彩电 1 台、新飞牌冰箱 1 台、小木柜 1 个归原告唐×所有并在 2009 年 3 月 3 日前自行带走，其余室内电器及家具等物品由被告周志×、周红×继承；二、其他无争议。本案受理费 3763 元因适用简易程序减半收取 1882 元，由原告唐×承担 1382 元，由被告周志×、周红×承担 500 元。

本院再审过程中，原审原告唐×称，唐×与周迪×于 2008 年 12 月 10 日登记结婚，周迪×死亡后，依照我国法律规定，唐×享有继承权。原审中经法官调解，唐×同意周红×、周志×补偿 15000 元。现刘×明要求撤销 2009 开民初字第 666 号调解书，重新审理本案，特请求重新参与遗产分配。

原审被告周志×、周红×辩称，刘×明自称是父亲周迪×的女儿，本人从小到大直到父亲过世，也没听父亲说起过，更未与她有过任何交往、书信往来等。况且照年龄推算当时我父亲也只有十八岁左右，能否结婚生育也是一大疑问。作证的人我都不认识，他们也不认识我。根据谁主张谁举证的原则，刘×明必须出具我父亲与她母亲的结婚证、离婚证、户籍证明，刘×明的改姓证明等具有法律权威的证据，必须出具我父亲的亲笔字据或录音字据等，除此之外本人不会接受这种没有任何关系的人。刘×明今年 52 岁了，她有 34 年时间来确定她的父亲身份，为什么 34 年的时间她不来求证自己的身份关系，非得等我父亲过世了再来认，是否有不可告人的目的，值得人怀疑。

第三人刘×明称，自己作为周迪×与结发妻子刘×梅的女儿，依法享有继承权。周志×、周红×欺骗法院，也未告知有继承权的刘×明，通过(2009)开民初字第×××号民事调解书共同分割了周迪×的遗产，使刘×明的合法权益受到侵害，请求法院：1. 撤销(2009)开民初字第×××号民事调解书；2. 刘×明、周志×、周红×三人共同继承位于长沙市开福区工农路××号×栋×××房屋，刘×明继承遗产的 1/3。由周志×、周红×承担本案诉讼费用。

本院再审过程中第三人刘×明提交的证据有：1. 关于刘×梅的政历情况一份；2. ××幼稚园提供的证明一份；3. 长沙市城南区人民法院民事判决书一份；4. 浏阳河街道留城知青登记表一份；5. 长沙毛巾集团公司提供的证明一份；6. 本院对唐×的询问笔录一份；7. 中国移动通信客户业务详单一份；8. 余淑钦、余存桂调查笔录及谢君美调查笔录各一份；9. 长沙市开福区市容环境卫生管理中心出具的证明一份，证明周迪×已故的事实；10. 周迪×本人填写的本人主要历史及长沙市开福区市容环境卫生管理中心牺牲(病故)工作人员申请抚恤金丧葬费审批表各一份;11. 开福区法院(2009)开民一初字第×××号民事调解书;12. 蒋国×、颜书×出具的证明;13. 开福区人民法院民事裁定书;14. 赵菊×、胡菊×的调查笔录。其中证据1、3、4、10,证明周迪×与刘×梅生有一女;证据2、5、6、8、12、14证明刘×明系周迪×亲生女儿;证据9、10,证明周迪×已故及单位发放抚恤金、丧葬费和周志×已领取上述费用;证据7,证明刘×明在周迪×去世后(2009年2月16日)曾与周志×、周红×多次通话,商讨办理父亲的后事;证据11、13证明原审被告向法院隐瞒真实情况,遗漏了刘×明作为必须参加诉讼的当事人。此外,再审庭审中当事人申请证人龙××、余××出庭作证,两证人均系与被申请人周志×、周红×同辈表兄,均证明刘×明系周迪×与刘×梅共同生育的女儿。

原审原告唐×对上述书证不持异议,对上述出庭证人身份及证言不持异议,未提交新的证据。

原审被告周志×、周红×对上述书证1、2、5的合法性有异议,对证据3、4、8、12、14的真实性有异议,对证据6、7的证明内容有异议,并对上述所有证据的关联性均持异议,对证据9、10、11、13不持异议,但对证据11、13证明的内容有异议,对出庭证人身份不持异议,但对证言证明的内容有异议。

原审被告周志×、周红×再审中提交的证据有:1. 开福区市容环境卫生管理中心劳资科开具的证明;2. 丧葬服务一条龙费用单、火化费用单;3. 丧葬开支清单后续费用;4. 唐人万寿园费用单;5. 出葬时费用及相关费用;6. 公证书;7. 法院执行款及办理过户费用;8. 房屋买卖合同;9. 公证费用单据;10. 部分收款凭证;11. 单位开具的周迪×医院就诊的证明。

第三人刘×明对证据4无异议,对证据1的真实性、关联性有异议,对证据2的真实性、合法性、关联性均有异议,对证据3、5、10的真实性有异议,对证据6、9的真实性、合法性有异议,对证据7、8的关联性有异议。

经本院审查认为,第三人刘×明提供的证据中,证据2、5因为不属于原始证据而在本案中不具有原始证明力,证据12、14因为证人未出庭作证,未经庭审质证其证明效力,证据11、13因为属于本案原形成的法律文书只能说明本案再审的原因而非结论,故本院在本案中对上述证据不予确认。证据1、4出自长沙毛巾集团公司刘×明的档案,证据3出自湖南省湘粮机械制造有限公司保存的刘×梅的档案,证据6出自本院(2009)开民一初字第1××××号案卷中的询问笔录,证据7系移动通信公司的原始通话记录,证据10出自被继承人周迪×原工作单位长沙市开福区市容环境卫生管理中心保存的周迪×档案,均系相应历史时段的原始资料,具有客观真实性。其中证据1是1978年长沙毛巾厂招工录用刘×明时,由刘×梅工作单位(当时名为湖南省××机械厂)革命委员会政工科开具给长沙毛巾厂的关于刘×明母亲刘×梅的情况证明材料,其中包括说明刘×梅与周迪×曾经的婚姻并生有一女孩情况；证据3是刘×梅与周迪×于1961年离婚时长沙市城南区人民法院作出的民事判决书，其内容证明刘×梅与周迪×1957年恋爱结婚，离婚时有一个小孩；证据4是刘×明于1978年填写的登记表，其中家庭成员填写有妈妈刘×梅；证据6内容有唐×"听周迪×说刘×明是他的私生女。刘×明和周迪×一直有来往。周迪×死后，周志×通知刘×明来的，他们三兄妹一起办的丧事"，其内容也与证据7的电话记录相符；证据10内容包括周迪×在1962年21岁前曾经有爱人和一个小孩、周迪×于2009年2月15日死亡后周志×领取一次性抚恤金和丧葬费；证人余××、龙××均系周志×、周红×的同辈表兄，余××出庭作证的内容与证据8内容相符，两证人均证明刘×明系周迪×与刘×梅所生女儿。上述证据已相互形成证据链，故本院对第三人提交的证据1、3、4、6、7、8、9、10和出庭作证的证人证言予以确认。原审被告周志×、周红×提交的证据中，证据1不是原始证据，且其中"周迪×无其他供养关系人"一句与第三人提供的证据10中来自周迪×档案原始自传材料的内容不符，该内容明显失实，本院对该证据中此内容不予确认；证据6系在本院原审调解书发出后形成的公证书，其中周迪×遗产继承人受本院(2009)开民一初字第×××号民事调解书约束，故本院在本案再审中对证据6、7、8、9的证明效力不予确认；其余证据均与本案法定继承争议的内容没有关联性，本院不予确认。

根据上述确认的证据，本院认定第三人刘×明系周迪×之女，理由如下：1. 证人龙××、余××的证言，证实刘×明系被继承人周迪×与刘×梅之女。该证人均系当事人的亲属，出庭作证时经法庭释明作伪证的法律责任及在原审被告的强烈质疑下仍坚持证言的真实性，因此，该证言的可信度较高；2. 书证(档案材料)证实：一是周迪×、刘×梅的离婚判决书(来源于湘粮机械厂刘×梅的个人档案)，证明周迪×与刘×梅于1961年离婚，当时双方有一小孩，未满周岁；二是刘×明的个人档案显示其母亲叫刘×梅；三是刘×明的档案显示其曾用名叫刘×，与证人龙××的证言证实刘×明小名叫"××子"相吻合；四是刘×明的档案显示1978年其招工到长沙毛巾厂时，刘×梅的单位湘粮机械厂革委会政工科出具一份"关于刘×梅的政历情况"，说明刘×明及其单位将刘×梅视为刘×明直系近亲属予以调查、政审；3. 从经验法则的角度来考察，如果刘×明不是周迪×之女，她不可能以子女的身份组织、参加周迪×丧事，其他亲属也不可能承认其以子女的身份参加周迪×的丧礼。4. 虽然刘×明的出生年月与长沙市城南区人民法院(61)民字第171号民事判决书上的小孩年龄存在差异，但刘×明出生于1958年1月24日，与周迪×与刘×梅于1957年结婚、1961年离婚的事实并无冲突，且刘×明系由外婆蒋××和姨母李××抚养长大，未与亲生父母生活，其出生日期系他人告知，存在记忆错误也有可能。

根据上述确认的证据及审查本案原审调解达成的协议,本院再审查明,周迪×与刘×梅于1957年结婚,婚后生育女儿刘×明,1961年经长沙市城南区人民法院判决离婚。周迪×后与易××结婚,生育女周红×、子周志×。2008年12月10日,周迪×与唐×在长沙市开福区民政局登记结婚。2009年2月15日,周迪×因病死亡,遗下坐落于开福区工农路×××号×栋×××产权面积为57.71平方米的房屋一套及家用电器、家具等物。因遗产分割发生矛盾,唐×于2009年2月23日向本院起诉要求与周志×、周红×依法分割遗产。经本院原审调解,双方自愿达成协议。被继承人周迪×的遗产即位于长沙市开福区工农路×××号×栋×××房屋一套(产权面积57.71平方米)归周志×、周红×继承,由周志×、周红×在2009年3月3日前补偿唐×现金人民币15000元;属唐×自己所有的日常用品长虹29英寸彩电1台、新飞牌冰箱1台、小木柜1个归唐×所有并在2009年3月3日前自行带走,其余室内电器及家具等物品由周志×、周红×继承;其他无争议。本案受理费3763元因适用简易程序减半收取1882元,唐×承担1382元,被告周志×、周红×承担500元。再审过程中,刘×明对上述协议中补偿唐×1.5万元和家具、家电的分割及诉讼费承担没有异议。

本院再审认为,(一)第三人刘×明是被继承人周迪×之女,其对周迪×的遗产拥有继承权。关于原审被告辩称刘×明不是周迪×之女的意见,与本院查明的事实不符,本院不予采纳。(二)被继承人周迪×死亡后,未留下遗嘱,本案按照法定继承办理。(三)本案系因遗漏继承人而进行再审,再审过程中,第三人刘×明对原审调解协议中补偿唐×1.5万元和家具、家电的分割及诉讼费承担没有异议,且无证据证明原审调解协议关于补偿唐×1.5万元和家具、家电的分割违反自愿原则和法律规定,故原审原告唐×要求重新参与遗产分配的意见,本院不予采纳。在刘×明、周红×、周志×补偿唐×1.5万元后,本案需要分割的遗产是长沙市开福区工农路×××号×栋×××房屋一套(产权面积57.71平方米)。(四)刘×明、周志×、周红×均系被继承人周迪×子女,属于同一顺序继承人,依法对周迪×的遗产享有均等的继承权,本院对刘×明要求依法继承周迪×遗产中房屋的诉讼请求予以支持。对于原审被告周志×、周红×在再审中提出周迪×丧葬费用的分担问题,因与法定继承无关,不属于本案审理范围,当事人可以另行协商或诉讼解决。综上所述,依照《中华人民共和国民事诉讼法》第一百八十六条第一款,《最高人民法院关于适用〈中华人民共和国民事诉讼法〉若干问题的意见》第201条,《中华人民共和国继承法》第五条、第九条、第十条、第十三条第一款,《中华人民共和国婚姻法》第十八条第(一)项的规定,判决如下:

一、撤销本院(2009)开民一初字第666号民事调解书;

二、原审原告唐×按原审自愿达成的协议分得周迪×遗产折价款1.5万元,由刘×明、周志×、周红×各承担5000元。属于唐×的日常用品及其婚前财产的长虹29英寸彩电一台、新飞冰箱一台、小木柜一个归唐×所有,属于被继承人周迪×遗产的室内其他电器及家具等物品由周志×、周红×继承;

三、被继承人周迪×坐落于长沙市开福区工农路×××号×栋×××的房屋一套由刘×明、周志×、周红×各继承三分之一。

本案受理费3763元(原审已交1882元,需补交1881元),原审原告唐×承担1382元,其余2381元由第三人刘×明、原审被告周志×、周红×各承担793.67元。

如不服本判决,可在判决书送达之日起十五日内,向本院递交上诉状,并按照对方当事人的人数提出副本,上诉于湖南省长沙市中级人民法院,并预交上诉案件受理费。

审判长　佘××
审判员　刘××
审判员　杨××
二〇一〇年十月十五日
代理书记员　王×

【点评】 本案系一宗法定继承纠纷案,且本案的特殊之处在于该案系针对民事调解书而提起的民事再审,且系按照第一审程序进行的再审。因此,本案的民事再审判决书需围绕已生效民事调解的自愿性和合法性而进行。该再审民事判决书的格式正确,且再审认定事实和说理均较为充分。

(三) ××银行与××汽贸公司、××(集团)有限公司股东出资纠纷案(民再终字,撤销原二审判决,维持原一审判决)①

上海市第二中级人民法院
民事判决书

(2013)沪二中民四(商)再终字第×号

申请人再审人(一审原告、二审被上诉人)××银行股份有限公司上海分行,住所地上海市浦东……

负责人史××。

委托代理人王×,北京市××律师事务所上海分所律师。

被申请人(一审被告、二审上诉人)中国××汽车贸易有限公司。

法定代表人贾×。

---

① 参见上海法院法律文书检索中心,http://www.hshfy.sh.cn:8081/flws/text.jsp?pa=ad3N4aD04NDk0ODImdGFoPaOoMjAxM6Opu6a2/tbQw/HLxCjJzCnU2dbV19a12ja6xSZ3ej0Pdcssz。

委托代理人李×,北京市××律师事务所上海分所律师。

一审被告上海××(集团)有限公司。

法定代表人周××。

申请人再审人××银行股份有限公司上海分行(以下简称××银行上海分行)因与被申请人中国××汽车贸易有限公司(以下简称××汽贸)、一审被告上海××(集团)有限公司(以下简称××公司)股东出资纠纷一案,不服本院(2012)沪二中民四(商)终字第××××号民事判决,向上海市高级人民法院申请再审,上海市高级人民法院于2013年9月9日作出(2013)沪高民二(商)申字第×××号民事裁定,指令本院再审本案。本院依法另行组成合议庭,公开开庭审理了本案。××银行上海分行的委托代理人王×,××汽贸的委托代理人李×到庭参加诉讼。××公司经传唤未到庭。本案现已审理终结。

上海市崇明县人民法院(以下简称崇明县法院)一审查明:2001年,××银行上海分行以借款合同为由诉至上海市黄浦区人民法院,要求案外人××汽贸上海汽车技术服务有限公司(以下简称××技服公司)归还借款人民币464万元(以下所涉币种均为人民币)及自2001年3月21日起至实际清偿之日止的逾期利息;上海××金属制品有限公司承担连带清偿责任。上海市黄浦区人民法院经对该案审理后,作出(2001)黄经初字第908号民事判决,判决:××技服公司归还××银行上海分行借款464万元,以及支付自2001年3月21日起到实际清偿之日止、按日利率0.21‰计算的逾期利息;上海××金属制品有限公司对上述××技服公司的款项支付义务承担连带清偿责任。同年11月2日,上海市黄浦区人民法院作出(2001)黄浦执字第3170号民事裁定,裁定对上述生效判决中止执行。

崇明县法院另查明:××技服公司成立于1997年,公司注册资本为3,000万元,由××汽贸和××公司共同出资设立。其中,股东××汽贸的出资金额为600万元,对应持有20%的股权比例;股东××公司的出资金额为2,400万元,对应持有80%的股权比例。

上海市第二中级人民法院受理的(2003)沪二中刑初字第12号即关于××技服公司的法定代表人周××犯虚假出资罪、合同诈骗罪和挪用资金罪一案中,查明:1997年1月,周××依据虚假验资报告等文件取得××公司的企业法人营业执照;1997年4月,××公司与××汽贸投资3,000万元组建××技服公司,其中,××公司应投资2,400万元,××汽贸应投资600万元;之后,上海××会计师事务所有限公司在××公司没有投入资金和××汽贸同样没有投资或办理无形资产评估的情况下,通过向上海××合作银行白玉支行临时借款的方式出具了××技服公司注册资金为3,000万元的虚假验资报告,周××则依据该报告等文件取得了××技服公司的企业法人营业执照。该刑事案件判决后，××银行上海分行通过参与该刑事案件的退赃款分配，受偿了贷款本金588,410元，剩余的贷款本金4,051,590元至今未得到偿还。

崇明县法院再查明：2001年12月30日，因××技服公司未能清偿所欠中国××银行上海市浦东分行川沙支行的借款，上海市第一中级人民法院作出(2001)沪一中执字第141号民事裁定，裁定××汽贸在其对××技服公司不实出资600万元的范围内依法承担注册资本的补足责任，并于2002年7月26日从××汽贸账户内强制划款600万元。

此后，××银行上海分行以××汽贸虽已在其600万元的不实出资范围内承担了赔偿责任，但依法仍应对××公司的不实出资及逾期利息承担连带补足责任为由，向上海市黄浦区人民法院提出追加××汽贸为(2001)黄执字第3170号执行案件的被执行人。2012年1月31日，黄浦区人民法院经审查认为：××汽贸作为××技服公司发起人股东之一，已在出资范围内承担了出资义务，申请执行人××银行上海分行要求其对另一发起人股东的不实出资承担连带责任并在执行程序中追加为被执行人的请求，无法律依据，遂裁定予以驳回。

2012年2月22日，××银行上海分行起诉至崇明县法院，请求判令：××公司在不实出资2,400万元范围内对××技服公司的欠款本金及按日万分之二点一的两倍计算的罚息承担补充赔偿责任；××汽贸对××公司的不实出资金额承担连带补足责任。

崇明县法院认为，本案的争议焦点为：一、××公司是否已补缴其对××技服公司的出资；二、××汽贸是否应对××公司的未出资金额承担连带补足责任；三、本案××银行上海分行的主张是否超过了诉讼时效。

针对争议焦点一。××汽贸认为××公司的出资已补缴完毕，其依据的是自××技服公司工商年检档案中调取的××中南会计师事务所于1999年3月23日出具的公会(99)业字第822号审计报告。对此，崇明县法院认为：该审计报告出具的日期为1999年3月23日，其出具的目的是为了××技服公司的工商年检之用，且明确不能作为解决经济纠纷的依据。而在已发生法律效力的本院的(2003)沪二中刑初字第12号案件中，法院已经审理查明：当初××公司的法定代表人的周××依据虚假的验资报告等文件取得了××公司的企业法人营业执照，由此说明，××公司并无实质性的公司财产；同样在其与××汽贸组建设立××技服公司的过程中，也是依虚假的验资报告取得了××技服公司的营业执照；周××在明知××技服公司的注册资本没有实际投入的情况下，违反法律规定，欺骗公司登记主管部门，设立××技服公司，构成了虚报注册资本罪。由此证明，在成立××技服公司时，作为依法应履行股东出资义务的××汽贸、××公司两股东，并未实际出资。故现仅凭××汽贸举证的在涉案刑事判决作出之前的审计报告，不足以证明××公司已补缴出资的事实。因而，对于××汽贸该项辩称意见,不予采信。

针对争议焦点二。××汽贸是否应对××公司的未出资金额承担连带责任的问题。××汽贸认为,本案××银行上海分行诉请的依据系《最高人民法院关于适用〈中华人民共和国公司法〉若干问题的规定(三)》(以下简称“《公司法司法解释(三)》”)中的相关规定,但根据法不溯及既往的原则,本案不应适用《公司法司法解释(三)》,故××汽贸不应对××公司未履行出资的金额承担连带责任。对此,崇明县法院认为:我国新、旧公司法均明确规定,有限责任公司成立后,发现作为设立公司出资的非货币财产的实际价额显著低于公司章程所定价额的,应当由交付该出资的股东补足其差额;公司设立时的其他股东承担连带责任。同样,《公司法司法解释(三)》中也规定,股东在公司设立时未履行或者未全面履行出资义务,债权人可以请求公司的发起人与该股东承担连带责任。上述规定,均体现我国公司法规定资本充实责任为股东的一项法定责任,且是一种相互间的连带责任,亦不论该出资系货币还是非货币财产,即公司的全体发起人对他们中任何一发起人资本不足的情形均负有充实责任,故本案××银行上海分行向××汽贸主张对××公司的未出资义务承担连带责任,于法有据。

针对焦点三。本案××银行上海分行的主张是否超过诉讼时效。××汽贸认为,××银行上海分行在2003年就已通过刑事案件的退赃获得了部分债权金额的清偿,故××银行上海分行当时就应明知××公司未实际出资的事实。2009年7月,××银行上海分行曾申请追加××汽贸为本案所涉债权案件的被执行人,表明其最晚在2009年7月就知道了××公司未出资的情况,但在提起本案诉讼之前,××银行上海分行并未进行过相应的主张,故已过诉讼时效。对此,崇明县法院认为:××银行上海分行诉请的依据是公司股东未履行出资义务而应承担的责任问题,系股东出资责任之诉,根据相关法律规定,股东出资责任之诉不适用诉讼时效的规定,故对于××汽贸抗辩的本案××银行上海分行的主张已超过诉讼时效的理由,不予采信。

另,崇明县法院亦注意到了××银行上海分行曾就本案请求内容在执行程序中向上海市黄浦区人民法院提出追加××汽贸为被执行人及对××公司的不实出资承担连带清偿责任的申请,后该院认定上述申请无法律依据而裁定予以驳回。但崇明县法院经审查认为,××银行上海分行的申请经执行程序驳回并不妨碍其诉讼权利,可通过本案予以主张。

综上,崇明县法院认为,××银行上海分行要求××公司在其出资范围内承担补充赔偿责任以及要求××汽贸对××公司承担连带责任之诉请,符合有关法律规定,应予以支持。至于××银行上海分行诉请的本金、利息、罚息,应以上海市黄浦区人民法院作出的(2001)黄浦经初字第908号民事判决为准,该判决除借款本金外,逾期利息系从2001年3月21日起计算至所欠借款实际清偿之日止,按日利率0.21‰计算,按此判决内容,××银行上海分行现主张的两倍罚息超出了上述判决内容,故应予以调整。据此判决:一、××公司于判决生效之日起十日内在其未出资的2,400万元内赔偿××银行上海分行本金4,051,590元和相应的逾期利息(从2001年3月21日起至判决生效之日止、按每日万分之二点一计算)以及支付的诉讼费33,210元;二、××汽贸在××公司未出资的2,400万元内对上述款项承担连带责任;三、××汽贸承担连带责任后,可以向××公司予以追偿;四、对××银行上海分行的其余诉讼请求不予支持。本案一审案件受理费85,980元,由××银行上海分行负担21,577元,由××汽贸、××公司共同负担64,403元。财产保全费5,000元,由××汽贸、××公司共同负担。

崇明县法院判决后,××汽贸不服,向本院提起上诉称:(一)一审判决无故拒绝采信真实有效的证据,未能正确认定××集团已补交出资的事实,构成认定案件事实错误。相关刑事判决只是认定××技服公司的法定代表人周××在设立××技服公司时犯有虚报注册资本罪,故该刑事判决所认定的事实应仅为涉及××技服公司在1997年成立时的情况,根本未关系到××技服公司成立后其出资股东是否补缴了出资的事实。根据××技服公司1998年度的工商年检档案反映,××中南会计师事务所曾于1999年3月23日出具了一份公会(99)业字第822号审计报告,而通过该报告载明的"其他应收款"账户中有关应收投资者款项的资金走账记录应能证明××公司已完成其对××技服公司出资的补缴义务。在××银行上海分行未能提相反证据加以否认该审计报告内容的前提下,应依法采信审计报告的证明效力,认定××集团已补缴完成了其对××技服公司的2,400万元出资。(二)一审判决以无溯及力的法律约束该法律实施前的民商事行为,构成适用法律错误,且存在错误适用法律条款的问题。本案××技服公司于1997年设立,根据"法不溯及既往"的基本原则,有关××公司、××汽贸对××技服公司出资不实所产生的责任承担问题,应适用我国1993年制定的《公司法》的相关规定,而不应适用我国在2005年修订的《公司法》的规定。《公司法司法解释(三)》是基于我国2005年修订后的《公司法》而作出,故对本案的股东出资责任纠纷也没有溯及力。我国1993年《公司法》对于设立股东之间承担连带出资责任的条款内容即第二十八条规定为:有限责任公司成立后,发现作为出资的实物、工业产权、非专利技术、土地使用权的实际价额显著低于公司章程所定价额的,应当由交付该出资的股东补交其差额,公司设立时的其他股东对其承担连带责任。同样,我国2005年修订后的《公司法》第三十一条也有类似的规定。可见,上述规定都是针对股东以非货币财产形式作为出资的情况,而不涉及股东以货币形式作为出资的情形。显然上述法律规定内容不适用本案××技服公司股东以货币形式作为出资的情况。(三)××汽贸坚持认为,本案

××银行上海分行早在2003年之前就已经知道××汽贸、××公司对××技服公司存在出资不实的情形,但××银行上海分行迟至2011年7月才在上海市黄浦区人民法院(2001)黄浦执字第3170号执行案件中要求××汽贸对××公司的出资承担连带补足责任,故依法已经超过诉讼时效。(四)本案原审判决违反了一事不再审的原则。原审判决内容与之前上海市黄浦区人民法院就××银行上海分行基于相同的事实理由所作出的生效裁定内容相悖,且构成对已有生效法律文书确定的法律事实和结果再次进行判决的程序错误问题。综上,请求:撤销原审判决,改判驳回××银行上海分行的全部原审诉请;本案一、二审诉讼费用由××银行上海分行承担。

××银行上海分行辩称:(一)关于××汽贸、××公司对××技服公司未履行股东出资义务的事实,已经由上海市第二中级人民法院受理的(2003)沪二中刑初字第12号刑事案件中予以查明认定。现××汽贸认为××公司对××技服公司2,400万元出资已经补缴完毕的理由,依据的是该公司自××技服公司工商年检档案中调取的××中南会计师事务所于1999年3月23日出具的公会(99)业字第822号审计报告,而该审计报告出具的日期为1999年3月23日,且其出具的目的是为了××技服公司的工商年检之用,并明确注明不能作为解决经济纠纷的依据。故××汽贸上述主张的理由不具有事实和法律依据。(二)根据《最高人民法院关于适用〈中华人民共和国公司法〉若干问题的规定(一)》的第一、第二条规定内容,本案的诉讼纠纷可适用我国2005年修订后的《公司法》和对应的《公司法司法解释(三)》第十三条第三款的规定,发起人股东的出资责任应互相连带。(三)关于××汽贸主张的诉讼时效问题。《公司法司法解释(三)》第二十条第二款规定,公司债权人的债权未过诉讼时效期间,其依照本规定第十三条第二款、第十四条第二款的规定请求未履行或者未全面履行出资义务或者抽逃出资的股东承担赔偿责任,被告股东以出资义务或者返还出资义务超过诉讼时效期间为由进行抗辩的,人民法院不予支持。故本案的诉讼纠纷不涉及诉讼时效问题。(四)关于本案原审判决是否违反了一事不再审的问题。上海市黄浦区人民法院作出的(2001)黄浦执字第3170号民事裁定,只是处理程序性的问题,并未涉及实体问题的认定,故该裁定不妨碍××银行上海分行使提起本案诉讼的权利。综上,请求:维持原判,驳回××汽贸的上诉请求。

××公司经合法传唤未到庭参加诉讼。

本院二审经审理查明:确认一审法院查明的事实属实。

本院二审另查明:在××银行上海分行诉××技服公司、上海××金属制品有限公司借款合同纠纷一案判决生效后,基于××银行上海分行的申请,由上海市黄浦区人民法院立案强制执行该案的生效判决。在执行过程中,因被执行人暂无财产可供执行,上海市黄浦区人民法院于2001年11月2作出(2001)黄浦执字第3170号民事裁定,裁定对上述生效判决中止执行。之后,××银行上海分行在提起本案诉讼之前,曾基于相同的事实和理由,向上海市黄浦区人民法院提出申请,要求追加××汽贸为该执行案件的被执行人,并裁定××汽贸对××公司的不实出资及由此产生的利息损失承担连带责任。上海市黄浦区人民法院经依法组成合议庭进行听证审查后认为,××汽贸作为××技服公司的发起人股东之一,已在其出资范围内承担了出资义务,现××银行上海分行要求××汽贸对另一发起股东的不实出资承担连带责任并在执行程序中追加为被执行人,没有法律依据,应予驳回。该裁定送达后即发生法律效力。

本院二审认为:关于××汽贸主张的××公司事后已经补缴了其对××技服公司2,400万元出资的问题。对于××汽贸、××公司在××技服公司设立时均未履行各自股东出资义务的事实,已由本院生效的(2003)沪二中刑初字第12号刑事判决书予以查明认定。至于××汽贸主张的有关在××技服公司1998年度工商年检档案中反映的一份审计报告,无论在该报告的出具时间上和对应的报告内容上,都不具有证明××公司在××技服公司成立后已补缴了其2,400万元出资的证据效力。况且,作为审计单位的××中南会计师事务对于该报告出具的目的,明确注明是用于××技服公司的工商年检,而不能作为该公司解决经济纠纷的依据。对此,一审判决认定不应予以采纳,于法有据,法院予以支持。

关于××汽贸主张的本案存在超过诉讼时效和适用法律错误的问题。《最高人民法院关于适用〈中华人民共和国公司法〉若干问题的规定(一)》的第一条规定,公司法实施后,人民法院尚未审结的和新受理的民事案件,其民事行为或事件发生在公司法实施以前的,适用当时的法律法规和司法解释。同时,该司法解释的第二条规定,因公司法实施前有关民事行为或者事件发生纠纷起诉到人民法院的,如当时的法律法规和司法解释没有明确规定时,可参照适用公司法的有关规定。此外,于2011年2月16日开始生效实施的《公司法司法解释(三)》的第二十条第二款规定,公司债权人的债权未过诉讼时效期间,其依照本规定第十三条第二款、第十四条第二款的规定请求未履行或者未全面履行出资义务或者抽逃出资的股东承担赔偿责任,被告股东以出资义务或者返还出资义务超过诉讼时效期间为由进行抗辩的,人民法院不予支持。基于上述法律规定,××汽贸主张的本案存在超过诉讼时效和适用法律错误的理由,均于法无据,法院不予认同。

关于××汽贸主张的本案一审判决违反"一事不再理"的民事诉讼原则的问题。经查,××银行上海分行曾基于与本案相同的事实和理由,向上海市黄浦区人民法院提出申请,要求追加××汽贸为本案所涉执行案件的被执行人,并要求××汽贸对××公司的不实出资及由此产生的利息损失承担连带责任。上海市黄浦区人民法院经依法组成合议庭进行听证审查后认为，××汽贸作为××技服公司的发起人股东之一，已在其出资范围内承担了出资义务，故××银行上海分行要求××汽贸对另一发起股东的不实出资承担连带责任并在执行程序中追加为被执行人的申请，没有法律依据。基此，上海市黄浦区人民法院于2012年1月31日作出(2001)黄浦执字第3170号民事裁定，裁定驳回了××银行上海分行的请求。由此产生的问题是，上述执行裁定为送达后即发生法律效力的裁定书。对于判决、裁定、调解书已经发生法律效力的案件，当事人又起诉的，原审法院应当根据我国《民事诉讼法》第一百二十四条第五项的规定予以处理。基此，××汽贸主张的××银行上海分行要求该公司对××公司的不实出资金额承担连带补足责任的诉讼请求，违反了"一事不再理"的民事诉讼原则，于法有据，本院可予认同。综上，本案还应驳回××银行上海分行诉讼请求中有关要求××汽贸对××公司的不实出资金额承担连带补足责任的请求。本院二审判决一、维持崇明县法院(2012)崇民二(商)初字第××号民事判决第一项；二、撤销崇明县法院(2012)崇民二(商)初字第××号民事判决第二、第三、第四项；三、驳回被上诉人××银行股份有限公司上海分行的其余原审诉讼请求。

再审中，××银行上海分行认为，二审法院认为上海市黄浦区人民法院执行裁定已经对本案进行了实体审查，本案属同一案件两次审理的观点错误。本案应撤销(2012)沪二中民四(商)终字第1158号，改判维持原一审判决。

××汽贸辩称，法院在执行程序中决定是否追加被执行人时，有权对实体法律关系进行审查。法院只有在对实体法律关系进行审查认定的基础上，才可以决定是否追加被执行人，以及对申请执行人承担多少法律责任。××银行上海分行要求××汽贸对另一发起人股东的不实出资承担连带责任的请求，已在另案中被认定为无法律依据并予以驳回。故本案应当适用"一事不再理"的原则。此外，××技服公司成立时，3000万元资金已经到账，本案不是出资不实，只是形成××公司与银行的借贷关系，××技服公司与××公司的债权关系。××公司的出资已补缴完毕，××技服公司工商年检档案中调取的××中南会计师事务所于1999年3月23日出具的公会(99)业字第822号审计报告，法院应当采信。此外，本案不适用2011年《最高人民法院关于适用〈中华人民共和国公司法〉若干问题的规定(三)》。故法院应当驳回××银行上海分行的再审请求。

本院经再审查明，原一、二审查明的事实属实，再审予以确认。

本院再审认为，(一) 关于"一事不再理"问题。所谓"一事不再理"是指民事案件当事人基于同一请求、事实和理由，已经过诉讼审理并裁判，之后当事人再次请求法院审理的，法院不再次审理裁判。本案尽管在另案的执行程序中也有对是否追加被执行人进行审查的程序，但其申请的主体、审查范围等均不能等同或替代审判程序，民事诉讼法就审判程序中对当事人诉权、上诉权的保障，对庭审、证据审查，一、二审审级，以及审判监督程序的规定，都不同于执行程序中追加被执行人的审查。因此，本案尽管在执行程序中，××银行上海分行要求追加××汽贸为被执行人的申请被驳回，但不应认为本案××银行上海分行的诉讼请求已经法院实体审查，其诉讼请求应当在诉讼程序中解决。故本案不属“一事不再理”案件。（二）关于本案股东××汽贸、××公司是否出资不到位，及××公司是否补足出资问题。从刑事案件查明情况，××技服公司在成立之初，其两个股东均未将自有资××行投入，而是由周××联合会计所向银行临时借款3,000万元。出具验资报告后，借款全部由银行收回。之后周××凭验资报告等材料取得营业执照。所以3,000万元资金不是两个股东自有资金，且在公司成立之前就已经归还银行。因此，本案3,000万元资金只是“体外循环”。本案两股东没有出资，所以也不存在抽逃出资的行为。刑事案件中对周××是以虚假出资罪起诉，最终定罪为虚报注册资本罪，只是因刑事案件中犯罪的主体以及侵害的客体不同而成为两个罪名，在民事上都证实为股东未履行或未全面履行出资义务。此外，××汽贸提供了××技服公司工商年检档案中××中南会计师事务所于1999年3月23日出具的公会(99)业字第822号审计报告，认为××公司的出资已补缴完毕。再审认为该审计报告不是针对××公司补缴出资的专项审计，且审计部门特别指明该审计报告不能作为解决经济纠纷的依据。该审计报告不足以证明××公司实际补缴了出资。××公司如果确实补缴了出资，其自身应该持有补缴出资的相关凭证，应在诉讼中向法院提供。现有证据不能证明××公司已补缴了出资。且在整个诉讼程序中，××公司对其出资不到位以及未补缴出资等问题均没有提出过抗辩，故××汽贸认为××公司已补缴出资的观点不成立。（三）关于时效的问题。基于投资关系产生的缴付出资请求权，审判实践中的惯例是不适用诉讼时效。2008年《最高人民法院关于审理民事案件适用诉讼时效制度若干问题的规定》第一条明确规定，当事人对基于投资关系产生的缴付出资请求权提出诉讼时效抗辩的，人民法院不予支持。2011年《最高人民法院关于适用〈中华人民共和国公司法〉若干问题的规定(三)》第二十条第二款规定，公司债权人的债权未过诉讼时效期间，其请求未履行或者未全面履行出资义务或者抽逃出资的股东承担赔偿责任，被告股东以出资义务或者返还出资义务超过诉讼时效期间为由进行抗辩的，人民法院不予支持。因此，本案一审对时效问题的法律适用是正确的。（四）关于××汽贸是否应对××公司的未出资金额承担连带责任的问题。早在1994年《最高人民法院关于企业开办的其他企业被撤销或者歇业后民事责任承担问题的批复》中已明确规定：企业开办的其他企业被撤销、歇业或者依照《中华人民共和国企业法人登记管理条例》第二十二条规定视同歇业后，其民事责任承担问题应根据下列不同情况分别处理：…… 企业开办的其他企业虽然领取了企业法人营业执照，但实际没有投入自有资金,或者投入的自有资金达不到《中华人民共和国企业法人登记管理条例施行细则》第十五条第(七)项或其他有关法规规定的数额,或者不具备企业法人其他条件的,应当认定其不具备法人资格,其民事责任由开办该企业的企业法人承担。原一审判定××汽贸承担本案责任,并无不当。鉴于本案不属"一事不再理"案件,一审判决并无不当。本案经本院审判委员会讨论决定,依照《中华人民共和国民事诉讼法》第二百零七条第一款、第一百七十条第一款第(二)项之规定,判决如下:

一、撤销本院(2012)沪二中民四(商)终字第××××号民事判决;

二、维持上海市崇明县人民法院(2012)崇民二(商)初字第××号民事判决。

本案一审案件受理费人民币85,980元,由上海××(集团)有限公司负担人民币64,403元,由××银行股份有限公司上海分行负担人民币21,577元;财产保全费人民币5,000元,由上海××(集团)有限公司、中国××汽车贸易有限公司共同负担;二审案件受理费人民币85,980元,由中国××汽车贸易有限公司负担。

本判决为终审判决。

审判长　汪×
审判员　王××
代理审判员　王×中
二〇一四年一月六日
书记员　张××

【点评】 本案系一宗股东出资纠纷案,属于商事纠纷,案情较为复杂。该民事再审判决书,无论对于原审判决的经过、认定的事实和判决理由都给予了非常详尽的阐述。由于该案的复杂性,这样表达有利于梳理整个诉讼经过和案情。本案的民事再审判决书认为原一、二审认定的事实属实,而争议的焦点在于论理部分,再审判决书分四部分对争议的理由分别进行了说理。该判决书对于复杂案情的把握较好,结构完整,论述较有条理,论证充分。

第五节　民事裁定书

一、民事裁定书的概念

民事裁定书,是人民法院在审理民事案件的过程中,依照《民事诉讼法》的规定就解决程序问题而作出书面处理决定。与民事判决书相比,民事裁定书具有以下特点:首先,它解决的是有关民事诉讼程序方面的问题,而非解决实体民事权利义务问题;其次,民事裁定书的内容和结构都比较简单,一般无需全面具体地叙述案件事实;再次,除法律明文规定可上诉的以外,民事裁定书一经送达即发生法律效力,不可上诉。

按照审判程序的不同,民事裁定书可以分为:一审民事裁定书、二审民事裁定书、再审民事裁定书、特别程序的民事裁定书、执行程序的民事裁定书和涉外民事诉讼程序的民事裁定书等。

按照所解决事项的不同,民事裁定书可以分为:不予受理起诉的民事裁定书、准许或者驳回管辖权异议的民事裁定书、驳回起诉的民事裁定书、财产保全的民事裁定书、先予执行的民事裁定书、准许或者不准撤诉的民事裁定书、中止或者终止诉讼的民事裁定书、发回重审的民事裁定书、提起再审的民事裁定书、补正裁判文书中的笔误的民事裁定书,等等。本节将主要针对发回重审的第二审民事裁定书和再审民事裁定书进行阐述和列出文书范例,其他的不再详细论述。

二、发回重审的第二审民事裁定书

发回重审的民事裁定书,是第二审人民法院因一审判决认定事实错误,或者认定事实不清、证据不足,或者违反法定程序,可能影响案件正常判决,依法作出的撤销一审判决,发回原审法院重新审理的书面处理决定。

发回重审的第二审民事裁定书的首部和尾部与第二审民事判决书基本相同。而正文应当写明:(1) 发回重审的理由;(2) 适用的法律条款;(3) 裁定结果。

【格式说明】

××××人民法院

民事裁定书

(二审发回重审用)

(××××)×民终字第××号

上诉人(原审××)……(写明姓名或名称等基本情况)

被上诉人(原审××)……(写明姓名或名称等基本情况)

(当事人及其他诉讼参加人的列项和基本情况的写法,与二审维持原判或者改判用的民事判决书样式相同)

上诉人×××因……(写明案由)一案,不服××××人民法院(××××)×民初字第××号民事判决,向本院提起上诉。本院依法组成合议庭,公开(或不公开)开庭审理了本案。……(写明到庭的当事人、诉讼代理人等)到庭参加诉讼。(未开庭的,写“本院依法组成合议庭审理了本案”)

本院认为,……(概括指出发回重审的理由,如原判决认定事实错误或事实不清，证据不足，或者违反法定程序可能影响案件正确判决等）依照……（写明裁定所依据的法律条款项）的规定，裁定如下：

一、撤销××××人民法院（××××）×民初字第××号民事判决；

二、发回××××人民法院重审。

审判长 ×××
审判员 ×××
审判员 ×××
××××年××月××日
（院印）

书记员 ×××

【文书实例】

上海市第一中级人民法院
民事裁定书

（2013）沪一中民二（民）终字第××××号①

上诉人（原审原告）李××。

委托代理人刘×，上海××律师事务所律师。

被上诉人（原审被告）蒋×。

委托代理人岑××，北京市××律师事务所上海分所律师。

原审第三人××银行股份有限公司上海虹口支行。

委托代理人徐某，男，该支行员工。

上诉人李××因房屋买卖合同纠纷一案，不服上海市闵行区人民法院（2013）闵民五（民）初字第×××号民事判决，向本院提起上诉。本院于2013年11月12日立案受理后，依法组成合议庭进行了审理。

本院认为，原审判决认定基本事实不清，故依照《中华人民共和国民事诉讼法》第一百七十条第一款第（三）项、《诉讼费用交纳办法》第二十七条第一款之规定，裁定如下：

一、撤销上海市闵行区人民法院（2013）闵民五（民）初字第×××号民事判决；

二、发回上海市闵行区人民法院重审。

一审案件受理费由一审法院重审后确定。二审案件受理费人民币9,800

① 参见上海法院法律文书检索中心，http://www.hshfy.sh.cn:8081/flws/text.jsp?pa=ad3N4aD0xJnRhaD2jqDIwMTOjqbum0rvW0MPxtv4ow/Ep1tXX1rXaMzIxN7rFJnd6PQPdcssPdcssz。

元,退还上诉人李××。

审判长 侯××
代理审判员 暨××
代理审判员 蒋××
二〇一三年十二月三十日
书记员 许×

三、再审民事裁定书

再审民事裁定书,是人民法院依照《民事诉讼法》规定的审判监督程序,对已经发生法律效力的民事判决、裁定或者调解协议,依照法律规定决定再审的书面处理决定。与再审民事判决书不同的是,再审民事裁定书是启动再审判决的前提,也就是说,只有在再审民事裁定书裁定再审之后,适用再审程序进行审判的法院才对当事人之间的实体民事权利义务争议作出决定,进而制作再审民事判决书。

再审民事裁定书,可以分为依当事人申请、法院依职权以及依检察院抗诉三种。而其结果,可以分为裁定再审或者裁定驳回再审申请。下面各举两典型的样式和文书范例。

【格式说明】

(一)依申请:提审或指令、指定下级法院再审用

×××人民法院

民事裁定书

(提审或指令、指定下级法院再审用)

(××××)×民××号

申请再审人(一、二审诉讼地位):……(写明姓名或名称等基本情况)
法定代表人(或负责人):……(写明姓名和职务)
法定代理人(或指定代理人):……(写明姓名等基本情况)
委托代理人:……(写明姓名等基本情况)
被申请人(一、二审诉讼地位):……(写明姓名或名称等基本情况)
法定代表人(或负责人):……(写明姓名和职务)
法定代理人(或指定代理人):……(写明姓名等基本情况)
委托代理人:……(写明姓名等基本情况)
原审原告(或生效裁判中的其他称谓):……(写明姓名或名称等基本情况)
法定代表人(或负责人):……(写明姓名和职务)
法定代理人(或指定代理人):……(写明姓名等基本情况)

委托代理人：……（写明姓名等基本情况）

×××（简称×××）与×××（简称×××）……（案由）纠纷一案，×××人民法院于××××年××月××日作出（××××）×民××号民事判决（裁定或调解书），已经发生法律效力。××××年××月××日，×××（写明申请再审人的姓名或名称）向本院申请再审。本院依法组成合议庭对本案进行了审查，现已审查终结。

×××（写明申请再审人的姓名或名称）申请再审称，……（概括叙述申请再审人提出的再审事由，包括其主张的事实和提出的相关证据）

被申请人×××称，……（概括叙述被申请人的意见，被申请人未提交书面意见的，写明"被申请人×××未提交书面意见"）

本院经审查认为，……（围绕申请再审人主张的再审事由，阐明本案符合民事诉讼法第一百七十九条规定的应当再审的情形。此部分应针对案件具体情况，详略得当）依照《中华人民共和国民事诉讼法》第一百七十九条第一款第……项（或第二款）、第一百八十一条、第一百八十五条的规定（如果是针对调解书申请再审，则援引民事诉讼法第一百八十二条和第一百八十五条），裁定如下：

一、本案由本院提审[或本案指定×××人民法院（其他下级法院）再审，或本案指令×××人民法院（原审法院）再审]；

二、再审期间，中止原判决（裁定或调解书）的执行。

院长　×××

××××年××月××日

（院印）

书记员　×××

（二）驳回当事人再审申请用

×××人民法院

民事裁定书

（驳回当事人再审申请用）

（××××）×民××号

申请再审人（一、二审诉讼地位）：……

被申请人（一、二审诉讼地位）：……

原审原告（或生效裁判中的其他称谓）：……

×××（简称×××）与×××（简称×××）……（案由）纠纷一案，×××人民法院于××××年××月××日作出（××××）×民××号民事判决（裁定或调解书），已经发生法律效力。××××年××月××日，×××（写明申请再审人的姓名或名称)向本院申请再审。本院依法组成合议庭对本案进行了审查,现已审查终结。

×××(写明申请再审人的姓名或名称)申请再审称,……(概括叙述申请再审人提出的再审事由,包括其主张的事实和提出的相关证据)

被申请人×××称,……(概括叙述被申请人的意见,被申请人未提交书面意见的,写明"被申请人×××未提交书面意见")

本院审查查明,……(围绕申请再审人主张的再审事由,写明相关事实。根据案件具体情况,如果没有必要,也可以不写此部分)

本院认为,……(阐明再审申请应予驳回的理由)依照《中华人民共和国民事诉讼法》第一百八十一条第一款(如果当事人申请再审已超过第一百八十四条规定的期限的,则应阐明申请已超过法定期限,应予驳回,并引用该条。如果申请事由超出了民事诉讼法第一百七十九条所列明的再审事由范围的,则应阐明,予以驳回,并引用《最高人民法院关于适用〈中华人民共和国民事诉讼法〉审判监督程序若干问题的解释》第十九条)的规定,裁定如下:

驳回×××的再审申请。

审判长　×××
审判员　×××
审判员　×××
××××年××月××日
(院印)
书记员　×××

【文书实例】

(一)依申请:裁定本院再审①

浙江省丽水市中级人民法院
民事裁定书

(2013)浙丽民申字第×号

申请再审人(一审原告、二审上诉人):焉××。
申请再审人(一审原告、二审上诉人):何××。
被申请人(一审被告、二审被上诉人):叶甲。
委托代理人:吴××。
委托代理人:刘××。

① 参见法律图书馆网站,http://www.law-lib.com/cpws/cpws_view.asp? id=200402015707。

被申请人(一审被告、二审被上诉人):叶乙。

申请再审人焉××、何××与被申请人叶甲、叶乙所有权确认纠纷一案,不服丽水市中级人民法院(2012)浙丽民终字第×××号民事判决,向本院申请再审。本院依法组成合议庭对本案进行了审查,本案现已审查终结。

本院认为:申请再审人焉××、何××的再审申请符合《中华人民共和国民事诉讼法》第二百条第一款第(一)项之情形。依照《中华人民共和国民事诉讼法》第二百零四条、第二百零六条之规定,裁定如下:

一、本案由本院另行组成合议庭再审;

二、再审期间,中止原判决的执行。

本裁定为终审裁定。

审判长　李××
审判员　江××
审判员　艾×
二〇一三年六月十七日
代书记员　何×

(二) 依申请:裁定驳回再审申请①

浙江省丽水市中级人民法院
民事裁定书

(2013)浙丽民申字第××号

再审申请人(一审被告):姚某某。

委托代理人:叶某某、陈某。

被申请人(一审原告):王某某。

再审申请人姚某某因与被申请人王某某委托合同纠纷一案,不服松阳县人民法院(2010)××商初字第××号民事判决,向本院申请再审。本院依法组成合议庭对本案进行了审查,现已审查终结。

姚某某申请再审称:一审法院以委托合同纠纷为案由,在未查明事实基础、缺乏证据的前提下作出申请人姚某某返还被申请人王某某66万元及赔偿利息损失的判决和适用法律错误。

本院认为:一审法院两次开庭均合法传唤申请人姚某某,但姚某某均无正当理由拒不到庭参加开庭审理,亦未在举证期限内向法院提交证据,仅向一审法院邮寄一份答辩状;一审法院根据被申请人王某某的庭审陈述、汇款凭证结

① 参见法律图书馆网站,http://www.law-lib.com/cpws/cpws_view.asp?id=200402101015。

合申请人姚某某的书面答辩对本案事实予以认定,符合法律规定;一审判决认定的事实清楚,证据确实充分,适用法律正确。故姚某某申请再审的依据不足,不予支持。

综上,姚某某的再审申请不符合《中华人民共和国民事诉讼法》第二百条第二项、第六项规定的情形。依照《中华人民共和国民事诉讼法》第二百零四条第一款之规定,裁定如下:

驳回姚某某的再审申请。

审判长 吴××
审判员 江××
审判员 艾×
二〇一三年九月二十五日
代书记员 张××

第六节 民事决定书

一、民事决定书的概念

民事决定书,是人民法院为了保障司法公正和民事诉讼的顺利进行,依法对有关回避和妨碍民事诉讼的情形作出的书面处理决定。

民事决定书主要包括:(1) 对申请回避的决定书;(2) 对妨碍民事诉讼顺利进行的行为而作出的诸如罚款、拘留和提前解除拘留的决定书;(3) 民事制裁决定书,这是法院依据《民法通则》的规定对民事违法行为人给予的承担民事责任之外的制裁处罚的文书。

二、民事决定书的格式与内容

本节仅简单介绍一下民事决定书的基本结构。

(一) 首部

1. 制文单位和文书名称。如:申请回避决定书、罚款决定书、拘留决定书、提前解除拘留决定书、民事制裁决定书等。

2. 当事人的基本情况。

(二) 正文

正文包括案由、事实、理由和处理决定四项基本内容。

(三) 尾部

1. 告知事项。如:申请复议权的告知等。

2. 制作日期。

3. 院印。

第四章　行政裁判文书

行政裁判文书，是人民法院依照《行政诉讼法》的规定，在行政诉讼中为解决行政机关的具体行政行为引起的行政争议，就案件的实体问题和程序问题依法制作的具有法律效力的司法文书。

按照性质，行政裁判文书可以分为行政判决书、行政裁定书、行政赔偿判决书和行政赔偿调解书。按照审判程序，行政裁判文书可以分为第一审行政判决书、第二审行政判决书、再审行政判决书、第一审行政裁定书、第二审行政裁定书和再审行政裁定书。本章将就几类最为典型的行政判决书展开论述，行政裁定书与民事裁定书较为类似，本章不再单独叙述。

第一节　第一审行政判决书

一、第一审行政判决书的概念

第一审行政判决书，是人民法院按照《行政诉讼法》所规定的第一审行政诉讼程序，对行政案件审理终结，依照法律、法规、参照行政规章，处理实体问题而作出的书面处理决定。按照《行政诉讼法》的规定，当事人只能就行政机关的具体行政行为向人民法院提起诉讼。

二、第一审行政判决书的格式与内容

（一）首部

1. 标题。

2. 案号。

3. 诉讼参加人的身份事项。

4. 案件由来和审判经过。（注意行政诉讼的审判组织只能是合议庭，不能独任审判。）

（二）事实

1. 当事人行政争议的内容。

2. 法庭审理查明的事实和证据。

(三) 理由

1. 对具体行政行为的法律评价。

2. 对诉辩主张的法律评价。

3. 判决的法律依据。按照《行政诉讼法》和司法解释的规定,审理行政案件应当以法律和行政法规、地方性法规、自治条例和单行条例为依据。地方性法律适用于本行政区域内发生的行政案件。同时参照部门规章、地方政府规章。

(四) 判决结果

判决结果包括以下几种:

1. 对于行政作为案件来说有:

(1) 维持具体行政行为;

(2) 撤销具体行政行为;

(3) 部分撤销具体行政行为;

(4) 判决变更行政处罚;

(5) 判决驳回原告的诉讼请求;

(6) 确认被诉具体行政行为合法或者有效;

(7) 确认被诉具体行政行为违法;

(8) 判决驳回原告赔偿请求或者判决被告予以赔偿。

2. 对于行政不作为案件来说有:

(1) 判决驳回原告诉讼请求;

(2) 判决被告履行法定职责;

(3) 判决确认被告不履行法定职责行为违法;

(4) 判决驳回原告赔偿请求;

(5) 判决被告予以赔偿。

【格式说明】

××××人民法院

行政判决书

(一审作为类行政案件用)

(××××)×行初字第××号

原告……(写明姓名或名称等基本情况)

法定代表人……(写明姓名、性别和职务)

委托代理人(或指定代理人、法定代理人)……(写明姓名等基本情况)

被告……(写明行政主体名称和所在地址)

法定代表人……(写明姓名、性别和职务)

委托代理人……(写明姓名等基本情况)

第三人……(写明姓名或名称等基本情况)

法定代表人……(写明姓名、性别和职务)

委托代理人(或指定代理人、法定代理人)……(写明姓名等基本情况)

原告×××不服××××(行政主体名称)××××(具体行政行为),于××××年××月××日向本院提起行政诉讼。本院于××××年××月××日受理后,于××××年××月××日向被告送达了起诉状副本及应诉通知书。本院依法组成合议庭,于××××年××月××日公开(或不公开)开庭审理了本案。……(写明到庭参加庭审活动的当事人、诉讼代理人、证人、鉴定人、勘验人和翻译人员等)到庭参加诉讼。……(写明发生的其他重要程序活动,如:被批准延长本案审理期限等情况)本案现已审理终结。

被告××××(行政主体名称)(写明作出具体行政行为的行政程序)于××××年××月××日对原告作出××号××××决定(或其他名称),……(详细写明被诉具体行政行为认定的事实、适用的法律规范和处理的内容)被告于××××年××月××日向本院提供了作出被诉具体行政行为的证据、依据(若有经法院批准延期提供证据的情况,应当予以说明):1. ……(证据的名称及内容等),证明……(写明证据的证明目的,可以按被告举证顺序,归类概括证明目的);2. ……(可以根据案情,从法定职权、执法程序、认定事实、适用法律等方面,分类列举有关证据和依据;或者综合列举证据,略写无争议部分)

原告×××诉称,……(概括写明原告的诉讼请求及理由,原告提供的证据)

被告×××辩称,……(概括写明被告答辩的主要理由和要求)

第三人×××述称,……(概括写明第三人的主要意见,第三人提供的证据)

本院依法(或依原告、第三人的申请)调取了以下证据:……

经庭审质证(或交换证据),本院对以下证据作如下确认:……

经审理查明,……(经审理查明的案件事实内容)

本院认为,……(运用行政实体及程序法律规范,对具体行政行为合法性进行分析论证,对各方当事人的诉讼理由逐一分析,论证是否成立,表明是否予以支持或采纳,并说明理由)依照……(写明判决依据的行政诉讼法以及相关司法解释的条、款、项、目)之规定,判决如下:

……(写明判决结果)[分以下九种情况:

第一,维持被诉具体行政行为的,写:

"维持××××(行政主体名称)××××年××月××日作出的(××××)×××字第××号……(具体行政行为名称)"

第二,撤销被诉具体行政行为的,写:

"一、撤销××××(行政主体名称)××××年××月××日作出的(××××)×××字第××号……(具体行政行为名称)

二、责令××××(行政主体名称)在××日内重新作出具体行政行为(不需要重作的,此项不写;不宜限定期限的,期限不写)。"

第三,部分撤销被诉具体行政行为的,写:

"一、维持××××(行政主体名称)××××年××月××日作出的(××××)×××字第××号……(具体行政行为名称)的第×项,即……(写明维持的具体内容)

二、撤销××××(行政主体名称)××××年××月××日作出的(××××)×××字第××号……(具体行政行为名称)的第×项,即……(写明撤销的具体内容)

三、责令××××(行政主体名称)在××日内重新作出具体行政行为(不需要重作的,此项不写;不宜限定期限的,期限不写)。"

第四,判决变更行政处罚的,写:

"变更××××(行政主体名称)××××年××月××日作出的(××××)×××字第××号行政处罚决定(或行政复议决定,或属行政处罚性质的其他具体行政行为),改为……(写明变更内容)"

第五,驳回原告诉讼请求的,写:

"驳回原告要求撤销(或变更、确认违法等)××××(行政机关名称)××××年××月××日作出的(××××)×××字第××号……(具体行政行为名称)的诉讼请求。"

第六,确认被诉具体行政行为合法或有效的,写:

"确认××××(行政主体名称)××××年××月××日作出的(××××)×××字第××号……(具体行政行为名称)合法(或有效)。"

第七,确认被诉具体行政行为违法(或无效)的,写:

"一、确认××××(行政机关名称)××××年××月××日作出的(××××)×××字第××号……(具体行政行为名称)违法(或无效)。

二、责令被告××××在……(限定的期限)内……(写明采取的补救措施,不需要采取补救措施的,此项不写)"

第八,驳回原告赔偿请求的,写:

"驳回原告×××关于……(赔偿请求事项)的赔偿请求。"

第九,判决被告予以赔偿的,写:

"被告××××(行政主体名称)于本判决生效之日起××日内赔偿原告×××……(写明赔偿的金额)"]

……(写明诉讼费用的负担)

如不服本判决,可在判决书送达之日起十五日内提起上诉,向本院递交上诉状,并按对方当事人的人数递交上诉状副本,上诉于××××人民法院。

审判长　×××
审判员　×××
审判员　×××
××××年××月××日
(院印)

书记员　×××

××××人民法院
行政判决书

(一审不作为类案件用)

(××××)×行初字第××号

原告……(写明姓名或名称等基本情况)

法定代表人……(写明姓名、性别和职务)

委托代理人(或指定代理人、法定代理人)……(写明姓名等基本情况)

被告……(写明行政主体名称和所在地址)

法定代表人……(写明姓名、性别和职务)

委托代理人……(写明姓名等基本情况)

第三人……(写明姓名或名称等基本情况)

法定代表人……(写明姓名、性别和职务)

委托代理人(或指定代理人、法定代理人)……(写明姓名等基本情况)

原告×××因要求被告×××(行政主体名称)履行法定职责(或者其他行政义务),于××××年××月××日向本院提起行政诉讼。本院于××××年××月××日受理后,于××××年××月××日向被告送达了起诉状副本及应诉通知书。本院依法组成合议庭,于××××年××月××日公开(或不公开)开庭审理了本案。……(写明到庭的当事人、诉讼代理人、证人、鉴定人、勘验人和翻译人员等)到庭参加诉讼。……(写明发生的其他重要程序活动,如:被批准延长本案审理期限等情况)本案现已审理终结。

原告×××于××××年××月××日向被告×××提出×××申请。被告在原告起诉之前未作出处理决定。

原告×××诉称,……(概括原告提出的事实、理由及诉讼请求)

被告×××辩称,……(概括被告答辩的主要理由,被告未提交答辩状的,写明:“被告未提交答辩状,但在庭审中辩称……”)

第三人×××述称,……(概括写明第三人的主要意见,第三人提供的证据)

原告在起诉时提供以下证据证明其曾于××××年××月××日向被告提出××申请事项:……(概括写明证据的名称、时间、内容)经质证,被告认为……(写明被告提出异议的理由,如无异议,应予说明。有《最高人民法院关于行政诉讼证据若干问题的规定》第四条第二款中所列情形的,则此项不写)

被告于××××年××月××日向本院提供了以下证据及依据(如被告申请延期提供证据的,写明:“被告以×××为由,于××××年××月××日向本院提出延期提供证据的书面申请,经本院准许,被告于××××年××月××日提供了证据”):1. …… 2. ……经质证,原告认为,……(对证据提出异议的理由,如无异议,应写明)并提供了以下证据:……经质证,被告认为,……

本院依法(或依原告、第三人的申请)调取了以下证据:……

经庭审质证(或交换证据),本院对证据作如下确认:……

本院根据以上有效证据及当事人质证意见认定以下事实:……(认定有效证据所证明的事实,详细分析当事人各自所举证据能否支持其主张)

本院认为:……(1. 写明应当适用的法律规范,并根据案情对法律、司法解释、行政法规、地方性法规及合法有效的规章等作必要诠释;2. 可根据案情分析被告是否具有法定职权,是否存在拖延履行、不予答复等情况;3. 分析原告申请的理由是否依法成立,确认原告的诉讼请求是否符合法定条件,阐明是否予以支持;4. 分析确认原告合法权益是否受到侵害,与行政机关不作为有无因果关系)依照……(写明判决依据的行政诉讼法以及相关司法解释的条、款、项、目)之规定,判决如下:

……(写明判决结果)[分五种情况:

第一,判决驳回原告诉讼请求的,写:

“驳回原告×××要求被告×××(行政主体名称)……(申请事项)的诉讼请求。”

第二,判决被告履行法定职责的,写:

“责令×××(行政主体名称)……(写明被告应当在一定期限内履行法定职责,因特殊情况难以确定期限的,可不写履行期限)”

第三,判决确认被告不履行法定职责行为违法的,写:

“确认被告×××(行政主体名称)……(不履行法定职责的行为)违法。”

第四,驳回原告赔偿请求的,写:

“驳回原告×××关于……(赔偿请求事项)的赔偿请求。”

第五,判决被告予以赔偿的,写:

“被告××××(行政机关名称)于本判决生效之日起××日内赔偿原告×××……(写明赔偿的金额)”]

……(写明诉讼费用的负担)

如不服本判决,可在判决书送达之日起十五日内,向本院递交上诉状,并按对方当事人的人数递交上诉状副本,上诉于××××人民法院。

审判长 ×××
审判员 ×××
审判员 ×××
××××年××月××日
(院印)

书记员 ×××

××××人民法院
行政赔偿判决书

(一审行政赔偿案件用)

(××××)×行初字第××号

原告……(写明姓名或名称等基本情况)

法定代表人……(写明姓名、性别和职务)

委托代理人(或指定代理人、法定代理人)……(写明姓名等基本情况)

被告……(写明行政主体名称和所在地址)

法定代表人……(写明姓名、性别和职务)

委托代理人……(写明姓名等基本情况)

第三人……(写明姓名或名称等基本情况)

法定代表人……(写明姓名、性别和职务)

委托代理人(或指定代理人、法定代理人)……(写明姓名等基本情况)

原告×××不服××××(行政主体名称)作出的行政赔偿处理决定,于××××年××月××日向本院提起行政赔偿诉讼。[被告不作行政赔偿裁决诉讼的写:原告于××××年××月××日向××××(行政主体名称)提出行政赔偿申请,被告未给予答复(含未给予实质性答复),原告于××××年××月××日向本院提起行政赔偿诉讼]本院于××××年××月××日受理后,于××××年××月××日向被告送达了起诉状副本及应诉通知书。因×××与本案被诉具体行政行为有法律上的利害关系,本院依法通知其为第三人参加诉讼。(公民、法人或者其他组织申请作为第三人参加诉讼的写:“因×××与本案被诉行政行为或者事实行政行为有法律上的利害关系,经×××申请,本院依法准许其为第三人参加诉讼。”)本院依法组成合议庭,于××××年××月××日公开(或不公开)开庭审理了本案。(不公开开庭的,写明原因)……(写明到庭参加庭审活动的当事人、诉讼代理人、证人、鉴定人、勘验人和翻译人员等)到庭参加诉讼。……(写明发生的其他重要程序活动,如:被批准延长审理期限等情况)本案现已审理终结。

原告×××诉称,……(概括写明原告提出的主要事实、理由及赔偿诉讼请求)

被告×××辩称,……(概括写明被告答辩的主要理由和要求)(如被告未提交答辩状的,写明:“被告未提交答辩状,但在庭审中辩称……”)

第三人×××述称,……(概括写明第三人的主要意见,第三人提供的证据)

原告就赔偿请求提供了以下证据:……(概括证据名称、内容及证明目的)经质证,被告认为,……(写明被告异议的理由,如无异议,应说明)原告则认为,……(辩驳理由)

被告就答辩内容提供了以下证据:……(证据的名称、内容及证明目的)。经质证,原告认为,……被告则认为,……(辩驳理由)

本院依法(或依原告、第三人的申请)调取了以下证据:……

经庭审质证,本院对证据作如下确认:……

本院根据以上有效证据及当事人的质证意见认定以下事实:……(写明有效证据所证明的事实)

本院认为,……(1. 对未经确定的事实行政行为,应根据被告的举证确定该行为是否存在;对已经确认违法的具体行政行为和事实行为,无需分析论证。2. 论证原告的合法权益是否被侵害、被侵害的程度和后果及其与被诉行政行为的因果关系,是否应予赔偿。3. 论证各方当事人的诉讼理由是否成立,表明是否予以支持或采纳,并说明理由)依照……(写明判决依据的行政诉讼法、国家赔偿法以及相关司法解释的条、款、项、目)之规定,判决如下:

……(写明判决结果)[分两种情况:

第一,驳回原告赔偿请求的,写:

“驳回原告×××关于……(赔偿请求事项)的赔偿请求。”

第二,判决被告予以赔偿的,写:

“被告××××(行政机关名称)于本判决生效之日起××日内赔偿原告×××……(写明赔偿的金额)”]

如不服本判决,可在判决书送达之日起十五日内提起上诉,向本院递交上诉状,并按对方当事人的人数递交上诉状副本,上诉于××××人民法院。

审判长　×××
审判员　×××
审判员　×××
××××年××月××日
(院印)
书记员　×××

三、文书实例与点评

(一) 陈××诉某规土局案:驳回原告诉讼请求①

上海市奉贤区人民法院
行政判决书

(2013)奉行初字第××号

原告陈××。

委托代理人李××,上海××律师事务所律师。

被告上海市奉贤区规划和土地管理局。

法定代表人杨××。

委托代理人朱×。

委托代理人唐××,上海××律师事务所律师。

原告陈××不服被告上海市奉贤区规划和土地管理局(以下简称:奉贤区规土局)于2013年9月17日作出的沪奉规土信公(2013)第035号《政府信息公开申请答复书》的具体行政行为,向本院提起行政诉讼。本院于2013年12月9日立案受理后,依法组成合议庭,于2013年12月23日公开开庭进行了审理。原告委托代理人李××、被告委托代理人朱×、唐××到庭参加诉讼。本案现已审理终结。

原告陈××诉称,原告于2013年9月4日向被告提出申请,要求被告向原告公开××园×号地块二期北地块23#A、24#A房立面图及剖面图的相关政府信息,被告于2013年9月17日以原告要求获取的信息为商业秘密为由决定不予公开。原告认为原告所申请公开的政府信息并不属于商业秘密,且该信息原告存在利害关系,系判定××园通过竣工验收是否符合规划许可的条件和范围,同时也是原告进行日照鉴定的基础。故起诉要求:1. 撤销被告上海市奉贤区规

① 参见上海法院法律文书检索中心,http://www.hshfy.sh.cn:8081/flws/text.jsp?pa=ad3N4aD0yJnRhaD2jqDIwMTOjqbfu0NCz9dfWtdo2ObrFJnd6PQPdcssPdcssz。

划和土地管理局于2013年9月17日作出的编号为沪奉规土信公(2013)第035号《政府信息公开申请答复书》;2. 判令被告依法公开原告于2013年9月4日提出的要求被告向原告公开××园×号地块23#A、24#A房立面图及剖面图的相关政府信息。

原告就其主张向法庭提供如下证据:

沪奉规土信公(2013)第035号《政府信息公开申请答复书》一份,证明被告向原告答复政府信息的事实。

经庭审质证,被告对原告提供的证据无异议。

被告奉贤区规土局辩称,2013年9月4日原告委托律师向被告申请公开涉案地块房屋剖面图,被告受理后在公开政府信息前,对该申请依法进行审查,第三方上海××置业有限公司认为上述信息为其有偿委托设计单位制作的建筑施工技术等信息,是设计人员等的智力成果,具有一定技术含量及实用性,且该信息不为公众所知悉,具备商业秘密的基本属性,公开后可能损害第三方上海××置业有限公司的合法权益,故第三方明确表示不同意公开。据此,被告于2013年9月17日根据《政府信息公开条例》第十四条第四款、《上海市政府信息公开规定》第十二条第一款作出沪奉规土信公(2013)第035号《政府信息公开申请答复书》。综上,被告认为原告申请公开的信息涉及商业秘密,被告履行第三方征询程序后不予公开并无不当,望法院驳回原告的诉讼请求。

庭审中,就被告奉贤区规土局提供的证明其作出该具体行政行为合法的证据、依据进行了质证:

一、职权依据

《中华人民共和国政府信息公开条例》第四条规定:"各级人民政府及县级以上人民政府部门应当建立健全本行政机关的政府信息公开工作制度,并指定机构(以下统称政府信息公开工作机构)负责本行政机关政府信息公开的日常工作。"

《上海市政府信息公开规定》第五条规定:"行政机关应当建立健全本机关的政府信息公开工作制度,并制定机构(以下统称政府信息公开工作机构)负责本机关政府信息公开的日常工作。"

经质证,原告对被告的主体资格无异议,对此本院予以确认。

二、事实依据

1. 政府信息公开申请表及原告陈××的授权委托书各一份,证明原告委托代理人向被告申请公开涉案房屋立、剖面图的事实;

2. 权利人意见征询单一份,证明经向第三方上海××置业有限公司征询意见,第三方明确不同意公开的事实;

3. 沪奉规土信公(2013)第035号《政府信息公开申请答复书》一份,证明被告向原告答复政府信息的事实；

4. 政府信息公开申请收件回执一份，证明被告向申请人告知收到申请的事实；

5. 上海奉贤区规划和土地管理局依申请公开信息审核单一份，证明原告向被告申请公开涉案政府信息经被告领导批示因系商业秘密不予公开。

经庭审质证，原告对于被告提供的证据的真实性无异议，但是，对证据2的证明内容有异议，原告认为该询单系格式性表格，且缺乏第三方不同意公开的理由。

三、法律依据

《中华人民共和国政府信息公开条例》第十四条第四款、《上海市政府信息公开规定》第十二条第一款的规定。

经质证，原告对于法律适用有异议，认为本案涉及政府信息内容不属于商业秘密，不应当适用上述法律规定。

四、程序依据

《政府信息公开条例》第二十一条、第二十三条、第二十四条；《上海市政府信息公开规定》第二十三条、第二十四条、第二十六条的规定。被告于2013年9月4日收到原告委托律师提交的政府信息公开书面申请表，当日受理后当场向原告送达收件回执。经初步审查后，被告于2013年9月5日向第三方发出权利人意见征询单，第三方于当日明确答复不同意公开。被告经内部审核程序于2013年9月17日作出沪奉规土信公(2013)第035号《政府信息公开申请答复书》并当场送达原告。

原告对于被告的执法程序无异议，对此本院予以确认。

根据以上有效证据，本院确认以下事实：

2013年9月4日原告陈××委托代理人李××律师向被告奉贤区规土局申请政府信息公开，要求获取“××园×号地块23#A、24#A房立面图及剖面图”的政府信息。奉贤区规土局当日受理后，当场向原告委托代理人送达政府信息公开申请收件回执。奉贤区规土局经审查，向权利人上海××置业有限公司发送了《权利人意见征询单》，上海××置业有限公司认为原告所需信息涉及商业秘密，故书面回复不同意公开该信息。被告于2013年12月17日作出沪奉规土信公(2013)第035号《政府信息公开申请答复书》。原告不服，遂诉至本院。

本院认为，依照政府信息公开的有关规定，被告依法具有受理和处理政府信息公开申请的行政职责。被告奉贤区规土局收到原告政府信息公开申请后，在法定期限履行了受理、答复及送达的法定程序，行政程序合法。

本案的争议焦点在于原告所申请公开的政府信息是否属于商业秘密。根据《中华人民共和国反不正当竞争法》第十条第三款的规定：“商业秘密是指不为公众所知悉、能为权利人带来经济利益、具有实用性并经权利人采取保密措施的技术信息和经营信息。”此处所指的技术信息和经营信息，包括设计、程序、产品配方等信息。涉及国家秘密、商业秘密、个人秘密的政府信息属于政府信息公开的例外。但个人信息经权利人同意公开或者行政机关认为不公开可能对公共利益造成重大影响的涉及商业秘密、个人隐私的政府信息，可以予以公开。本案中原告申请公开的政府信息即“××园×号地块23#A、24#A房立面图及剖面图”，不为其所属领域的有关人员普遍知悉和容易获得、对第三方具有现实或者潜在的商业价值，且第三方采取一定保密措施，使得他人通过正当途径很难获得，符合商业秘密的基本属性。被告奉贤区规土局经审查认为，依据第三方上海××置业有限公司书面回复，原告所申请公开的信息为第三方上海××置业有限公司有偿委托设计单位制作的建筑施工技术信息，具有一定的技术含量及实用性，且该信息不为公众所知悉，具备商业秘密的基本属性。被告遂依据《政府信息公开条例》第十四条第四款、《上海市政府信息公开规定》第十二条第二款的规定，于2013年9月17日作出沪奉规土信公(2013)第035号《政府信息公开申请答复书》具体行政行为，作出不予公开的决定，并无不当。被告奉贤区规土局作出被诉政府信息公开申请答复，认定事实清楚、适用法律正确，本院予以确认。原告认为其申请公开的“××园×号地块23#A、24#A房立面图及剖面图”不属于商业秘密，缺乏事实和法律根据，本院不予支持。

据此，依据《最高人民法院关于执行〈中华人民共和国行政诉讼法〉若干问题的解释》第五十六条第(四)项的规定，判决如下：

驳回原告陈××的诉讼请求。

案件受理费人民币50元，由原告陈××负担。

如不服本判决，可在判决书送达之日起十五日内提出上诉，向本院递交上诉状，并按对方当事人的人数递交上诉状副本，上诉于上海市第一中级人民法院。

审判长　徐××
审判员　钟×
代理审判员　管××
二〇一三年十二月二十三日
书记员　袁×

【点评】 本案是一宗原告诉请要求被告公开相关的政府信息的行政诉讼案件，其争议的焦点是所要求公开的政府信息是否属于商业秘密。由于在行政诉讼中是由作为被告的行政主体承担举证责任的，因而该份行政判决书详细列举了被告所提出的职权、事实、法律和程序四个方面的具体行政行为的依据。在判决理由部分，判决书就本案争议的焦点亦即“原告所申请公开的政府信息是否属于商业秘密”充分展开论证。该判决书格式正确、结构合理、论证充分，体现了第一审行政诉讼案件的基本特征。

(二) 夏×诉某镇政府:确认被告具体行政行为违法[①]

上海市松江区人民法院
行政判决书

(2013)松行初字第××号

原告夏×。

委托代理人叶××。

被告上海市松江区××镇人民政府,住所地上海市松江区××镇××路×××号。

法定代表人刘××,镇长。

委托代理人黄××,上海××律师事务所律师。

原告夏×要求确认被告上海市松江区××镇人民政府(以下简称“××镇政府”)拆除其房屋行为违法并恢复原状一案,向本院提起诉讼。本院于2013年5月22日受理后,依法组成合议庭进行了审理,并于同年6月13日、11月21日两次公开开庭审理了本案。原告夏×及其委托代理人叶××、被告的委托代理人黄××到庭参加了诉讼。本案现已审理终结。

2012年6月13日,被告××镇政府依据其于同月6日所作的《××镇拆除违法建筑决定书》,强制拆除了原告夏×位于本区××镇A号、B号的三间平房和两间包厢。原告不服,提起诉讼。

原告夏×诉称:被告于2012年6月6日作出的《××镇拆除违法建筑决定书》内容空白,既无违法建筑实际面积,又无具体地址,也没有告知原告相关权利。同月13日,被告对原告所有的三间平房和两间房屋附属卫生设施包厢予以强行拆除。被告在拆除前没有进行催告,也没有按照《中华人民共和国行政强制法》(以下简称“《行政强制法》”)的规定给予原告申请行政复议或提起行政诉讼的期限。故请求法院判决确认被告于2012年6月13日拆除原告平房三间及房屋附属卫生设施包厢两间的具体行政行为违法,并判令被告予以恢复原状。

被告××镇政府辩称:一、被告拆除原告的违法建筑程序合法,事实认定清楚。被告发现原告夏×在未取得建筑施工许可的情况下,搭建违法建筑,因此于2012年3月8日直接送达给原告《××镇拆除违法建筑决定书》,认定其非法搭建的平房三间及房屋附属卫生设施两间未经合法批准,为违法建筑,并告知了相应权利及拆除的期限。后于2012年6月6日向原告直接送达了《××镇拆除违

---

① 参见上海法院法律文书检索中心网站,http://www. hshfy. sh. cn:8081/flws/text. jsp? pa = ad3N4aD0zJnRhaD2jqDIwMTOjqcvJ0NCz9dfWtdozNbrFJnd6PQPdcssPdcssz。

法建筑决定书》,起到了催告的作用。同月13日,被告对原告按照原《上海市农村宅基地使用证》以外未经批准的违法搭建予以强制拆除。二、被告拆除原告的违法建筑具有法律依据。被告参照《上海市拆除违法建筑若干规定》第十二条、第二十四条以及依据《中华人民共和国城乡规划法》第六十五条的规定,于2012年6月13日拆除了原告的违法建筑,依据合法,且拆除行为未涉及合法建筑。故请求法院依法驳回原告的诉讼请求。在第二次庭审中,被告补充称其同意恢复原状,但考虑实际履行问题,希望能折价恢复原状。

庭审中,被告提供了以下证据:

(一) 证明有权作出强拆行为的职权依据:

1.《上海市拆除违法建筑若干规定》第十二条、第二十四条;

2.《中华人民共和国城乡规划法》第六十五条。

经质证,原告认为被告没有向其出示上述依据。

(二) 证明被告强拆行为认定事实正确的证据:

1. 2012年3月8日《××镇拆除违法建筑决定书》,被告将该决定书贴在原告房屋墙上进行了留置送达,证明原告夏×擅自建造违法建筑物(构筑物),被告要求原告限期自行拆除,并告知了其相关的权利义务;

2. 2012年6月6日《××镇当场拆除违法建筑决定书》,被告向原告直接送达,但原告拒绝签收,证明原告夏×擅自建造违法建筑物,被告要求原告限期自行拆除,并告知了其相关的权利义务;

3. 照片2页,证明被告均已向原告送达了上述两份决定书,其中,2012年3月8日的决定书予以公告送达。

经质证,原告认为证据1和证据2的两份决定书是违反规定的。对证据3中的照片,认可2012年6月6日的决定书已收到,但2012年3月8日的决定书没有收到,所谓的公告不存在,且根据《行政强制法》第三十八条的规定,该决定书应该直接送达给当事人,不适用公告送达。

(三) 证明被告强拆行为适用法律法规正确的依据:

1.《上海市拆除违法建筑若干规定》第十二条、第二十四条;

2.《中华人民共和国城乡规划法》第六十五条。

经质证,原告认为被告没有向其出示上述依据。

诉讼中,被告认为《上海市拆除违法建筑若干规定》里没有明确规定实施强制拆除的程序,因此其无法提供相应的法律法规依据,也没有程序方面的文本材料证据。对此,原告认为,根据《行政强制法》第三十五条的规定,被告没有实施催告,没有作出书面催告通知并直接送达,也没有根据该法第四十四条的程序进行拆除。

庭审中,原告提供了下列证据:

1. 松江县人民政府《关于农村社员建房用地的批复》《××公社社员审批用

地通知》、夏某甲《松江县农民建房用地申请表》、夏某乙《松江县农民建房用地申请表》,证明原告被拆除房屋是合法建造的,被告的拆除行为有误;

2.(2005)松民一(民)初字第926号《民事调解书》,证明坐落于上海市松江区××镇A号房屋中的楼上东侧一间、楼下东侧半间归夏某乙所有,其余房屋归夏×所有,原告对被拆除房屋有合法所有权;

3. 4张照片,证明原告被拆除的房屋已经建成,不是正在搭建的建筑;

4. 情况说明两份,证明按照政策,征地动迁时,不论建造与否,后包厢16平方米都会给予动迁补偿,故原告对两个包厢有合法利益存在,是合法的建筑。

经质证,被告对证据1的真实性没有异议,但认为与本案无关,被告拆除的是违法建筑,没有涉及原告的合法建筑。对证据2的真实性无异议,但认为与本案无关,其涉及的是合法建筑,不是被告强制拆除的违法建筑。对证据3的真实性无异议,但认为不能据此证明该建筑是合法的。对证据4,认为对两间包厢的照顾性补偿不能代替房屋的合法性认定。

诉讼中,被告确认其于2012年6月6日向原告所作的是原告在(2013)松行重字第1号案件中所提供的《××镇拆除违法建筑决定书》,其于同月13日拆除原告房屋所依据的亦是该份决定书,并提出答辩意见及举证中所涉及的2012年6月6日决定书均变更为《××镇拆除违法建筑决定书》。

另,对于三间平房的原状情况,原告确认每间平房的建筑面积为16平方米(计算方式:4×4),但在第一次庭审中,原告确认三间平房长为12米,宽为4米,高约3米;在第二次庭审中,原告确认三间平房总长12.3米,宽4.3米,檐口高2.8米,墙体为砖木结构,房顶由三合板、隔热层和彩钢板组成。对此,被告认可法院所作的《现场勘察图》。对于两间包厢的原状情况,原告在第一次庭审中,确认包厢是两层,2×4平方米一间;在第二次庭审中确认两间包厢东西长4.2米,南北宽4.1米,两层高度为5.9米,墙体为砖混结构,房顶为钢筋混凝土。对此,被告认为包厢的南北宽度是2米,且高度不会超过楼房,对建材无异议。

上述证据,本院认为:被告提供的法律规范及规范性文件均是作出具体行政行为时合法有效的规范和文件;被告提供的认定事实方面的证据以及原告提供的证据均符合证据的真实性、合法性、关联性的要求,本院予以确认。

根据当事人的诉辩意见和上述有效证据,本院确认以下事实:

夏某甲与杨某(二人均已过世)系原告夏×的父母,二人共育有两女一子,分别为夏某乙、夏某丙和夏×。经夏某甲和夏某乙各自提出建房用地申请,有关部门于1984年3月29日审批同意夏某甲户(人口3人,即夏某甲夫妇及原告)可新建房屋楼房二上二下四间(建筑面积共128平方米)及平房两间(建筑面积共32平方米),占地面积96平方米,原有平房四间(建筑面积104平方米)拆除;夏某乙户(人口3人,即夏某乙夫妇及女儿)也获得同样的建房指标,原有平房三间(建筑面积68平方米)拆除。嗣后,夏某甲户与夏某乙户均建造了房屋,两户楼房以连排形式并列相连,四间平房一字排列在楼房西侧,其中三间平房连在一起,另一间平房与楼房西面相连。两户房屋坐落于原松江县××公社某生产队(现为本区新桥镇A号、B号)。2000年左右,原告无批准手续在楼房北侧建造了一上一下两间包厢(一面与楼房相连)。

2012年3月8日,被告作出《××镇拆除违法建筑决定书》,要求原告于同月13日前自行拆除违法建筑,拒不停止建设或者拒不拆除的,将代为予以强制拆除。2012年6月6日,被告又向原告作出《××镇拆除违法建筑决定书》,认定本区某路口西侧住户在该处未经有关部门审批,擅自建造违法建筑物(构筑物),要求于同月13日前自行拆除,拒不停止建设或者拒不拆除的,将代为予以强制拆除。2012年6月13日,被告依据其于2012年6月6日所作的《××镇拆除违法建筑决定书》,强制拆除了原告的三间平房和两间包厢。

另查明,2005年4月18日,夏某乙诉夏×财产权属纠纷一案[案号为(2005)松民一(民)初字第×××号],经本院调解,双方达成协议:坐落于本市松江区××镇A号房屋中的楼上东侧一间、楼下东侧半间归夏某乙所有,其余房屋归夏×所有。同日,夏某乙、夏某丙诉夏×法定继承纠纷一案[案号为(2005)松民一(民)初字第×××号],因夏某乙和夏某丙放弃继承本市松江区××镇B号房屋等遗产,二人自愿撤回起诉结案。

又查明,(2013)松行重字第1号行政判决确认被告于2012年6月6日作出《××镇拆除违法建筑决定书》的具体行政行为违法,该判决现已生效。

再查明,原告房屋位于沪松房管拆许字(2009)第8号《房屋拆迁许可证》的拆迁范围内,该许可证的拆迁期限经批准延长至2014年1月24日。

还查明,被拆除的三间平房和两间包厢地基尚在,三间平房墙高3米左右(参照现存一间平房的高度),墙体为砖木结构,房顶由三合板、隔热层和彩钢板组成;一上一下两间包厢墙高5.9米左右(不超过楼房的高度),墙体为砖混结构,房顶为钢筋混凝土。

本院认为:根据《中华人民共和国国家赔偿法》(以下简称"《国家赔偿法》")第四条第(四)项规定,行政机关及其工作人员在行使行政职权时有下列侵犯财产权情形之一的,受害人有取得赔偿的权利:造成财产损害的其他违法行为。本案中,原告提供的松府字(84)第160号原松江县人民政府《关于农村社员建房用地的批复》《××公社社员审批用地通知》《松江县农民建房用地申请表》、照片以及当事人陈述等证据可以证明,原告之父夏某甲、其姐夏某乙曾分别经政府部门批准,各获建房指标为楼房二上二下四间及平房两间,后两户的楼房和平房均建成,坐落于本区××镇A号、B号。后经(2005)松民一(民)初字第926号财产权属纠纷、(2005)松民一(民)初字第927号法定继承纠纷两案诉讼,上述A号房屋中的楼上东侧一间、楼下东侧半间归夏某乙所有,其余房屋归原告所有,B号房屋亦由原告继承。故原告系本案被拆除三间平房和两间包厢的所有权人。被告于2012年6月6日作出《××镇拆除违法建筑决定书》的具体行政行为,因主要证据不足、适用法律不当、执法程序违法,现已被生效的行政判决确认违法。故被告强制拆除原告三间平房和两间包厢的行为,无事实和法律依据,显属违法,原告有权依照《国家赔偿法》的规定取得国家赔偿。

根据《国家赔偿法》第三十二条的规定,国家赔偿以支付赔偿金为主要方式。能够返还财产或者恢复原状的,予以返还财产或者恢复原状。本案中,原告房屋位于沪松房管拆许字(2009)第8号《房屋拆迁许可证》的拆迁范围内,且该许可证的拆迁期限尚未届满,故原告房屋仍有被拆迁的可能。若房屋未被拆迁的,因原告被拆除的三间平房和两间包厢地基尚在,且两间包厢系原告房屋附属的卫生设施,具有恢复原状的可行性和必要性,故原告要求被告对被拆除房屋予以恢复原状,于法有据,本院应予支持。

综上所述,被告××镇政府强制拆除原告三间平房和两间包厢的行为显属违法,但不具有可撤销内容,本院应予确认违法。原告要求被告对上述房屋予以恢复原状的诉请,本院予以支持。据此,依照《最高人民法院关于执行〈中华人民共和国行政诉讼法〉若干问题的解释》第五十七条第二款第(二)项和《中华人民共和国国家赔偿法》第三十二条之规定,判决如下:

一、确认被告上海市松江区××镇人民政府于2012年6月13日强制拆除原告三间平房和两间包厢的行政行为违法;

二、被告上海市松江区××镇人民政府于本判决生效之日起六个月内将原告被拆除的三间平房和两间包厢恢复原状。

案件受理费50元,由被告上海市松江区××镇人民政府负担(于本判决生效之日起七日内交付本院)。

如不服本判决,可在判决书送达之日起十五日内,向本院递交上诉状,并按对方当事人的人数提出副本,上诉于上海市第一中级人民法院。

审判长　袁××

审判员　陆×

审判员　刘×

二〇一三年十二月二十三日

书记员　顾××

【点评】 这是一宗原告要求法院确认被告违法拆除其房屋行为违法并恢

复原状的行政诉讼案件。由于本案不具有可撤销内容,因此其诉请系确认被告的具体行政行为违法,且其特点还在于该案具有涉及国家赔偿的内容。原告提供了其具体行政为在职权、事实、法律上的依据,但是没有提供程序依据,判决书据此予以记载。同时,虽然在行政诉讼中系由被告承担举证责任,但是本案原告提供了证据,判决书亦予以记载。由于法院查明的事实具有多方面的内容,因此法院在认定事实部分以"又查明""再查明""还查明"等进行表述,逻辑合理。在判决理由部分,判决书根据《国家赔偿法》的规定,详细论证了为何要判决恢复原状(即具有恢复原状的可行性和必要性),论证充分。

(三) 刘××诉某公安局:行政赔偿案①

上海市××区人民法院

行政赔偿判决书

(2013)×行赔初字第×号

原告刘××。

委托代理人樊××,上海××律师事务所律师。

被告上海市公安局××分局,住所地上海市××区××东路×××号。

法定代表人邢××,局长。

委托代理人朱××,该局××派出所副所长。

委托代理人沈××,该局法制办工作人员。

原告刘××不服被告上海市公安局××分局(以下简称"××公安分局")作出的行政赔偿决定,向本院提起诉讼。本院于2013年7月22日受理后,依法组成合议庭进行了审理,并于同年8月19日公开开庭审理了本案。原告刘××及其委托代理人樊××,被告××公安分局的委托代理人朱××、沈××到庭参加了诉讼。本案现已审理终结。

原告刘××诉称:根据《行政判决书》,被告的具体行政行为违法,造成了严重后果。另外,被告下属的××派出所两次将原告送至精神病医院。原告没有精神病,××派出所无权将原告送至精神病医院,该行为侵犯了原告的权益。故请求依法撤销被告作出的《行政赔偿决定书》,并变更赔偿如下:1. 2011年11月4日至今的误工费,按国家规定赔偿;2. 此事造成的精神障碍,每周医药费人民币(以下币种同)200元,2011年11月4日至今;3. 行政拘留10天,依法赔偿;4. 律师费5,000元。

被告××公安分局辩称:首先,被告在收到原告刘××的行政赔偿申请后,

---

① 参见上海法院法律文书检索中心网站,http://www.hshfy.sh.cn:8081/flws/text.jsp?pa=ad3N4aD0yJnRhaD2jqDIwMTOjqcvJ0NDF4rP119a12jG6xSZ3ej0Pdcssz。

根据《中华人民共和国国家赔偿法》(以下简称“《国家赔偿法》”)的规定,已于2013年7月3日决定对原告被行政拘留10日予以赔偿,每日的赔偿标准为182.35元(2012年度全国城镇职工日平均工资),共计赔偿1,823.50元。其次,对于原告要求赔偿因此事造成其精神障碍的请求,原告并没有提供证据证明;对于赔偿误工费、律师费的请求,不属于国家赔偿的范围。综上,被告作出的行政赔偿决定认定事实清楚,适用法律正确,证据确凿,故请求法院依法判决驳回原告的诉讼请求。

庭审中,原告就赔偿请求提供了以下证据:

1.《行政赔偿决定书》,证明被告的行政行为违法,是本案的赔偿义务主体,但是原告对被告作出的赔偿金额不服;

2. 2013年7月12日原告所写的《控诉》,证明原告对事实的补充说明;

3. 2013年7月1日上海市同济医院门(急)诊处方配药清单,证明原告服药的费用,药费的发票在××居委会;

4. 2012年4月26日上海市国家税务局通用机打发票,证明原告在之前的行政诉讼案件中已经支付的律师费;

5. 门诊记录卡(共9页),证明原告目前因精神障碍诊断服药的情况。

经质证,被告对证据1无异议;对证据2中的第(4)项行政拘留十天无异议,认为其他内容与本案无关;对证据3的真实性、合法性无法确认,本案行政拘留发生在2012年3月10日,而该配药清单的时间是2013年7月1日,两者在时间间隔上相差很远,与本案无关;证据4中的律师费不属于国家赔偿范围,与本案无关;对证据5的质证意见同证据3。

被告就答辩内容提供了以下证据:

1. 2012年3月10日《行政处罚决定书》,证明被告于2012年3月10日认定原告犯有殴打他人行为,决定对其行政拘留10日,并处罚款500元;

2. 2012年3月10日《行政拘留执行通知书》(回执),证明原告被执行10日拘留,自2012年3月10日至2012年3月20日;

3.《行政判决书》,证明被告对原告的拘留决定被判决撤销;

4. 2013年6月9日刘××的《谈话笔录》,证明原告确认被执行行政拘留10日,但并未缴纳罚款,且原、被告未能就赔偿达成协议;

5. 公法[2013]477号公安部法制局《关于2012年度全国职工日平均工资标准的通知》,证明2012年度全国城镇非私营单位在岗职工日平均工资为182.35元;

6.《行政赔偿决定书》,证明被告对原告作出赔偿1,823.50元的行政赔偿决定;

7. 原告2013年5月7日向被告提交的《国家赔偿申请书》,证明原告于

2013年5月7日向被告提出赔偿申请,被告于2013年5月8日收到。

经质证,原告对证据3、证据4和证据7均无异议;对证据1和证据2的真实性、关联性均无异议,但该决定被确认违法;对证据5的真实性、合法性和关联性无异议,但是对被告按此标准对原告进行赔偿有异议;对证据6的真实性、合法性和关联性无异议,但是对被告作出的赔偿金额有异议。

诉讼过程中,原告刘××于2013年8月23日申请对其民事行为能力以及其民事行为能力缺陷与行政拘留行为有无因果关系进行司法鉴定,但因其未预付鉴定费,鉴定机构遂于同年11月7日将相关鉴定材料退回本院。

经庭审质证,本院对证据作如下确认:原、被告提供的证据均符合证据的真实性、合法性、关联性的要求,本院予以确认。

根据当事人的诉辩意见和上述有效证据,本院确认以下事实:2012年3月10日,被告××公安分局对原告刘××作出行政处罚决定,对其处以行政拘留10日以及罚款500元的行政处罚。后原告被行政拘留10日,但未缴纳罚款。2013年4月27日,上海市第一中级人民法院作出行政判决,以对违法行为定性不清、适用法律错误、违反法定程序为由,判决撤销了上述行政处罚决定。原告遂于同年5月7日向被告提出国家赔偿申请。被告于2013年7月3日对原告作出行政赔偿决定,决定赔偿原告1,823.50元。原告不服,诉至本院。

本院认为:《国家赔偿法》第二条第一款规定,国家机关和国家机关工作人员行使职权,有本法规定的侵犯公民、法人和其他组织合法权益的情形,造成损害的,受害人有依照本法取得国家赔偿的权利。本案中,原告因被告所作的行政处罚决定被行政拘留10日,现该行政处罚决定已被生效的行政判决撤销,故被告的行政行为侵犯了原告的人身自由,原告有权依法取得国家赔偿。根据《国家赔偿法》第三十三条的规定,侵犯公民人身自由的,每日赔偿金按照国家上年度职工日平均工资计算。根据国家统计局公布的数据,2012年城镇非私营单位在岗职工日平均工资为182.35元。故被告应赔偿原告1,823.50元,计算方式为182.35×10。诉讼中,原告未能提供充分证据证明其生命健康权受到侵害,亦未能证明因行政拘留造成其精神障碍,故其要求赔偿误工费、医药费等损失,无事实和法律依据,本院不予支持。另,原告诉请要求赔偿律师费,于法无据,本院亦不予支持。

据此,依照《中华人民共和国国家赔偿法》第三十三条、《最高人民法院关于执行〈中华人民共和国行政诉讼法〉若干问题的解释》第五十六条第(四)项之规定,判决如下:

一、被告上海市公安局××分局于本判决生效之日起十日内赔偿原告刘××1,823.50元;

二、驳回原告刘××的其他诉讼请求。

如不服本判决，可在判决书送达之日起十五日内，向本院递交上诉状，并按对方当事人的人数提出副本，上诉于上海市第一中级人民法院。

审判长　陆×
代理审判员　刘×
人民陪审员　陈××
二〇一三年十一月二十日
书记员　赵×

【点评】 该案系一宗诉请行政赔偿的行政诉讼案件。本案案情本身并不复杂，因此判决书对事实的阐述也较为清楚，也基本论证了判决理由。不过，在首次出现《行政判决书》或者《行政赔偿决定书》的时候，还是应当对其全称和由来进行说明为好，以使当事人和查阅人能够立即理解判决书所阐述的内容。

第二节　第二审行政判决书

一、第二审行政判决书的概念

第二审行政判决书，是第二审人民法院依照《行政诉讼法》的规定，按照第二审行政诉讼程序对不服第一审行政判决的上诉案件进行审理后，就实体问题依法作出的维持原判或者改判的书面处理决定。与第二审民事判决书的功能相同，第二审行政判决书起着纠正第一审行政判决中的错误，维护当事人合法权益的作用。

二、第二审行政判决书的格式与内容

（一）首部

1. 标题。
2. 案号。
3. 当事人及诉讼参与人的身份事项。
4. 案件由来和审判经过。

（二）事实

1. 一审判决认定的事实和判决结果。
2. 上诉理由和请求以及答辩的主要内容。
3. 二审法院认定的事实和证据。

（三）理由

1. 对本案事实的法律性质的评价。

2. 对原审判决是否正确的判决。

3. 判决的法律依据。

（四）判决结果

判决结果包括以下几种：

1. 维持原判。

2. 对原审判决部分维持、部分撤销。

3. 撤销原判，维持行政机关的具体行政行为。

4. 撤销原判，同时撤销行政机关的具体行政行为。

5. 撤销原判，同时变更行政机关的具体行政行为。

（五）尾部

1. 诉讼费用的负担。

2. 告知判决的效力。

3. 其他事项。

【格式说明】

××××人民法院

行政判决书

（二审维持原判或改判用）

（××××）×行终字第××号

上诉人（原审××）……（写明姓名或名称等基本情况）

被上诉人（原审××）……（写明姓名或名称等基本情况）

（当事人及其他诉讼参加人的列项和基本情况的写法，除当事人的称谓外，与一审行政判决书样式相同）

上诉人×××因……（写明案因）一案，不服××××人民法院（××××）×行初字第××号行政判决，向本院提起上诉。本院依法组成合议庭，公开（或不公开）开庭审理了本案。……（写明到庭的当事人、诉讼代理人等）到庭参加诉讼。本案现已审理终结。（未开庭的，写“本院依法组成合议庭，对本案进行了审理，现已审理终结。”）

……（概括写明原审认定的事实和判决结果，简述上诉人的上诉请求及其主要理由和被上诉人的主要答辩的内容）

经审理查明，……（写明二审认定的事实和证据）

本院认为，……（针对上诉请求和理由，就原审判决认定的事实是否清楚，适用法律、法规是否正确，有无违反法定程序，上诉理由是否成立，上诉请求是否应予支持,以及被上诉人的答辩是否有理等,进行分析论证,阐明维持原判或者撤销原判予以改判的理由)依照……(写明判决所依据的法律条款项)的规定,判决如下:

……[写明判决结果。分四种情况:

第一,维持原审判决的,写:

"驳回上诉,维持原判。"

第二,对原审判决部分维持、部分撤销的,写:

"一、维持××××人民法院(××××)×行初字第××号行政判决第×项,即……(写明维持的具体内容)

二、撤销××××人民法院(××××)×行初字第××号行政判决第×项,即……(写明撤销的具体内容)

三、……(写明对撤销部分作出的改判内容。如无需作出改判的,此项不写)"

第三,撤销原审判决,维持行政机关的具体行政行为的,写:

"一、撤销××××人民法院(××××)×行初字第××号行政判决;

二、维持××××(行政机关名称)××××年××月××日(××××)××××字第××号处罚决定(复议决定或其他具体行政行为)。"

第四,撤销原审判决,同时撤销或变更行政机关的具体行政行为的,写:

"一、撤销××××人民法院(××××)×行初字第××号行政判决;

二、撤销(或变更)××××(行政机关名称)××××年××月××日(××××)×××字第××号处罚决定(复议决定或其他具体行政行为);

三、……(写明二审法院改判结果的内容。如无需作出改判的,此项不写)"]

……(写明诉讼费用的负担)

本判决为终审判决。

审判长　×××
审判员　×××
审判员　×××
××××年××月××日
(院印)

书记员　×××

三、文书实例与点评

陈××诉××区政府:请求撤销被诉房屋征收补偿决定案①

上海市第一中级人民法院
行政判决书

(2013)沪一中行终字第×××号

上诉人(原审原告)陈××。

被上诉人(原审被告)上海市××区人民政府。

法定代表人谢×。

委托代理人齐×。

第三人上海市××区住房保障和房屋管理局。

委托代理人齐×。

上诉人陈××因房屋征收补偿决定一案,不服上海市××区人民法院(2013)×行初字第××号行政判决,向本院提起上诉。本院于2013年12月10日立案后,依法组成合议庭,于同年12月19日公开开庭审理了本案。上诉人陈××及其委托代理人,被上诉人上海市××区人民政府(以下简称:××区政府)及第三人上海市××区住房保障和房屋管理局(以下简称:××住房局)的共同委托代理人齐×到庭参加了诉讼。本案现已审理终结。

经审理查明,本市××区某路某弄某号系陈××租赁的公有房屋,房屋类型旧里,用途居住,租赁部位为二层后楼7.10平方米、亭子间6.70平方米,合计使用面积为13.80平方米。在册户口五人,即户主陈××、妻谈××、子陈×超、儿媳倪×、岳母朱××。孙子A于2013年7月26日报出生。

因××区江苏北路西块(3街坊)旧改的公共利益需要,××区政府于2012年7月3日作出×府房征[2012]1号房屋征收决定,并确定房屋征收范围,公布征收补偿方案。陈××户房屋位于征收范围内。××住房局作为房屋征收部门委托上海市××第一房屋征收服务事务所有限公司(以下简称:××第一征收所)承担房屋征收与补偿的具体工作。2012年8月22日××住房局组织居民投票决定上海××房地产估价有限公司(以下简称:××公司)为房地产价格评估机构,对该地段居住房屋的房地产市场单价进行评估。××住房局向陈××户送达估价分户报告单,陈××未在规定期限内申请复核评估和鉴定。××住房局向上海市房地产估价师协会申请鉴定,2013年4月12日,上海市房地产估

① 参见上海法院法律文书检索中心网站,http://www.hshfy.sh.cn:8081/flws/text.jsp?pa=ad3N4aD0xJnRhaD2jqDIwMTOjqbum0rvW0NDQ1tXX1rXaMzYzusUmd3o9z。

价师协会房地产估价专家委员会(以下简称:专家委员会)对被征收房屋的估价分户报告进行鉴定,因该户无人在家,专家无法进入房屋,鉴定终止。因征收双方未能在征收补偿方案确定的签约期限内达成补偿协议,××住房局于2013年5月20日报请××区政府作出补偿决定,提出以房屋产权调换方式补偿陈××户本市某区某路某弄某号某室房屋一套并结算差价的方案。××区政府于2013年5月23日组织××住房局和陈××进行调解,因双方各执己见,调解未成。××区政府核实了相关证据材料,查清了房屋征收补偿的事实后,认定××住房局提出的补偿方案合法、适当,遂于2013年6月17日作出沪×府房征补[2013]21号《房屋征收补偿决定书》。

上述房屋征收补偿决定认定:本市××区某路某弄某号二层后楼、亭子间房屋,在房屋征收决定的征收范围内,房屋性质公房,承租人陈××,房屋类型旧里,用途居住,居住面积13.8平方米,建筑面积为21.25平方米。经××公司评估,该房屋房地产市场评估单价为人民币25,725元/平方米,估价时点为2012年7月3日。(该地块评估均价26,280元/平方米,评估单价低于评估均价的,按评估均价计算。)房屋征收部门已向公有房屋承租人送达了分户评估报告。因公有房屋承租人未在规定的期限内申请复估、鉴定,房屋征收部门向专家委员会申请了鉴定。经专家委员会现场勘察,公有房屋承租人无人在家,致使专家无法进入房屋,故鉴定终止。根据上海市人民政府[2011]第71号令《上海市国有土地上房屋征收与补偿实施细则》(以下简称:《征收细则》)、×府[2012]办字206号文及该地块房屋征收补偿方案:价格补贴系数30%,套型面积补贴15平方米建筑面积。被征收居住房屋评估价格为446,760元(计算公式:26,280元/平方米×80%×21.25平方米),价格补贴为167,535元(计算公式:26,280元/平方米×21.25平方米×30%),套型面积补贴为394,200元(计算公式:26,280元/平方米×15平方米),公有房屋承租人居住房屋货币补偿金额合计为1,008,495元;面积奖106,250元、无搭建面积奖100,000元、借房补贴10,000元等奖励、补贴及相关费用。在协商过程中,公有房屋承租人要求家中私搭阁楼要算面积,并享受困难户保障补贴,双方在签约期限内未能达成补偿协议。房屋征收部门报请本政府作出补偿决定时,提供了具体补偿方案。本政府在审理过程中,于2013年5月23日听取了公有房屋承租人的陈述,并召集征收双方进行了调解,双方仍未达成协议。本政府认为,房屋征收部门提供的具体补偿方案合法、适当,应予支持。据此根据《国有土地上房屋征收与补偿条例》(以下简称:《征收条例》)、《征收细则》等规定及××区政府有关文件和该地块补偿方案,作出补偿决定如下:一、房屋征收部门以房屋产权调换的方式补偿公有房屋承租人,用于产权调换房屋地址为本市某区某路某弄某号某室,建筑面积86.93平方米,价值1,208,761.65元;产权调换房屋价值同被征收房屋价值补偿金额1,008,495

元结算差价,公有房屋承租人支付房屋征收部门差价款 200,266.65 元;另根据该地块房屋征收补偿方案承诺,房屋征收部门同时给予公有房屋承租人面积奖 106,250 元、无搭建面积奖 100,000 元、借房补贴 10,000 元等奖励、补贴及相关费用。二、公有房屋承租人应当在收到本房屋征收补偿决定书之日起 15 日内搬迁至上述产权调换房屋内,并将被征收房屋腾空,与××第一征收所办理移交手续。

陈××收到《房屋征收补偿决定书》后不服,以独用亭子间、底层公用灶间、阁楼等部位应计入被征收房屋建筑面积、应享受成套独用居住新工房 12 平方米建筑面积补贴等为由,向原审法院提起行政诉讼,请求撤销××区政府于 2013 年 6 月 17 日作出沪×府房征补[2013]21 号《房屋征收补偿决定书》的具体行政行为。

原审认为,××区政府具有作出房屋征收补偿决定的行政职权。本案中,××住房局因与陈××户在征收补偿方案确定的签约期内达不成协议,报请××区政府作出补偿决定。××区政府受理后,核实了相关材料,组织召开审理调解会,并在法定期限内作出房屋征收补偿决定,执法程序合法。××区政府依据沪房管规范征[2012]9 号《关于贯彻执行〈上海市国有土地上房屋征收与补偿实施细则〉若干具体问题的意见》(以下简称:9 号文)第六条认定陈××户建筑面积,依据《征收细则》以及该基地征收补偿方案的规定,对陈××户以结算差价的房屋产权调换方式予以补偿,并支付该户其他应得补贴及奖励费用,认定事实清楚,证据确凿,适用法律规范正确,未损害该户的合法权益。关于陈××要求××区政府提供改建地段房屋的主张,本案查明的事实表明,本案所涉征收补偿方案中并无以改建地段房屋安置的规定,但提供了就近安置的房屋,××区政府根据征收补偿方案选择就近安置房屋与陈××户作产权调换,并无不当。陈××关于征收补偿方案存在程序违法的主张,不属本案征收补偿决定合法性审查范围。关于陈××要求享受成套独用居住新工房 12 平方米建筑面积补贴的主张,××区政府辩称陈××承租的公房房屋类型为旧里,已经享受 15 平方米建筑面积的补贴,故不应重复享受针对房屋类型为独用居住新工房的建筑面积补贴,对该答辩理由予以认可。陈××要求将其租用居住公房凭证中未记载的独用亭子间、底层公用灶间、阁楼等部位计入补偿,原审认为,根据 9 号文第六条第二款规定,承租的公有居住房屋,以租用公房凭证所记载的建筑面积为准;租用公房凭证记载的是居住面积的,房屋类型为旧里的,按 1.54 的换算系数计算建筑面积;第三款规定,2001 年 11 月 1 日前租用公房凭证中已有记载、用于居住并已计算收取租金的阁楼,高度在 1.2 米至 1.7 米(含 1.7 米)的部分,按照实际居住面积的 1/2 及上款规定的换算系数计算建筑面积;1.7 米以上的部分,按照实际居住面积及上款规定的换算系数计算建筑面积;其他情形的阁楼,不计算建筑面积。陈××的该项主张,未提供充分的事实和法律依据,难以支持。综上,陈××要求撤销被诉房屋征收补偿决定的诉讼请求缺乏事实和法律依据,不予支持。遂依照最高人民法院《关于执行〈中华人民共和国行政诉讼法〉若干问题的解释》第五十六条第(四)项之规定,判决驳回陈××的诉讼请求。判决后,陈××不服,上诉于本院。

上诉人陈××上诉称:对被征收房屋价值评估的评估时点为房屋征收决定公告之日,距今早已超过一年,故评估时点错误,且专家委员会就估价分户报告出具的终止鉴定的通知不具有真实性;房屋征收补偿决定仅安置上诉人户一套就近地段的房屋,剥夺了上诉人原地回迁的权利;根据公平公正原则,上诉人应享受成套独用居住新工房12平方米建筑面积补贴;被上诉人应对上诉人实际合法使用的阁楼、底层公用灶间、公用晒台等面积进行补偿并支付相关的奖励补贴。现被诉房屋征收补偿决定未合法补偿上诉人户,原审判决认定事实不清、适用法律错误,故请求二审法院撤销原判,发回重审。

被上诉人××区政府辩称:上诉人未对估价分户报告申请复核评估和鉴定,又未配合专家委员会鉴定,故鉴定终止;被上诉人提供就近地段房屋补偿上诉人户,符合房屋征收规定;上诉人户已经享受了房屋类型为旧里的15平方米建筑面积补贴,不能再享受其他房屋类型的套型补贴;被上诉人根据租用居住公房凭证认定被征收房屋的居住面积,再乘以换算系数计算建筑面积,符合规定,上诉人要求将阁楼、底层公用灶间、公用晒台等计入被征收房屋建筑面积,不符合面积认定规定。被诉房屋征收补偿决定合法,故请求二审法院驳回上诉,维持原判。

第三人××住房局述称:同意被上诉人意见,请求二审法院驳回上诉,维持原判。

二审庭审中,被上诉人××区政府仍以一审时已向一审法院提供的《征收条例》《征收细则》、9号文、×府房征[2012]1号《房屋征收决定》《租用居住公房凭证》《××区江苏北路西块(3街坊)旧改基地征收补偿方案》、户籍资料、估价分户报告单、《江苏北路西块(3街坊)旧改征收基地签约期结束及签约率公告》《谈话笔录》、调解记录稿、产权调换房屋房地产权证等证据、依据证明其作出的房屋征收补偿决定合法。本院对被诉房屋征收补偿决定进行了全面审查,并听取了各方当事人的举质证和诉辩称意见后查明以上事实。

本院认为,根据《征收条例》第二十六条、《征收细则》第四十二条的规定,被上诉人××区政府负责本行政区域的房屋征收与补偿工作,房屋征收部门即第三人××住房局与被征收人、公有房屋承租人在征收补偿方案确定的签约期限内达不成补偿协议的,被上诉人具有按照征收补偿方案作出补偿决定的行政职权和职责。本案中,第三人因与公有房屋承租人即上诉人陈××在征收补偿方案确定的签约期限内未能达成协议，故报请被上诉人作出补偿决定。被上诉人核实了相关证据材料，查清了房屋征收补偿的事实，并组织第三人和上诉人进行了调解，在经审理调解达不成协议的情况下，于第三人报请之日起 30 日内作出补偿决定，程序合法。

被上诉人××区政府根据《租用居住公房凭证》的记载和 9 号文第六条的规定认定被征收房屋的居住面积并按换算系数计算建筑面积，并无不当；又以××公司对被征收房屋的房地产市场单价所作的评估结果、××区政府有关文件及该基地征收补偿方案确定的价格补贴、套型面积补贴等事实为根据，计算出被征收房屋的补偿金额，亦无不当。被征收房屋的补偿金额确定后，被上诉人根据第三人××住房局提供的补偿方案，决定以房屋产权调换的方式补偿上诉人陈××户，由第三人与上诉人户计算、结清被征收房屋补偿金额与用于产权调换房屋价值的差价，并由第三人给予上诉人户各项补贴、奖励等，符合《征收细则》及房屋征收补偿的相关规定，认定事实清楚，适用法律正确。

根据沪房管规范市[2012]5 号《上海市国有土地上房屋征收评估管理规定》第十九条的规定，被征收房屋价值和用于产权调换房屋价值评估时点为房屋征收决定公告之日，本案中，××公司以房屋征收决定公告之日为评估时点，符合上述规定；另上诉人陈××未能说明终止鉴定的通知不具备真实性的充分理由，故上诉人对估价分户报告提出的异议不能成立。此外，上诉人关于应计入阁楼等面积、应享受成套独用居住新工房 12 平方米建筑面积补贴、要求提供改建地段房屋等主张在原审中已经提出，一审法院对此已作阐述，本院予以确认，不再赘述。

综上所述，原审判决驳回上诉人陈××的诉讼请求并无不当，本院应予维持。上诉人的上诉请求及理由缺乏事实根据和法律依据，本院不予支持。据此，依照《中华人民共和国行政诉讼法》第六十一条第（一）项之规定，判决如下：

驳回上诉，维持原判。

上诉案件受理费人民币 50 元，由上诉人陈××负担（已付）。

本判决为终审判决。

审判长　周××
审判员　侯×
代理审判员　周×
二〇一四年一月二十四日
书记员　孙×

【点评】　本案系一宗请求撤销被诉房屋征收补偿决定的第二审行政诉讼案件。由于本案存在第三人，因此判决书应当注意存在第三人的写法。本判决书在二审查明的事实和论理方面,阐述较为详细。但是,似应先概括写明原审认定的事实和判决结果,简述上诉人的上诉请求及其主要理由和被上诉人的主要答辩的内容,再阐述二审查明的事实。

第三节 再审行政判决书

一、再审行政判决书的概念

再审行政判决书,是人民法院依照《行政诉讼法》规定的审判监督程序,对已经发生法律效力的判决、裁定,发现违法法律、法规的规定,进行重新审理后,就案件的实体问题作出的书面处理决定。按照司法解释的规定,违反法律、法规规定,是指具有下列情形之一的:(1) 原判决、裁定认定的事实主要证据不足;(2) 原判决、裁定适用法律、法规确有错误;(3) 违反法定程序,可能影响案件正确裁判;(4) 其他违反法律、法规的情形。行政再审程序的目的,在于纠正确实违法法律、法规的生效裁判,维护当事人的合法权益。

二、再审行政判决书的格式与内容

(一) 首部

1. 标题。

2. 案号。

3. 当事人和诉讼参加人的身份事项。

4. 案件由来和审理经过。

(二) 事实

1. 原生效判决的主要内容。

2. 当事人申请再审的主要理由或者申诉要点;或者检察机关提出抗诉的主要理由。

3. 经再审认定的事实和证据。

(三) 理由

1. 原审生效判决适用法律、法规是否正确。

2. 当事人的申诉或者检察机关的抗诉的理由是否成立。

3. 应予以改判、如何改判或者维持原判的理由。

4. 判决所依据的法律、法规条文。

(四) 判决结果

判决结果包括三种:

1. 全部改判;

2. 部分改判；

3. 维持原判。

（五）尾部

1. 诉讼费用的负担。

2. 告知判决的法律效力。

3. 其他事项。

【格式说明】

××××人民法院

行政判决书

（再审行政案件用）

（××××）×行再字第××号

抗诉机关××××人民法院(未抗诉的,此项不写)

原审原告(或原审上诉人)……(写明姓名或名称等基本情况)

原审被告(或原审被上诉人)……(写明姓名或名称等基本情况)

第三人……(写明姓名或名称等基本情况)

(当事人及其他诉讼参加人的列项和基本情况的写法,除当事人的称谓外,与一审行政判决书样式相同)

原审原告(或原审上诉人)×××与原审被告(或原审被上诉人)×××……(写明案由)一案,本院(或××××人民法院)于××××年××月××日作出(××××)×行×字第××号行政判决,已经发生法律效力。……(写明进行再审的根据)本院依法组成合议庭,公开(或不公开)开庭审理了本案。……(写明到庭的当事人、代理人等)到庭参加诉讼。本案现已审理终结。(未开庭的,写“本院依法组成合议庭审理了本案,现已审理终结。”)

……(概括写明原审生效判决的主要内容;简述检察机关的抗诉理由,或者当事人的陈述或申诉要点)

经再审查明,……(写明再审确认的事实和证据)

本院认为,……(着重论证原审生效判决适用法律、法规是否正确,检察院抗诉或当事人等申诉的理由是否成立,阐明应予改判、如何改判,或者仍然维持原判的理由)依照……(写明判决所依据的法律条款项)的规定,判决如下:

……[写明判决结果。分三种情况:

第一,全部改判的,写:

“一、撤销本院(或××××人民法院)××××年××月××日(××××)×行×字第××号行政判决;

二、……(写明改判的内容,内容多的可分项写)”

第二,部分改判的,写:

“一、维持本院(或××××人民法院)××××年××月××日(××××)×行×字第××号行政判决第×项,即……(写明维持的具体内容)

二、撤销本院(或××××人民法院)××××年××月××日(××××)×行×字第××号行政判决第×项,即……(写明部分改判的具体内容)

三、……(写明部分改判的内容,内容多的可分项写)”

第三,仍然维持原判的,写:

“维持本院(或××××人民法院)××××年××月××日(××××)×行×字第××号行政判决。”]

……(对全部改判或部分改判而变更原审诉讼费用负担的,写明原审诉讼费用由谁负担或者双方如何分担)

……(按第一审程序进行再审的,写明“如不服本判决,可在判决书送达之日起十五日内,向本院递交上诉状,并按对方当事人的人数提副本,上诉于××××人民法院。”按第二审程序进行再审或者上级法院提审的,写明“本判决为终审判决。”)

审判长 ×××
审判员 ×××
审判员 ×××
××××年××月××日
(院印)

书记员 ×××

三、文书实例与点评

温州××开发有限公司诉某建委行政处罚显失公正案①

浙江省温州市中级人民法院
民事判决书

(2012)浙温行再字第×号

申请再审人(一审原告、二审被上诉人):温州××开发有限公司,住所地浙江省××经济技术开发区××号。

法定代表人:奚某某。

委托代理人:牛某。

---

① 参见法律图书馆网站,http://www.law-lib.com/cpws/cpws_view.asp? id=200401840657。

被申请人(一审被告、二审上诉人):温州市××和城乡建设委员会,住所地浙江省温州市××南路××厦。

法定代表人:周某某。

委托代理人:陈某。

委托代理人:孙某某。

申请再审人温州××开发有限公司诉被申请人温州市建设局建设行政处罚一案,温州市鹿城区人民法院于2010年3月31日作出(2009)温乙初字第×××号行政判决。温州市建设局不服,提起上诉。本院于2010年7月13日作出(2010)浙温行终字第×××号行政判决,已经发生法律效力。温州××开发有限公司不服,提出再审申请。本院于2012年7月23日作出(2011)浙温行申字第×号行政裁定,本案由本院另行组成合议庭进行再审。本院依法组成合议庭,公开开庭审理了本案。申请再审人温州××开发有限公司的委托代理人牛某,被申请人温州市××和城乡建设委员会的委托代理人陈某、孙某某到庭参加诉讼。本案经合议庭评议并经本院审判委员会讨论决定,现已审理终结。

温州市鹿城区人民法院一审判决认定:原告温州××开发有限公司于2004年4月取得涉案工程(包括一标段、二标段)《建设工程规划许可证》及《建筑工程甲工许可证》,后开始涉案工程甲工建设。在施工过程中,涉案工程北侧榕景园住户因日照及间距等问题多次向温州市规划局反映。该局遂于2004年6月21日对原告作出《关于要求对天雷巷B2地块进行方案优化的函》,要求原告修改原设计方案,对二标段楼房进行位移和降层。温州市人民政府于同年8月10日召开专题会议,并于同月31日作出[2004]96号《专题会议纪要》,原则同意对涉案工程原经规划部门审批的设计方案进行适当调整,并明确了对原告因规划方案调整造成的损失如何补偿。另外,该会议纪要还载明:"会议要求,市规划局抓紧审批该地块的规划调整方案和功能优化设计方案,市计委、建设局、国土资源局等部门要及时予以办理调整后的有关手续。"同年9月,原告按要求将涉案工程原施甲设计文件修改完毕,并报请温州市规划局审批。由于该局长期未予审批,原告为保证按时交房,避免更大的经济损失以及引发与业主之间的纠纷,按变更后的设计文件进行施工,直至涉案工程于2007年7月竣工。2007年8月,原告组织设计、勘察、施工、监理等单位对涉案工程进行竣工验收,被告下属质监部门参加了一标段的竣工验收并出具了《工程某某整改通知书》。此后,涉案工程于同年9月起陆续交付业主使用。2008年8月,被告温州市建设局以涉案工程未通过竣工验收即交付使用为由对原告进行立案调查。在调查过程中,又对原告施甲设计文件修改后未经审批擅自使用的行为一并进行了调查。依原告申请,被告于同年12月12日举行了听证。同月30日,被告质监部门针对二标段某某又向原告送达了《工程某某整改通知书》一份,认为原告存在竣工验收未通知质监部门以及施甲设计文件修改后未经审查批准擅自使用的情况，要求原告整改后重新组织验收。2009年7月28日，被告作出被诉行政处罚决定，认定原告存在“施甲设计文件未经审查擅自使用”及“将未组织竣工验收和竣工验收不合格的工程擅自交付使用”的违法行为，决定对原告上述两项行为分别罚款20万元和280万元，合计罚款300万元。另查明，涉案工程于2008年9月25日取得新的《建设工程规划许可证》，并于2009年6月12日重新组织了竣工验收并获通过。

该院认为：一、国务院《建设工程质量管理条例》第五十六条第（四）项规定：“对建设单位施甲设计文件未经审查或者审查不合格，擅自施工的，责令改正，处20万元以上50万元以下的罚款。”第五十八条规定：“对建设单位未组织竣工验收，擅自交付使用的；验收不合格，擅自交付使用的，责令改正，处工程乙同价款2%以上4%以下的罚款。”本案中，被告根据上述规定，并以原告按一、二标段原设计分别订立的两份工程乙同价款为计算依据作出处罚。但是，涉案工程甲工图设计文件已于2004年通过审查，并在取得规划、建设等部门许可后开工建设。在建设过程中，原告应规划部门及政府要求修改二标段设计，并非擅自修改。原告按要求修改设计文件后已报请审批，相关职能部门亦应根据市政府会议纪要的要求尽快予以办理有关手续。由于原告修改后的设计文件长期得不到审批，在此情况下，如果要求原告一直停止建设，显然会造成更大的经济损失并可能因不能按期交付造成与业主之间的纠纷。因此，原告按照原经许可未变动的一标段设计以及按要求修改后的二标段设计进行施工。上述过程中，被告派员参加了市政府专题会议，会议纪要也已发送被告，而且在涉案工程长达数年的建设过程中，被告亦参与了工程监管并派员参与了原告组织的一标段某工验收。因此，被告对于涉案工程建设过程中为何修改、如何修改施甲设计文件以及使用修改后施甲设计文件等情况自始知晓。鉴于上述事实，原告并不属于擅自使用施甲设计文件的情形。根据市规划局函及市政府会议纪要，原告修改涉案工程二标段楼房的设计，进行降层等处理后建筑面积将相应减少。其按修改后的设计文件进行建设，造价必然与以原设计为依据订立的工程乙同价款不同。被告在未查清二标段实际价款及其与原合同价款对比的情况下，机械地将上述《条例》第五十八条规定的“工程乙同价款”确定为设计修改前的合同价款，认定事实不清，对原告显失公正。另外，涉案工程在被诉行政处罚决定作出之前已取得新的《建设工程规划许可证》并通过了竣工验收，即已及时得到纠正，没有造成社会危害后果。二、根据《中华人民共和国行政处罚法》第二十九条规定，违法行为在2年内未被发现的，不再给予行政处罚，但违法行为有连续或继续状态的，从行为终了之日起计算。原告在施甲设计文件修改后用于施工的行为一直持续至涉案工程丙工，即2007年7月，故被告于2008年开始对此进行调查，并未超过处罚期限。另外,被告在立案查处原告未经竣工验收即将涉案工程交付使用的行为时,认为原告还存在施甲设计文件修改后未经审批擅自使用的行为。因上述两项行为同时存在于涉案工程的开发建设过程中,具有一定关联性,故被告一并进行查处并无不当,亦符合行政效率原则。原告在听证时提出了申辩理由及新的证据,为此被告在听证结束后对于有关人员与证据进行进一步调查并不违反法律规定,不构成程序违法。三、《建设工程质量管理条例》第五十六条仅有一款,并无第四款。根据该条款第(四)项规定,对建设单位施甲设计文件未经审查或者审查不合格,擅自施工的,责令改正,处20万元以上50万元以下的罚款。结合本案事实,被告实际适用的应是该条款第(四)项。因此可以认定行政处罚决定书的记载为笔误,并未损害原告合法权益。另外,被告辩称根据上述《条例》第五十八条规定,以工程乙同价款2%计罚款280万元。但是,涉案工程,一标段合同价款为91605858元,二标段合同价款为48428700元,合计为140034558元,按2%计算为2800691.16元。被告的处罚低于该数额,但没有适用《中华人民共和国行政处罚法》第二十七条关于减轻处罚的规定。鉴于被告的处罚实际上低于其所称的按《条例》规定计算的数额,客观上对行政相对人有利,故属于行政瑕疵。对上述两点予以指正,希望被告在今后的执法活动中加以改正。据此判决:撤销被告温州市建设局于2009年7月28日对原告温州××开发有限公司作出的[2008]29号行政处罚决定。

宣判后,温州市××局不服,向本院提起上诉。

本院二审认为:1. 上诉人提交的《现场勘查笔录》系上诉人对涉案的金某某园小区进行现场勘查所形成的证据,符合证据形式要件,内容也能与其他证据相互印证,能够证明涉案工程于2007年9月开始陆续交付使用的事实,予以采信。原判认定的事实有相应的证据证实,且双方当事人均无异议,予以确认。2.《建设工程质量管理条例》第十一条明确规定,施工单位应当将施甲设计文件报县级以上人民政府建设行政主管部门或者其他有关部门审查,施甲设计文件未经审批不得使用。被上诉人使用修改后的施甲设计文件进行施工直至工程丙工,该施甲设计文件尚未报经上诉人审查批准,其行为已经违反了上述条款的规定,构成使用未经审查批准的施甲设计文件擅自施工的违法行为。温州市政府的《专题会议纪要》只是要求有关职能部门及时办理涉案工程甲工方案调整后的有关手续,并无同意被上诉人在有关手续获批之前可以先行施工。包括上诉人在内的行政机关也无权逾越上述法律规定同意被上诉人在有关手续获批之前可以先行施工。被上诉人辩称上诉人已经同意或默许被上诉人在涉案工程甲工图设计文件未经审查合格的情况下进行施工,没有事实和法律根据。规划设计文件长期得不到审批等事由也不能成为被上诉人可以擅自施工的法定理由。3.《建设工程质量管理条例》第五十八条规定,对建设单位未组织竣工验收擅自交付使用或验收不合格擅自交付使用的,责令改正,处工程乙同价款2%以上4%以下的罚款。该条款中的工程乙同价款应为工程乙同约定的价款而非工程实际造价。被上诉人存在未组织竣工验收擅自交付使用和验收不合格擅自交付使用的违法行为,依法应当予以行政处罚。被上诉人作为涉案工程的建设单位,在施乙案发生调整之后,不仅有义务将调整后的施甲设计文件依法报经有关职能部门审批,同时也应对建设工程施工合同进行相应变更。被上诉人在行政处罚程序中没有向上诉人提交变更后的建设工程施工合同,上诉人依据其与施工单位签订的施工合同中约定的工程乙同价款予以处罚并无不当。原判认为应当依据工程实际造价予以处罚没有法律依据;且在当事人不进行工程实际价款结算情况下,将导致行政执法活动受阻,不利于行政机关对建设工程质量实施有效监管,保证建设工程质量。被上诉人辩称施乙案发生调整之后发生工程乙同价款减少,没有举证证明,其据此主张被诉处罚决定显失公平的理由不能成立。4. 温州市规划局于2008年9月25日出具《建设工程规划许可证》及《建设工程规划验收确认书》和上诉人于2008年10月31日出具《建设工程设计文件变更意见表》及《竣工验收备案登记表》均系被上诉人实施违法行为之后作出的具体行政行为,无论合法与否,都不能否定此前发生的被上诉人行为的违法性和应受处罚性。被上诉人辩称其违法行为在处罚作出之前已经合法而不应受到处罚,没有法律依据。5. 被上诉人关于被诉行政处罚决定行政程序违法和适用法律错误的起诉理由均不能成立,原判已经予以评判,予以确认。

综上,被诉处罚决定认定事实清楚,证据充分,适用法律正确,程序合法,依法应予维持。原判以认定事实不清,证据不足为由予以撤销不当,予以纠正。据此,依照《中华人民共和国行政诉讼法》第五十四条第(一)项、第六十一条第(二)项的规定,判决:一、撤销温州市鹿城区人民法院(2009)温乙初字第273号行政判决;二、维持温州市建设局于2009年7月28日对温州××开发有限公司作出的[2008]29号行政处罚决定。一、二审案件受理费各50元,均由温州××开发有限公司负担。

申请再审人温州××开发有限公司诉称:1. 温州市建设局处罚决定有失公正,涉案工程甲工图是按市政府的要求修改,施甲设计文件未经审查,系政府主管部门拖延所致,按修改后的施甲设计文件进行施工始终在建设、规划主管部门的允许和监管之下进行,不存在擅自施工问题。2. 温州市建设局在未查清二标段实际价款及其与原合同价款比对的情况下,机械地将《建设工程质量管理条例》第五十八条规定的工程乙同价款确定为设计修改前的合同价款,认定事实不清,对申诉人显失公正。《专题会议纪要》等证据均证实二标段某某在施工中发生了工程量大幅减少的事实,意味着合同价款也相应减少。根据行政处罚应始终坚持比例原则的要求,即使要对申诉人进行处罚,也应当选择较低的合同价款作处罚依据。3. 诉争的“违法行为”在处罚作出之前,已经合法。温州市规划局于2008年9月25日出具的《建设工程规划许可证》及《建设工程规划验收确认书》和申诉人于2008年10月31日出具的《建设工程设计文件变更意见表》及《竣工验收备案登记表》均充分证实诉争的违法行为在处罚作出之前已经合法。4. 被诉具体行政行为存在程序违法,2008年7月8日,被申诉人仅就“工程未通过竣工,就交付使用”一项行为立案,并未就“施甲设计文件未经审查擅自施工行为”立案,该局对该项行为进行调查,程序违法,显失公正。5. 处罚决定适用法律错误,处罚决定适用《建设工程质量管理条例》第五十六条第四款的规定错误,因该条款中没有第四条的规定,没有适用《行政处罚法》第27条第二款的规定不当。请求本院予以再审,依法撤销二审判决,维持一审判决。

被申请人温州市××和城乡建设委员会答辩称:1. 涉案行政处罚的作出,是由于申请再审人未依法办理施甲设计文件审查手续及工程丙工验收手续造成的,不存在显失公正的情形;2. 被诉处罚决定认定申请再审人存在涉案二项违法行为的事实清楚、证据充分;3. 本案无须对申请再审人未依法办理施甲设计文件的行为进行重新立案,被申请人作出被诉处罚决定程序合法;4. 被申请人作出被诉处罚决定引用处罚依据时,虽然存在表述瑕疵,但不导致适用法律错误。请求本院再审维持二审判决。

再审期间,双方当事人均没有提供新的证据。

本院再审查明:原判认定的事实有双方当事人在原审举证期限内提供的并经庭审举证、质证的证据证实,双方当事人对基本事实也无异议,予以确认。

另查明,根据中共温州市委、温州市人民政府关于调整完善城市建设管理体制的实施意见(温委发[2010]115号)精神,温州市××局更名为温州市××和城乡建设委员会。

本院再审认为:本案的主要争议是被申请人原温州市建设局对申请再审人温州××开发有限公司的涉案违法行为作出行政处罚决定是否有失公正的问题。申请再审人在涉案工程建设和交付使用的过程中,虽存在施甲设计文件未经审查擅自使用及将未组织竣工验收和竣工验收不合格的工程擅自交付使用的行为,但涉案工程于2004年是在取得规划、建设等部门许可后开工建设的,在建设过程中,申请再审人应规划部门及政府要求,对涉案工程二标段施甲设计文件进行修改,并按该要求将修改后的设计文件报请相关职能部门审批。市政府[2004]96号会议纪要明确要求相关职能部门尽快予以办理有关手续,而相关部门却对此长期不予审批,再审申请人为了保证按时交房及保护拆迁户的利益,避免造成更大的经济损失以及可能引发的与业主之间的纠纷,按照修改后设计文件进行施工。在涉案工程长达数年的建设过程中,被申请人等有关职能部门派员参加工程监管并参与了申请再审人组织的一标段某工验收,可见,被申请人对申请再审人重新动工等情况是明知的。况且涉案工程在被诉行政处罚决定作出之前已取得新的《建设工程规划许可证》并通过了竣工验收,得到了有效纠正,没有造成社会危害后果。鉴于上述事实,应视为申请再审人具有免于行政处罚的事由。被申请人对其予以行政处罚显失公正,一审判决撤销该行政处罚决定并无不当。二审判决撤销一审判决确有不妥。关于申请再审人提出涉案行政处罚存在处罚依据、行政程序、适用法律等方面的问题,二审判决已经予以评判,予以确认。申请再审人提出对其上述行为不予行政处罚的理由成立,再审予以采纳。据此,依照最高人民法院《关于执行〈中华人民共和国行政诉讼法〉若干问题的解释》第七十六条、七十八条之规定,判决如下:

撤销本院(2010)浙温行终字第126号行政判决;

维持温州市鹿城区人民法院(2009)温乙初字第×××号行政判决。

原一、二审案件受理费各50元,均由温州市××和城乡建设委员会负担。

本判决为终审判决。

审判长　叶×
审判员　李××
代理审判员　朱××
二〇一二年八月二十九日

代书记员　陈××

【点评】　本案是一宗原告企业诉被告行政机关行政处罚显失公正案。本案经过原审的一审、二审生效之后,原审原告提出申诉,温州中院裁定再审。该份再审行政判决书结构完整合理,顺序得当,论理充分,各方面均较为平稳。

第五章　律师诉讼文书

律师是社会的法律工作者,是当事人的法律服务者。法科毕业生到社会就业,除了从事法院、检察院的司法工作之外,还有大量的人通过司法考试,考取律师执业资格。律师日益成为法科毕业生的重要职业选择。因此,法学专业的学生也应当重点学习律师文书的制作。律师所从事的法律业务主要体现在以下几个方面:(1) 担任法律顾问;(2) 担任诉讼代理人;(3) 担任刑事案件中的辩护人;(4) 办理非诉讼法律事务;(5) 解答法律咨询;等等。

按照出具文书的主体来进行划分,律师文书可以分为:(1) 以律师事务所名义出具的诉讼文书,包括刑事辩护委托协议、民事代理委托合同、律师事务所函等;(2) 以律师名义出具的诉讼文书,包括辩护词、代理词、调查笔录、会见笔录等;(3) 由律师代书,以当事人名义出具的文书,包括起诉状、答辩状、上诉状、申诉状等。

按照律师所办理的业务的性质来划分,可以分为律师诉讼文书和律师非诉讼法律事务文书。从传统上讲,律师诉讼文书是最基本的律师文书,学好律师诉讼文书是法学专业学生的基本功,然而,随着律师业务的发展和扩展,律师非诉讼事务也越来越重要。本章,先阐述律师诉讼文书,下一章再阐述律师的非诉讼法律事务文书。应当注意的是:与检察文书、裁判文书不同的是,律师文书并没有像前两者一样有由国家机关制定的全国统一标准文本,但是,这并不意味着律师文书没有格式范围,尽管不同的律师可能有不同的书写风格,但是基本的格式都是大同小异的,而其中必备的要素都是不可或缺的。

第一节　民事起诉状

一、民事起诉状的概念

民事起诉状,是民事案件的原告及其法定代理人认为自己的民事权益受到侵害或者与他人发生争议时,向人民法院提起诉讼所递交的书面请求。民事起诉状是提起民事诉讼的书面凭证,是原告寻求救济的书面途径。民事起诉状是以原告及其法定代理人的名义出具的,但是,在实践中,有很多都是由律师代书的。所以,民事起诉状是律师应当掌握的基本诉讼文书。

二、民事起诉状的格式与内容

（一）首部

1. 文书标题。

2. 原告的身份事项。

3. 被告的身份事项。

4. 第三人的身份事项(如果有的话)。

（二）诉讼请求

如果诉讼请求有两项,可分款列出。

（三）事实和理由

事实部分应当主要写明被告侵权行为的具体经过或者当事人双方就民事权利义务发生争议的具体内容。原告在诉状中应当列举证据,以证明自己所主张的事实。证据可以分项列举。

理由应当包括:纠纷的性质;被告行为造成的后果;论证诉讼请求的合法性、合理性;引用相关的法律条文。

（四）尾部

应写明“此致”“××××人民法院”。由具状人签名或者盖章,并注明年月日。附项要注明副本的份数。

三、文书实例与点评

（一）方××诉两被告房产纠纷案

民事起诉状

原告:方××,男,汉族,1947年7月出生,住××市××路××宿舍一座101-1号,身份证号码:……

被告:方万×,男,汉族,1936年9月出生,住××市××路5号,现住××市××路179号4梯504房,身份证号码:……

被告:王××,男,汉族,19××年×月出生,住××市××路×号×××房,身份证号码:……

诉讼请求:

一、判令二被告立即腾退出位于××市××路30号(现编5号之4)的房产并将该房产交还原告自行管业;

二、判令第一被告协助原告办理《国有土地使用权证》变更和《房产所有权证》;

三、判令第一被告将出租占用房产所得的租金收入全部返还原告;

四、本案诉讼费用由二被告共同承担。

事实及理由：

××市××路30号(现编5号之4)的房产系原、被告之母刘××所购买，2001年经××市××区人民法院作出(2000)×民初字第95号民事判决书，判决该房产归原告方××继承所有，该判决已于2001年4月19日生效。判决生效后，被告一直拒绝协助原告办理《国有土地使用权证》变更和《房产所有权证》，并以种种理由继续占用该房产，甚至擅自将该房产出租给第二被告以获利。原告多次要求二被告腾退出该房产并将该房产交还原告自行管业，但直至起诉之日，二被告仍一直拒绝腾退。

原告认为，二被告的行为已违反《物权法》和《民法通则》的有关规定，严重侵犯了原告的合法权益，故此，特依照《民事诉讼法》第108条之规定，向贵院提起诉讼，请贵院依法判准原告诉请。

此致

××市××区人民法院

具状人：方××

二〇〇九年十一月×日

【点评】　该案案情简单，且案件的关联诉讼先前经过了法院判决并已经生效。该起诉状作了必要的交代，这是该起诉状的关键。不过，在理由方面，似乎还可以进一步叙述，并且阐明具体的法律依据。

（二）卢××诉李××机动车买卖过户案

民事起诉状

原告：卢××，男，汉族，1971年×月×日生，住所地……身份证号码：……

被告：李××，男，汉族，1966年×月××日生，住所地……身份证号码：……

诉讼请求：

1. 判令被告将号牌为：粤D×××××的长安SC1010牌小车过户至被告名下；

2. 本案诉讼费用由被告承担。

事实与理由：

原告于2008年1月9日将一辆车牌号为粤D×××××的长安SC1010牌小车出售给被告，并于双方协商达成的二手车买卖协议第三条约定："买方(被告)应持有效证件与卖方(原告)共同办理车辆过户、转籍手续"。

双方达成上述协议后，原告依约于同日向被告交付车辆并提供该车的机动车辆行驶证、机动车登记证、车辆保险单等相关证件。但被告在接收完车辆及相关证件后却怠于履行二手车买卖协议约定的协助原告办理车辆过户、转籍手续的义务。期间，原告多次催告被告履约，而被告一直怠于履行该义务。

被告的违约行为致使原告无法依照《机动车登记规定》向车辆管理所申请办理车辆转移登记。被告的行为已侵犯了原告的合法权益。故此，原告根据《民事诉讼法》第108条的规定，向贵院提起诉讼，请贵院判准原告上列之诉讼请求。

此致

××市××区人民法院

具状人：卢××

二〇一〇年三月×日

【点评】 对于案情确实简单的案件，撰写时应注意简明性。该起诉状对事实的基本情况作了简明扼要的介绍，叙述清楚。不过在理由部分应当再引述有关机动车登记过户的法律法规为好。

（三）××纸业公司诉××机械制造公司买卖合同违约案

民事起诉状

原告：××市××区××纸业有限公司，地址：……

法定代表人：甲，联系电话：……

被告：××市××机械制造有限公司，地址：……

法定代表人：乙，联系电话：……

诉讼请求：

1. 判令被告继续履行"××市××机械制造有限公司买卖合同"和"协议书"的义务；

2. 判令被告支付违约金人民币……元（违反合同违约金人民币……元，违反协议书违约金人民币……元）；

3. 判令被告赔偿原告直接、间接经济损失人民币……元（包括原告已支付的银行贷款利息、增容费、闲置机器管理维修费和可得利益损失）；

4. 本次诉讼费用由被告承担。

事实与理由：

原告与被告于2009年4月8日签订"××市××机械制造有限公司买卖合同"，约定原告以人民币贰佰叁拾贰万元向被告购买F2950型分切机四台，以人民币叁佰伍拾陆万肆仟元向被告购买HC190-8型抽式面巾机18台,共计人民币伍佰捌拾捌万肆仟元。原告按照合同约定于合同签订时向被告给付了合同总价的60%(即人民币叁佰伍拾三万元)作为订金,于2009年6月15日又向被告给付了合同总价的30%(即壹佰柒拾陆万伍仟元)作为二期货款。根据合同约定,被告应当于2009年7月15日向原告交付第一台F2950型分切机和4台HC190-8型抽式面巾机,于同年7月31日向原告交付第二台F2950型分切机,于同年8月15日向原告交付6台HC190-8型抽式面巾机,于同年8月31日向原告交付第三、第四台F2950型分切机和8台HC190-8型抽式面巾机。原告已依约向被告支付了合同总价的90%共计人民币伍佰贰拾玖万伍仟陆佰元,但被告均没有履行合同约定的四次交付义务。

根据合同第四条关于违约责任的约定,F2950型分切机每延迟一天交付,被告应向原告支付人民币壹仟元,HC190-8型抽式面巾机每延迟一天交付,被告应向原告支付人民币伍佰元。根据上述合同第三条约定的被告应交付日期和其实际交付日期,截至2010年12月25日,被告应向原告支付的违约金为:……元。

由于被告实际交付的分切机和抽式面巾机机械技术不符合双方确认的参数与配置说明书标准,存在"车速低、压光效果差、刀不断"等严重影响正常生产的问题,原告于2010年4月30日与被告签订了"协议书",约定被告在2010年8月1日前将18套固定压花全部依照《HC190/7抽式面巾纸机技术说明》的标准完成维修义务,原告可不追究被告根据"××市××机械制造有限公司买卖合同"应当承担的违约责任。但被告至今仍未按"协议书"履行维修义务。根据"协议书"第七条关于违约责任的约定,工期每延一天,原告有权扣除合同金额单机单台分切机人民币伍佰元,抽取式盒装机人民币贰佰元。根据"协议书"第三条约定的具体交货时间,截至2010年12月25日,被告应当向原告支付的违约金为:……元。

由于被告没有按"××市××机械制造有限公司买卖合同"和"协议书"履行其应履行的交付和维修义务,给原告造成了如下直接和间接经济损失:

1. 原告向被告支付"××市××机械制造有限公司买卖合同"约定的合同总价90%,即人民币伍佰贰拾玖万伍仟陆佰元,为此,原告向银行支付的利息为人民币拾壹万柒仟壹佰陆拾伍点壹伍元;

2. 被告为投入生产,于2009年9月20日,安装了新变压器(按1000KW×18元/KW=18000元)的规定增容费为18000元/月,截至2010年12月25日,被告已造成原告直接经济损失人民币贰拾柒万元。

3. 已交付设备因质量问题闲置于原告生产场地内,截至2010年12月25日,已经产生管理维护费用人民币……元。

4. 由于被告迟延履行交付义务,原告无法按原定计划布置生产,由于被告迟延履行维修义务,原告无法按质按量生产,截至2010年12月25日,使被告损失了可得利益人民币……元。

综上,根据《合同法》第8条、107条、112条、113条、114条规定,被告应当向原告承担继续履行、赔偿损失的违约责任。

此致

××市××区人民法院

具状人:××市××区××纸业有限公司

××××年×月×日

【点评】 该案是一宗买卖合同纠纷案。商业合同的纠纷要比一般的民事纠纷复杂。原告提出的诉讼请求包括继续履行、赔偿违约金、赔偿直接和间接经济损失三个部分。因此,起诉状的撰写必须围绕着三个诉讼来进行,在事实叙述部分,如何违约、如何造成经济损失,代书人分别详细进行了叙述,表述较为清楚。

第二节 刑事自诉状

一、刑事自诉状的概念

刑事自诉状,是指刑事案件的自诉人或者其法定代理人,根据事实和法律向人民法院控告被告人侵犯自身权益,要求追究其刑事责任的书面诉状。根据《刑事诉讼法》的规定,刑事自诉案件包括三类:告诉才处理的案件;被害人有证据证明的轻微刑事案件;被害人有证据证明对被告人侵犯自己人身、财产权利的行为应当依法追究刑事责任,而公安机关或者人民检察院不予追究被告人刑事责任的案件。自诉案件是公诉案件的补充,我国实行"公诉为主、自诉为辅"的刑事起诉制度。但是,自诉案件对于维护被害人的合法权益,及时依法地制裁犯罪也具有意义。

二、刑事自诉状的格式与内容

(一) 首部

1. 标题。

2. 自诉人的身份事项。

3. 被告人的身份事项。

(二) 正文

1. 案由和诉讼请求。

2. 事实与理由。

该部分包括犯罪事实、证据和起诉的理由，一般应分段叙述。应当援引刑罚的条文作为自诉的依据。

（三）尾部

1. 致送法院的名称。

2. 自诉人签名或者盖章。

3. 附项。

第三节　刑事附带民事起诉状

一、刑事附带民事起诉状的概念

刑事附带民事起诉状，是被害人或者其法定代理人、近亲属根据法律和司法解释的规定，在刑事诉讼过程中，要求被告人承担民事赔偿责任的诉状。根据《刑事诉讼法》的规定，被害人由于被告人的犯罪行为而遭受物质损失的，在刑事诉讼过程中，有权提起附带民事诉讼。

二、刑事附带民事起诉状的格式与内容

（一）首部

1. 标题。

2. 原告的身份事项。

3. 被告的身份事项。

（二）正文

1. 诉讼请求。要写明赔偿的项目和数额。

2. 事实。写明因被告人的犯罪行为，给被害人、附带民事诉讼原告人造成的实际经济损失情况。损失的事项以及证据，应当逐一列明。

3. 理由。写明应由附带民事诉讼被告人承担民事赔偿责任的理由和法律依据。

（三）尾部

1. 致送法院的名称。

2. 刑事附带民事诉讼原告人签名或者盖章。

3. 附项。

三、文书实例与点评

许××诉三被告损害赔偿案

刑事附带民事起诉状

原告:许××,男,汉族,19××年×月××日出生,住××省××市××区××镇××村××路××巷×号,公民身份证号码:……系陈××等寻衅滋事、非法持有枪支罪一案的被害人。

被告:陈××,男,汉族,19××年×月××日出生,公民身份证号码:……住××省××市××区××镇××村×园×号,现羁押于××市××区看守所。

被告:林××,男,汉族,19××年×月×日出生,公民身份证号码:……住××省××市××区××镇××村××路×巷×号,现羁押于××市××区看守所。

被告:李××,男,汉族,19××年×月××日出生,公民身份证号码:……住××省××市××区××镇××村××路××巷×号,现羁押于××市××区看守所。

诉讼请求:

一、依法加重追究被告陈××、林××、李××的刑事责任。

二、依法判令三被告连带赔偿原告许××医疗费、护理费、误工费、残疾赔偿金、后续治疗费等各项赔偿费用(详见附后《人身损害赔偿计算清单》),合计人民币50499.51元。

事实和理由:

2013年×月×日上午,××区××镇××村组织村民租田标地,被告李××为投中××村水厂隔壁一地块,指使被告陈××纠集被告林××等四人为其投标,承诺投中后给予其好处,同时交代被告陈××在标地过程中如有人争标就进行阻挠闹事。

在当天标地过程中,被告李××、陈××因与看中上述地块的同村人许×Y(系原告之叔父)发生口角,被告陈××遂纠集指使被告林××等四人持刀砍打许×Y,原告和表弟许C看到自己叔父被砍打遂上前拦开,在此过程中均被被告陈××等人砍伤。之后被告陈××驾驶摩托车回家拿了两把土制转轮枪支,递给被告林××一把,被告林××接枪后朝天开了一枪,事后被告陈××等人均逃离现场。

事发当天,原告因伤情较重被送往××东门××医院住院并进行手术治疗,共住院14天,花费住院治疗费7465.73元。

经××市××区公安司法鉴定中心鉴定,原告许××已构成轻伤。

2013年×月×日,原告许××经公诉机关××市××区人民检察院同意,依法向××法医临床司法鉴定所申请司法鉴定,××法医临床司法鉴定所接受委托后于2013年×月×日出具××司鉴所[2013]临鉴字第××××××号司法鉴定意见书,评定原告的伤残程度为×级(十级)伤残,所需康复费为人民币500元,所需营养费为人民币225元。

原告认为,公民的人身及财产安全受到法律保护。被告陈××、林××、李××等人无事生非、持刀对原告进行无端砍打致轻伤、非法持枪开枪的行为情节极度恶劣,社会危害极大,其行为已触犯《刑法》第128条和第293条之规定,构成寻衅滋事、非法持有枪支罪。且从事发至今,三被告对原告的伤情均不闻不问,拒不赔偿原告的各项损失,依据最高人民法院《人民法院量刑指导意见》及××省高级人民法院《人民法院量刑指导意见实施细则》关于"拒不赔偿被害人经济损失的,可以增加基准刑的30%以下"的规定,依法应对三被告加重刑罚处罚。同时依据《民法通则》第119条、《最高人民法院关于审理人身损害赔偿案件适用法律若干问题的解释》及相关法律法规的规定,侵害公民身体造成伤害的,应当赔偿医疗费、护理费、误工费、残疾赔偿金等费用。

鉴上,原告特依据《刑事诉讼法》第99条之规定,向贵院提起刑事附带民事诉讼,请求贵院在依法加重追究被告陈××、林××、李××的刑事责任的同时,依法对附带民事诉讼进行审判,判准原告之诉请,以维护原告的合法权益。

此致

××市××区人民法院

具状人:许××

二〇一三年×月×日

附:《人身损害赔偿计算清单》(略)

【点评】 该刑事附带民事诉讼的民事纠纷部分系一名被害人与三名加害人之间的纠纷,属于存在多名当事人的情况。该起诉状比较简要且清楚地写明了案件的起因、发生的经过以及各位当事人在案件里各自的行为。起诉状对案件的关键即司法鉴定部分的鉴定过程和鉴定意见的描述清楚。在理由部分,起诉状特别引用了最高人民法院和该省高级人民法院关于量刑指导意见的规定,能够及时反映司法改革的成果。起诉状还附上了《人身损害赔偿计算清单》,对于支持本方的诉讼请求具有较大作用。不过,对于诉请中请求依法加重追究三被告的刑事责任部分,由于量刑情节对基准刑的调节结果也不能突破法定刑幅度的最高刑,所以,尽管按照"拒不赔偿被害人经济损失的,可以增加基准刑的

30%以下”的规定,也是在法定刑幅度内增加的,因此,此处似乎使用“从重”更为恰当。不过,由于我国法律实际上尚未明确赋予被害人量刑建议权,也就无法对此进行规范,但基于对公民来说“法无禁止即自由”的原则,提出建议也是其表达自由的一部分,更多是宣示意义。多数刑事附带民事起诉状都会有关于刑事部分的请求,但刑事附带民事诉讼起诉状的重点还是在民事索赔部分。这不是诉状撰写人的问题,而是还有待于法律的进一步明确和完善。在其他部分,该份刑事附带民事起诉状结构完善,论证充分,举证清楚,格式规范,是一份较好的诉状。

第四节 行政起诉状

一、行政起诉状的概念

行政起诉状,是公民、法人或者其他组织认为行政机关及其工作人员的具体行政行为侵犯其合法权益,依法向人民法院提起行政诉讼,请求法院作出裁判的诉状。行政起诉,针对的必须是具体行政行为,而目前对抽象行政行为尚不能提起行政诉讼。

二、行政起诉状的格式与内容

(一) 首部

1. 标题。

2. 原告的基本情况。

3. 被告的基本情况。

4. 第三人的基本情况(如果有第三人的话)。

(二) 诉讼请求

诉讼请求应用简明扼要的语言概括出请求人民法院解决的行政案件权益纠纷的目的。如提出撤销或者部分撤销具体行政行为;提出判令被告在一定期限内履行法定职责;提出判令被告变更行政处罚;提出判令被告赔偿;等等。

(三) 事实与理由

1. 说明原告引起被告作出具体行政行为的事实。

2. 被告作出了什么样的具体行政行为,其依据和处理结果是什么。

3. 如果申请过行政复议,应写明是否经过了行政复议,复议的结果是什么。

4. 原告可不举证,但是提出行政赔偿的,应就损害情况进行说明。

5. 阐述对被诉的具体行政行为的不服之处,说明被告的具体行政行为的不合法或者不合理之处。

(四) 尾部

1. 致送法院的名称。

2. 原告签名或者盖章。

3 附项。

三、文书实例与点评

乔某某诉某某派出所行政审批案

行政起诉状

原告:乔××,男,1941年×月×日出生,汉族,住所××市××区××村×××号×××室。

被告:××市公安局××分局××派出所。

法定代表人:×××,所长。

住所:××市××区××路××××号,电话:××××××××。

诉讼请求:

1. 请求判令撤销被告2009年××月××日作出的《户口类审批意见决定书》,判决被告依法作出准许原告户口迁入××村×宅××号的决定书。

2. 本案诉讼费由被告承担。

事实与理由:

原告系在××区××村×宅××号出生,后因工作原因户口迁出,现在原告年老申请户口迁回××区××村×宅××号,原告哥哥乔×Y作为户主及其妻子均同意原告户口迁入。

原告按要求向被告提供了申请材料,被告却违法作出原告的申请"因不符政策,经审批未被批准"的决定书,原告多次要求被告解释不符合政策的依据,被告拒不提供。

原告认为:原告户口原来就在××区××村×宅××号,且原告哥哥乔×Y作为户主及其妻子均同意原告将户口迁入,依照政策和法律,原告户口有权迁入。原告已经按照规定提交了申请材料,被告没有任何依据就作出不批准原告户口迁入的决定书,侵害了原告的合法权益。且同一户口簿内被告已经审批同意迁入其他非直系亲属张××,政策和法律应该一律平等。原告无奈,只好诉诸贵院,请支持原告的诉讼请求。

此致

××区人民法院

具状人:乔××

2009年××月××日

【点评】 该案系一起因原告认为被告拒不作出准予户口迁入的具体行政行为违反的行政诉讼案件。该案案情简单,诉状简要地阐述了案件的由来、原告向被告行政机关提出申请的经过和理由以及被告行政机关作出不批准原告户口迁入的结果。诉状在阐述诉讼请求的理由时,诉诸平等原则,提出了被告行政机关之前所作出的另一具体行政行为作为例证,阐述同等情况应同等对待的原则,具有一定的逻辑性。该案虽然案情简单,但诉状格式规范,结构合理,表达清晰,阐述理由具有逻辑性。

第五节 答 辩 状

一、答辩状的概念

答辩状,是被告或者上诉的对方当事人针对原告的起诉状或者上诉人的上诉状,作出答复和辩驳的文书。答辩状,可分为民事答辩状、刑事答辩状(用于刑事自诉案件)和行政答辩状。

二、答辩状的格式与内容

1. 首部

(1) 标题:民事答辩状、刑事答辩状或者行政答辩状。

(2) 答辩人的身份事项。

(3) 答辩案由。

2. 正文

(1) 答辩理由。

(2) 答辩请求(包括承认诉讼请求或者反驳诉讼请求)。

3. 尾部

(1) 致送人民法院名称。

(2) 答辩人签名或者盖章。

(3) 附项。

三、文书实例与点评

(一) 张××与谢××离婚纠纷案

民事答辩状

答辩人:张××,男,汉族,1982年×月×日出生,户籍所在地:××市××区××巷×号。

被答辩人:谢××,女,汉族,1986年×月×日出生,户籍所在地:××市×

×区××××路×号×栋×××房。

答辩人因与被答辩人离婚诉讼纠纷一案，现答辩人就本案的事实作出如下答辩：

一、答辩人与被答辩人于2006年3月经他人介绍认识，后双方经长达一年多的相互了解，已建立了较为真挚的感情基础，双方也都认为彼此均是值得托付终身的人，才在2007年×月×日共同养育了儿子张××，孩子的出生更增进了答辩人与被答辩人之间的感情，双方建立起了牢固的夫妻感情，故于2007年×月×日补办了结婚登记手续，双方已经构筑起了一个完美、幸福、安康的家庭，因此，被答辩人谢××在起诉状中所提到的"双方婚前缺乏了解，毫无感情基础，婚后又未能和睦相处，夫妻感情恶化"是不符合事实的。

二、自答辩人与被答辩人建立家庭以后，答辩人为了能让被答辩人和孩子的生活过得更好些，非常辛苦在外打拼赚钱，经常需很晚才能回家，被答辩人在家负责家务及教育儿子，虽然双方偶尔会因琐事而分歧争吵，但皆因工作压力太大，并不是因感情方面，夫妻之间感情仍十分融洽。

三、希望被答辩人考虑到儿子尚未成年，需要更多的父爱和母爱，需要一个完整、和睦的家庭氛围，为其提供一个健康成长的摇篮，倘若父母离异，必然会给儿子的身心健康造成严重的损害，影响其学习、生活，不利于儿子的健康成长。

综上所述，答辩人与被答辩人之间婚姻基础好，婚后感情牢固，被答辩人目前提起离婚诉讼相信只是一时之气，并非其真心实意，希望双方通过这次的生活小插曲，能相互谅解，双方的婚姻感情会更加加深，且考虑到现在儿子尚年幼，如果离婚，确实会影响到儿子的心身成长，不利于孩子的学习生活。因此，无论从维持夫妻婚姻的稳定，还是从维持家庭的完整和社会的和谐的角度出发，恳请法院判决答辩人与被答辩人不允许离婚。

此致

××市××区人民法院

答辩人：张××

二〇〇九年×月×日

【点评】 本案是一宗离婚纠纷案。作为被诉请离婚的被告，答辩人应当围绕为何请求法院判决不准予离婚来展开，叙述其所主张的事实和理由。答辩人比较完整地叙述了双方当事人认识、恋爱和结婚的经过，基本阐明了支持其诉讼主张的事实和依据。这是一份写得较好的民事答辩状。

（二）××保险公司与刘××保险合同履行纠纷案

答　辩　状

答辩人：中国××保险股份有限公司××分公司，住所地：××市××庄×

×大厦,法定代表人:林××总经理。

被答辩人:刘××,男,1952年×月×日出生,汉族,住××市××区××街道××宿舍×号。

答辩人因被答辩人诉答辩人保险合同纠纷一案,现就本案事实作如下答辩:

一、答辩人已按答辩人与被答辩人签订的保险合同的约定全额承担保险责任,并向被答辩人进行赔付。

2008年8月27日,答辩人与被答辩人签订了人身意外伤害综合险的保险合同,合同期限从2008年8月28日至2009年8月27日。该合同综合险分为两种,即意外伤害险和意外医疗险,保险金额分别为伍万元和伍仟元,依据该综合险的条款约定,意外伤害险须被保险人遭受意外后导致死亡或残疾的,答辩人才承担保险责任,在保险金额伍万元内赔付;意外医疗须被保险人遭受意外伤害所支出的医疗费,答辩人在保险金额伍仟元内给予赔付。而答辩人对被答辩人支出的医疗费已给予保险金额全额伍仟元进行赔付,因此,答辩人已履行了与被答辩人所签订的保险合同所约定的保险责任。

二、被答辩人诉称的要求答辩人偿付其他医疗费17370.19元系没有任何事实及法律依据的。

上述答辩人所投综合险中的意外医疗费用的保险金额为伍仟元,那么,答辩人只能按被答辩人所投的医疗保险金额伍仟元内赔付被答辩人的医疗费用,至于被答辩人在其投保金额外的医疗费用,不属答辩人应承担的保险责任,因此,被答辩人只能按双方签订的保险合同约定在最高保险金额伍仟元内给予赔付。本案答辩人也已履行了赔付责任,故此,被答辩人诉称的要求答辩人偿付其他医疗费17370.19元系没有任何事实及法律依据的。

综上所述,被答辩人向法院提起的诉讼请求没有事实和法律依据,依法应予以驳回。

此致

××市××区人民法院

答辩人:中国××保险股份有限公司××分公司

二〇〇九年十月二十八日

【点评】 答辩人围绕双方当事人签订的保险合同展开论述,在事实部分,答辩人按照保险合同的两个险种进行阐述,进而围绕两个险种的区别阐述其反驳被答辩人诉讼请求的理由。该答辩状撰写思路比较清晰。

第六节　反　诉　状

一、反诉状的概念

反诉状,是刑事自诉案件或者民事案件的被告人,在诉讼的第一审程序进行当中,针对起诉的内容,以本诉的自诉人或原告为被告,向同一人民法院提出的与本诉有关的新的诉讼请求书状。反诉的提起必须以存在本诉为基础,没有本诉就没有反诉。两者密切相关,并且反诉的诉讼请求系与本诉的诉讼请求针锋相对,可以合并审理。值得注意的是,在刑事诉讼中,只有自诉案件才存在反诉,而行政诉讼中则不存在反诉。

二、反诉状的格式与内容

(一) 首部

1. 标题。

2. 反诉人的身份事项。

3. 被反诉人的身份事项。

(二) 反诉请求

概括反诉人提出反诉的请求内容。

(三) 事实与理由

应根据时间、地点、起因、演变过程、后果等诸要素,将事件的经过有条理地进行阐述。在事实的叙述过程中,要注意叙述本诉与反诉之间的关联,以体现反诉对本诉的抵消作用。

(四) 尾部

1. 致送法院名称。

2. 反诉人签名或者盖章。

3. 附项。

三、文书实例与点评

曾某某与郭某某借贷纠纷

民事反诉状

反诉人(本诉被告):曾××,男,汉族,19××年××月××日出生,住××省××市××县××镇××村,身份证号码:……

被反诉人(本诉原告):郭××,男,汉族,19××年×月××日出生,住××省××市××区××街道××路××号××花园×栋×××房,身份证号码:……

反诉请求:

一、确认反诉人与被反诉人所签订的合作协议书无效;

二、判令被反诉人返还反诉人已支付的生活费人民币17500元;

三、本案所需全部诉讼费用由被反诉人承担。

事实和理由:

2007年9月,反诉人因承包经营食堂资金紧缺向被反诉人借款人民币236780元并与被反诉人、蔡××签订《投资××食堂的三方合作协议书》,约定承包期间由反诉人自负盈亏,被反诉人只提供资金,而不管反诉人的经营状况如何,反诉人每月须支付被反诉人25000元,至2008年9月还清,还须按第一、二年每月人民币3500元,第三年每月人民币6000元的标准支付被反诉人生活费。

协议签订之后至今,反诉人依约陆续返还被反诉人本金合计人民币205000,支付被反诉人生活费17500元,现被反诉人以合伙协议纠纷起诉反诉人并提出无理要求,对借贷关系却只字不提。

反诉人认为,双方自始至终仅是民间借贷关系,不属于个人合伙,因为《投资××食堂的三方合作协议书》的约定属于保底条款,依法应认定无效,反诉人与被反诉人之间形成的是债权债务法律关系,在2007年9月被反诉人的出款凭证中写到的"××食堂借郭××贰拾叁万陆仟柒捌拾元(人民币)"也十分清楚地说明了这一点,被反诉人根本就不是合伙人,而是借款关系中的出借人。

至于生活费约定,反诉人是因为与被反诉人之间系朋友关系,才答应每月给予被反诉人高额的生活费,但本质上是作为被反诉人借款的利息,当然,鉴于该约定已违反法律规定,属于无效约定,反诉人根本无需支付被反诉人任何生活费,故反诉人已支付的生活费17500元依法应由被反诉人返还。

综上,为维护反诉人的合法权益,现反诉人依据《中华人民共和国民事诉讼法》第五十二条之规定,向贵院提起反诉,请求贵院依法支持反诉人的反诉请求。

此致

××市××区人民法院

反诉人:曾××

二〇一〇年×月×日

【点评】 该案系一宗由本诉的合伙协议纠纷而引起的反诉,反诉人认为该案的法律关系并非本诉原告所主张的个人合伙关系,而是民间借贷关系。反诉状先简要叙述了协议订立的经过和主要内容,然后叙述了协议订立之后的履行情况,该案案情并不复杂,立论的理由也相对简单,结构和行文均合理。不过,在阐述相关的约定为何违反法律规定的时候,最好引述一下法律或司法解释的规定,这样更加清晰。

第七节　民事上诉状

一、民事上诉状的概念

民事上诉状,是民事诉讼当事人及其法定代理人不服地方各级人民法院的第一审民事判决、裁定,在法定期限内向上一级人民法院提出上诉,请求撤销或者变更原审裁判的书状。

二、民事上诉状的格式与内容

(一) 首部

1. 标题。
2. 上诉人的身份事项。
3. 被上诉人的身份事项。
4. 案由。

(二) 上诉请求

用简明扼要的语言写明上诉人要求撤销或者变更原裁判的上诉请求。

(三) 上诉理由

可以包括:

1. 认定的事实不清或者有遗漏。
2. 认定的事实有重大偏差。
3. 责任判定有明显偏向。
4. 证据不足。
5. 适用法律不当。
6. 违反法定程序。

(四) 尾部

1. 致送法院名称。
2. 上诉人签名或者盖章。
3. 附项。

三、文书实例与点评

（一）某建设开发物业公司与李某某保管合同纠纷案

民事上诉状

上诉人：××市城市建设开发物业公司，住所地：××省××市××区×园××幢一楼。

法定代表人：张×。

被上诉人：李××，男，汉族，19××年×月××日出生，住××省××市××区××路××巷×号×楼，身份证号码：……

上诉人因不服××市××区人民法院（2010）×民一初字第×××号民事判决书的判决，特依法提起上诉，上诉请求及事实和理由如下：

上诉请求：

1. 依法撤销××市××区人民法院（2010）×民一初字第×××号民事判决书中的第一项判决；

2. 改判驳回被上诉人的诉讼请求；

3. 本案所需诉讼费用及评估费用由被上诉人承担。

事实和理由：

一、原审法院证据采信错误以致认定事实错误

本案争议焦点在于上诉人与被上诉人之间是否存在保管合同关系，而认定上诉人与被上诉人之间是否存在保管合同关系的关键证据包括证人姚××在××派出所所作笔录、证人姚××当庭作证的证人证言以及事发当晚的视频监控资料（光盘）。依据《最高人民法院关于民事诉讼证据的若干规定》第七十七条之规定，原始证据的证明力一般大于传来证据，直接证据的证明力一般大于间接证据。但原审法院却对作为原始证据和直接证据的视频监控资料（光盘）避而不谈，对证人姚××当庭作证并厘清与派出所笔录存在不同之处原因的证人证言不予采信，以致认定事实错误。

（一）视频监控资料（光盘）属于原始证据和直接证据，能真实反映事发当晚的具体情形，且该证据经原审法院组织开庭质证，被上诉人对该证据的真实性并无异议，所以该证据在本案中的证明力应居首。

从上诉人提交的视频监控资料（光盘）上可十分明确反映事发当晚的情形：2010年×月××日00:29′32″，被上诉人将某牌照号（编者注：以下用甲牌照代替）雅阁牌小汽车停放在上诉人小区园外，当时上诉人公司保安一直在保安亭内，并没有出保安亭安排被上诉人停放车辆，且00:33′52″时仍有其他车辆进园

停放,可见并不存在被上诉人在原审中所称的当时小区园内没有车位,经小区保安安排将车辆停放在小区外等事实情况。

而依据合同的相对性原则和《合同法》第十二条的规定,合同的内容包括标的和范围,在保管合同中即包括保管的固定标的和范围,在上诉人与被上诉人双方就另一牌照号(编者注:以下用乙牌照代替)奇瑞牌小汽车所形成的保管合同中,保管的固定标的为乙牌照奇瑞牌小汽车,固定保管范围为小区园内停车场。结合本案的其他证据可知,被上诉人李××驾驶的甲牌照雅阁牌小汽车既没有在上诉人小区办理固定车辆停放手续,也没有按规定缴交临时车辆停放费,领取临时车辆停放卡,而从上述视频证据可知案发当晚甲牌照雅阁牌小汽车更没有停放在上诉人管理的小区园内,乙牌照奇瑞牌小汽车的停放卡仍在上诉人处,这明显与《合同法》保管合同章第三百六十六条关于"寄存人应当按照约定向保管人支付保管费"和第三百六十八条关于"寄存人向保管人交付保管物的,保管人应当给付保管凭证"的规定相违背。可见,双方之间并没有就甲牌照雅阁牌小汽车形成保管合同关系。

(二)对于证人姚××在××派出所所作笔录和当庭作证的证人证言,其证明力应相当。

证人姚××在当庭作证时已明确表示其在2010年×月×日××派出所所作笔录记录的基本事实属实,但因派出所民警是在其阐述了整个事实之后才对其笔录重新整理打印的,而其自身文化水平较低,并不知道其中的不同之处和存在的问题才签的名,所以愿意当庭对当时情形予以厘清,并表示以当庭的作证阐述为准。

而从被上诉人在一审时提供的证据《机动车失窃报告》和2010年×月××日××派出所对李××所作的询问笔录也可知,被上诉人李××在失窃报告和询问时仅陈述其汽车已失窃及车辆的基本情况,并没有涉及当时的具体停车情况,包括小区内有无车位、是否与保安打招呼、是否经保安同意等情况。但在2010年×月×日××派出所向证人姚××所作的询问笔录中,询问民警却一开始就询问了整个具体停车过程,包括上述的几个具体情形。这也足以印证证人姚××在庭审时所说的民警是在其阐述整个事实之后对其笔录重新整理打印,当中存在表达不同等问题的情况。

但原审法院却在证人明确表示自己在派出所所作笔录及当庭陈述的事实一致的情况下,仍错误认定证人所作的证词相互矛盾并以证人为上诉人员工、彼此存在利害关系为由,对证人的证言不予采信,这已与法律设定证人出庭作证程序的初衷相违背;而对作为最主要证据的视频监控资料(光盘)甚至避而不谈,造成认定事实错误。

二、被上诉人李××在本案原审审理时举证不力,原审法院不但没有让被上诉人李××承担举证不力的败诉后果,反而在证据不足的情况下错误认定案件事实,是极其错误的

被上诉人在原审庭审时,主张其在2009年×月起已将乙牌照奇瑞牌小汽车换为甲牌照雅阁牌小汽车,之后仍以原车卡出入小区,以证明其与上诉人之间的保管合同标的已更换为甲牌照雅阁牌小汽车,但却始终无法举出任何证据证明其主张,属于举证不力,依法应承担败诉后果。但原审法院却在被上诉人无法举出任何证据证明其主张的情况下就错误认定2009年×月起被上诉人改为驾驶甲牌照小汽车,并停放该小区,但并未办理变更或更换固定停车卡的有关手续,更将被上诉人为乙牌照奇瑞牌小汽车缴交的保管费错误认定为是为甲牌照小汽车缴交的。

更甚者,原审法院在缺乏事实支撑、证据不足的情况下,错误认定办理车辆保管变更登记及更换固定停车卡手续的义务在上诉人处,并以上诉人没有及时通知被上诉人进行变更为由认定被上诉人已为甲牌照雅阁牌小汽车缴交了保管费用,并据此认定上诉人与被上诉人之间存在保管合同关系,属于认定事实错误。

但实际上,依据上诉人公司的规定,已办理固定停车手续的车主,在变更车辆后,应及时到公司办理变更登记及更换固定停车卡的手续。所以,在被上诉人没有向上诉人公司申请变更登记及更换固定停车卡的手续之前,上诉人与被上诉人之间的保管合同标的仍为乙牌照奇瑞牌小汽车,被上诉人所缴交的固定停车费仍是为乙牌照奇瑞牌小汽车所缴交,上诉人与被上诉人之间就甲牌照雅阁牌小汽车并不存在任何保管关系。

三、原审法院适用法律错误

依上所述,上诉人与被上诉人之间并没有就甲牌照雅阁牌小汽车形成保管合同关系,被上诉人甲牌照小汽车的丢失与上诉人没有任何关系,本案并不适用《合同法》第三百七十四条的规定,原审法院因事实认定错误致适用法律错误。

四、原审法院判决被上诉人承担车辆评估费于法无据

依上所述,被上诉人汽车被盗所造成的损失依法应由被上诉人承担举证责任,车辆评估是因被上诉人在起诉时举证不力,在上诉人提出质疑后向法院申请评估,后原审法院委托××市××资产评估有限公司对车辆进行价格认定,所以因此所产生的费用依法应由被上诉人承担,原审法院判决由上诉人承担车辆评估费于法无据。

综上所述,一审法院认定事实错误、证据不足且适用法律错误,以致作出错误判决,恳请二审法院依法撤销原审判决并驳回被上诉人的诉讼请求,以维护上

诉人的合法权益。

此致

××市中级人民法院

上诉人：××市城市建设开发物业公司

法定代表人：张×

二〇一一年×月×日

【点评】 该案系一起保管合同纠纷，双方争议的焦点是是否存在保管合同关系。上诉人认为双方并不存在保管合同关系，原判认定事实错误。为了论证此一观点，该民事上诉状将论证的重点放在证据的采信上，用了较大篇幅来对证据采信的问题进行论证是该民事上诉状的最大特点。在论证中，上诉状比较熟练地运用了民事证据的司法解释，通过对原始证据、直接证据以及证据的证明力等方面的论证来支持本方的事实主张，除此之外，上诉状还运用举证责任的原理来反驳被上诉人的主张。基本上，该上诉状是一份充分运用民事证据的原理和规定来进行事实论证的典型。该民事上诉状结构合理、格式规范、论证讲究逻辑，是一份质量较好的上诉状。不过，还可以在篇首的上诉人和被上诉人后面，分别加括号注明系原审被告和原审原告。

（二）某某石材装饰工程公司与某某装饰工程有限公司、余某买卖合同纠纷案

民事上诉状

上诉人：××石材装饰工程有限公司，住所地××市××区××镇××村×组×××号。

法定代表人：蔡××，总经理。

被上诉人一：××市××装饰工程有限公司，住所地××省××市××区××路××大厦××楼×栋×层×室。

法定代表人：徐××，董事长。

被上诉人二：余×，男，19××年×月××日出生，汉族，户籍所在地××省××市××区××路××号××幢×单元×××室。

上诉人因买卖合同纠纷一案，不服××区人民法院2014年×月×日做出的（2014）×民二（商）初字第××××号民事判决书，现提起上诉。

上诉请求：

1. 请求撤销××区人民法院作出的（2014）×民二（商）初字第××××号民事判决书；

2. 依法改判支持上诉人原审中的全部诉请；

3. 本案诉讼费用由被上诉人承担。

上诉理由:

被上诉人一承接×物业××××样板房施工装修工程。被上诉人二作为上述工程的项目经理,负责该工程的现场施工等。工程施工期间,上诉人作为供方,被上诉人一作为购方签订了购销合同一份,合同约定:供方提供各种规格的大理石产品,货款总金额为592,140元;供方收到预付款日起,配合购房工程进度要求供货;在货物到达购方指定工地时当场验收,如有质量异议应在3日内以书面方式向供方提出,逾期则视为货物符合质量要求;合同签订后3日内,由购方支付本合同总金额30%材料款177,642元,每出一批货物,购方支付该批货物总数的60%,余款10%验收合格后付清;如购方不履行合同,拖欠货款,供方有权向购方收取违约金及滞纳金,违约金按每天未付款的千分之二计收。

2013年6月25日,被上诉人二出具承诺函,表示所有石材均为向上诉人委托加工购买,其本人承诺对上述购销合同负完全责任,所有货款其本人承诺在2013年7月31日前由其本人付清,否则其本人负违约责任,相应违约处罚按该购销合同相应条款进行。

一审法院认为现有证据不足以证明签收人卢××、姚××系被上诉人一的工作人员或被上诉人二聘用的人员,也并不能证明上述两人有权代表被上诉人一签收货物,被上诉人一、二又不予认可,因此不采信上诉人的主张,是完全错误的,×物业××××项目监理部发文登记表和所有送货单、合同构成完整证据链,上诉人已经构成证据优势,根据高度盖然性证据原则,上诉人的诉请理应获得支持。两被上诉人对订货和收货细节完全知晓,却均不提供,仅否认卢××、姚××不是其聘请的员工,而上诉人提供的×物业××××项目监理部发文登记表已经证明姚××是被上诉人一的员工,因此仅凭被上诉人一、二在庭审中草草一句“不是员工”就全盘否认之前其接收到的全部石材,完全站不住脚。

为维护与实现上诉人的合法权益,特上诉至贵院,恳请法院查明案件事实,支持上诉人的诉讼请求。

此致

××市××中级人民法院

上诉人:××石材装饰工程有限公司

2014年×月××日

【点评】 该买卖合同纠纷的重点在于货物的两签收人系被上诉人一的工作人员或被上诉人二聘用的人员,因此争议的焦点在于两签收人的身份,这决定了当事人在诉讼中的成败。该份上诉状能够从民事诉讼证据理论中的高度盖然性原则作为立论的理据,去支持上诉人的主张,并且从“发文登记表和所有送货单、合同”等构建起完整的证据链,能够运用证据理论来论证其主张,具有一定的说服力。

第八节　刑事上诉状

一、刑事上诉状的概念

刑事上诉状,是刑事诉讼被告人不服地方各级人民法院第一审的刑事判决或裁定,依照法定程序和期限向上一级人民法院上诉,请求撤销或者变更原审裁判的书面请求。

二、刑事上诉状的格式与内容

(一) 首部

1. 标题。
2. 上诉人的身份事项。
3. 被上诉人的身份事项(用于自诉案件,公诉案件无需此项)。
4. 案由。

(二) 上诉请求

写明上诉人不服一审裁判的全部或者部分,要求二审法院撤销、变更原审裁判的部分或者全部,或者请求重新审理的要求。

(三) 上诉理由

可以包括以下几个方面:

1. 针对原审裁判认定事实不清、证据不足;
2. 针对原审裁判定性不准或者适用法律错误;
3. 针对原审裁判量刑不当;
4. 针对原审裁判在程序上的错误。

(四) 尾部

1. 致送法院名称。
2. 上诉人签名或者盖章。
3. 附项。

三、文书实例与点评

陈××涉嫌聚众斗殴罪、寻衅滋事罪

刑事上诉状

原公诉机关：××市××区人民检察院。

上诉人(原审被告人)：陈××，男，19××年×月×日出生，汉族，出生地××省××市，身份证号码：……文化程度中专，户籍所在地××省××市××区××镇××巷××号×××房。因涉嫌聚众斗殴罪于2013年×月××日被刑事拘留，2013年×月××日被逮捕。现羁押于××省××市看守所。

上诉人因涉嫌聚众斗殴罪、寻衅滋事罪一案，不服××市××区人民法院(2013)××法刑初字第×××号刑事判决书的第一项判决，现特依法提起上诉。

上诉请求：

××市××区人民法院的刑事判决量刑畸重，请求二审法院依法撤销(2013)××法刑初字第×××号刑事判决书的第一项判决，查明事实并依法改判，对上诉人从轻量刑。

上诉事实和理由：

一、原审法院认定事实错误。

××市××区人民法院(2013)××法刑初字第×××号刑事判决书查明上诉人涉嫌2012年××月××日晚聚众斗殴和2013年×月××日晚寻衅滋事两个犯罪事实，但在查明的事实及认定上均存在错误：

(一) 在2012年××月××日晚的聚众斗殴事件中：

第一，上诉人只是出于义气为朋友王×向黄××讨回被保管的手机，多喊了几个朋友一起来“谈事”，主观上没有聚众斗殴的故意。

第二，上诉人事先并没有准备任何工具，在与黄××一伙进行打斗过程中所持的“铁条”是在被黄××用刀具砍伤左手后在路边捡到的。

第三，另案处理的黄××在本案中存在重大过错。上诉人是在黄××及其纠集的同伙用刀具和水龙管要砍打上诉人的情况下，上诉人才在路边捡起“铁条”与黄××一伙进行打斗。

第四，客观上发生斗殴时，上诉人也并没有对任何人造成伤害，上诉人本身还是受害人(左手被黄××用刀具砍伤)，而最后受轻伤的卓××也是被黄××所砍伤的。

综上可见，××市××区人民法院(2013)××法刑初字第×××号刑事判决书所查明的“被告人及同案人驾驶摩托车携带水龙管窜到××市××球场附近汇合”和“被告人陈××、杨××各持水龙管、被告人张××持扫帚把与黄××一方的人打斗”均与事实不符,属于认定事实错误。而对上诉人被黄××用刀具砍伤左手的事实并没有予以查清,属于认定事实不清。

(二) 在2013年4月12日晚的寻衅滋事事件中:

第一,当晚事件的起因并非上诉人提起,上诉人当时车开在前面,听到后面大家都在喊要开车追赶被害人的摩托车后才开车去追赶。

第二,当晚将被害人的摩托车逼停的是同案人林××,并非上诉人。

第三,当晚砍打被害人所用刀具并非上诉人所有及事先携带。

第四,当晚持刀砍打被害人的是同案被告辛××和林××,持刀敲碎被害人摩托车车灯的是林××,点火将被害人摩托车烧毁的是另一同案人“子×”,上诉人在当晚并没有参与打人、砸车及点火烧车,所致二人轻微伤与上诉人无关。

综上可见,××市××区人民法院(2013)××法刑初字第×××号刑事判决书所查明的“被告人陈××认为被害人钟××、罗×驾乘的圣火神摩托车要碰到其摩托车,即招呼同伙驾驶摩托车追至××桥下将其逼停”和“被告人辛××、陈××及同案人林××等人持刀砍打被害人钟××、罗×”均与事实不符,属于认定事实错误。而对上诉人在开庭时提出的“当晚事件起因不是其提起的”辩解并没有依法予以释明,对“当晚事件起因”和“当晚砍打被害人所用刀具是谁所有和携带”这两个关键事实并没有予以查清,属于认定事实不清。

二、原审法院适用法律错误,对上诉人量刑明显畸重。在与同案被告人的量刑上属于“同罪不同罚”,对上诉人来说极度不公平。

(一) 关于聚众斗殴罪

第一,原审法院在没有查明并综合考虑“上诉人只是出于义气为朋友王×向黄××讨回被保管的手机,多喊了几个朋友一起来‘谈事’,主观上没有聚众斗殴的故意”“上诉人事先并没有准备任何工具”“另案处理的黄××在本案中存在重大过错”“上诉人并没有对任何人造成伤害,上诉人本身还是受害人,而最后受轻伤的卓××是被黄××所砍伤的”等事实的情况下认定上诉人“纠集同案人持械斗殴,是首要分子”属于认定错误及适用法律错误,对上诉人来说极度不公平。

第二,聚众斗殴中的另一方黄××不仅在本案中存在重大过错,还先持刀对上诉人等进行追砍,致上诉人左手受伤和卓××受轻伤,犯罪情节十分恶劣,但另案起诉的黄××经法院审理仅被判处缓刑,原审法院在判决时并没有对其进行综合考虑并量刑,对上诉人量刑明显畸重,对上诉人来说极度不公平。

(二) 关于寻衅滋事罪

原审法院在没有查明并综合考虑“当晚事件的起因并非上诉人提起”“当晚

将被害人的摩托车逼停的是同案人林××,并非上诉人”“当晚砍打被害人所用刀具并非上诉人所有及事先携带”“当晚持刀砍打被害人的是同案被告辛××和林××,持刀敲碎被害人摩托车车灯的是林××,点火将被害人摩托车烧毁的是另一同案人‘子×’,上诉人在当晚并没有参与打人、砸车及点火烧车,所致二人轻微伤与上诉人无关”等事实的情况下认定上诉人“应当按其参与的全部犯罪处罚”属于认定错误及适用法律错误,对上诉人来说极度不公平。

(三)原审法院错误将上诉人列为第一被告并判处最高刑罚,而比上诉人涉嫌犯罪情节更严重、造成后果更严重的同案被告人辛××、张××和欧××却在量刑上比上诉人轻得多,明显属于“同罪不同罚”

××市××区人民检察院××检刑诉(2013)×××号起诉书认定辛××“结伙持械斗殴,致一人轻伤;合伙持凶器随意殴打他人,损毁他人财物,寻衅滋事作案二宗,致一人轻伤、三人轻微伤”,故将同案犯辛××列为第一被告。认定被告人张××“结伙持械斗殴,致一人轻伤;合伙持凶器随意殴打他人,恐吓他人,寻衅滋事作案二宗,致一人轻伤、一人轻微伤”,故将同案犯张××列为第二被告。认定上诉人“结伙持械斗殴,致一人轻伤;合伙持凶器随意殴打他人,损毁他人财物,寻衅滋事作案一宗,致二人轻微伤”,故将上诉人列为第四被告。这是在综合考虑上诉人及同案被告的犯罪事实及具体情节后所做的合理排列。

但原审法院在最后判决时却将上诉人列为第一被告并判处最高刑罚,而比上诉人涉嫌犯罪情节更严重、造成后果更严重的同案被告人辛××、张××和欧××却在量刑上比上诉人轻得多,明显属于“同罪不同罚”,对上诉人来说极度不公平。

(四)关于酌定从轻情节

第一,上诉人从被公安机关抓获、讯问到庭审,都能如实、完整地供认其全部犯罪事实,其在开庭时所做辩解仅是为了还原案件的真实情况,并非“不认罪”,而其他同案被告人在开庭时也有作出相应辩解。但原审法院却仅认定“杨××、辛××、张××、张×、欧××如实供述自己的罪行,可以从轻处罚”,但对上诉人的“如实供述自己罪行”的情节没有认定,也没有据此对上诉人从轻处罚,属于“同案不同对待”,对上诉人来说极度不公平。

第二,上诉人系初犯、偶犯,没有前科劣迹,且系在校学生(详见后附证据1《××市××区××镇××社区居委会证明》,证据2《××市经贸职业技术学校证明》和证据3校章),悔过表现好,愿意改过自新,但原审法院并没有对此进行查明并依据最高人民法院《关于贯彻宽严相济刑事政策的若干意见》第19条关于“对于较轻犯罪的初犯、偶犯,应当综合考虑其犯罪的动机、手段、情节、后果和犯罪时的主观状态,酌情予以从宽处罚”的规定,对上诉人予以从轻处罚,属于适用法律错误。

上诉综述：综上所述，原审法院认定事实错误，适用法律错误，对上诉人量刑明显畸重，存在认定事实上"同案不同对待"和量刑上"同罪不同罚"的情形，对上诉人来说极度不公平。鉴于案件案情复杂，上诉人特请求贵院依法对案件重新公开开庭审理，查明案件事实，综合考虑上诉人提出的上述上诉理由和上诉人的从轻、减轻情节，依法撤销××市××区人民法院(2013)××法刑初字第×××号刑事判决书的错误判决并予以改判，对上诉人从轻量刑，切实维护上诉人的合法权益和法律的公平公正。

此致

××市中级人民法院

上诉人：陈××

二〇一四年×月×日

【点评】 该案的上诉人涉嫌两个罪名，并且是涉嫌共同犯罪，因而在刑事上诉状中需要厘清各被告人在案件中的角色和责任承担。该刑事上诉书无论是在主张原判认定事实错误，适用法律错误还是量刑畸重时，都比较有条理地对各被告人在共同犯罪中各自的行为，尤其是上诉人在其中的角色予以厘清，并据此分别阐述应当改判的主张。由于聚众斗殴、寻衅滋事都是容易呈现出行为的复杂性的罪名，因此在阐述事实时尤其主要注意对行为细节的描述，该上诉状逐点进行了简明的阐述，较为清晰，有助于分清责任。另外，在适用法律和量刑部分，由于共同犯罪涉及罪责轻重的认定，各被告人之间的对比就很重要，该上诉状通过列举事实，对比了上诉人与其他被告人之间在量刑上的差异，以此与事实相对比，提出量刑畸重的上诉意见，论证比较清晰。整体上说，该份刑事上诉状结构合理，格式规范，论证清楚，是一份较好的刑事上诉状。

第九节　行政上诉状

一、行政上诉状的概念

行政上诉状，是行政诉讼当事人不服地方各级人民法院的第一审行政判决、裁定，在法定期限内，向上一级人民法院提出上诉，请求撤销或者变更原审裁判的书状。

二、行政上诉状的格式与内容

（一）首部

1. 标题。

2. 上诉人的基本情况。

3. 被上诉人的基本情况。

4. 案由。

(二) 上诉请求

用简明扼要的语言写明上诉人要求撤销或者变更原裁判的上诉请求。

(三) 上诉理由

与民事上诉状类似。

(四) 尾部

1. 致送法院名称。

2. 上诉人签名或者盖章。

3. 附项。

三、文书实例与点评

乔某某与某某派出所行政审批纠纷案

行政上诉状

上诉人:乔××,男,1941年×月×日出生,汉族,住所××市××区××村××号×××室。

被上诉人:××市公安局××分局××派出所。

负责人:叶×,所长。

住所地:××市××区××路××××号。

第三人:乔×Y,男,1938年×月××日出生,汉族,住所××市××区××村×宅××号。

第三人:凌××,女,1944年×月×日出生,汉族,住所××市××区××村×宅××号。

上诉人不服××区人民法院(2010)×行初字第×号行政判决书,特依法提起上诉。

上诉请求:

1. 请求判决撤销××区人民法院(2010)×行初字第×号行政判决书,依法判决撤销××市公安局××分局××派出所于2009年××月××日作出的(×)000××××《户口类审批意见决定》。

2. 案件受理费由被上诉人承担。

事实与理由:

上诉人系在××区××村×宅××号房屋出生,后因工作原因户口迁出,上诉人现在年老,申请将户口迁回出生地,上诉人哥哥乔×Y和嫂子凌××均同意上诉人迁入,上诉人也按照要求向被上诉人提交了全部申请材料。

被上诉人没有任何理由却作出“因不符合政策,经审批未被批准”的决定书,侵害了上诉人的合法权益。

原审法院以上诉人在庭审中表示“不会去该处实际居住”为由判决认定被上诉人作出“因不符合政策,经审批未被批准”的决定书,合法有据,明显错误。

上诉人在向被上诉人递交申请材料时并没有表示“不会去该处实际居住”,原审法院以上诉人在被上诉人作出违法决定之后,为了维持与第三人乔×Y的亲情而作出的善意行为,作为依据来支持被上诉人之前的违法决定,明显不符合法律规定。

被上诉人在同一户口簿内同意了非亲属的张××迁入户口,而作为旁系亲属的上诉人反而不同意迁入,显然违法。

此致

××市中级人民法院

上诉人:乔××

2010年×月××日

【点评】 该案系一起因原告认为被告拒不作出准予户口迁入的具体行政行为的行政诉讼案件,且该案已经经过一审判决,现原告不服一审判决而提起上诉。对于该案一审程序的行政起诉状,本书已经作了评论。该上诉状主要针对原审法院以上诉人在庭审中表示“不会去该处实际居住”为由作出认定被诉具体行政行为合法的理由,而提出反驳。从上诉人所辨明的理由来看,上诉人的阐述合乎一定的情理,且再次阐述了同等情况应同等对待的原则,具备一定的逻辑性。不过,作为上诉状,在提出原审法院“明显不符合法律规定”的理由时,最好同时阐述一下不符合哪些法律的规定并能引述法律较好。

第十节　申请执行书

一、申请执行书的概念

申请执行书,是申请人向具有执行管辖权的人民法院提交的,请求对负有履行生效的判决、裁定、调解书或者仲裁机构的裁决书的被申请人,强制其履行生效法律文书所确定的义务的书面请求。这些具有法律效力的文书包括:民事、行政判决书、裁定书、调解书(行政案件除外)、刑事附带民事判决中有实际执行内容的民事判决部分、仲裁发生法律效力的裁决、公证机关依法赋予强制执行效力的债权文书。

二、申请执行书的格式与内容

（一）首部

1. 标题。

2. 申请执行人的基本情况。

3. 被申请执行人的基本情况。

（二）申请理由及申请执行的具体请求

1. 纠纷的案由。

2. 该案的审理（仲裁）经过。

3. 被申请执行人拒不履行生效法律文书的基本情况。

4. 申请执行人要求执行的具体请求及执行的方法。

（三）尾部

1. 致送法院名称。

2. 申请执行人签名或者盖章。

3. 附项。

三、文书实例与点评

强制执行申请书

申请人：赵××，男，19××年×月××日出生，汉族，住××省××县××镇××村××队。

被申请人：张××，男，19××年×月×日出生，汉族，住所××省××县××乡×组×××号，现住××市××区××镇××路××号，手机号码：……

被申请人：於×，男，19××年××月×日出生，汉族，住所××省××县××乡××村××队，现住××市××区××镇××路×××号×××室，手机号码：……

申请请求：

1. 请求强制被申请人立即支付申请人借款人民币100万元整；

2. 请求强制被申请人按照每月人民币1万元利息计算，支付自2013年12月1日起至实际支付之日止的利息；

3. 本案执行费由被申请人承担。

事实与理由：

被申请人应支付申请人借款本金人民币100万元和承担诉讼费6900元，逾期付款须按照每月1万元支付利息，经（2013）×民一（民）初字第××××号××市××区人民法院民事调解书确认，被申请人拒不履行生效法律文书确定的义务,申请人只好申请贵院强制执行。

此致

××区人民法院

申请人:赵××

2013年××月××日

【点评】 由于执行申请是在已经有了执行依据的情况下进行的,权利义务关系已由生效的裁判文书确定,因此执行申请书的撰写一般都比较简单。该执行申请书列明了申请人和被申请人的身份状况(注意写明联系方式以方便人民法院查找被申请人),将申请的请求予以逐一阐明,并且对执行依据(该案中系生效的民事调解书)予以载明,规范规范,结构完整,表述清楚。

第十一节　再审申请书

一、再审申请书的概念

再审申请书,是民事案件当事人对人民法院已经发生法律效力的民事判决、裁定,认为确有错误,或者对已经发生法律效力的调解书,提出证据证明调解违反自愿原则或者调解协议内容违法,向人民法院提出再审申请,请求重新审判的文书。

二、再审申请书的格式与内容

(一) 首部

1. 标题。

2. 申请人的身份事项。

3. 申请再审的案由。

(二) 请求事项

写明对原生效的民事判决、裁定、调解书予以撤销和重新审理的请求。

(三) 事实与理由

1. 写明原判认定的事实(或者调解书所确认的内容)。

2. 阐述申请人所主张的事实。

3. 阐述申请再审的理由(原判认定事实有误、定性错误、适用法律错误、违反法定程序,或者调解违反自愿原则或者调解协议违法)。

(四) 尾部

1. 致送法院名称。

2. 申请人签名或者盖章。

3. 附项。

第十二节 申 诉 书

一、申诉书的概念

申诉书,是法律规定有权申诉的申诉人,对人民法院已经发生法律效力的刑事判决、裁定或者行政判决、裁定,认为有错误,向人民法院提出申诉,请求重新审理的文书。

二、申诉书的格式与内容

(一) 首部

1. 标题。

2. 申诉人的身份事项。

3. 申请再审的案由。

(二) 请求事项

写明对原生效的刑事或者行政判决、裁定书予以撤销和重新审理的请求。

(三) 事实与理由

1. 写明原判认定的事实(或者调解书所确认的内容)。

2. 阐述申请人所主张的事实。

3. 阐述申请再审的理由(原判认定事实有误、定性错误、适用法律错误、违反法定程序等)。

(四) 尾部

1. 致送法院名称。

2. 申诉人签名或者盖章。

3. 附项。

第十三节 代 理 词

一、代理词的概念

代理词,是民事、行政诉讼当事人委托的代理人,在法庭辩论阶段为维护被代理人的合法权益而发表的综合性代理意见。代理词的作用是充分维护当事人的合法权益,协助人民法院对案件作出公正的处理。代理词是在法庭上发表的,对于充分贯彻言词辩论原则,体现程序公正,都具有重要意义。代理词,可以分为民事案件的代理词和行政案件的代理词,也可以分为原告方的代理词、被告方的代理词和第三人的代理词,还可以分为一审代理词、二审代理词和再审代理词。

二、代理词的格式与内容

(一) 序言

1. 标题:代理词。

2. 称呼语:审判长、审判员,或审判长、人民陪审员,或审判长、审判员、人民陪审员。

3. 出庭代理人的合法身份、权限和出庭前的准备工作(转入正文)。

(二) 代理意见

代理意见是代理词的主体部分,主要应该从事实和证据是否清楚、准确,双方争议的焦点怎样把握,展开对案情的分析,运用掌握的法律知识来对事实给予法律上的评价,从而切实维护本方当事人的合法权益。

代理意见应当根据案情的需要分为几个部分,每一个部分最好要列出小标题,以体现逻辑顺序,理清思路,也有助于法庭理解代理人所要陈述的意见。

(三) 结束语

1. 进行小结(阐明中心思想)。

2. 向法庭提出意见、要求和建议。

3. 代理人署名和签署时间。

三、文书实例与点评

(一) ××建筑公司建筑工程质量损害赔偿案

代　理　词

尊敬的审判长、审判员:

本律师作为被告××市××建筑有限公司的代理人,现就本案的焦点问题发表如下代理意见:

一、本案争议的"××公寓第23栋工程的质量问题",系由原告所提供的水泥不合格所致,原告应承担主要过错责任

(一) 本案争议标的物的水泥由原告提供,事实清楚,证据充分。

根据《建设工程招标书》第3条、《建设工程施工合同》第23条以及《建设工程施工合同协议条款》第23条的约定,原告××建设发展股份有限公司向被告提供其承建的"××公寓第23栋建筑物"的水泥等原材料,同时约定了原告提供材料的同时必须提供该产品的合格证明。除上述约定外,原、被告双方实际履行中还有一系列的材料调拨单及水泥质量证明等均能证明上述事实。

(二) 原告提供给被告用于建设××公寓第23栋的二层板、六层板、水泥存

在严重质量问题,已是不争的事实。

原告提供给被告的水泥经××市质监站测试,结论多为"废品"和"不合格",并且有(1998)×经初字第×××号民事判决书支持这一事实。质量不合格的水泥用于该楼房的建造,继而引发了砼柱强度不合格、楼房质量进一步恶化的一系列问题。用不合格水泥建楼,已为楼房的安全隐患埋下伏笔。可见,水泥不合格,既是本案的关键所在,又是根本原因。根据《最高人民法院关于审理建设工程施工合同纠纷案件适用法律问题》第12条第1款第2项的规定,原告对××公寓第23栋工程质量问题应承担主要过错责任。

(三)原告以"混凝土强度不足不能等同于××牌水泥的质量有问题"以及"被告在使用原告提供的水泥时,必须事先经过检验合格,不论合格与否,被告使用均应承担责任"等理由进行抗辩,本代理人认为均不能成立。

1998年5月至8月期间,××市质量监测站对××市××公寓二期工程进行检测,结论为部分柱、梁、板混凝土强度不合格。同年6月17日,在原告单位召开了由其主持及施工单位设计、质量、监理等参加的质量事故处理会,形成会议纪要,要求对工程部分存在质量问题的构件进行补强处理。但原告却以"混凝土强度不足不能等同于××牌水泥的质量有问题"抗辩,该观点断章取义,不能正视由于其提供不合格的水泥而致混凝土的强度不足,乃至本案争议的标的物产生质量问题的事实。反而,在(1998)×经初字第×××号案件中,该会议纪要却由原告作为支持其起诉水泥厂因水泥质量问题所造成损失的证据,并且原告在该案件中诉称"发现××公寓二期19、21、22、23、24及29幢部分楼层因使用YY牌425R水泥致使大量梁(板)、柱强度不足,需采取措施加固或拆除"。以上事实,××法院也给予认定,原告在该案获得胜诉,得到了赔偿款。

另外,本工程施工过程中,也已排除了水灰比、配合比、浇灌时泡浆、振捣等问题,因此,混凝土的强度不足的根本原因是原告提供的水泥不合格。

针对水泥使用前的检验问题,事实经过是原告所提供的批次水泥,都有合格证明,被告在使用原告提供的水泥时,也经过检验。但在4月份时才发现该水泥"3天强度合格,28天复检不合格",也就是说被告在使用前检验及使用时该水泥是合格的,使用后水泥的质量问题才暴露。因此,责任仍然在于原告。

二、要求被告承担全部赔偿责任是没有事实和法律依据的

(一)如前所述,原告在本栋楼房的质量缺陷上负有不可推卸的责任,并且是主要过错责任。

(二)当23栋主体结构施工至四层时,原告及监理、质监对柱强度进行检测,发现部分柱混凝土强度不合格,被告采取了用盐水养护的措施,虽然被告目前尚无法提供采取这一做法是经原告同意的证据,但本工程的施工是经过质监站严格监督,监理公司的严格质量管理、旁站管理和验收的。而监理公司系原告

委托从事本工程的全天候监理工作,与原告是委托代理的关系,被告用盐水养护砼柱是在监理公司监理责任期间,对被告的养护措施,监理公司既未提出异议,也未加以阻止,这说明监理公司清楚知道,并且同意该做法。委托代理人行为的法律后果归属于被代理人。因此,原告也清楚知道并且同意对被告用盐水养护的行为。

所以可以肯定,如果不是原告提供的水泥不合格,就不会出现混凝土构件、砼柱强度不合格的问题,也同样不会出现被告盐水养护的措施,也就不会出现部分柱破裂等一系列的问题。因此,原告要求被告承担全部责任是有失公平的,也有悖客观实际。

三、被告不应为原告对购房户的赔偿行为承担赔偿责任

(一) 原告对购房户的赔偿行为缺乏合同的依据,也不符合法律的规定。

首先,原告与购房户签订的《××市商品房买卖契约》第11条质量争议处理条款有明确约定,"双方因商品房质量产生争议时,以××市建筑工程质量监督管理部门出具的书面工程质量评定意见作为处理争议的依据",但原告在没有上述工程质量评定意见书的情况下,便与购房户达成协议,并进行赔偿。

其次,从法律的规定看,原告上述的行为没有法律依据。依据《商品房销售管理办法》第35条以及《最高人民法院关于审理商品房买卖合同纠纷案件适用法律若干问题》第12条规定,"商品房主体结构不合格的"必须经过"经核验,确属主体结构不合格",才可退房。然而,原告在没有遵守购房合同的约定以及法律法规规定的情况下,擅自办理退房手续,不能产生有效、合法的退房的效果。更重要的是,目前的鉴定结论并没有认定该楼房的主体质量不合格,而且该楼房是可以修复的,所以,原告对其擅自与购房户签订解除契约协议的行为应承担法律后果。

再次,原告与购房户签订的协议有两类,既有"解除契约"协议(即2004001~14协议),也有"房产回购"协议(即20040015~24协议)。对"解除契约"协议的问题,前面已有陈述;而"房产回购"协议是原告与购房户双方自愿回收房产的行为,不属于楼房质量引起的纠纷,更与被告无关。

(二) 被告不应承担原告与购房户之间的装修损失及搬迁费用。

首先,如前所述,"解除契约"协议没有遵守合同约定及法律规定的法定程序,原告对其擅自与购房户签订协议的法律后果应由自己承担;而"房产回购"协议是原告与购房户双方自愿回收房产的行为,更与被告无关。

其次,原告支付给购房户的装修损失的赔偿及搬迁费用,没有任何赔偿标准,也没有经过任何有效的评估。另外,既对购房户的装修损失进行赔偿,原告又同意购房户回收装修物,这也与赔偿原则相违背。

(三) 对于原告的第四项诉讼请求,正如前所述,本案的主要责任在于原告

方,原告依法依理应承担与质量有关的鉴定费用。

四、本案的举证及证据效力的问题

(一) 对用于23幢建设的水泥不合格,被告已完成举证责任。根据《最高人民法院关于民事诉讼证据的若干规定》第9条之规定,(1998)×经初字第×××号民事判决书所认定的事实,便是支持被告上述观点的有效证据,被告无需就此问题再举证。

(二) 原告提出的补充证据,证明"用于建设23幢的水泥是合格,并且该幢的载重构件没有使用××牌水泥",本代理人认为其证据效力低于法院认定的事实。根据《最高人民法院关于民事诉讼证据的若干规定》第77条的规定,(1998)×经初字第×××号民事判决书所认定事实的证据效力高于该补充证据的效力。

综上所述,本案的根本原因在于原告提供了不合格的水泥,而致使砼柱强度不合格、楼房质量进一步恶化的一系列问题,原告应承担主要的过错责任。为了减少经济损失,顾全双方的信誉和商业形象,以解决问题为大原则,双方应当进行协商,共同谋求修复楼房的方案。本代理人恳请合议庭能采纳本律师的意见,在考虑双方的责任应当如何划分的同时,寻求一条能够有利于解决房屋质量问题的途径,并作出公正的判决。

代理人:×××

二〇〇六年×月×日

法律条文:

1.《商品房销售管理办法》第35条:"商品房交付使用后,买受人认为主体结构质量不合格的,可以依照有关规定委托工程质量检测机构重新核验。经核验,确属主体结构质量不合格的,买受人有权退房;给买受人造成损失的,房地产开发企业应当依法承担赔偿责任。"

2.《关于审理商品房买卖合同纠纷案件适用法律若干问题》第12条:"因房屋主体结构质量不合格不能交付使用,或者房屋交付使用后,房屋主体结构质量经核验确属不合格,买房人请求解除合同和赔偿损失的,应予支持。"

3.《最高人民法院关于民事诉讼证据的若干规定》第9条:"下列事实,当事人无需举证证明:……(四) 已为人民法院发生法律效力的裁判所确认的事实;……"

4.《民事诉讼法》第67条:"经过法定程序公证证明的法律行为,法律事实和文书,人民法院应当作为认定事实的根据。但有相反证据足以推翻公证证明的除外。"

5.《最高人民法院关于民事诉讼证据的若干规定》第77条:“人民法院就数个证据对同一事实的证明力,可以依照下列原则认定:(一)国家机关、社会团体依职权制作的公文书证的证明力一般大于其他书证;……”

6.《最高人民法院关于审理建设工程施工合同纠纷案件适用法律问题》第12条:“发包人具有下列情形之一,造成建设工程质量缺陷,应当承担过错责任:……(二)提供或者指定购买的建筑材料,建筑构配件、设备不符合强制性标准;……”

【点评】 本文书系律师代理的建筑公司建筑工程质量损害赔偿案的代理词。诉讼代理人在该案件中系代表被告方某建筑公司参与诉讼。建筑工程案件是民事诉讼中一类典型的案件,由于建筑工程本身往往具有一定的技术性,这对于律师承办案件的要求也较高。在该案中,被告系某公寓的承建商,因某楼房出现建设质量问题,被原告(开发商)索赔,在诉讼中的地位比较被动。作为被告方的代理律师,在诉讼中必须从反驳原告所主张的事实和理由的角度出发,逐点厘清事实,提出对本方有利的证据和理由,并且尽量在代理词中予以明确的梳理,方能在此类比较复杂且本身地位被动的诉讼中站稳脚跟,维护本方的权益。该份代理词至少体现了以下几个方面的优点:(1)对争点梳理清楚,结构合理,条理清晰,且具有层次性,先论证实体问题,再论证程序问题,使人阅读之后能够较快地掌握争议的事实和被告方的主张。(2)在论证上,在承认施工所用的水泥存在质量问题的情况下,找准问题的关键,即由谁提供水泥的问题,此为准确认定案件事实的重要前提,在论证上做到“先退一步,再进两步”,在论证的安排上,具有说服力。(3)代理人并没有忽略程序性问题,论证过程能够抓住关键证据,对证据的效力、所要证明的问题等予以重点阐述,尤其是抓住如会议纪要和已经生效的法院判决之类的关键证据,对于证明本方主张比较关键,且论证过程清楚。(4)重视程序性事项的阐释和论证,从举证和证据效力方面展开,论证本方主张。(5)比较熟练地引用法律法规和司法解释,全面支撑本方主张。(6)在最后附上相关的法律条文,也是该份代理词的一个特色。以往少有律师诉讼文书在文末附件列明法律条文,但现在有不少律师在撰写文书时越来越注重表述上的清晰和顾及他人阅读的方便,将文书所涉及的法律条文全部附于文末,有助于协助法官迅速找到法律依据。综上,该份代理词是一份质量较佳的代理词。

（二）曾某某与宋某某相邻关系纠纷案

代　理　词

审判长、审判员：

××律师事务所依法接受原告曾××的委托并指派我们担任其代理人，出庭参与被告宋××相邻关系纠纷一案的庭审活动，通过今天的法庭调查，我们对本案有了进一步的了解，现代理人根据本案的事实及适用的法律发表以下代理意见：

一、针对本诉而言，被告擅自将其位于××大厦×梯25B房的大门往北前移的行为已构成了对原告的侵权，应当恢复原状。

首先，本案是房屋所有权侵权纠纷，不应该是相邻关系纠纷。从原告提供的房地产权证来看，被告擅自将其大门向北前移，占用了部分的公共通道，但同时也实质上将原告的已墙改变成为共墙，被告的这一行为显然已侵犯了原告的房屋所有权的权益，原告请求被告停止侵权、恢复原状的请求合理合法，应当予以支持。

其次，被告擅自将大门前移的行为也严重影响到原告的正常生活。原告自1998年居住××大厦25C房以来，该通道一直按建筑规划图保持着畅通，这也为原告的起居、生活提供了方便。被告在2007年10月期间将大门前移的行为不仅占用了公用通道，也严重影响的原告的生活习惯。

再次，即使被告称征得物业部门的同意以及交纳了场地使用费，但不能作为其侵权抗辩的理由，而且该处物业部门向被告收取的场地使用费也是依法无据的，本案第三人应当返还非法收取被告的场地使用费。

二、针对被告所提出的反诉，代理人认为：

首先，被答辩人所提出的诉求不能构成本案的反诉。

民事诉讼法上提起反诉的条件之一为“反诉与本诉应有联系”，即反诉与本诉的诉讼标的或者诉讼理由，应在法律上或事实上有牵连关系，且提出反诉的目的旨在抵消、吞并原告的诉讼请求。就本案来看，被告擅自将大门外移的行为已将原告的自墙变成与被告的共墙，实质上侵犯了原告的房屋所有权。被告所提的要求答辩人拆除在大门上安装石框及吊顶装饰的诉讼请求与本诉没有任何法律上和事实上的牵连关系，更不能起到抵消、吞并本诉诉讼请求的目的，因此，不能构成反诉，不应合并进行审理和判决。

其次，原告在自家门上安装石门框并不构成侵权。因为原告房屋大门的这面墙壁属于原告的已墙，原告有权加上石门框进行修饰，这既没有改变房屋的结构，也不足以对被告造成其所谓的危险。因此，原告行使自己合法的权利并不会侵害的他人的权利，依法应予保护。

以上代理意见,恳请合议庭充分考虑并给予采纳。

代理人:×××

二〇〇八年×月×日

【点评】 该案系原告代理人代理的一起相邻关系纠纷案,且被告提起了反诉。因此,该案不仅存在本诉,而且存在反诉,在民事诉讼类型上具有一定的典型性。由于原告方并不承认本案的相邻关系纠纷性质,而认为本案是房屋所有权侵权纠纷,因此,代理词开篇就开门见山地直指核心观点,即:本案是房屋所有权侵权纠纷,不应该是相邻关系纠纷,并且列举了若干理由。由于本案还存在反诉,因此本诉原告的代理人同时也是反诉被告的代理人,代理词针对反诉反驳了提起反诉的理由,并且论证了原告的行为不构成侵权。该份代理词结构完整,运用物权法、民事诉讼等基本原理进行论证,既考虑到实体问题,也考虑到程序问题,在论证时理论与案件事实的结合较为紧密。不过,该代理词也有尚可继续完善的地方,例如,既然原告方主张本案是房屋所有权侵权纠纷,不应该是相邻关系纠纷,那么在对"本案是房屋所有权侵权纠纷"展开充分论证的同时,最好再对"不应该是相邻关系纠纷"展开一定的论证,即可以阐释什么是相邻关系纠纷,本案为何不应是相邻关系纠纷,这样,才可以让裁判者更好地理解本方的主张。另外,虽然该代理词对法理阐释的内容较为丰富,但似乎还应适当引述法律的相关规定。

(三) 杨××与杨×Y、杨×W 遗嘱继承纠纷案

代　理　词

尊敬的审判长、审判员:

上诉人杨××与被上诉人杨×Y、被上诉人杨×W 遗嘱继承纠纷案件,上诉人杨××委托本律师代理诉讼事宜,现就案件事实和法律适用发表如下意见,供合议庭评议时采纳:

一、案件事实

上诉人和被上诉人杨×Y 系姐弟关系,双方亲生母亲陈××于 1989 年×月××日经申请作为承租人继续承租××市××区×××村××号×××-×××室公房,被上诉人杨×W 于 1998 年×月××日将户口迁入系争房屋。

1994 年××月××日上诉人母亲陈××作为系争房屋承租人,被上诉人杨×W 作为同住成年人,经协商一致,购买系争房屋,确认房屋购买人为被上诉人杨×W,并委托被上诉人杨×W 办理购买公有住房的一切手续,1995 年 2 月 12 日被上诉人杨×W 与××市房产管理局签订《公有住房买卖合同》,按照《关于出售公有住房的暂行办法》(即"94 方案")的有关规定购买系争房屋,房屋产权

人登记在被上诉人杨×W一人名下。

2009年××月××日上诉人母亲陈××以立下遗嘱的形式,对系争房屋享有所有权进行主张,“本人陈××有××市××区××路×××村×号×××-×××室房子一套,系争房屋如何分割作出安排:等我百年之后将这套房子按当时的市场价四分之一份额留给我女儿杨×Y继承,将四分之一份额留给我儿子杨××继承,将四分之二份额留给我外孙女杨×W继承”。上诉人母亲陈××并在2009年××月××日向被上诉人杨×W出示书面遗嘱,主张对系争房屋享有的权利和份额分割安排,被上诉人杨×W同意上诉人母亲陈××对系争房屋所有权的主张和在其百年之后的份额分割安排,在遗嘱上签字确认,上诉人母亲陈××事后将遗嘱原件交给上诉人保管,待其百年之后按照遗嘱上的内容执行,对系争房屋按照市场价进行份额分割。

2013年×月××日上诉人母亲陈××报死亡,在料理后事后,上诉人依照母亲陈××的遗嘱向被上诉人杨×W主张权利,要求对系争房屋进行份额分割,被上诉人杨×Y和被上诉人杨×W以种种理由推脱。2013年12月13日被上诉人杨×W将系争房屋以人民币205万元出售给案外人。

上诉人生父杨×与母亲陈××于1951年经法院判决离婚,继父杨×Z于1987年11月11日报死亡,上诉人母亲陈××百年后的法定继承人仅为:上诉人和被上诉人杨×Y两人。

二、法律适用

本案涉及两个法律关系:

1. 上诉人与被上诉人杨×Y之间关于“继承陈××遗产”的遗嘱(或者法定)继承法律关系;

2. 被继承人陈××与被上诉人杨×W之间关于“××市××区×××村××号×××-×××室房屋”的产权共有确认和共有物分割法律关系。

根据××高院《民事法律适用问答》[2003年第1期]问题7:按照“94方案”购买共有住房、具备可以主张产权共有条件的人,生前未主张权利的,其继承人能否主张继承共有份额中其应得的份额?答:“生前未主张的,应推定其对房屋产权归属在登记人名下并无异议,因此继承人不能再主张权利”,即生前主张的,应推定其对房屋产权归属在登记人名下有异议,因此继承人有权主张权利。

本案法院审理的焦点为:经被上诉人杨×W签字认可的写有系争房屋产权归属及份额分割内容的遗嘱能否证明被继承人陈××对系争房屋在生前向被上诉人杨×W主张权利?被上诉人杨×W是否必须按照遗嘱内容向作为继承人之一的上诉人支付房屋产权份额折价款人民币512500元?

本律师认为:按照“94方案”购买的售后公房,被继承人对系争房屋生前主张权利，是继承人主张继承共有份额中其应得份额的前提条件，而对于主张的方式，并没有相关的明文规定，根据公平合理的法律原则，只要主张人权利要求的意思表示清楚、明确即可，写有系争房屋产权归属及份额分割内容的遗嘱中，权利要求的意思表示清楚、明确，且交给被上诉人杨×W签字，是上诉人母亲陈××生前向被上诉人杨×W主张对系争房屋享有产权份额的证明，签字后在上诉人母亲陈××与被上诉人杨×W之间就形成了一份附生效期限（即上诉人母亲陈××百年之后）的合同，合同的核心内容为："系争房屋产权归上诉人母亲陈××所有，在上诉人母亲陈××百年之后，按照当时的市场价对系争房屋份额进行分割，由上诉人继承系争房屋市场价的四分之一份额，被上诉人杨×Y继承系争房屋市场价的四分之一份额，被上诉人杨×W享有系争房屋市场价的四分之二份额"。依法成立和生效的合同受法律保护，对被上诉人杨×W具有法律约束力，被上诉人杨×W必须按照遗嘱内容向上诉人支付房屋产权份额折价款人民币512500元。

被上诉人杨×W也认可遗嘱上的签字为本人所亲笔书写，且不存在违反法律强制性规定或者损害国家、集体或者第三人利益导致合同无效的情况。对被上诉人杨×W而言，合同（遗嘱）内容也没有损害其本人利益，其作为系争房屋同住人，无论按照合同（遗嘱）约定还是法律规定，其享有市场价四份之二份额均得到保护和认可。

被上诉人拒不履行合同内容，违反诚实信用原则，将全部房款人民币205万元占为己有，违反合同约定的义务，侵害了上诉人作为母亲陈××的继承人的合法权益，遗嘱真实有效，确系上诉人母亲陈××的真实意思表示，见证人均明确亲自参与遗嘱的书写和见证，因被继承人陈××仅有两名继承人，上诉人与被上诉人杨×Y无论按照遗嘱继承或者法定继承，均有权要求被上诉人杨×W支付房屋折价款人民币512500元。原审判决认为"陈××生前并未主张变更系争房屋的产权登记，故系争房屋仍然是被上诉人杨×W的财产"属于认定事实错误，应依法予以纠正，请依法改判支持上诉人的原审诉讼请求。

以上意见，请予以采纳。

代理人：×××

2014年××月××日

【点评】　该案系一宗遗产继承纠纷案件。由于遗产系售后公房，且产权原本登记在对方当事人（被上诉人）名下，这增加了上诉方代理的难度。代理律师在代理词中采用分解法律关系的方法，运用当地关于售后公房的审判的司法政策，并且应用民法中的基本原理，来为上诉方争取权益，能够将案件聚焦于争议点并充分展开论证，说理清楚，表现出了运用法律和司法政策进行说理的技巧。

第十四节　辩　护　词

一、辩护词的概念

辩护词,是刑事案件被告人的辩护人,在法庭审理的辩护阶段,根据事实和法律,对控方的指控进行辩解和反驳,以证明被告人无罪、最轻或者应当减轻、免除刑事责任的综合性辩护意见。与代理词一样,辩护词对于充分贯彻言词辩论原则,体现程序公正,都具有重要意义。并且,辩护词还对于维护被告人的合法权益,尤其是防止发生冤假错案,也有着重要的意义。辩护词分为一审辩护词、二审辩护词和再审辩护词。

二、辩护词的格式与内容

(一) 序言

1. 标题:辩护词。

2. 称呼语:审判长、审判员,或审判长、人民陪审员,或审判长、审判员、人民陪审员。

3. 出庭辩护人的合法身份、权限和出庭前的准备工作(转入正文)。

(二) 辩护意见

辩护意见是辩护词的主体部分,主要应该从事实和证据是否清楚、准确,双方争议的焦点怎样把握,展开对案情的分析,切实维护被告人的合法权益。

辩护意见可以分为事实和理由两个部分,分别从事实和理由两个部分展开辩护。同时,还可以从实体和程序上展开辩护。

同样,辩护意见应当根据案情的需要分为几个部分,每一个部分最好要列出小标题,以体现逻辑顺序,理清思路,也有助于法庭理解辩护人所要陈述的辩护意见。

(三) 结束语

1. 进行小结(阐明中心思想)。

2. 向法庭提出意见、要求和建议。

3. 辩护人署名和签署时间。

三、文书实例与点评

(一) 陈××涉嫌故意伤害、抢劫案

辩　护　词

审判长、审判员:

××律师事务所依法接受被告人陈××妻子朱××的委托并指派我们担任

被告人陈××的辩护人。出庭前,辩护人认真地查阅了本案所指控的全部犯罪事实材料,会见了在押的被告人,并通过刚才的法庭调查,听取了公诉方的起诉意见,对本案有了全面的了解,现就本案提出如下辩护意见:

第一部分 关于陈××犯故意伤害罪的辩护意见

辩护人对公诉机关指控陈××犯有故意伤害罪不持异议,但结合本案事实及相关证据,被告人陈××具有如下酌定从轻的情节:

一、本案被告人能如实、完整地供述其将被害人砍伤的全部犯罪事实,坦白自己的罪行,认罪态度好,具有明显的悔罪表现。

被告人陈××从被公安机关抓获、讯问至庭审,都能如实、完整地供述其将被害人砍伤的全部犯罪事实,认罪态度极好,有非常明显的悔罪表现。根据《关于普通程序审理"被告人认罪案件"若干意见》第9条关于"人民法院对自愿认罪的被告人,酌情予以从轻处罚"之规定,恳请合议庭对被告人陈××酌情予以从轻处罚。

二、在本案中,是受害人蔡××挑起本次事端,其自身具有重大过错,表现为以下两个方面:

第一,受害人蔡××乘坐被告人驾驶的摩托车从××到××中学路口,大约为6公里的路程,然而这么远的路程,受害人却一开始只给了被告人10元,还要叫被告人找8元还给他,从而引发与被告人发生口角,挑起本案事端。

第二,在双方发生争执后,是受害人蔡××先抄家伙,拿出一活扳手在被告人面前进行比划,在当时的环境下,只能是受害人有意要激化矛盾,有意将之前的口角发展成肢体的冲突。这么远的路程只付给2元钱,对于被告人来说,简直就是一种侮辱和鄙视,既侵占了被告人的劳动成果,又损害了被告人的人格尊严,还比划着活扳手,更是对被告人人身安全的威胁,所以,才致使被告人进行防卫,将防身的菜刀拿出,导致了本案不幸结果的发生。

以上两点事实,有被告人的供述,证人林××的证言相互印证,以及××派出所《关于陈××故意伤害一案调查综合材料》的基本情况予以确认。所以,请合议庭考虑受害人自身挑起事端,激发矛盾,具有重大过错,对被告人在量刑时予以酌情从轻。

三、本案被告人陈××系初犯,没有前科劣迹,只有小学文化水平,缺乏法律意识,生活窘困所迫。

被告人陈××之前并没有任何前科劣迹,且一贯表现良好,之所以伤害受害人蔡××是因为遇事容易冲动和法律意识淡薄等原因造成的,还有重要的一点原因就是被告人与妻子结婚后,生育有两个孩子,妻子在家带孩子,生活的经济来源都靠被告人驾驶摩托载客维持,所以,受害人只支付2元的车费,的确影响了被告人当天的生计。生活的困窘和抚养孩子的重担,使得被告人不得不因讨要车费问题而一时作出过激行为。

综上所述,恳请合议庭在对被告人故意伤害一罪的量刑上,考虑辩护人上述的辩护观点,对被告人予以从轻处罚。

第二部分 关于陈××犯抢劫罪的辩护意见

一、被告人陈××的行为并不符合抢劫罪的构成要件,公诉机关指控的抢劫罪不成立。因为被告人的行为并不符合抢劫罪的犯罪构成,不符合抢劫罪的主客观要件及主客观要件的一致性。理由如下:

第一,被告人的行为不符合抢劫罪的客体要件。本案的起因是被告人在受害人经营的电器店购买了一台21寸的彩色组装电视机,使用数月后发生故障要求被害人予以更换遭拒绝。原是一起消费者维权的事件,只是在维权的过程中,被告人采用的手段不当。根本就没有侵犯到被害人的财物。这表现为以下两个方面:

1. 被告人在要求被害人更换电视机时,是将故障的电视拿到了被害人的铺间,最后,另行更换一台康佳21寸的新电视后,该部故障电视仍留在被害人的铺间,由此也可以看出被告人的确是出于更换电视的目的。

2. 被害人出售给被告人的是一台组装的21寸彩色电视机,也正是因为组装机,所以机箱上并无任何规格、品牌、型号、3C认证及质量合格等证明,被害人李××在销售时没有向被告人陈××开具发票,也没有作出任何质量保修的承诺。依据我国《消费者权益保护法》第8条规定,"消费者享有知悉其购买、使用的商品或者接受的服务的真实情况的权利。消费者有权根据商品或者服务的不同情况,要求经营者提供商品的价格、产地、生产者、用途、性能、规格、等级、主要成分、生产日期、有效期限、检验合格证明、使用方法说明书、售后服务,或者服务的内容、规格、费用等有关情况。"这是消费者的权利。同时也规定了经营者的义务,《消费者权益保护法》第19条规定,经营者应当向消费者提供有关商品或者服务的真实信息;第21条规定,经营者提供商品或者服务,应当按照国家有关规定或者商业惯例向消费者出具购货凭证或者服务单据;第22条规定,经营者应当保证在正常使用商品或者接受服务的情况下其提供的商品或者服务应当具有的质量、性能、用途和有效期限;以及第23条规定,经营者提供商品或者服务,按照国家规定或者与消费者的约定,承担包修、包换、包退或者其他责任的,应当按照国家规定或者约定履行,不得故意拖延或者无理拒绝。也就是法律赋予了被告人作为消费者有要求包修、包换、包退的权利,所以,被告人强行更换电视机是行使消费者三包的权利,只是行使权利时手段存在不当,并没有侵害被害人的财物。

第二,从客观方面来说,被告人在本案中的确是使用了暴力手段,但是使用暴力的目的并不是为了劫取被害人的财物。被告人为什么要拿出斧头？是因为被害人不同意更换电视,并说电器的东西,价值小,经常坏也正常,被告人听完后很生气,才拿出斧头想去吓唬被害人,这从被告人几次稳定的供述均可看出,可见,被告人拿出斧头的原因是因为被害人不同意更换电视而很生气。

第三,从主观方面来说,被告人从抱故障的电视到被害人处更换到抱走被害人一台新的电视机,整个过程均不具有非法占有的目的,从消费者维权的角度,被告人的电视坏了要求被害人更换并无不当,只是物与物的置换,且被告人最后抱走的电视从外观上来看,也是21寸,与被告人之前购买的电视从外观和款式等方面均是相同。在被告人于争执中明显占优势,且受害人也已经同意更换并抱出一台电视示弱的情况下,被告人觉得该电视与之前购买的不同,才重新选择了一台与之前购买电视相同的21寸电视,并没有抱走尺寸更大的电视或者其他电器、财物,而且原故障电视仍留在被害人处,足以证明被告人在整个过程中,主观上并没有发生任何质变,都只是想更换电视,始终不具有非法占有被害人财物的目的。

以上事实,在××公复字(2010)第×××号《复函》中明确指出:“被告人抱走新的电视机也只是想抱回家先使用,待原故障电视机维修好后再换回,故并不具备以非法占有为目的的主观故意”,被害人李××的陈述中也有同样的说法。

综上所述,被告人的行为完全不符合抢劫罪犯罪构成的主、客观要件,因此,公诉机关抢劫罪的指控不能成立。

二、在法院认定被告人构成本罪或其他罪名时,对被告人的量刑,请考虑被告人以下法定和酌定的从轻、减轻情节,对被告人予以从轻或减轻处罚。

第一,在本案中,公安机关是以“故意伤害”一罪对被告人进行讯问的,但在讯问的过程中,被告人向公安机关供述了本宗公安机关尚未掌握的“抢劫”罪行,符合《最高人民法院关于处理自首和立功具体应用法律若干问题的解释》第2条关于“根据刑法第六十七条第二款的规定,被采取强制措施的犯罪嫌疑人、被告人和已宣判的罪犯,如实供述司法机关尚未掌握的罪行,与司法机关已掌握的或者判决确定的罪行属不同种罪行的,以自首论”之规定,应当认定为自首,根据《刑法》第67条第1款之规定,对于自首的犯罪分子,可以从轻或者减轻处罚;其中,犯罪情节较轻的,可以免除处罚。

第二,被告人从被公安机关抓获、讯问至庭审,都能如实供述自己的犯罪行为,认罪态度极好,有非常明显的悔罪表现。恳请合议庭对被告人酌情予以从轻处罚。

第三,本案被害人头部的伤害是双方在争执过程中斧头划伤的,并不是被告人故意砍伤的。因为从司法鉴定结论来看,被害人额头的创口仅为1.5厘米,创缘不整齐，如果是用斧头砍的，力度不同加上斧头的横截面积不可能形成如此小的创口。所以，对于被害人受害的结果请法院比较故意砍伤的主观恶性和伤害后果，对被告人予以从轻处罚。

以上辩护意见恳请合议庭予以充分考虑、采纳。

辩护人：××律师事务所
律师：陈×　蔡××
二〇一〇年×月×日

【点评】 该案系一宗涉及故意伤害、抢劫两个罪名的刑事案件，辩护词涵盖了两个涉嫌罪名的辩护。在结构上，辩护词分为“关于陈××犯故意伤害罪的辩护意见”和“关于陈××犯抢劫罪的辩护意见”两个主体部分，并且在每个部分之下再分别梳理出若干理由提供了辩护意见，层次分明，结构完整、合理。由于被告人在两个涉嫌罪名中的行为特征各不相同，因此辩护词在两个主体部分之中分别采用了不同的辩护方式。在第一部分，由于被告人对公诉机关所指控的行为不持异议，因此主要采用了酌定从轻的辩护方式，主要集中于量刑部分。除了认罪态度好、无犯罪前科等常规事项之外，辩护词还尤其注意到了该故意伤害行为的起因，提出了事端为被害人所挑起的重要事实主张，突出了重点。在第二部分，由于控辩双方对指控的事实的性质判断存在着较大的争议，因为，辩护词针对定罪问题展开了实体性的辩护，并且是从犯罪构成的主客观要件等方面展开了全面辩护。在对定罪问题进行辩护之外，辩护词还对量刑问题阐释了辩护意见，论证较为全面。该份辩护词对辩方所主张的事实阐述较为详细，论证较为充分，在论证的过程中能够结合证据进行论证，并且，在引述法律条文时也比较细致，是一份质量较好的辩护词。

（二）黄×涉嫌盗窃案

辩　护　词

尊敬的审判长、审判员、人民陪审员：

××律师事务所接受本案被告人黄×以及父亲黄××的委托，指派本所××律师担任黄×涉嫌盗窃一案的一审辩护人。辩护人经认真阅取卷宗，会见被告人，现依据事实和法律，发表以下辩护意见。

辩护人对公诉机关指控黄×犯有盗窃罪不持异议，对于本案被告人所盗窃煤炭的价值，请合议庭依照本案的证据予以认定，并依据2013年4月4日施行的《最高人民法院、最高人民检察院关于办理盗窃刑事案件适用法律若干问题的解释》第1条的规定，确定本案盗窃的数额为巨大。对于其基准刑，请合议庭根据“罪责刑”相一致的原则予以确定。结合本案事实及相关证据，辩护人提出被告人黄×具有如下从轻、减轻情节，并根据《人民法院量刑指导意见》提出量刑意见：

一、被告人黄×在本案起次要辅助作用，系从犯，依法应从轻或减轻处罚。

根据陈××、黄×、李××在公安机关的供述可以看出，黄×、李××加入到盗窃是受到陈××的纠集，这一事实，公诉机关在起诉书中也予以认定。在整个过程中，黄×并没有组织策划和倡议本案的盗窃。本案运煤的卡车也是由陈××提供的。在具体犯罪活动中，黄×也按照陈××的指示行事，包括什么时候开车、停放在何处、什么时候装完煤炭把车开回都是由陈××通过电话联系黄×，指示黄×进行。离开后，黄×也是按照陈××的要求将车开到××岭一垃圾场，将煤炭连车一并交由陈××，由陈××单独进行处理，销赃所得，黄×也一无所知。但从陈××在公安机关的供述，其销赃所得是十七多万，而分给黄×仅有15400元，连十分之一都不到。

综合黄×在本案中地位和作用，他没有倡导犯意和策划犯罪、没有提供作案工具、所实施的行为也是受到陈××的指示、分得的报酬少等实际情况，根据《刑法》第27条规定，依法应认定为从犯。对于从犯，应当从轻、减轻处罚或者免除处罚。鉴于黄×在本案中的地位和作用，根据最高人民法院《人民法院量刑指导意见》及《××省高级人民法院〈人民法院量刑指导意见(试行)〉实施细则(试行)》关于"对于从犯，应当综合考虑其在共同犯罪中的地位、作用，以及是否实施犯罪实行行为等情况，予以从宽处罚，可以减少基准刑的20%—50%；犯罪较轻的，可以减少基准刑的50%以上或者依法免除处罚"的规定，请求给予减少基准刑的50%。

二、黄×在2012年10月10日向公安机关投案，并如实供述自己的罪行。根据《刑法》第67条的规定，应认定为自首。在投案时，黄×是出于真诚悔罪，本人主动到公安机关投案，并如实供述了全部犯罪事实，充分认识了自己的犯罪行为，并退回全部赃款，根据最高人民法院《人民法院量刑指导意见》及《××省高级人民法院〈人民法院量刑指导意见(试行)〉实施细则(试行)》关于"对于自首情节，综合考虑投案的动机、时间、方式、罪行轻重、如实供述罪行的程度以及悔罪表现等情况，可以减少基准刑的40%以下；犯罪较轻的，可以减少基准刑的40%以上或者依法免除处罚"的规定，请求给予减少基准刑的40%。

三、黄×在投案后，提供了同案被告人李××的线索，并协助公安机关抓获了李××，公诉机关也认定了黄×有立功的表现，根据《刑法》第68条的规定，应认定为立功。根据最高人民法院《人民法院量刑指导意见》及《××省高级人民法院〈人民法院量刑指导意见(试行)〉实施细则(试行)》关于"对于立功情节，综合考虑立功的大小、次数、内容、来源、效果以及罪行轻重等情况，确定从宽的幅度。一般立功的，可以减少基准刑的20%以下"的规定，请求给予减少基准刑的20%。

四、在黄×投案自首的当日将分得的全部赃款15400全部退清，这一事实，公诉机关也予以认定。根据最高人民法院《人民法院量刑指导意见》及《××省高级人民法院〈人民法院量刑指导意见（试行）〉实施细则（试行）》规定，“对于退赃、退赔的，综合考虑犯罪性质，退赃、退赔行为对损害结果所能弥补的程度，退赃、退赔的数额及主动程度等情况，确定从宽的幅度”，虽然黄×的退赃是15400元，但对黄×来说，退赃是全额的、主动的、积极的，“非暴力型犯罪，被告人退赃、退赔的，可以减少基准刑的30%以下”，请合议庭对上述事实予以认定并给予减少基准刑的30%。

五、被告人黄×在此之前没有前科劣迹，系初犯，之所以会踏上犯罪道路，因为年纪尚轻，交友不慎，受人引诱，且黄×对其犯罪行为已经有深刻的认识，自愿接受法律的制裁，有明显的悔罪表现，请合议庭酌情予以从轻处罚。

综上所述，请合议庭考虑上述黄×的法定、酌定从轻、减轻的情节，予以从轻、减轻处罚，且黄×是投案自首说明其认罪并自愿接受法律的制裁，也全部退赃以表示其悔罪深刻，对其适用缓刑，不致再危害社会，请合议庭对黄×从轻、减轻处罚，并适用缓刑，给黄×一个改过自新的机会。

以上辩护意见恳请合议庭予以充分考虑并采纳。

辩护人：××律师事务所
律师：××
二〇一三年×月××日

【点评】 该案系一宗普通的盗窃案，辩方对盗窃的指控不持异议，但该案辩护的特点在于，通过对量刑规则的应用展开量刑方面的辩护。量刑程序改革是近期司法改革的一个组成部分，最高人民法院和一些高级人民法院也制定了一些有关量刑的规则，用以指导量刑的实践。在未有量刑指导规则的时候，以往的辩护律师往往只能通过情节描述来与刑罚幅度相对照，但缺乏量化的标准。在制定量刑规则之后，辩护律师便应掌握量刑规则的规定并运用其进行量刑上的辩护。该案的辩护词主要从被告人的从犯地位、被告人的坦白、被告人的立功表现、被告人的退赃行为、被告人系初犯等几个方面展开量刑辩护，并引用了最高人民法院和该地所属高级人民法院发布的量刑规则。虽然该案案情简单，但是从该份辩护词来看，辩护人在尽可能的空间内展示了辩护的能力。

第六章 律师的非诉讼法律事务文书

在当代社会，尽管诉讼事务仍然是律师业务中非常重要的部分，但是当代律师已经不仅从事诉讼事务，而且越来越多地从事非诉讼法律事务的办理工作，非诉讼法律事务越来越成为法律业务中非常重要的一部分。因此，作为一名律师，不仅要熟悉诉讼类法律事务的办理，学会撰写、制作各种诉讼类的法律文书，而且，要熟悉非诉讼法律事务的办理，学会撰写、制作各种非诉讼法律事务文书。本章所叙述的律师的非诉讼法律事务文书，涵盖了几个最为常见和常用的非诉讼法律事务文书种类，包括：合同、协议书、法律意见书等。

第一节 合 同

一、合同的概念

合同是平等主体之间，依照法律的规定，确定一定的权利义务关系的协议。参加合同关系的平等主体，包括处于平等地位的自然人、法人和其他组织。参加合同关系的平等主体，至少有双方当事人的参加。由于合同可以包括书面合同与口头合同，其中，书面合同是较为稳固的合同形式，也是律师所必须掌握的合同形式，因此，本法律文书课程所指的合同，指的当然是书面合同，即当事人在意思表示一致的基础上所达成和签署的书面凭据。

我国《合同法》规定了十五种有名合同，即买卖合同，建设工程合同，承揽合同，运输合同，供电、水、气、热力合同，仓储合同，融资租赁合同，借款合同，赠与合同，租赁合同，技术合同，保管合同，委托合同，行纪合同，居间合同。当然，现实的市场经济中的合同种类远不只《合同法》中所规定的这些，还有很多新的合同类型。律师非诉讼法律事务文书，不仅包括《合同法》所规定的这些合同类型，而且包括其他的合同类型。

合同关系是市场经济中极其重要的法律关系。律师在合同的起草、制作中发挥着非常重要的专业作用，因为合同是一种具有法律行为的文书，合同一经签订便宣告成立，就对合同当事人产生了约束力，对双方产生了一定的权利义务关系，如果违约，则要承担由此引起的法律责任。因此，律师在帮助当事人起草、制作合同中，就应以其专业知识尽力维护当事人的合法权益，谨慎审查合同，预防可能的纠纷。律师应当告知当事人在合同条款所规定的权利义务中可能承受的风险,并且对于违反法律强制性规定的内容应当予以及时指出。

二、合同的格式与内容

合同的格式可以分为两种主要类型,即表格式合同和条款式合同。表格式合同是指依照事先印制好的表格,将协商一致的内容逐项填入表格中的合同类型,该类合同一般应用于经常可重复使用的合同中。而条款式合同,则需要由当事人将口头约定好的有关内容列成若干条款写入合同之中。我们这里主要讲条款式合同。

(一) 合同的标题

即写明"××合同",其中"××"指的是合同的性质类型,如"买卖合同"。

(二) 合同当事人

可以写明:甲方:×××,乙方:×××。如果是法人,必须写明法人的全称。合同的签订者可以根据合同的不同类型来写明,如买卖合同的"出卖人"和"买受人",承包合同的"发包方"和"承包方"等。

(三) 合同正文

合同正文是合同的主要部分,列出条款来写明合同的具体内容,尤其是载明了当事人之间的权利义务关系。包括:

1. 签订合同的目的。即交代出于何种原因签订本合同。此部分需言简意赅。

2. 合同条款。即合同的核心内容,由合同当事人约定,载明当事人的权利义务关系,一般包括以下要素:(1) 标的;(2) 数量;(3) 质量;(4) 价款或报酬;(5) 履行的期限;(6) 履行的地点;(7) 履行的方式;(8) 违约责任。违约责任由当事人自行约定,但不得超过法律规定的标准幅度。当事人还可以在主合同中约定其他事项。

除了主合同条款之外,当事人还可以在合同中约定其他相关事项。包括:(1) 约定争议的协商解决,协商不成的是提交司法诉讼还是仲裁裁决,约定仲裁裁决的,需遵守《仲裁法》的要求,律师应当予以把关;(2) 约定未尽事项可补充协议,以及补充协议的效力;(3) 载明合同的份数,由谁保管;(4) 合同有附件的,还应当予以说明。

(四) 尾部

包括:(1) 写明合同签订者的自然人姓名、法人或者其他组织的名称,以及代表人的姓名,并由自然人签名,加盖公章或者合同专用章;(2) 注明合同签订的年月日。

三、文书实例

(一) 保证合同①

【　　】与【　　】之
保证合同

甲方:【　　】
法定代表人:
联系地址:
邮政编码:
联系电话:
传　　真:
乙方:【　　】
法定代表人:
联系地址:
邮政编码:
联系电话:
传　　真:

鉴于:

1. 甲方与乙方签署了编号为【】的《贷款合同》,由甲方以【×××信托计划】项下的资金向×××公司发放信托贷款;

2. 乙方愿意以其全部财产为【　　】(下称"债务人")履行在《贷款合同》项下的任何义务和责任提供无条件的、不可撤销的连带责任保证。

现根据《中华人民共和国合同法》《中华人民共和国担保法》等现行法律法规,在遵循诚实信用原则的基础上,甲方和乙方协商一致,特订立本合同,以兹共同遵守。

第一条　定义

1.1　除非本合同另有约定,本合同中的词语和定义与主合同中使用的词语和定义具有相同含义。

第二条　被担保的主合同、主债权及担保范围

2.1　乙方所担保的主合同为编号为【　　】的《贷款合同》(包括各方对主

---

① 本文书中的"【　　】"系用于隐去协议当事人的名称以及合同具体内容等相关信息。本合同为专业律师事务所拟定的具有专业水平的合同,故此处不再评述,而可以直接作为学生学习的范例。下同。

合同的任何修改和补充,下同)。

2.2　乙方担保的主债权为甲方在主合同项下享有的要求债务人按照主合同约定支付贷款本息及甲方在主合同项下享有的对债务人的其他任何权利。

2.3　乙方的担保范围为包括主债权及违约金、损害赔偿金和甲方实现债权的费用(包括但不限于诉讼费、仲裁费、财产保全费、差旅费、执行费、评估费、拍卖费、公证费、送达费、公告费、律师费等)。

第三条　保证方式

3.1　本合同保证方式为连带责任保证。

第四条　保证期间

4.1　保证期间为主合同项下债务履行期限届满之次日起两年。若发生法律、法规规定或主合同约定的事项,导致主合同项下债务提前到期的,乙方保证期间为自主合同项下债务提前到期之次日起两年。

第五条　合同的独立性

5.1　本合同项下的保证是独立的、不可撤销的、持续的担保。本合同不受主合同效力的影响,不因主合同无效、可撤销而无效、可撤销,不因其他因素的影响而无效,也不因本合同中部分条款的无效而导致整个合同的无效。

第六条　主合同项下权利的转让

6.1　保证期间,若甲方将主合同项下的权利转让给第三人的,乙方在原保证范围内继续向受让权利的债权人承担连带的保证责任。

6.2　若甲方将主合同项下的权利部分转让给第三人或转让给多名受让人的,乙方在原保证范围内对经受让后的各名债权人分别承担连带保证责任。

第七条　乙方声明

7.1　乙方对其全部资产拥有充分的处分权,对外拥有独立承担民事责任的能力。

7.2　乙方签署及履行本合同已经履行了必要的公司内部程序,符合章程规定,亦不违反任何法律、法规、判决、裁定,也不与其签署的其他任何合同、协议或应承担的任何义务相抵触。

7.3　本合同各条款均为乙方真实的意思表示。

7.4　乙方所提供的财务信息及其他相关资料、信息均真实反映了乙方的财务状况,所提供的所有文件及资料均是真实、完整、准确、合法有效且无任何隐瞒。

7.5　乙方未隐瞒已发生或能够预知将发生的任何已影响或将影响其签署或履行本合同,或可能对其财务状况产生重大不利影响的诉讼、仲裁、行政案件、财产保全措施、强制执行措施或其他重大不利影响的事件。

7.6　乙方同意按乙方信托要求定期或随时提供能反映乙方真实状况的资料和信息。

7.7　乙方同意甲方向中国人民银行及信贷征信主管部门批准建立的信用数据库或有关单位、部门查询乙方的信用状况，并同意甲方将乙方信息提供给中国人民银行及信贷征信主管部门批准建立的信用数据库。

第八条　乙方承诺

8.1　在主合同期间内，如甲方、债务人修改主合同条款及其附件内容，不影响本合同的效力，乙方仍将在担保范围内对担保债务承担连带保证责任；若主合同项下主债权金额发生变更的，乙方根据变更后的主债权金额承担保证责任；若主合同项下债务履行期限发生变化的，乙方的保证期间变更为变更后主合同项下债务履行期限届满之次日起两年内。

8.2　乙方在收到甲方发出的债务人未履行其在主合同项下的任何义务的书面通知或因债务人违约导致甲方终止主合同的书面通知后，按书面通知规定的日期无异议地向甲方支付截至甲方发出书面通知之日债务人应付未付的本金、利息、罚息、违约金、损害赔偿金及其他一切应付款项。乙方逾期支付的，还应按逾期支付金额和实际逾期天数承担每日万分之一的违约金。

8.3　发生以下事项时，乙方应于事项决定或发生后5个工作日内书面通知甲方：

(1) 乙方发生清算、解散、破产、兼并、涉诉或被施以强制措施时；

(2) 乙方对所拥有的重要资产、股权等作出处分时。

8.4　出现下列情况之一的，甲方有权宣布主债权提前到期并有权对债务人或/和乙方申请强制执行：

(1) 债务人未按主合同履行到期义务或未履行主合同项下的任何义务的；

(2) 债务人或/和乙方依法被宣告解散、撤销、破产、兼并、涉诉或自行解散的；

(3) 债务人或/和乙方的重要财产被施以强制措施的；

(4) 债务人或/和乙方违背所作声明与承诺，或乙方不履行本合同约定其他义务的；

(5) 债务人或/和乙方作出其他侵犯甲方合法权益的行为，影响甲方按期足额实现主合同项下权利的；

(6) 出现使甲方在主合同项下权利难以实现或无法实现的其他情况。

8.5　第8.4款情况发生后，强制执行债务人或/和乙方财产所得款项按如下顺序清偿本合同第二条所述款项：

(1) 甲方实现主合同项下权利的费用;

(2) 违约金;

(3) 损害赔偿金;

(4) 回购溢价;

(5) 回购价款本金。

8.6 无论甲方对主债权是否享有其他担保(包括但不限于其他保证、抵押、质押、保函、备用信用证等担保方式),不论上述其他担保何时成立、是否有效、甲方是否向其他担保人提出权利主张,不论是否有第三方同意承担全部或部分主合同项下债务,也不论其他担保是否由债务人自己所提供,乙方在本合同项下的保证责任均不因此减免,甲方可直接要求乙方依照本合同约定在其保证范围内承担保证责任,乙方将不提出任何异议。

第九条 违约责任

9.1 本合同生效后,甲方和乙方均应履行本合同约定的义务,任何一方不履行约定义务的,应当承担相应的违约责任,并赔偿由此给对方造成的损失。

第十条 争议的解决

10.1 本合同履行中发生的争议,由双方协商解决;协商不成的,由甲方住所地有管辖权的人民法院管辖。本合同受中国法律的管辖。

第十一条 强制执行公证

11.1 甲方、乙方共同确认,已经完全理解了有关法律、法规、规章等规定对强制执行效力及执行证书公证的含义、内容、程序、责任、效力等。经慎重考虑决定,甲方、乙方自愿在本合同签署后10个工作日内办理本合同公证并赋予强制执行效力,为办理强制执行公证所交纳的公证费用由乙方承担。

11.2 甲方、乙方对本合同中所规定的义务无异议,双方共同确认:如债务人不履行或不能履行主合同项下的义务,或乙方不履行或不能履行本合同项下的义务时,甲方有权直接向公证处申请强制执行证书,向有管辖权的人民法院申请强制执行,而无须经过诉讼程序,同时,乙方放弃对直接强制执行的抗辩权。

11.3 本条关于强制执行公证的约定优先于本合同第十条执行。

第十二条 通知

12.1 合同双方之间的一切通知均为书面形式,可由专人送达、预付邮费的挂号邮递、特快专递及传真方式传送。

12.2 通知在下列日期视为送达:

(1) 专人递送的通知,在专人递送之交付日为有效送达;

(2) 传真形式递送的通知,传真发出即为有效送达;

(3) 以挂号信(付清邮资)发出的通知,在寄出(以邮戳为凭)后的第7日为有效送达;

(4) 以特快专递(付清邮资)发出的通知,在寄出(以邮戳为凭)后的第3日为有效送达。

12.3 双方在本合同中填写的联系地址即为其有效的通讯地址。

12.4 双方均有权在任何时候更改其通讯地址,但应按本条约定的送达方式在变更后5个工作日内向对方送达通知。

第十三条 合同的生效、修改及终止

13.1 本合同一式肆份,甲方执壹份,乙方执壹份,贰份备用,具有同等法律效力。本合同自双方法定代表人或授权代表签字或盖章并加盖公章后生效,至主债权清偿完毕或乙方在本合同项下的全部担保义务履行完毕之日自行终止。本合同的任何修改、补充,均须各方协商一致并签订书面协议后方为有效。

(以下无正文)

[本页为《【】—保证合同》签署页,无正文]

甲方:【 】
法定代表人或授权代表(签字或盖章)

乙方:【 】
法定代表人或授权代表(签字或盖章)

签署时间:201 年 月 日
签署地点:

(二) 信托贷款合同

【 】与【 】之
信托贷款合同

甲方:【 】
法定代表人:
联系地址:
邮政编码:
联系电话:
传 真:

乙方:【 】
法定代表人:

联系地址：
邮政编码：
联系电话：
传　　真：

鉴于：

(1) 乙方【　　】因【　　】资金需要，向甲方【　　】信托申请信托贷款；

(2) 甲方拟设立【　　】信托计划（以下简称“信托计划”），以信托计划资金按本合同的规定向乙方提供信托贷款；

(3) 担保措施【根据具体情况填写】

现根据中华人民共和国现行法律，在遵循诚实信用原则的基础上，乙方和甲方协商一致，特订立本合同，以兹共同遵守。

第一章　释义

在本合同中，除非上下文另有解释或文意另有所指，下列词语具有如下含义：

借款人：本合同中专指【　　】及其合法继受人。

贷款人：本合同中专指【　　】信托及其合法继受人。

双方：指乙方和甲方。

本合同：指乙方和甲方签订的本信托贷款合同及其任何有效修订及补充。

信托计划：指甲方拟发行的【　　】集合资金信托计划。

信托合同：指《【　　】集合资金信托计划信托合同》及其任何有效修订及补充。

信托贷款：指由【　　】信托作为信托计划项下的受托人，根据信托合同和本合同的约定，以信托资金向乙方发放的贷款。除非另有所指，本合同中的“贷款”与信托贷款系同一含义。

贷款期限：指本合同【　　】规定的贷款期限。

起息日：指本合同下发放信托贷款的实际放款日；如有分期放款就本合同项下发放的每一期信托贷款而言，起息日指该期贷款的放款日。

付息日：指贷款利息应支付之日，即按照本合同【　　】中规定的乙方应支付利息的最后日期。

还款：指本合同所规定的任何贷款本金及利息的偿还。

还款日：指本合同项下的贷款本金还付之日，即除本合同另有约定外，指本合同【　　】规定的乙方应还款的最后日期。

《合作框架协议》（如有）：指【　　】信托和【　　】等主体签署的编号为【　　】的《合作框架协议》。

《抵押合同》（如有）：指乙方就本合同【　　】规定的为乙方提供抵押担保事

宜与甲方签署的《抵押合同》及对前述合同的任何修订或补充。

《股权质押合同》(如有)：指【　　】就本合同【　　】规定的为乙方提供质押担保事宜与甲方签署的《股权质押合同》及对该合同的任何有效修订或补充。

《保证合同》(如有)：指保证人分别就本合同【　　】规定的连带责任保证事宜与甲方签署的《保证合同》。

放款先决条件：指本合同第三章中所规定的甲方将贷款划至乙方的人民币贷款账户的前提条件。

放款日或贷款发放日：指甲方按本合同约定向乙方实际发放信托贷款之日。如贷款分期发放，则就本合同项下发放的每一期信托贷款而言，放款日或贷款发放日指甲方按本合同约定向乙方实际发放该期信托贷款之日。

贷款到期日：指贷款期限届满之日；如贷款分期发放，就本合同项下发放的每一期信托贷款而言，贷款到期日是指该期贷款期限届满之日。

提前还款：指经甲方同意，乙方在本合同规定的还款日之前主动提前偿还全部贷款本金。

到期或届满：指下列任何情形：(1) 本合同规定的任何一期的还本付息日届至；(2) 贷款因甲方按本合同第13.1条宣布提前到期。

人民币贷款账户：指本合同第4.2条规定的账户。该账户为乙方指定的银行账户，用于接受甲方的贷款，并按照约定条件划出款项。

《资金监管协议》：指乙方与甲方就本合同项下人民币贷款账户的监管事宜所签署的《资金监管协议》。

营业日：应该被解释为除法定节假日以外的甲方通常对公业务的开门营业日。

工作日：指除国家法定节假日、公休日以外的任何一天。

年：指每一个公历年。

月：指每一个公历月。

元：指人民币元。

法律：本合同项下的法律指中华人民共和国法律、行政法规、部门规章以及地方法规与具有约束力的政策。在本合同中凡提及一项"法律"时，除非法律、法规另有规定或上下文另有要求，应被解释为其随时修订或最新颁布的文本。

标题：本合同项下各条款及附件的标题仅为方便而设，供参考之用，不应被理解为对该条款或附件的解释。

第二章　贷款金额及期限

2.1　本合同项下的贷款为人民币信托贷款。

2.2　甲方同意按本合同规定，向乙方提供人民币信托贷款，金额为最高不超过人民币【　　】元(小写:【　　】元);具体金额根据信托计划项下【　　】类、【　　】和【　　】类(视具体项目而作相应调整)信托单位发行资金规模调整;如本贷款分期发放,则甲方同意按本合同规定,分期向乙方提供人民币信托贷款,信托贷款的总金额最高不超过人民【　　】元(小写:【　　】元)。其中第一期信托贷款金额不低于人民币【　　】(小写:【　　】元),具体金额以信托计划成立时所实际募集的信托资金金额为准;甲方有权根据实际情况进行后续募集,并发放后续各期信托贷款,后续各期信托贷款金额合计不超过信托贷款的总金额扣除第一期信托贷款已发放的金额,具体金额以后续各期信托单位所实际募集的信托资金金额为准。

2.3　本合同项下每期信托贷款的贷款期限分别为自该期贷款的放款日(含)起至该期贷款到期日(含)止的期间,每期信托贷款期限为【　　】。

2.4　信托贷款可分笔发放,具体金额、期限、利率及用途如下:【　　】。

第三章　放款的先决条件

3.1　除本条所规定的放款先决条件已获满足或已被甲方放弃,否则,甲方无义务向乙方发放本合同项下的任何贷款。

3.2　乙方应在放款日前已全部满足下列先决条件,否则无权向甲方要求发放本合同项下的任何贷款:

(1) 甲方已收到乙方提交的【　　】复印件或原件:

(a) 有效的《企业法人营业执照副本》和最新修改的公司章程;

(b) 法定代表人身份证明;

(c) 乙方的组织机构代码证;

(d) 乙方的贷款卡(证);

(e) 经审计的乙方的财务报表(最近三年);

(f) 乙方法定代表人或授权签字人士签署并履行本合同及与本合同有关的文件而出具的授权委托书。

(2)《合作框架协议》(如有)中约定的以下条件均已满足:

(a) 信托计划已成立,且作为贷款资金来源的相应类别的信托单位已发行成功(信托计划成立日以【　　】信托公告的日期为准);

(b)【　　】【　　】在《合作框架协议》及相关协议项下未出现任何违约情形或虽有违约但已得到有效纠正并经【　　】信托认可;

(c) 保证人均已与甲方签署《【　　】》,《【　　】》均已生效且持续有效;

(d) 本合同、《【　　】》均已按相关规定办理完毕强制执行公证手续;

(3) 乙方已在甲方指定的银行开立并维持一个人民币贷款账户,且乙方和甲方已经就该账户签署《账户监管协议》(如有),同意对该人民币贷款账户进行监管。

(4) 乙方在本合同项下作出的所有陈述和保证均为真实的、有效的。

(5) 乙方已履行对双方有约束力的其他协议、文件。

(6) 乙方已提交甲方要求的与本合同有关的任何其他文件、资料或信息。

(7) 法律、法规或监管部门不禁止且不限制甲方向乙方发放信托贷款。

(8) 甲方认为应当满足的其他条件。

3.3　如本贷款分期发放,则后续各期信托贷款的放款日前下列先决条件应已全部获得满足,否则乙方无权向甲方要求发放本合同项下的后续各期贷款:

(1) 乙方遵守并履行本合同约定的各项义务;

(2) 乙方、保证人在本合同及《【　　】》等相关协议项下均未出现任何违约情形;

(3) 该期贷款所对应的信托计划项下后续各期信托单位已募集成功(募集成功日以【　　】信托公告的日期为准),且对应信托资金已交付;

(4) 法律、法规或监管部门不禁止且不限制甲方向乙方发放信托贷款;

(5) 甲方认为应当满足的其他条件。

第四章　放款

4.1　在乙方满足放款先决条件后,经审查符合放款条件的,甲方一次性将贷款资金发放至本合同约定贷款专户内。如分期发放贷款的,则每期信托贷款发放日前,满足本合同第3.2款和第3.3款约定的放款先决条件后,经审查符合放款条件的,甲方将该期信托贷款资金发放至本合同约定的人民币贷款账户内。

4.2　乙方应于本合同签署后3日内至甲方指定的银行(开户行)开立人民币贷款账户,乙方同意该人民币贷款账户同时作为监管账户接受甲方的监管。该账户用于接收甲方按照本合同发放的贷款、乙方按照本合同归集的相应款项,并按照约定条件划出款项。

4.3　在办理人民币贷款账户的开户手续时,乙方须在开户行留存一套经【　　】信托认可的银行预留印鉴(包括乙方的印鉴样本、【　　】信托指定人员名章),并在开户行提供的银行印鉴卡上加盖留存印鉴。开户行返回的印鉴卡留存联由【　　】信托代为保管,变更印鉴时须经【　　】信托同意。未经【　　】信托书面同意,乙方不得至开户行对人民币贷款账户办理变更、销户等手续。

4.4　人民币贷款账户不开通同城通存通兑业务,不开通电话银行功能,不办理支取现金业务,不购买可流通凭证(支票、商业承兑汇票、本汇票申请书、贷记凭证等)。人民币贷款账户需开通网上银行高级版,网上银行账号、密码、密钥应全部由【　　】信托保管。经甲方同意,乙方可以对账户进行查询业务。

4.5　账户监管的具体事宜由双方另行签署《资金监管协议》予以明确。

4.6　本合同项下贷款的发放取决于信托计划项下所募集信托资金的交付

以及先决条件的实现,属于非承诺性贷款,甲方有权在任意情况下减少或取消贷款。

4.7 乙方用于接收信托贷款的贷款账户信息如下:

户 名:

开户行:

账 号:

第五章 贷款用途

5.1 本合同项下的贷款,由乙方专用于【 】,未经甲方书面同意,不得挪作他用,也不得用于法律法规禁止的用途。包括但不限于乙方不得将贷款以任何形式直接或间接地用于涉及违反国家或地方性法律法规及规范性文件规定的投资标的,不得直接或间接地将贷款用于固定资产投资、房地产开发和证券投资。

5.2 乙方拟使用人民币贷款账户中贷款款项的,应按照本合同和《资金监管协议》之约定向甲方提交用款申请、相关合同等资料,甲方按照本合同和《资金监管协议》之约定进行审核,如同意乙方用款申请的,甲方将相应款项划付至乙方指定的银行账户。

第六章 贷款利率及利息

6.1 贷款利率:每笔贷款的年利率为本合同第【 】条所示,日利率 = 年利率/365。贷款期间内贷款利率不作调整。(根据具体情况确定)

6.2 本合同项下每笔信托贷款的起息日为【 】。

6.3 除另有约定外,乙方应于收到甲方书面通知后5日内,按甲方确定的金额支付指定利息至7.3款约定的账户。

6.4 如遇信托计划部分或全部提前终止的,乙方已支付的贷款利息将不予退还。

第七章 还款

7.1 本合同项下的贷款利息按照本合同第六条约定进行支付。

7.2 乙方应至迟于每笔贷款结息日、到期日前【 】个工作日一次性归还利息和贷款本金(不视为提前还款,利息仍计算至约定的结息日、贷款期限届满日)。甲方应至迟于每笔贷款到期日前【 】个工作日向乙方发送付款通知。

7.3 甲方指定的接收贷款利息和还款账户为:

账户名:

账号:

开户行:

7.4　乙方授权甲方有权于各期贷款还款日自人民币贷款账户划付相当于该贷款还款日乙方应付贷款本金的款项至7.3款约定的账户；

如人民币贷款账户被有权机关冻结或扣划，或其他任何非甲方原因致使甲方无法于贷款还款日自人民币贷款账户划付相应款项的，乙方应至迟于各期贷款还款日前的5个工作日之前以其他资金向7.3款约定的账户偿还上述款项。乙方虽在贷款还款日向甲方归还了部分本金，但该等归还并不视为乙方提前还款，即不影响利息的计算，乙方仍需支付相应款项对应的利息至该期贷款到期。

7.5　未经甲方书面同意，信托贷款均不得提前偿还。

第八章　法定税费

8.1　本合同订立、履行等过程中发生的税费均由乙方承担。如甲方先行缴纳的，乙方应在收到甲方的书面通知后【　　】个工作日内将相应款项及时支付给甲方。

第九章　款项支付

9.1　乙方在本合同项下应支付的所有款项应全额支付，不应附带任何索赔或限制，且不应存在任何性质的税费减扣或预扣。

9.2　在乙方按本合同之规定向甲方支付某一笔应付款项时（包括但不限于违约金、损失赔偿金、罚息、利息、本金），若该笔应付款项的应付之日恰为甲方非营业日，则顺延至下一个最近的营业日，延长期间，按贷款余额计收相应利息。

9.3　在乙方按本合同之规定向甲方支付某一笔应付款项时（包括但不限于违约金、损失赔偿金、罚息、利息、本金），乙方应在该笔款项支付之日，将应付款项划入甲方指定的账户内，并在划款当日，将付款凭证副本或加盖公章的复印件送交甲方处。

9.4　乙方在此承诺，若甲方收到的乙方的任何款项少于截至该还款日、付息日、支付日乙方应按本合同规定到期应支付的任何款项，则甲方有权选择按应付费用、损失赔偿金、罚息、利息、本金的顺序进行划付。

第十章　陈述与保证

10.1　乙方在本合同签署之日向甲方作出如下陈述与保证，并确认甲方系依赖这些陈述和保证才订立本合同的，且这些陈述与保证在本合同有效期间持续有效。

(1) 乙方是依法成立的企业，具有法人地位，有权订立本合同，有权行使和履行其在本合同项下的权利和义务，并已有效地采取了所有必要的行动，以签署本合同并履行本合同项下的义务；

(2) 乙方的代表签署本合同及履行本合同项下的任何义务，均已获得充分的授权；

(3) 乙方签署本合同以及行使和履行其在本合同项下的权利和义务,现在和将来均不会:

(a) 违反其签署的或对其本身或其任何资产具有约束力的任何协议,或其他文件;

(b) 违反法律、政府命令或司法判决。

(4) 乙方为订立和履行本合同、维护本合同的有效性、进行本合同规定的交易以及使乙方能够开展在本合同项下的业务,乙方将采取全部所需要的行动,以取得或将来需要时能够取得所需的全部政府或监管机关的授权、批准、登记、备案以及第三方同意等,并使之完全有效;

(5) 乙方在本合同项下的义务是合法有效的义务,对其具有法律约束力;乙方未涉及任何清算、解散、合并、分立或类似法律程序,亦未发生任何可能导致涉及该等法律程序的事件或情形;

(6) 乙方未涉入任何可能对乙方履行本合同的能力产生不利影响的民事、刑事、行政诉讼或仲裁程序,亦未发生任何可能导致涉入该等诉讼程序或仲裁程序的事件或情形;

(7) 除已向甲方披露的外,乙方的任何重要资产未涉及任何强制执行、财产保全、查封、扣押、留置、监管措施或被金融机构扣划存款,亦未发生任何可能导致涉及该等措施的事件或情形;

(8) 乙方未发生任何违约事件,亦未发生该等事件仍在持续的情形;

(9) 乙方应当按照甲方的要求提供与借款有关的业务活动和财务状况的真实情况;乙方保证其出具的所有财务报表是符合有关法律的,报表真实、公正地表明了乙方的财务状况;本合同所涉及的所有乙方提交的文件和资料均是真实、有效、完整、准确而无任何隐瞒的;

(10) 乙方保证依照本合同的约定按时足额偿付贷款本息。

10.2 乙方同意甲方向中国人民银行及信贷征信主管部门批准建立的信用数据库或有关单位、部门查询乙方的信用状况,并同意甲方将乙方信息提供给中国人民银行及信贷征信主管部门批准建立的信用数据库。乙方同意,甲方为业务需要也可以合理使用并披露乙方信息。

第十一章 约定事项

除本合同其他约定条款外,贷款期间,乙方与甲方进一步约定如下事项:

11.1 甲方可以随时以各种合理的方式检查、监督借款的使用,了解乙方的计划执行、经营管理、财务活动、物资库存、重大交易合同等情况。乙方积极配合甲方对贷款使用情况和乙方经营情况进行监督,根据甲方的要求提供相关材料。

11.2 乙方保证向甲方按季提供真实的资产负债表、损益表、所有开户行以及账号、贷款余额等信息和资料。

11.3 乙方承诺在未作出经甲方书面同意的贷款债权保全措施前,不进行解散、清算、设立子公司及其他影响甲方权益的行为。

11.4 乙方承诺不违反正常的偿还次序而优先清偿其他贷款,且现在和将来不签署任何致使本合同项下的贷款处于从属地位的合同或协议。

11.5 乙方承诺未经甲方书面同意,不擅自为第三方提供足以对其财务状况或其履行本合同项下的义务的能力产生不利影响的担保。乙方如有对外投资、担保和新增借款应事先书面通知甲方。

11.6 发生下列情况时,乙方应立即(最迟在该等事件发生后1个工作日内)通知甲方:

(1) 发生影响乙方利益的一切法律诉讼、仲裁或行政查处程序或被金融机构扣划存款;

(2) 发生任何违约事件或将要发生的违约事件,而且,一旦发生违约事件,乙方要说明其性质和持续时间,并要说明已经采取过何种行动或将要采取何种措施;

(3) 乙方应在获悉其或其任何重要资产涉及任何诉讼程序或仲裁程序、强制执行或查封或扣押或类似措施,或发生可能导致涉及该等程序或措施的事件或情形时除应按本条之规定书面通知甲方外,还应详细列明对其已构成的或可能构成的影响以及已采取或计划采取何等补救措施;

(4) 乙方因经济活动或意外事件而与第三人发生经济纠纷或发生影响乙方正常开展经营活动的事宜;

(5) 任何可能会严重不利于乙方业务、资本及财产状况的严重事件;

(6) 任何可能发生或已发生的影响乙方正常还款的事件;

(7) 乙方需更换法定代表人、授权代表,变更单位名称,或在财务、人事方面发生重大变化、对乙方的章程作出修改。

第十二章 违约事件

12.1 下列任一事件均构成乙方对本合同的违约:

(1) 乙方未支付任何本合同规定应由其支付的任何到期款项;

(2) 乙方在本合同项下所作出的任何一项陈述或保证是不正确的、不真实的、具有误导性的、已被违背;

(3) 乙方为签署本合同及履行本合同项下任何义务所必须获得的任何授权已经失效或被撤销;

(4) 乙方为确保本合同对其构成合法、有效、具有法律约束力的义务所必须获得的任何政府部门的批准、登记、备案手续已被撤销或成为非法;

(5) 乙方的任何其他贷款融资协议项下的借贷债务到期未付,或任何该等借贷债务在规定到期之前被宣布为提前到期的;

(6) 乙方已涉及任何清算、破产、解散、歇业或类似法律程序;

(7) 乙方的任何重要资产已涉及任何强制执行、查封、扣押、留置、监管措施、被金融机构扣划存款或类似措施;

(8) 乙方未实质性地遵守或履行其在本合同和/或《【　　】》及其他相关协议、合同、承诺函等文件项下的任何一项承诺和义务;

(9) 乙方的业务经营状况或其任何重要资产发生重大变化或发生可能导致重大变化的事件或情形,而该等变化、事件或情形被甲方合理地认为已对或可能对乙方在本合同项下的偿债能力构成重大不利影响。

12.2　甲方未按本合同约定向乙方提供贷款的,构成违约,应赔偿乙方因此导致的损失,但出现前款所列乙方违约的除外。

第十三章　违约处理

13.1　本合同第12.1条所列违约情况之一项或数项出现时,甲方可酌情采取下列一种或数种措施进行处理。在此情况下,乙方同意无条件放弃抗辩权,并应补偿因其违约对甲方造成的一切损失。

(1) 宣布信托贷款本金立即提前到期,提前收回部分或全部已发放的贷款,所欠利息结清,并通过各种形式向乙方立即追索;

(2) 若乙方未经甲方书面同意而擅自挪用任何贷款,则自乙方擅自挪用之日起,根据乙方的挪用金额和实际挪用天数,在本合同第【　　】条约定的利率基础上加收【　　】%向乙方计收罚息,直到清偿本息为止。甲方向乙方计收罚息并不影响甲方在本合同项下的其他任何权利;

(3) 对逾期贷款或甲方宣布立即到期的贷款,从逾期或宣布到期之日起在本合同第【　　】条约定的利率基础上加收【　　】%向乙方计收罚息,直到清偿本息为止;

(4) 要求保证人承担连带保证责任或行使抵押权、质权;

(5) 法律规定和约定的其他必要措施。

13.2　若甲方未按本合同规定放款,乙方可以向甲方追偿其因未及时取得贷款受到的相应损失。

第十四章　债权担保

对乙方在本合同项下的义务包括但不限于偿还贷款本金、利息,由乙方、【　　】向甲方提供如下担保措施(本条款可根据提供担保种类的不同而不时变更):

14.1　乙方将【　　】抵押给甲方,为乙方在本合同项下义务提供抵押担保。

14.2 【　　】将其合法持有的【　　】股权质押给甲方,为乙方在本合同项下的义务提供质押担保。

14.3 【　　】为乙方在本合同项下义务提供连带责任保证担保。

第十五章　合同的补充、变更和转让

15.1 本合同生效后,双方可以在协商一致的基础上补充合同内容。若本合同规定与法律相悖时,在保证甲方贷款安全和效益的前提下,应及时商签补充合同予以完善。

15.2 本合同生效后,合同条款的变更必须经双方协商一致,采取书面形式并依照法律的规定办理好有关本合同及相关文件的批准、登记、备案手续。

15.3 未经甲方书面同意,乙方不得转让其在本合同项下的任何权利和义务。

15.4 在本合同有效期内,甲方在提前3个营业日书面通知乙方后,可以向他方转让甲方在本合同项下的全部贷款债权(包括贷款本金和未支付的利息)和其他权利。

15.5 为进行15.4条所规定的转让,转让方和受让方将另行签署书面转让文件,如有必要受让方还将另行签署贷款合同及变更有关债权担保所要求的其他有关文件,并相应办理贷款合同及其他文件所需的各类批准、登记、备案手续。

第十六章　通知事项

16.1 除非本合同另有规定,本合同项下双方之间的一切通知均应以中文写成并可由专人送达、挂号邮递、特快专递等方式送达,传真可作为辅助送达方式,但事后必须以上述约定方式补充送达。通知在下列日期视为送达日:

(1) 专人递送的通知,在专人递送之交付日为有效送达;

(2) 以挂号信(付清邮资)发出的通知,在寄出(以邮戳为凭)后的第7日为有效送达;

(3) 以特快专递(付清邮资)发出的通知,在寄出(以邮戳为凭)后的第3日为有效送达。

16.2 本合同项下的通知,均按文首载明的地址送达;若需更改,更改方应提前7个工作日书面通知对方。

第十七章　宽限和部分无效

17.1 甲方没有或延迟行使本合同项下的任何权利或特权不应被视为放弃该等权利或特权,甲方单独或部分行使任何该等权利或特权不应排除其以其他方式或进一步行使该等权利或特权或行使任何其他权利或特权。本合同规定的权利和救济是累积的,不排除法律赋予甲方的任何权利或救济。

17.2 如果在任何时候,本合同的任何条款在任何方面是或变得非法、无效或不可执行,本合同其他条款的合法性、有效性或可执行性不受任何影响或减损。

第十八章 其他事项

18.1 本合同经双方加盖公章及双方法定代表人或授权代表签字或盖章后生效,贷款本金、利息、罚息和其他一切应付费用全部归还后自动终止。如果本合同签署后60个工作日内信托计划未成立的,本合同自动解除,甲方不承担违约责任。

18.2 本合同签订10个工作日内,乙方应根据甲方要求到共同确定的公证机关对本合同进行具有强制执行效力的公证,公证费用由乙方承担。本合同经公证赋予强制执行力,若乙方未履行任何义务的,甲方可向公证机关申请出具执行证书并向法院申请强制执行,乙方对此自愿接受,并放弃抗辩权。本条优先于第18.3条关于争议解决的规定。

18.3 与本合同有关的任何争议,各方应尽力友好协商解决;如协商不成,则该争议应提交甲方住所地有管辖权的人民法院提起诉讼解决。

18.4 乙方或甲方提供的其他相关文件、资料均为本合同不可分割的组成部分。

18.5 本合同正本一式【 】份,双方各执【 】份,其余备用,具有同等的法律效力。

第十九章 特别声明

本合同签署时,双方已经完整、细致地阅读了本合同,对所有条款不存在任何疑义和歧义。

(以下无正文)

(本页为《信托贷款合同》签署页,无正文)

甲方:【 】(公章)
法定代表人或授权代表(签字或盖章):

乙方:【 】(公章)
法定代表人或授权代表(签字或盖章):

签署时间:
签署地点:

第二节　协　议　书

一、协议书的概念

协议书,是双方或多方当事人相互之间就有关的问题或者纠纷,经过协商一致之后就其如何处理解决而制定的书面文据。协议书实际上是就属于法律事务范畴内的特定问题的处理而达成的书面文件,其性质与合同是一致的。

二、协议书的格式与内容

协议书的格式主要包括以下内容:

1. 标题。写明"××协议书",其中"××"表明协议的法律性质。
2. 订立协议的当事人的基本情况。与合同相同。
3. 订立协议的依据。主要介绍订立协议的起因和意愿。
4. 协议的具体内容。用条款的形式将当事人所议定的协议内容逐项列明。
5. 尾部。由订立协议的当事人签字和盖章。

协议书应当注意的事项,与合同一致。

三、文书实例

股权转让协议

关于【转让标的公司名称】之
股权转让协议

转让方:【转让方名称】(以下简称"甲方")
法定代表人:
联系地址:
邮政编码:
联系人:
联系电话:
传　　真:

受让方:【受让方名称】(以下简称"乙方")
法定代表人:
联系地址:
邮政编码:
联系人:

联系电话:
传　　真:

鉴于:

1. 标的公司在本协议签署日是一家根据中国法律设立并有效存续的【有限责任/股份】公司,注册资本人民币【　　】万元,注册号:【　　】。

2. 截至本协议签署日,甲方为标的公司股东,持有标的公司【　　】%的股权。

3. 甲方同意将其持有的标的公司【　　】%股权转让给乙方;乙方同意受让该等股权。

4. 甲方和乙方同意根据本协议约定的条款和条件及中国有关法律法规的规定完成本协议项下的股权转让交易。

本着真诚合作,诚实信用和公平的原则,各方经友好协商,根据中国有关法律、法规之规定,订立本协议,列明双方就本协议项下标的公司股权转让交易的承诺、权利、权力、义务和责任,以兹共同遵守。

1. 定义与解释

1.1　除本协议另有规定外,在附件一中定义的词语在本协议(包括附件)中具有相同含义。

1.2　本协议提及的法律法规或其相关条文,均包括以后对该等法律法规或其相关条文的解释、修订或补充,及包括取代该等法律法规的新颁布的有关法律法规及其相关规定。

1.3　除本协议另有规定外,本协议提及的条款及附件,均是指本协议的条款及附件。

1.4　本协议的标题仅供参考,并不影响对本协议的解释。

1.5　本协议的附件为本协议的组成部分,与本协议的正文具有同等法律效力,所有关于本协议的表述均包括附件在内。

2. 股权转让标的与股权转让价格

2.1　股权转让标的

本次股权转让的标的为甲方持有的【转让标的公司全称】【　　】%的股权(即标的股权)。

甲方同意向乙方转让标的股权,乙方同意受让标的股权。

2.2　股权转让价款

本协议项下的股权转让价款以【会计师事务所名称】于【　】年【　】月【　】日出具的以【　】年【　】月【　】日为【评估/审计】基准日的【《资产评估报告》/《审计报告》】(见附件二)所述标的股权的【评估价值/净资产价值】为基础,乙方应支付标的股权转让价款总计人民币【　　】元。

3. 股权转让价款的支付

3.1　股权转让价款的支付

自本协议生效之日起【　　】个工作日内,乙方应向甲方全额支付股权转让价款。

3.2　甲方账户信息

乙方应将本协议项下应付甲方的股权转让价款支付至:

账户名:

开户银行:

账号:

3.3　非因乙方原因造成本次股权转让无法完成的,各方应善意协商解除本协议;该等情形下甲方应在本协议解除之日后【　　】个工作日内全额退还乙方已支付的股权转让价款。

4. 标的股权交割

4.1　标的股权的交割

本协议签署后【　　】个工作日内/乙方支付全部股权转让价款之日起【　　】个工作日内,甲方应促使标的公司到登记机关办理并完成标的股权变更登记手续,乙方应给予必要的协助与配合。登记机关办理完毕股权变更登记手续之日,视为标的股权转让完成日。

4.2　对于【审计/评估】基准日【基准日日期】至股权转让完成日期间【转让标的公司简称】的标的股权所产生的损益全部由【甲方/乙方】享有或承担。或,本协议签署日起,标的股权所产生的损益全部由乙方享有或承担。

5. 股权交割期安排

5.1　甲方在此向乙方承诺,股权交割期期间,除非出于根据本协议所述股权交易之需要或各方已有明确安排的事项,甲方应当:

5.1.1　努力促使标的公司现有的业务机构、运营、商誉以及同第三方和监管机构的关系保持完好且不变;

5.1.2　努力促使标的公司目前的管理人员和职工稳定;

5.1.3　若知晓发生了导致或经合理的预期会导致违反本协议签署日所作的任何陈述与保证的任何事件或情况,应在可行情况下尽快将该事件或情况通知乙方。

5.2　在股权交割期内,除为各方已有明确安排的事项,标的公司在采取下列公司行为之前,应事先获得乙方的书面同意:

5.2.1　变更其注册资本及股权结构;

5.2.2　对其章程进行修改;

5.2.3　以任何形式分配红利；

5.2.4　任何重组,包括但不限于与任何其他公司合并或分立；

5.2.5　对外担保,对债务人的债务予以减免；

5.2.6　就其会计方法、会计政策或实践作出任何重大变更。

6. 双方义务

6.1　甲方的义务

6.1.1　提供标的公司工商变更登记所需相关资料,积极协助标的公司完成标的股权转让的相关工商变更登记手续；

6.1.2　与乙方一同准备及制作法律法规要求的办理标的股权转让所必需的文件；

6.1.3　与乙方一同办理法律法规要求的有关政府部门的审批和登记备案手续(包括但不限于股权交易手续等,如需)；

6.1.4　向乙方就标的公司状况出具披露函；

6.1.5　为完成标的股权转让之目的,办理乙方合理要求的其他事项。

6.2　乙方的义务

6.2.1　依据本协议的规定按时足额向甲方支付股权转让价款；

6.2.2　提供标的公司工商变更登记所需相关资料,积极协助标的公司完成标的股权转让相关的工商变更登记手续；

6.2.3　与甲方一同准备及制作法律法规要求的办理股权转让所必需的文件；

6.2.4　与甲方一同办理法律法规要求的有关政府部门的审批和登记备案手续(包括但不限于股权交易手续等,如需)；

6.2.5　为完成标的股权转让之目的,办理甲方合理要求的其他事项；

6.2.6　股权转让完成日后,承担与其受让的全部标的股权相应的责任和义务。

7. 双方的陈述与保证

7.1　甲方的陈述与保证

7.1.1　甲方是依法设立并有效存续的企业法人。

7.1.2　甲方拥有签署和履行本协议的权利,并已获得签署和履行本协议所必要的授权。本协议一经签署,即构成对其合法、有效及具有约束力的义务,该等义务依其条款对其具有强制执行力。

7.1.3　甲方签署和履行本协议以及完成转让标的股权的行为没有也不会(I) 违反其公司章程及组织文件；(II) 与任何以其为一方的协议、合同和法律文件相冲突,或者构成任何以其为一方的协议、合同和法律文件中规定的违约事件；(III) 违反适用于其的任何法律、法规、规章,或任何有权机关的命令、判决、裁定。

7.1.4 甲方已依法履行了向标的公司缴付全部出资的义务并合法取得标的股权。至标的股权转让完成之前,甲方合法拥有标的股权,对标的股权有充分且完整的权利,包括但不限于依法处分的权利。

7.1.5 除本协议拟定的交易外,标的股权上未设置任何形式的担保,包括但不限于在该股权上设置质押,或任何影响股权转让或持股人权利行使的限制或义务。标的股权也未被任何有权机构采取冻结、查封等强制性措施。

7.1.6 不存在任何可能导致标的公司终止、破产、清算、被解散、重组的事由,也未被任何法院、有权机关宣布对标的公司或其资产进行托管或接管。

7.1.7 甲方和标的公司已根据职工安置方案与安置职工签署了相关法律文件,并进行了安置,不存在任何因股权转让完成日之前劳动关系而发生的针对标的公司的诉讼、仲裁、罚款或权利主张。

7.1.8 甲方向乙方书面提供的信息均为真实、准确的,不存在未向乙方披露的重要信息、事项或情况。

7.1.9 甲方知晓并同意,乙方签署和履行本协议是基于对甲方相关陈述与保证的依赖。

7.1.10 甲方承诺按照法律法规规定和政府机构的要求,为办理股权转让有关的批准、登记手续提供必要的资料、信息,予以协助和配合。

7.2 乙方的陈述与保证

7.2.1 乙方是依法设立并有效存续的企业法人。

7.2.2 其拥有签署和履行本协议的权利的授权,并已获得签署和履行本协议所授权。本协议一经签署,即构成对其合法、有效及具有约束力的义务,该等义务依其条款对其具有强制执行力。

7.2.3 其签署和履行本协议以及完成股权受让没有也不会(I) 违反其公司章程及组织文件;(II) 与任何以其为一方的协议、合同和法律文件相冲突,或者构成任何以其为一方的协议、合同和法律文件中规定的违约事件;(III) 违反适用于其的任何法律、法规、规章,或任何法院或政府机构的命令、判决、裁定。

7.2.4 乙方支付的股权转让价款来源合法,不存在此等款项及其支付被政府有关部门或任何第三方处罚、收缴、追索等法律风险。

7.2.5 乙方知晓并同意,甲方签署和履行本协议是基于对乙方相关陈述与保证的依赖。

7.2.6 乙方承诺按照法律法规规定和政府机构的要求,为办理股权转让有关的批准、登记手续提供必要的资料、信息,予以协助和配合。

8. 费用

各方应各自承担己方与准备、协商谈判和签署本协议有关的费用及直至(并包括)股权转让完成日所有事项的费用。各方因标的股权转让而发生的共同费用,依照相关法律法规的规定由相关方承担,无相关法律法规规定的,由本协议各方按相同比例分担。任何一方应当各自承担己方应支付的因签署和履行本协议而产生的税项。

9. 保密

9.1 任何一方(就本条而言简称"接受方")同意保密并不予使用或披露,并应当促使其获取保密信息的董事、职员、财务顾问、法律顾问、会计师或其他中介或代表(统称"代表")保密并不予使用或披露(按照披露方提供保密信息约定的目的使用和披露除外)保密信息。保密信息是指披露方在本协议签订日前已经提供的,或在本协议签订日后根据本协议向接受方或其代表提供的:

9.1.1 任何与本协议项下股权转让相关的信息;

9.1.2 任何披露方已采取保密措施的信息;

9.1.3 披露方已指定作为保密信息或其享有所有权的信息;

9.1.4 接受方或其代表自上述信息中提炼的信息。

保密信息的形式包括口头、书面或其他形式。

9.2 保密信息不包括以下信息:

9.2.1 非因接受方违反保密义务的行为而为公众所知悉的信息;

9.2.2 接受方在不违反保密义务的情形下,独立开发或合法获取的信息;

9.2.3 接受方从第三方知悉的信息,且接受方无合理理由知晓该第三方对披露方负有保密义务。

9.3 披露方所提供的所有保密信息应始终属于披露方所有的财产。在本协议终止之时,接受方应当在披露方提出请求之日起10日内,返还并促使其代表返还披露方所有保密信息(无论任何形式)以及保密信息的所有复制品,或立即销毁该等保密信息或其复制品。

9.4 如果接受方或其任何代表为法律强制(通过作出供词、质询、要求索取文件、传票传唤、民事调查要求或类似程序)披露任何保密信息,接受方应当在合理可行的情况下(紧急情形除外)立即向披露方提供事前书面通知,并且应当只提供被合法要求提供的该部分保密信息,并尽其所能确保该等保密信息将得到保密。如果接受方或其分支机构在其证券各自挂牌上市的证券交易所适用的证券法、条例或规则(由其法律顾问确定)的要求下,或根据任何法域内的任何其他法定机关或有权机关的要求而披露任何保密信息,则接受方应当在合理可行的范围内,在事前与披露方进行协商询问并在合理可行时在披露方获得合理机会对拟作出的披露提出意见后,方可作出披露。

9.5　除非按照有权机关或任何证券交易所的要求,未经其他各方的同意,任何一方不得进行媒体发布或公众宣告,但该等同意不得被不合理地拖延。

10. 不可抗力

10.1　在自然灾害(包括地震、台风、流行性传染病及其他)、火灾、战争以及任何其他不可预见并且对其发生和后果不能防止或避免并且不能克服的不可抗力事件(为本协议的目的,不可抗力不应包括有权机关的行为)直接影响本协议的履行或使本协议不能按照约定的条款和条件履行的情形下,遭受不可抗力事件的一方应在事件发生后48小时内通过电话或传真将事件的状况通知他方,并应在事件发生后10日内向他方提供事件的详情及证明其不能按照约定的条款和条件履行,需延期履行,或只能部分履行本协议的有效证明文件。各方按事件对履行本协议影响的程度,协商决定是否免除履行本协议的部分责任,或者延期履行本协议,或者采取各方均能接受的其他解决办法或补救措施。当不可抗力事件消除后,遭受事件影响的一方应在事件消失后的48小时内采取积极措施,继续履行本协议。

10.2　各方同意,若不可抗力事件及其产生的严重结果持续存在180日(自不可抗力事件发生之日起计),并导致各方或任何一方遭受重大经济损失,且各方未能按照上述第10.1条的约定商定相应的解决方法或补救措施,则任何一方有权终止本协议。

11. 违约责任

任何一方未履行或未全部履行其在本协议项下的义务,或其承诺、陈述与保证不真实、不准确的,视为违约。违约方应向其他方承担违约责任,并赔偿其他方因其违约造成的全部损失或者在不违反法律法规强制性规定的情况下,守约的一方有权要求继续履行协议,并且要求违约方赔偿守约方因此遭受的所有直接和间接的经济损失。

12. 通知

12.1　一方根据本协议的规定向其他方发出的任何通知或其他往来文件(简称“通知”)应用中文以书面形式发出。

12.2　发出任何通知均应写明本条所列的有关通讯地址。除非本协议另有约定,通知可以通过专人递送、挂号邮件或经公认的快递服务发出。

12.3　任何明确写明收件方通讯地址的通知在下列规定的时间被视为已适当送达:

12.3.1　由专人递送(包括经公认的快递服务递送),交付至收件方通讯地址时视为送达,即使收付方拒收亦视为送达;

12.3.2　由挂号邮寄的,在投寄日的第7日视为送达。

12.4 各方的详细通讯资料如下：

收件人：

通讯地址：

邮政编码：

电话：

传真：

收件人：

通讯地址：

邮政编码：

电话：

传真：

12.5 任何一方可变更上述列明的任一项通讯资料，但须通知其他方，通知所列明的新通讯资料将在下列规定的日期起生效：

12.5.1 通知指定的生效日期，或

12.5.2 如果没有指定生效日期或指定的生效日期距离发出通知之日不足10日，则在发出通知后的第10日生效。

13. 合同的补充和解除、转让

13.1 对本协议未尽事宜双方可以签订补充协议，补充协议与本协议具有同等法律效力，如果补充协议与本协议发生冲突，以补充协议为准。

13.2 因法律、法规或国家政策变化等原因造成本合同不能履行或不能全部履行的，双方可以协商部分或全部解除本协议，由此所造成的损失，由双方本着公平原则协商分担。

13.3 未经另一方事先书面同意，本协议的任何一方不得向任何第三方转让其在本协议项下的权利和义务。

14. 终止

本协议应在本协议中规定的所有权利和义务履行完毕时终止，但其亦可因下列任一情形而提前终止：

14.1 一方根据本协议第10.2条的约定终止本协议；

14.2 各方协商一致同意提前终止本协议；

14.3 因一方适用的任何有效的法律禁止或限制本协议约定的股权转让事项的完成，或股权转让的完成将违反任何有管辖权的任何法院或政府部门的终局命令、判令或判决（简称“命令”）的，一方有权终止本协议；但是，任何一方因任何方式未能遵守其在本协议或其他任何以其为一方的协议、合同和法律文件项下之义务或违反适用于其的任何法律、法规、规章，或任何法院或政府机构的命令、判决、裁定而导致该等命令的作出,不得根据本协议第 14.3 条享有终止本协议的权利。

15. 合同争议解决方式

对本协议有效性、履行、违约及解除等发生争议,各方应友好协商解决。如果协商不成,任何一方均应向【　　】管辖法院起诉,诉讼费用及律师费用由败诉方承担。

16. 法律适用

本合同适用中国法律并依据中国法律解释。

17. 签署及生效

本协议经双方加盖公章,法定代表人或授权代表签字后成立,并获标的股权转让所需全部政府审批机关批准后生效。

18. 实际履行

本协议双方均了解并同意,违反本协议的任何条款将造成的损害数额可能是不确定的,并且法律上对违反上述任何条款(无论是已经发生的还是潜在的)的救济可能是不充分的。因此,双方同意,除享有法律和本协议规定的任何权利或救济之外,双方均有权要求违约方实际且全面地履行本协议项下的义务。

19. 其他事项

19.1　本协议对各方的承继人具有约束力,该等承继人同时享有被承继人在本协议项下的相关权利、权益。

19.2　任何一方未行使或迟延行使本协议项下的任何权利或救济不应被视为对该等权利或救济的放弃。单独或部分行使任何权利或救济不妨碍进一步行使或以其他方式行使该等权利或救济,也不妨碍行使其他权利或救济。本协议中约定的权利和救济并不排除法律赋予的其他权利或救济,除非适用于本协议的法律另有规定或各方对该权利或救济另有限制性约定。

19.3　如本协议的任何条文在任何时候被视为(或变为)不合法、无效或在任何方面不能强制执行,则该等条文将不影响或削弱本协议其他条文的有效性及强制执行力。且各方应立即将上述无效、不合法或不可强制执行的条款代之以合法、有效且可强制执行的条款,而该等条款的意图应接近上述不合法、无效或在任何方面不能强制执行的条款的意图。

19.4　本协议附件构成本协议的有效组成部分,与本协议具有同等法律效力。本协议包括如下附件:

19.4.1　附件一:定义;

19.4.2　附件二:标的公司【《资产评估报告》/《审计报告》】;

19.5　本协议一式【　　】份,双方各执【　　】份,【　　】份备用,具有同等法律效力。

(以下无正文)

「本页为《股权转让协议》(编号:)的签署页,无正文」

转让方:【转让方名称】(章)

法定代表人或授权代表(签字或盖章):

受让方:【受让方名称】(章)

法定代表人或授权代表(签字或盖章):

签署地点:

签署时间:

附件一:定义

甲方 指

乙方 指

标的公司 指

标的股权 指标的公司【 】%股权。

本协议 指甲方、乙方签署的编号为【 】的《股权转让协议》。

股权转让 指甲方将其持有的标的股权转让给乙方的行为。

标的股权 指甲方转让给乙方的标的公司的【 】%股权。

股权转让价款 指乙方受让标的股权所支付的对价,共计人民币【 】元。

股权转让完成 指股权转让行为完成,以股权转让获得审批机构批准(如需)并完成工商变更登记为准。

股权转让完成日 指登记机关办理完毕股权变更登记手续之日,视为股权转让完成日。

股权交割期 指本协议签署日至股权转让完成日的期间。

组织文件 就各方而言,指其设立文件、章程、营业执照及金融许可证(如适用)。

保密信息 定义见本协议第13条

财务报表 指由适格的会计师事务所审计的截至各财务报表日期的财务报表。

工商行政管理部门 根据适用的情况,指中国工商行政管理局及各地工商行政管理局。

审批机构 指根据适用的法律法规的规定,有权对本协议所述股权转让进行审批的机关。

有权机关 指任何政府或具有政府性、行政性、财政性、司法性的实体,包括政府所属的机关、部门、委员会、机构、法庭。

附件二:标的公司的《资产评估报告》

第三节 公司章程

一、公司章程的概念

公司章程是由公司股东或者公司发起人依照《公司法》的规定而制定的规定公司的地位、性质、组织机构、权利能力、责任能力以及公司的内外关系的规范性文件。公司章程是公司最基本的文件,相当于公司的"小宪法",是公司成立的必要条件。由于公司章程涉及诸多民商事法律知识,因此很多股东或者发起人都委托律师来起草公司章程,律师在公司章程的起草中发挥着重要作用。律师在起草公司章程的时候应当注意维护股东的合法权益、明确股东之间的权利义务关系、确保公司章程的合法性以及尽量预防纠纷的发生。

二、公司章程的格式与内容

(一) 标题

标题包括公司名称和文书种类,即"××公司"章程。公司名称应当用全称,并体现责任形式。

(二) 正文

正文一般可以分为总则和分则,"总则"一般作为第一章,分则的内容按照其具体分类按顺序列明章节并写明子标题。一般应当载明以下内容:

1. 公司的名称和住所;
2. 公司的经营范围;
3. 公司的注册资本;
4. 股东的姓名或者名称及其住所;
5. 股东的出资方式和出资额;
6. 股东的权利和义务;
7. 股东转让出资的条件;
8. 公司的机构及其产生办法、职权、议事规则;
9. 公司的法定代表人;
10. 公司的解散事由和清算的办法;
11. 公司章程的修改权限和程序。

公司章程还可以根据需要规定其他的相关事项,包括财务制度、职工制度,等等。

三、文书实例

【公司名称】
章程

【 】年【 】月【 】日公司股东会审议批准

第一章 总 则

第一条 为维护【公司名称】(以下简称“公司”)、股东和债权人的合法权益,规范公司的组织和行为,根据《中华人民共和国公司法》(以下简称《公司法》)和有关法律、法规规定,结合公司的实际情况,特制订本章程。

第二条 公司名称:【 】

第三条 公司住所:【 】

邮政编码:【 】

第四条 公司在【 】工商行政管理局登记注册。

第五条 公司注册资本为人民币【 】万元。

第六条 公司为永久存续的有限责任公司。

第七条 【董事长/总经理】为公司的法定代表人。

第八条 公司以其全部财产为限对公司的债务承担责任,每个股东以其出资额为限对公司承担责任。

第九条 本章程自生效之日起,即成为规范公司的组织和行为、公司与股东、股东与股东之间权利义务关系的具有法律约束力的文件。本章程是对公司、股东、董事、监事和高级管理人员具有法律约束力的文件。依据本章程,股东可以起诉股东,股东可以起诉董事、监事、高级管理人员,股东可以起诉公司,公司可以起诉股东、董事、监事、高级管理人员。

第二章 公司的经营范围

第十条 本公司经营范围为:【 】

第三章 注 册 资 本

第十一条 公司注册资本为人民币【 】万元,公司实收资本为人民币【 】万元。

第四章 股东的姓名或者名称、出资方式、出资额和出资时间

第十二条 股东的姓名或者名称、出资方式、出资额和出资时间如下:

股东的姓名或者名称	出资额	出资方式	出资时间

第十三条　股东应当足额缴纳各自认缴的出资。股东缴纳出资后，应当经依法设立的验资机构验资并出具证明。

第十四条　公司成立后向股东签发出资证明书，出资证明书由【董事长】签署并由公司盖章。

第十五条　公司签发的出资证明书采取一户一证制，即每位股东只持有一张公司签发的出资证明书。

出资证明书应当载明以下事项：

（一）公司名称；

（二）公司成立日期；

（三）公司注册资本；

（四）股东的姓名或者名称、缴纳的出资额和出资日期；

（五）出资证明书的编号和核发日期。

第十六条　股东之间可以相互转让其全部或者部分股权。

股东向股东以外的人转让股权，应当经其他股东过半数同意。股东应就其股权转让事项书面通知其他股东征求同意，其他股东自接到书面通知之日起满三十日未答复的，视为同意转让。其他股东半数以上不同意转让的，不同意的股东应当购买该转让的股权；不购买的，视为同意转让。

经股东同意转让的股权，在同等条件下，其他股东有优先购买权。两个以上股东主张行使优先购买权的，协商确定各自的购买比例；协商不成的，按照转让时各自的出资比例行使优先购买权。

第十七条　转让股权后，公司应当注销原股东的出资证明书，向新股东签发出资证明书，并相应修改公司章程和股东名册中有关股东及其出资额的记载。对公司章程的该项修改不需再由股东会表决。

第十八条　有下列情形之一的，对股东会该项决议投反对票的股东可以请求公司按照合理的价格收购其股权：

（一）公司连续五年不向股东分配利润，而公司该五年连续盈利，并且符合本法规定的分配利润条件的；

（二）公司合并、分立、转让主要财产的；

（三）公司章程规定的营业期限届满或者章程规定的其他解散事由出现，股东会会议通过决议修改章程使公司存续的。

自股东会会议决议通过之日起六十日内，股东与公司不能达成股权收购协议的，股东可以自股东会会议决议通过之日起九十日内向人民法院提起诉讼。

第十九条 【自然人股东死亡后，其合法继承人可以继承股东资格。】

第五章 股东和股东会

第二十条 公司成立后，应当置备股东名册，记载下列事项：

（一）股东的姓名或者名称及住所；

（二）股东的出资额；

（三）出资证明书编号。

第二十一条 公司股东享有下列权利：

（一）参加或委托代理人参加股东会；

（二）按其所占出资比例行使表决权；

（三）依照法律、法规及公司章程的规定，转让、赠与其对公司的股权；

（四）依照法律、法规及公司章程的规定，获得、查阅、复制公司章程、股东会会议记录、董事会会议决议、监事会会议决议及公司财务会计报告等有关信息；

（五）对公司经营业务提出建议或质询；

（六）优先认缴公司新增资本及其他股东转让的出资；

（七）按照实缴的出资比例分取红利和其他形式的利益分配；

（八）公司终止和清算时，按照所占出资比例参加公司剩余财产的分配；

（九）法律、法规赋予的其他权利。

第二十二条 股东可以要求查阅公司会计账簿。股东要求查阅公司会计账簿的，应当向公司提出书面请求，说明目的。公司有合理根据认为股东查阅会计账簿有不正当目的，可能损害公司合法利益的，可以拒绝提供查阅，并应当自股东提出书面请求之日起十五日内书面答复股东并说明理由。

第二十三条 公司股东承担下列义务：

（一）遵守法律、行政法规和公司章程；

（二）依其所认缴的出资额和出资方式缴纳出资；

（三）在公司办理工商登记手续后，不得抽回出资；

（四）维护公司利益，反对和抵制任何有损公司利益的行为，保守公司秘密；

（五）以其出资额为限，对公司债务承担责任；

（六）法律法规及公司章程规定应当承担的其他义务。

第二十四条　股东会是公司的权力机构，由全体股东组成。

【第二十五条　公司股东会行使下列职权：

（一）决定公司的经营方针和投资计划；

（二）选举和更换非由职工代表担任的董事、监事，决定有关董事、监事的报酬事项；

（三）审议批准董事会的报告；

（四）审议批准监事会的报告；

（五）审议批准公司的年度财务预算方案、决算方案；

（六）审议批准公司的利润分配方案和弥补亏损方案；

（七）对公司增加或者减少注册资本作出决议；

（八）对发行公司债券作出决议；

（九）对公司合并、分立、解散、清算或者变更公司形式作出决议；

（十）修改公司章程；

（十一）为公司股东或者实际控制人提供担保作出决议。

对前款所列事项股东以书面形式一致表示同意的，可以不召开股东会会议，直接作出决定，并由全体股东在决定文件上签名、盖章（自然人股东签名、法人股东盖章）。】

第二十六条　首次股东会会议由出资最多的股东召集和主持，依照公司法规定行使职权。

第二十七条　股东会会议分为定期会议和临时会议。定期会议应每年至少召开一次，每年的定期会议于每个会计年度结束后【　　】个月内召开。

第二十八条　经代表十分之一以上表决权的股东、三分之一以上的董事，或者监事会提议，董事会应当在一个月内召集股东临时会议；

第二十九条　股东会会议由董事会召集，董事长主持；董事长不能履行职务或者不履行职务的，由副董事长主持；副董事长不能履行职务或者不履行职务的，由半数以上董事共同推举一名董事主持。

董事会不能履行或者不履行召集股东会会议职责的，由监事会召集和主持；监事会不召集和主持的，代表十分之一以上表决权的股东可以自行召集和主持。

第三十条　公司召开股东会会议，董事会应当将会议审议的事项于会议召开【　　】日以前通知各股东。

第三十一条　股东会会议的通知应当包括以下内容：

（一）会议的日期、地点和会议期限；

（二）提交会议审议的事项；

（三）以明显的文字说明：全体股东均有权出席股东会，并可以委托代理人出席会议和参加表决；

(四)会议常设联系人姓名、联系方式。

第三十二条　股东按其出资比例享有表决权。

第三十三条　股东会应当对所议事项的决定作出会议记录,出席会议的股东应当在会议记录上签名。

第三十四条　股东会会议作出修改公司章程、增加或者减少注册资本的决议,以及公司合并、分立、解散或者变更公司形式的决议,必须经代表全体股东三分之二以上表决权的股东通过。

股东会会议作出除前款以外事项的决议,须经代表全体股东【二分之一】以上表决权的股东通过。

第三十五条　股东不能出席股东会会议的,可以书面委托他人参加,由被委托人依法行使委托书中载明的权利。

第三十六条　公司向其他企业投资或者为他人提供担保,由【董事会/股东会】作出决定。

其中为公司股东或者实际控制人提供担保的,必须经股东会决议。该项表决由出席会议的其他股东所持表决权的过半数通过,该股东或者实际控制人支配的股东不得参加。

第六章　董　事　会

第三十七条　董事由股东会选举或更换,每届任期三年。董事任期届满,可以连选连任。董事在任期届满以前,股东会不得无故解除其职务。董事任期从股东会决议通过之日起计算,至本届董事会任期届满时为止。

董事任期届满未及时改选,或者董事在任期内辞职导致董事会成员低于法定人数的,在改选出的董事就任前,原董事仍应当依照法律、行政法规和公司章程的规定,履行董事职务。

第三十八条　董事会由【　　】名董事组成。

董事会设董事长1名,副董事长【　　】名,以全体董事的过半数选举产生。

董事长任期为三年,连选可以连任。

第三十九条　董事会对股东会负责,依法行使下列职权:

(一)召集股东会会议,并向股东会报告工作;

(二)执行股东会的决议;

(三)决定公司的经营计划和投资方案;

(四)制订公司的年度财务预算方案、决算方案;

(五)制订公司的利润分配方案和弥补亏损方案;

(六)制订公司增加或者减少注册资本以及发行公司债券的方案;

(七)制订公司合并、分立、解散或者变更公司形式的方案;

(八) 决定公司内部管理机构的设置;

(九) 决定聘任或者解聘公司经理及其报酬事项,并根据经理的提名决定聘任或者解聘副经理、财务负责人及其报酬事项;

(十) 制定公司的基本管理制度。

第四十条　董事会会议每年度至少召开【　　】次。召开董事会会议应当于会议召开【　　】日以前通知全体董事。

第四十一条　有下列情形之一,董事会应当召开临时会议:

(一) 代表十分之一以上表决权的股东提议时;

(二) 三分之一以上董事联名提议时;

(三) 监事会提议时;

(四) 董事长认为必要时;

(五) 总经理提议时;

(六) 本章程规定的其他情形。

第四十二条　董事会会议由董事长召集和主持;董事长不能履行职务或者不履行职务时,由副董事长召集和主持;副董事长不能履行职或者不履行职务时,由半数以上董事共同推举一名董事召集和主持。

第四十三条　董事会会议应当由过半数的董事出席方可举行。董事会的任何会议均可采用电话会议、视频连接或类似通讯设备举行,条件是参与会议的全体董事均能相互听见和交流;所有该等董事均视同亲自出席了会议。

监事可以列席董事会会议;总经理应当列席董事会会议。会议主持人认为有必要的,可以通知其他有关人员列席董事会会议。

第四十四条　董事会会议作出决议,必须经全体董事的过半数同意通过。

董事个人直接或者间接与公司已有的或者计划中的合同、交易、安排有关联时,应当及时将其关联关系的性质和程度告知董事会、监事会,并在董事会审议表决该事项时予以回避。在董事回避表决的情况下,形成决议须经无关联关系董事按上款规定表决通过。

第四十五条　董事会会议,应由董事本人出席,董事因故不能出席,可以书面委托其他董事代为出席董事会会议。

委托书中应载明代理人姓名、代理事项、代理权限和有效期限,并由委托人签名。

代为出席会议的董事应当在授权范围内行使董事的权利。董事未出席董事会会议,亦未委托代表出席的,视为放弃在该次会议上的投票权,但不免除其对董事会决议事项应承担的责任。

第四十六条　董事会会议实行一人一票的表决制度。董事会会议表决方式为举手表决或投票表决。董事会会议可以采取书面议案通讯表决的方式,但该议案须以专人送达、电子邮件、传真或挂号邮寄等有效方式通知每一位董事。如果董事会议案发送给全体董事后规定时间内,签字同意的董事已达到做出决议的法定人数,并以专人送达、电子邮件、传真或挂号等有效方式送交公司后,该议案即成为董事会决议。

第四十七条　董事会应当对会议所议事项的决定作出会议记录,由出席会议的董事和记录员在会议记录上签名。

第四十八条　董事应当对董事会的决议承担责任,因董事会决议违反法律、法规、公司章程致使公司遭受严重损失,参与决议的董事应对公司负赔偿责任。经证明在表决时曾表明异议并记载于董事会会议记录的,该董事可免除责任。

第七章　监事和监事会

第四十九条　公司设监事会。监事会向股东会负责并报告工作。

第五十条　监事会由【　　】名监事组成,其中职工监事【　　】名。职工监事由职工代表大会、职工大会或者其他形式民主选举产生。

监事任期届满未及时改选,或者监事在任期内辞职导致监事会成员低于法定人数的,在改选出的监事就任前,原监事仍应当依照法律、行政法规和公司章程的规定,履行监事职务。

第五十一条　监事会设主席一名,由全体监事过半数选举产生。监事会主席召集和主持监事会会议;监事会主席不能履行职务或者不履行职务的,由半数以上监事共同推举一名监事召集和主持监事会会议。

第五十二条　监事的任期每届为三年。任期届满,连选可以连任。

第五十三条　监事会依法享有下列职权:

(一) 依法检查公司的财务、核对公司财务报告和利润分配方案;

(二) 对董事、高级管理人员执行公司职务的行为进行监督,对违反法律、行政法规、公司章程或者股东会决议的董事、高级管理人员提出罢免的建议;

(三) 当董事、高级管理人员的行为损害公司的利益时,要求董事、高级管理人员予以纠正;不予纠正的,有权向股东会报告;

(四) 提议召开临时股东会,在董事会不履行《公司法》规定的召集和主持股东会职责时召集和主持股东会;

(五) 向股东会提出提案;

(六) 依照《公司法》第一百五十二条的规定,对董事、高级管理人员提起诉讼;

(七) 发现公司经营情况异常,可以进行调查;必要时,可以聘请律师事务所、会计师事务所等专业性机构协助其工作,费用由公司承担;

(八) 法律、行政法规、部门规章或公司章程规定及股东会授予的其他职权。

监事列席董事会会议,并对董事会决议事项提出质询或者建议。

第五十四条　监事会行使职权所必需的费用由公司承担。

监事会发现公司经营状况异常,可以进行调查;必要时经协商一致,可以聘请外部审计机构或咨询机构等协助其工作,由此产生的费用由公司承担。

第五十五条　监事会会议分为定期会议和临时会议。定期会议应每年至少召开一次。

出现下列情况之一的,监事会应当在十日内召开临时会议:

(一) 任何监事提议召开时;

(二) 股东会、董事会会议通过了违反法律、法规、规章、监管部门的各种规定和要求、公司章程、公司股东会决议和其他有关规定的决议时;

(三) 董事和高级管理人员的不当行为可能给公司造成重大损害时;

(四) 公司、董事、监事、高级管理人员被股东提起诉讼时;

(五) 本章程规定的其他情形。

第五十六条　召开监事会定期会议和临时会议,监事会应当分别提前【　　】日和【　　】日将盖有监事会印章的书面会议通知,通过直接送达、传真或电子邮件的方式提交全体监事。非直接送达的,还应当通过电话进行确认并做相应记录。情况紧急,需要尽快召开监事会临时会议的,可以随时通过口头或者电话等方式发出会议通知,但召集人应当在会议上作出说明。

第五十七条　监事会会议应当由过半数的监事出席方可举行。

监事应以认真负责的态度出席监事会会议,对所议事项表达明确的意见。监事确实无法出席监事会会议,可以以书面形式委托其他监事或授权代表按委托人的意愿、在授权范围内代为投票,委托人要独立承担法律责任。

监事会可要求公司高级管理人员、内部审计人员及外部审计人员出席监事会会议,解答所关注的问题。

第五十八条　监事会会议的表决实行一人一票,以记名和书面等方式进行。监事会决议须经全体监事过半数同意才能通过。

第五十九条　监事会应当制作会议记录,由出席会议的监事和记录员在会议记录上签名。出席会议的监事有权要求在会议记录上对其在会议上的发言作出说明性记载。

第八章　经营管理机构

第六十条　公司设总经理一人,全面主持公司的日常经营管理工作,副总经理【　　】人,协助总经理工作。

第六十一条　总经理行使下列职权:

(一) 主持公司的日常经营管理工作,组织实施董事会决议;

（二）组织实施公司年度经营计划和投资方案；

（三）拟订公司内部管理机构设置方案；

（四）拟订公司的基本管理制度；

（五）制定公司的具体规章；

（六）提请聘任或者解聘公司副总经理、财务总监等高级管理人员；

（七）聘任或者解聘除应由董事会聘任或者解聘以外的管理人员，决定公司职工的聘用或解聘；

（八）负责组织和管理公司的内部管理机构和分支机构；

（九）公司章程和董事会授予的其他职权。

总经理列席董事会会议。

第六十二条 总经理依法承担下列义务：

（一）诚实信用、勤勉尽责，努力实现公司和股东利益的最大化；

（二）守法合规经营，建立和完善公司合规管理和内控机制，防范风险；

（三）廉洁自律，自觉接受董事会、监事会及监管部门的监督和检查，并定期向董事会、监事会报告其履行职责的情况；

（四）不得对外泄露知悉的公司秘密；

（五）法律、法规和本章程规定的其他义务。

第六十三条 总经理不得有下列行为：

（一）利用其在公司的地位和职权为自己谋取私利；

（二）在其他经营性机构兼职；

（三）未经董事会同意，将公司资金借贷给他人或者以公司财产为他人提供担保；

（四）自营或者为他人经营与本公司同类的业务或者从事损害本公司利益的活动；

（五）法律法规及公司章程规定的其他禁止行为。

总经理自营或者为他人经营与本公司同类的业务或者从事损害本公司利益的活动所得收入应当归公司所有。

总经理在执行公司职务时违反法律、法规或者公司章程的规定，给公司造成损害的，应当依法承担赔偿责任。

第六十四条 总经理应当根据董事会或监事会的要求向董事会或监事会报告公司重大合同的签订与执行情况、资金运用情况、经营情况及盈亏情况。总经理必须保证该报告的真实性，并对董事会、监事会提出的质疑作出合理解释。

第六十五条 公司根据业务需要，设置相应的职能部门。

第九章　高级管理人员的任职资格以及聘任、解任

第六十六条　公司董事、监事、总经理的任职，必须符合法律、法规的规定。

第六十七条　总经理由董事长提名，并由董事会聘任，总经理的解聘由董事会决定。总经理对董事会负责。公司副总经理、财务总监由总经理提名，董事会聘任；副总经理、财务总监的解聘由董事会决定。

总经理和公司其他高级管理人员的聘任期限为三年，可以连聘连任。在任期内，董事会可撤换其聘任的高级管理人员。如总经理认为某名应由董事会聘任和解聘的高级管理人员不称职，可向董事会提议解聘，经董事会审议决定后予以解聘。

高级管理人员亦可以在任期届满以前提出辞职，经董事会审议决定后予以解聘。任职尚未结束的高级管理人员，对因其擅自离职，违反其义务而使公司造成的损失，应当承担赔偿责任。

总经理或公司其他高级管理人员因故不能履行职责，或是犯有渎职、欺诈、侵占公款等违法嫌疑行为，或是出现其他严重不良行为的，董事会应当通过决议解除其职务。如果发现高级管理人员有不称职、严重过错、重大失误行为时，董事长可以提议并经董事会审议表决解除其职务。

第六十八条　公司高级管理人员不得同时在其他商业组织担任经营管理职务，并且不得从事能够或可能与公司竞争之商业活动，否则董事会可以予以解聘。

公司高级管理人员不得泄露公司秘密。其对公司及股东各方负有的保密义务在其离职后三年内存续。

第六十九条　总经理辞职，应提前【　　】个月书面向董事会提出辞呈。在公司董事会批准前，不得擅自离职。

第七十条　董事、监事、高级管理人员应当遵守法律、行政法规和公司章程，对公司负有忠实义务和勤勉义务，不得利用职权收受贿赂或者其他非法收入，不得侵占公司的财产。

第七十一条　董事、高级管理人员不得有下列行为：

（一）挪用公司资金；

（二）将公司资金以其个人名义或者以其他个人名义开立账户存储；

（三）未经股东会同意，将公司资金借贷给他人或者以公司财产为他人提供担保；

（四）未经股东会同意，与本公司订立合同或者进行交易；

（五）未经股东会同意，利用职务便利为自己或者他人谋取属于公司的商业机会，自营或者为他人经营与所任职公司同类的业务；

（六）接受他人与公司交易的佣金归为己有；

（七）擅自披露公司秘密；

（八）违反对公司忠实义务的其他行为。

第七十二条　董事、监事、高级管理人员执行公司职务时违反法律、行政法规或者公司章程的规定，给公司造成损失的，应当承担赔偿责任。

第十章　财务会计和利润分配

第七十三条　公司依照法律、法规及财政主管部门的有关规定，建立、健全财务制度、会计制度和内部审计制度。

第七十四条　公司的会计年度为公历年度，即公历一月一日至十二月三十一日。

公司财务会计核算，采用权责发生制和借贷记账法。公司的会计核算以人民币为记账本位币，会计记录的文字用中文书写。

第七十五条　公司在每一会计年度终了时制作财务会计报告，并依法经会计师事务所审计。

第七十六条　公司遵守国家及地方的税收法规，依法纳税。

第七十七条　公司分配当年税后利润时，应当提取利润的10%列入公司法定公积金。公司法定公积金累计额为公司注册资本的50%以上的，可以不再提取。

公司的法定公积金不足以弥补以前年度亏损的，在依照前款规定提取法定公积金之前，应当先用当年利润弥补亏损。

公司从税后利润中提取法定公积金后，经股东会决议，还可以从税后利润中提取任意公积金。

公司弥补亏损和提取公积金后所余税后利润，按照股东持有的股份比例分配，但本章程规定不按持股比例分配的除外。

股东会违反前款规定，在公司弥补亏损和提取法定公积金之前向股东分配利润的，股东必须将违反规定分配的利润退还公司。

第七十八条　公司的公积金用于弥补公司的亏损，扩大公司生产经营或转为增加公司资本。法定公积金转为资本时，所留存的该项公积金不得少于转增前注册资本的百分之二十五。

第七十九条　公司除法定的会计账簿外，不得另立会计账簿。对公司资产，不得以任何个人名义开立账户存储。

第十一章　劳动人事

第八十条　公司雇员的招收、聘请、辞退、辞职、薪酬、福利、劳动保险、劳动保护、劳动纪律等事宜,按照《中华人民共和国劳动法》《中华人民共和国劳动合同法》和其他有关法律、法规规定办理。

第八十一条 公司员工有权按照《中华人民共和国公司法》《中华人民共和国工会法》《中国工会章程》的规定,建立工会组织,开展工会活动。

第八十二条 公司研究决定经营管理的重大问题,制定重要的规章制度及决定有关员工工资、福利、劳动保险等涉及员工切身利益的事项时,应听取公司工会和员工的意见和建议,涉及员工切身利益的,应邀请工会或者员工代表列席有关会议。

第十二章 合并、分立、增资、减资、解散和清算

第八十三条 公司合并可以采取吸收合并或者新设合并。

一个公司吸收其他公司为吸收合并,被吸收的公司解散。两个以上公司合并设立一个新的公司为新设合并,合并各方解散。

第八十四条 公司合并,应当由合并各方签订合并协议,并编制资产负债表和财产清单。公司应当自作出合并决议之日起 10 日内通知债权人,并于 30 日内公告。债权人自接到通知书之日起 30 日内,未接到通知书的自公告之日起 45 日内,可以要求公司清偿债务或者提供相应的担保。

第八十五条 公司合并时,合并各方的债权、债务,由合并后存续的公司或者新设的公司承继。

第八十六条 公司分立,其财产作相应的分割。

公司分立,应当编制资产负债表及财产清单。公司应当自作出分立决议之日起 10 日内通知债权人,并于 30 日内公告。

第八十七条 公司分立前的债务由分立后的公司承担连带责任。但是,公司在分立前与债权人就债务清偿达成的书面协议另有约定的除外。

第八十八条 公司需要减少注册资本时,必须编制资产负债表及财产清单。

公司应当自作出减少注册资本决议之日起 10 日内通知债权人,并于 30 日内公告。债权人自接到通知书之日起 30 日内,未接到通知书的自公告之日起 45 日内,有权要求公司清偿债务或者提供相应的担保。

公司减资后的注册资本将不低于法定的最低限额。

第八十九条 公司合并或者分立,登记事项发生变更的,依法向公司登记机关办理变更登记;公司解散的,依法办理公司注销登记;设立新公司的,依法办理公司设立登记。

公司增加或者减少注册资本,应当依法向公司登记机关办理变更登记。

第九十条 公司因下列原因解散:

(一) 本章程规定应当解散的事由出现;

（二）股东会决议解散；

（三）因公司合并或者分立需要解散；

（四）依法被吊销营业执照、责令关闭或者被撤销；

（五）公司经营管理发生严重困难，继续存续会使股东利益受到重大损失，通过其他途径不能解决的，持有公司全部股东表决权10%以上的股东，可以请求人民法院解散公司。

第九十一条 公司有本章程第九十条第（一）项情形的，可以通过修改本章程而存续。

依照前款规定修改本章程，须经出席股东会会议的股东所持表决权的2/3以上通过。

公司因有本章程第九十条第（一）项、第（二）项、第（四）项、第（五）项规定情形而解散的，应当在解散事由出现之日起15日内成立清算组，清算组由股东组成，具体成员由股东会决议产生。

第九十二条 清算组在清算期间行使下列职权：

（一）清理公司财产、编制资产负债表和财产清单；

（二）通知、公告债权人；

（三）处理与清算有关的公司未了结的业务；

（四）清缴所欠税款以及清算过程中产生的税款；

（五）清理债权、债务；

（六）处理公司清偿债务后的剩余财产；

（七）代表公司参与民事诉讼活动。

第九十三条 清算组在清理公司财产、编制资产负债表和财产清单后，应当制订清算方案，并报股东会或者人民法院确认。

公司财产在分别支付清算费用、职工的工资、社会保险费用和法定补偿金，缴纳所欠税款，清偿公司债务后的剩余财产，公司按股东持有的股份比例分配。

清算期间，公司存续，但不能开展与清算无关的经营活动。公司财产未按前款规定清偿前，不分配给股东。

第九十四条 清算组在清理公司财产、编制资产负债表和财产清单后，发现公司财产不足以清偿债务的，应当依法向人民法院申请宣告破产。

公司经人民法院宣告破产后，清算组应当将清算事务移交给人民法院。

第九十五条 公司清算结束后，清算组应当制作清算报告，报股东会或者人民法院确认，并报送公司登记机关，申请注销公司登记，公告公司终止。

第九十六条 清算组成员应当忠于职守，依法履行清算义务。

清算组成员不得利用职权收受贿赂或者其他非法收入，不得侵占公司财产。

清算组成员因故意或者重大过失给公司或者债权人造成损失的,应当承担赔偿责任。

第九十七条　公司被依法宣告破产的,依照有关企业破产的法律实施破产清算。

第十三章　附　　则

第九十八条　本章程中的各项条款与法律、法规、规章不符的,以法律、法规、规章的规定为准。

第九十九条　公司登记事项以公司登记机关核定的为准。公司根据需要修改公司章程而未涉及变更登记事项的,公司应将修改后的公司章程送公司登记机关备案;涉及变更登记事项的,应同时向公司登记机关做变更登记。

第一百条　本章程自全体股东盖章、签字之日起生效。

第一百零一条　本章程所称"以上""以内""以下"都含本数;"不满""以外""低于""多于"不含本数。

第一百零二条　本章程一式【　　】份,公司留存【　　】份,并报公司登记机关备案一份。

全体股东签字(法人股东盖章):

【　　】年【　】月【　】日

第四节　法律意见书

一、法律意见书的概念

法律意见书,是律师接受当事人的委托,就咨询者提出的有关专门性的重大法律事务的咨询,用书面形式予以解答的法律文件。随着市场经济的发展,法律意见书的应用有越来越多的趋势,而且随着服务业的迅速发展,法律意见书在高端的服务业领域也得到迅速发展。法律意见书不是代书,而是律师以自己的名义出具的非诉讼法律事务文书。在制作法律意见书的时候,律师应当要求当事人提供准确的事实,依照法律的规定,以自己的专业能力进行撰写,保障当事人的合法权益,并确保所出具的法律意见是合法的。

二、法律意见书的格式与内容

在我国,法律意见书是随着改革开放和市场经济的迅速发展而产生和发展的一种新的文书类型,且法律意见书所处理的问题较为多样和灵活,因此,目前来讲,法律意见书尚未有统一的固定格式。但是,在律师的实践中,也形成了一种基本的写作模式。

（一）标题:法律意见书

（二）致送单位或者自然人的称谓

（三）说明解答问题的缘起和依据

（四）正文

正文是法律意见书的主体部分,任务是解决咨询人所提出的问题,阐述律师所提供的法律意见。如果法律意见只针对一项内容且比较简单,那么就可以无需分列各项。但是,如果法律意见针对多项内容展开,或者虽仅解答一个问题但内容较为复杂,则应当用小标题分列若干段落来展开。

（五）结尾

结尾部分,应另起一段对所述的问题进行总结,归纳整个法律意见书的观点。最后署上律师所在的律师事务所、律师姓名和年月日。

撰写法律意见书,律师应当事先做好调查工作,要求当事人如实提供事实材料,充分查阅相关的法律法规,运用专业知识提出法律意见。律师应当安排好全文的结构,行文符合逻辑,重点突出,详略得当。

三、文书实例

（一）关于某公司股东会议的法律意见书

××律师事务所
关于【公司名称】【会议名称】的
法律意见书

致:【公司名称】

根据《中华人民共和国公司法》(以下简称"《公司法》")、《中华人民共和国证券法》(以下简称"《证券法》")、中国证券监督管理委员会发布的《上市公司股东大会规则》(以下简称"《股东大会规则》")等法律、行政法规、规章、规范性文件以及《【公司名称】章程》(以下简称"《公司章程》")的规定,××律师事务所(以下简称"本所")接受【公司名称】(以下简称"公司")的委托,指派本所律师(以下简称"经办律师")出席了公司【会议名称】(以下简称"本次股东大会"),并对本次股东大会的有关事项进行见证,依法出具本意见书。

本法律意见书仅供公司为本次股东大会之目的使用,本所及经办律师同意本法律意见书与公司本次股东大会决议及其他信息披露资料一并公告。

为出具本法律意见书,经办律师审查了公司提供的相关文件资料。经办律师根据中国法律的有关要求，按照律师行业公认的业务标准、道德规范和勤勉尽责精神，出席了本次股东大会，并对公司本次股东大会的召集、召开及其他相关事项出具如下意见：

一、本次股东大会的召集、召开程序

（一）本次股东大会的召集程序

本次股东大会由公司董事会召集，根据公司【　】年【　】月【　】日第【　】届董事会第【　】次会议决议及公司章程的有关规定，公司董事会于【　】年【　】月【　】日以公告形式在《　》《　》及巨潮资讯网上刊登了将于【　】年【　】月【　】日召开本次股东大会的通知。

经办律师认为，本次股东大会的召集及通知符合有关法律、行政法规、《股东大会规则》《公司章程》的规定；本次股东大会的召集人为公司董事会，召集人资格合法有效。

（二）本次股东大会的召开程序

本次股东大会采取现场投票的方式。现场会议于【　】年【　】月【　】日【上/下午】【时间】在【会议地点】召开。

经办律师认为，会议实际召开的时间、地点与会议通知所载明的内容一致，符合相关法律、行政法规、《股东大会规则》《公司章程》的规定。

二、出席本次股东大会人员的资格

1. 经办律师对本次股东大会股权登记日的股东名册、出席本次股东大会的法人股东的持股证明、法人代表证明书及/或授权委托书，以及出席本次股东大会的自然人股东的股东账户卡、个人身份证明、授权委托代理人的授权委托书和身份证明等相关资料进行了核查，确认出席本次股东大会现场会议的股东及股东代表（或代理人）共【　】人，代表公司股份数【　】股，占公司股份总数的比例为【　】%；

2. 公司董事、监事及高级管理人员共【　】人列席会议；

3. 公司聘请的见证律师和邀请的其他人员出席了会议。

经办律师认为，上述出席或列席会议人员资格合法有效，符合相关法律、行政法规、《股东大会规则》《公司章程》的规定。

三、提出新议案

经经办律师见证，本次股东大会未提出新议案。

四、本次股东大会的表决程序

经经办律师见证，本次股东大会以现场投票方式逐项表决了会议通知中列明的相关议案。股东代表、监事代表和经办律师共同对现场投票进行了监票和计票，统计了现场投票的表决结果。本次股东大会审议通过了本次股东大会会议通知中列明的全部议案。

经办律师认为,公司本次股东大会表决程序及表决票数符合相关法律、行政法规、《股东大会规则》《公司章程》的规定,表决程序及表决结果合法有效。

五、结论意见

综上所述,经办律师认为,公司本次股东大会的召集、召开程序、召集人资格、出席会议人员资格、表决程序及表决结果等相关事宜符合法律、法规和公司章程的规定。公司本次股东大会决议合法有效。

本法律意见书正本一式【　　】份。

[本页无正文,为《××律师事务所关于【公司名称】【会议名称】的法律意见书》的签字页]

××律师事务所

负责人:______________

【　　】　律师

经办律师:______________

【　　】　律师

经办律师:______________

【　　】　律师

【　】年【　】月【　】日

(二) 某集合资金信托计划法律意见书

××律师事务所

关于【信托计划名称】

集合资金信托计划之

法律意见书

致:【公司名称】

××律师事务所(以下简称"本所")接受【信托公司名称】(以下简称"【××信托】"或"受托人")的委托,作为【××信托】设立【信托计划名称】(以下简称"本信托计划")的专项法律顾问,根据《中华人民共和国信托法》(以下简称"《信托法》")、《信托公司管理办法》《信托公司集合资金信托计划管理办法》等有关法律、法规和规范性文件的规定,就本信托计划设立所涉有关事宜出具本法律意见书。

本所承诺已依据本法律意见书出具日以前已发生或存在的事实和我国现行法律法规发表法律意见,并对本法律意见书的真实性、准确性、完整性承担相应的法律责任。

本所同意将本法律意见书作为本信托计划发行的文件之一，随同其他材料一并披露或上报，并承担相应的法律责任。

本所承诺并同意受托人部分或全部在本信托计划推介材料中自行引用本法律意见书内容，但受托人作上述引用时，不得因引用而导致歧义或曲解。

本法律意见书仅供本信托计划设立、发行之目的使用，不得用作任何其他目的。

本所出具本法律意见书主要基于以下假设：

1. 所有自然人均具有完全民事权利能力和完全民事行为能力，所有签字均真实有效，提交给本所的文件原件均具备真实性，提交给本所的文件的复印件或以传真或电子邮件或其他电子传输方式提交给本所的文件均与该等文件的原件一致，且嗣后提交的该等文件的原件具备真实性；

2. 交易文件中关于事实的陈述均真实、准确、完整，不存在虚假记载、误导性陈述或者重大遗漏；

3. 拟签署交易文件的各方均依法成立、合法存续，具有完全的民事权利能力、民事行为能力和合法资格签署和履行其作为一方的交易文件，并且为签署和履行交易文件，各方已经（或在签署交易文件之前将）依据各方的公司章程或其他相关组织性文件，取得全部必要的内部授权；

4. 拟签署交易文件的各方之间不存在任何可能影响其作为一方的交易文件中的任何条款之法律效力或影响本所所发表的法律意见的事实情况或其他安排；

5. 拟签署交易文件的各方签署其作为一方的交易文件，是该方的真实意思表示，并非出于非法的或欺诈的目的；

6. 委托人交付给受托人的信托资金系其合法所有或管理的财产，且其将该等资金设立信托并未损害委托人的任何债权人的利益。

为出具本法律意见书，本所声明如下：

1. 本所仅就与本信托计划有关的法律问题（以本法律意见书所发表意见事项为限）发表法律意见，并不对有关会计、审计、税收等专业事项发表评论。在本法律意见书中涉及会计、审计、税收等内容时，均为严格按照有关机构出具的专业报告引述，并不意味着本所对这些内容的真实性和准确性做出任何明示或默示的评价、意见和保证；

2. 本所不对有关法律、行政法规、规章或政策的变化或者调整做出任何预测，亦不会据此出具任何意见或者建议；

3. 本所对本法律意见书所涉及有关事实的了解和判断，最终依赖于受托人向本所提供的文件、资料及所作说明的真实性、合法性、完整性、准确性和有效性。

为出具本法律意见书，本所律师审查了受托人提供的相关文件资料。本所律师根据中国法律的有关要求，按照律师行业公认的业务标准、道德规范和勤勉尽责精神，对本信托计划的设立出具如下意见：

一、受托人发行信托计划的主体资格

（一）【信托公司简称】是依法成立并合法存续的【有限责任公司/股份有限公司】，并持有有效的"企业法人营业执照"。

（二）【信托公司简称】是经中国银行业监督管理委员会（以下简称"中国银监会"）许可的具有经营信托业务资格的信托公司并持有有效的"中华人民共和国金融许可证"，具有受托管理集合资金信托计划的资格。

综上所述，本所律师认为，受托人系合法设立并有效存续的信托公司，受托人具有本信托计划设立、发行的主体资格。

二、本信托计划设立、发行的实质条件

（一）信托计划类别

本信托计划为【信托公司简称】作为受托人发起的集合资金信托计划。

（二）设立、发行的条件

经本所律师核查，本信托计划符合《信托公司集合资金信托计划管理办法》规定的设立的实质条件：

1. 本信托计划的委托人为认购信托单位，并交付了认购资金的自然人、法人或依法成立的其他组织，并需具备《信托公司集合资金信托计划管理办法》第六条规定的合格投资者条件；

2. 本信托计划为设立时为自益信托，受益人与委托人为同一人；

3. 本信托计划的委托人人数为自然人投资者不超过50人，单笔委托金额在300万元以上的自然人投资者和机构投资者人数不受限制；

4. 本信托计划的信托期限为【　　】个月；

5. 本信托计划项下的信托资金用于【　　】；

6. 本信托计划按照每1元人民币信托资金对应1份信托受益权份额的方式将信托受益权划分为等额份额的信托单位；

7. 本信托计划的信托合同明确约定了受托人的报酬，除受托人报酬之外受托人不从信托财产中获得其他利益。

三、本信托计划的基本结构

经本所律师核查，本信托计划基本结构为：【描述基本结构】。

本所律师认为，本信托计划的交易结构不违反法律、行政法规和中国银监会规章的强制性规定。

四、本信托计划的主要内容

(一) 信托目的

委托人基于对受托人的信任,自愿将其合法所有的资金委托给受托人,由受托人按照委托人的意愿在本合同确定的权限内为委托人指定的受益人的利益对信托财产进行管理、运用或处分,并将由此产生的信托利益分配给委托人指定的受益人。

本所律师认为,本信托计划信托目的合法。

(二) 信托财产

本信托计划项下的信托财产系委托人以合法拥有或管理的资金交付给受托人而形成,信托财产在本信托计划终止清算后,按信托计划文件的规定分配给受益人。

本所律师认为,本信托计划项下信托财产的取得,以及关于本信托计划项下信托财产分配、归属的约定符合《中华人民共和国信托法》和其他法律法规的规定。

(三) 信托财产的运用

本信托计划的信托文件明确规定信托财产的运用方式等。受托人根据本信托计划项下的相关合同与协议履行职责。

本所律师认为,本信托计划的信托财产的运用方式符合《信托公司管理办法》《信托公司集合资金信托计划管理办法》的相关规定。

(四) 信托财产的保管

本信托计划项下的资金由受托人委托保管银行保管。

本所律师认为,本信托计划的信托财产的保管安排符合《信托公司集合资金信托计划管理办法》的相关规定。

(五) 信息披露

本信托计划的信托文件规定了本信托计划信息披露的形式、内容、时间和方式、方法等。

本所律师认为,本信托计划的信息披露安排符合《信托公司集合资金信托计划管理办法》和其他有关法律法规的规定。

(六) 受益人大会

本信托计划的信托文件中规定了受益人大会的组成、召开事由、会议召集方式、通知、会议方式、议事内容和程序、表决及受益人大会决议的效力等。

本所律师认为,本信托计划的受益人大会的安排符合《信托公司集合资金信托计划管理办法》的相关规定。

(七) 受托人变更

本信托计划的信托文件中规定了受托人变更的条件和程序等。

本所律师认为，本信托计划的受托人变更的安排符合《信托公司集合资金信托计划管理办法》的相关规定。

（八）其他内容

经核查，本所律师认为，本信托计划的信托文件的其他规定未违反中国现行法律法规的规定，并符合《中华人民共和国信托法》《信托公司管理办法》《信托公司集合资金信托计划管理办法》及其他相关规定。

五、本信托计划的信托文件及交易文件

（一）信托文件

经本所律师核查，本信托计划的信托文件包括如下文件：

1. 认购风险申明书；

2. 信托计划说明书；

3. 信托合同。

（二）认购风险申明书

经本所律师核查，本信托计划的认购风险申明书已包括《信托公司集合资金信托计划管理办法》第十一条规定应当载明的内容。

（三）信托计划说明书

经本所律师核查，本信托计划的信托计划说明书内容已包括《信托公司集合资金信托计划管理办法》第十二条规定应当载明的事项。

（四）信托合同

经本所律师核查，本信托计划的信托合同已包括《信托法》《信托公司管理办法》《信托公司集合资金信托计划管理办法》规定应当载明的事项。

（五）交易文件

经本所律师核查，本信托计划的相关交易文件（详见附件）不存在违反法律、行政法规以及中国银监会的相关监管规定的条款。

综上所述，本所律师认为，本信托计划的信托文件符合《信托法》《信托公司管理办法》《信托公司集合资金信托计划管理办法》的相关规定，交易文件不存在违反法律、行政法规以及中国银监会的相关监管规定的条款。

六、结论意见

综上所述，本所律师认为：受托人具有发行本信托计划的主体资格，本信托计划的实质条件具备；本信托计划交易结构不违反法律、行政法规和中国银监会的相关监管规定；本信托计划的信托文件和交易文件的条款符合《中华人民共和国信托法》《信托公司管理办法》《信托公司集合资金信托计划管理办法》和中国银监会的相关监管规定及其他有关法律法规的规定。

本法律意见书正本一式【　　】份。

[本页无正文,为《××律师事务所关于【信托计划名称】之法律意见书》的签字页]

××律师事务所

经办律师:______________

【　　】　律师

【　】年【　】月【　】日